Wolfgang Paul

Der Heimatkrieg
1939 bis 1945

Wolfgang Paul

Der Heimatkrieg
1939 bis 1945

Bechtermünz Verlag

Die Karten der Abbildungen 1, 2, 4, 5 werden hier mit freundlicher Genehmigung des Bundesarchivs – Militärarchiv – Freiburg/Br. veröffentlicht, die Karte auf Vor- und Nachsatz nach einer von dort freundlichst zur Verfügung gestellten Kartenvorlage. Abb. 3 ist der Wochenzeitung »Das Reich« vom 17.12.1943 entnommen.

Genehmigte Lizenzausgabe für
Weltbild Verlag GmbH, Augsburg 1999
Copyright © by Bechtle Verlag, Esslingen – München
Umschlaggestaltung: Ka*Ba factory, Augsburg
Umschlagmotiv: Hilmar Pabel, Volkssturmangehörige
bei einer Übung in der Nähe von Potsdam/
bildarchiv preussischer kulturbesitz, Berlin
Gesamtherstellung: Bercker Graphischer Betrieb GmbH, Kevelaer
Printed in Germany
ISBN 3-8289-0326-6

Inhalt

1. Stalingrad im Café Kranzler 11
2. Der Blick nach innen 16
3. Dieses frühe Frühjahr 23
4. Eine Weiße Rose 29
5. Der kürzeste Krieg 36
6. Der brennende Dornbusch 46
7. Verwöhnt durch Eroberungen und Siege 52
8. Nicht Krieg der Soldaten, sondern der Völker 61
9. Das Innere Reich 78
10. Der Staat als Zahlmeister 84
11. Rückkehr an die Elbe 94
12. Mit tausend Bombenflugzeugen 105
13. Ein rätselhaftes Volk 118
14. Panzer sollen entscheiden 129
15. Auswirkungen der Todesnähe 139
16. Auf dem Wege nach Gomorrha 148
17. Heißer Sommer 1943 161
18. Verbunkerung 174
19. Nachts an der Pommerschen Bucht 184
20. Schüler für die Heimatflak 202
21. Nichts mehr zu verlieren 215
22. Für Berlin wird es ernst 223
23. Dezembertage in Mitteldeutschland 235
24. Sexus und Thanatos 245
25. Vorstellungen von der Zukunft 252
26. Abwehr einer Luftarmada 258
27. Antworten auf Fragen 273
28. Vorbereitungen auf den Gaskrieg 286
29. Reifeprüfungen 296
30. Auf der Spitze des Schwertes 302
31. Die Not wenden 311

32. Gottes und des Führers Wille 321
33. Städte brennen Tage 332
34. Vergeltung 347
35. Der 20. Juli 1944 wird besichtigt 353
36. Krieg im Land 361
37. Beschäftigung mit Unbegreiflichem 382
38. Die Kriegsgefangenen 392
39. Gräber 397
40. Das Labyrinth 405
41. Letzte Leiden 413
Nachwort 419
Literatur- und Quellenverzeichnis 423
Abbildungsverzeichnis 427

Dem Gedächtnis von Frauen und Kindern

Ich darf sagen, daß mit dem Fortschreiten des Jahres die deutschen Städte, Häfen und Zentren der Kriegsindustrie einer Prüfung unterliegen werden, wie sie kein Land jemals erfahren hat.
Winston Churchill, Britisches Unterhaus, 2. Juni 1942

Ich glaube, ich gehe hier in den Keller. Vielleicht ist es sicherer im U-Bahnhof. Aber da habe ich mehr Angst vor der Masse als vor den Bomben. Wenn es da unten eine Panik gibt, wird man zu Tode getrampelt. Dann lieber mit seinen Bekannten im Keller sterben. Möchte wissen, was die Nachwelt über uns sagt. Ich glaube, alle, die in diesen Jahren, in denen ganz Europa ein Tollhaus ist, nicht gelebt haben, können sich glücklich preisen.
Sekretärin im Ausland-Presseclub, Berlin 1944

1. Kapitel

Stalingrad im Café Kranzler

An diesem Mittwoch, dem 3. Februar 1943, im kalten östlichen Steppenwind, der die Straßen Berlins fegte, schmutzige Schneehaufen angriff, ohne ihre eisige Härte bewegen zu können, schien in der Straße *Unter den Linden*, nahe dem in Beton eingepackten Reiterdenkmal Friedrichs des Großen, das Café Kranzler eine Zuflucht vor der drohenden Götterdämmerung des Reiches zu sein, dessen Ehrenmal für seine gefallenen Soldaten, die Schinkelsche Wache, ein erfrorenes Blumenmeer unzähliger Kränze aufnahm, während gegenüber die Masken sterbender Krieger am Zeughaus hinter Sandsäcken versteckt wurden.

In jener Zeit, den Nachgeborenen entrückt in das graue Dämmerlicht einer unerhörten Vergangenheit, wurde gegen Abend die Verlesung des Wehrmachtberichtes im Rundfunk erwartet, der im Führerhauptquartier herausgegeben wurde, dessen Ort der Bevölkerung unbekannt war.

Noch niemals in diesem Zweiten Weltkrieg waren so ernste Worte gewählt worden wie seit dem 22. Januar. Die Kriegslage hatte sich für die Deutschen radikal verändert.

Die Nachrichten schonten sie nicht mehr.

Die tiefe Trauer, die große Unruhe, von denen die Menschen bewegt wurden, das Gefühl, ohnmächtig dem Verhängnis preisgegeben zu sein, das seit Ende November 1942 über die in Stalingrad eingeschlossene Armee hereinbrach, all das ließ die Sprache der Propaganda verstummen.

Die deutsche Wehrmacht war nicht mehr unbesiegbar.

Die Kriegsentscheidung schloß auch die Niederlage ein.

Von jetzt an würde es noch zwei Jahre Blut und Tränen kosten, bis die sowjetische 62. Armee des Generals Tschuikow, von der, mit anderen Armeen, die deutsche 6. Armee in Stalingrad niedergerun-

gen wurde, vor der Reichshauptstadt, an der Oder bei Küstrin, erschien, um endlich Berlin zu nehmen. Jetzt, unter den Biedermeierstichen des Café Kranzler, bei der Sandtorte, die Serviererinnen in weißer Schürze und weißen Häubchen gegen Abgabe von Brot- und Fettmarken brachten, vor den seidenbespannten Wänden, beim leisen Klimpern der Kaffeelöffel, den Miniaturen städtischen Lebens, auch dem Aufblitzen von Orden und Medaillen, wenn sich ein verwundeter oder auf der Durchreise befindlicher Soldat über den Tisch beugte, jetzt fiel dem Oberleutnant Koch der Gleichmut auf, mit dem sich hier in der Heimat, in der Zentrale des Reiches, puppenhaftes Leben zeigte.
Da sie doch alle Puppen in den Händen *eines* Mannes waren, der gerade eine Armee und den Krieg verlor, konnte auch er, der Oberleutnant, sich nicht dem Puppenhaften entziehen, obwohl er sich seit seiner schweren Verwundung vor Moskau, als der Sieg erfror, bemüht hatte, alles aus der Distanz des Beobachters zu betrachten, der selbst in den Untergang hineingezogen wurde.
Die Einsicht in das Notwendige, von dem – unhörbar für ihn und die anderen – wenige Tage zuvor, am 26. Januar 1943, Graf Stauffenberg bei einem Besuch in Feldmarschall von Mansteins Hauptquartier Nowotscherkask gesprochen hatte, war ihm nicht gegeben: »Daß es gar nicht mehr um die Wiederherstellung geordneter Führerverhältnisse gehe, sondern darum, Hitler überhaupt auszuschalten.«
Stauffenberg kam aus dem Führerhauptquartier mit Hitlers Adjutanten Schmundt; *er* wußte, wo der Führer zu finden war; der Oberleutnant im Café Kranzler jedoch hatte davon keine Ahnung. Und wenn er sie auch seltsamerweise für seinen Zustand, in dem er sich jetzt befand – Studienurlaub nach einjährigem Lazarettaufenthalt –, gehabt hätte, er hätte sich dennoch nicht von denen unterschieden, mit denen er an diesem Abend im Café Kranzler saß.
Die Heimat, in die er von der Ostfront zurückgebracht worden war, hatte längst ihre Front, die Heimatfront, die bei Abwehr und Hinnahme feindlicher Luftangriffe entstanden war, an der keine Eisernen Kreuze verliehen wurden, die aber Verwundung und Tod ebenso austeilte wie die Front der Soldaten.

Daß diese Heimatfront einmal mit der Front der Soldaten zusammenfallen würde, erschien noch undenkbar.

Anfang November des vergangenen Jahres hatte er mit einem Freund aus Dresden im Café Kranzler gesessen, der auf der Durchreise nach Stalingrad war. Der junge Leutnant, der inzwischen zu den Eingeschlossenen an der Wolga gehören mußte, hatte mit ihm Sandtorte gegessen, bevor sie in Goethes »Iphigenie« gingen, in der Maria Koppenhöfer, Walter Franck und Gustaf Gründgens am Staatlichen Schauspielhaus auftraten.

Sie sprachen über Vergangenes, nicht Wiederholbares, auch über den Sinn des Ganzen. Als der Leutnant aufbegehren wollte gegen das Sterben der vielen Kameraden aus alten Zeiten, hatte Koch versucht, ihn und sich selbst mit einem Zitat zu trösten, das er sich im Rilke-Seminar Professor Pretzels an der Universität aufgeschrieben hatte: »Schließlich brauchen sie uns nicht mehr, die Entrückten, man entwöhnt sich des Irdischen sanft.«

Der Leutnant hatte ihn nicht verstanden. Er gehörte zu denen, die in Panzern und Kriegsflugzeugen, in Kompanien und Geschwadern nomadenhaft geworden waren, stets von Befehlen umgeben, Verantwortung im Leutnantsdienst trugen – und immer hinter allem, was sie taten, die Erschöpfung, auch Verzweiflung!

Sie blieben auf einen winzigen menschlichen Spielraum angewiesen, der heute die »Iphigenie«, morgen der Fronturlauberzug in die Kälte Stalingrads hieß.

Dieser Leutnant konnte nicht mehr vom Reich träumen, er hatte seine Illusionen verloren, aber wie die Hölderlinschen Jünglinge zog er dennoch in die Schlacht.

Auf dem Bahnhof hatte ihm Koch zugewinkt, auf den Knotenstock gestützt, den ihm sein Vater aus dem Kaukasus schickte, unmilitärisch dieses Winken; es galt vielleicht einem Toten.

Was hatte das Reich, das Dritte, wie es nicht genannt werden sollte – aber ein Drittes Reich war es tatsächlich, ein letztes Reich, ein apokalyptisches –, was hatte dieses Reich vor einigen Tagen, am 30. Januar, der Hitlers Machtergreifung zum zehnten Male feierte, einem im Zwielicht eigener Propaganda leidenden Volk zu sagen? Hitler hatte nicht gesprochen, ihm hatte es die Sprache verschlagen. Goebbels ließ er im Berliner Sportpalast eine Proklamation

verlesen, in der es hieß, es werde »nach dem Ende nicht Sieger oder Besiegte, sondern nur Überlebende und Vernichtete« geben.
Der Tod vor dem Feinde – Vernichtung? Das Volk wußte nicht, daß Hitler mit den Vernichteten die Juden meinte, die von der Deutschen Reichsbahn nach Osten transportiert wurden, wohin die Fronturlauberzüge fuhren, die Marschbataillone und die aus dem Westen verlegten Divisionen.
Goebbels hatte von dem »Arbeitseinsatz aller Männer und vor allem der bisher nicht tätigen Frauen« gesprochen, »kein Unterschied zwischen hoch und niedrig, arm und reich« würde mehr gemacht. Er verlangte die Arbeitspflicht für alle, die arbeiten konnten.
Der Rundfunk hatte am 30. Januar auch die Rede des Reichsmarschalls Göring übertragen, der Stalingrad mit den Thermopylen verglich. Die Erinnyen der Antike waren in seiner Rede, die Hexen des Blocksbergs, die höllischen Endzielen entgegenritten. Rätsel hatte Görings Bemerkung aufgegeben, daß nach seiner Überzeugung die Sowjetmacht zur Zeit ihr letztes Aufgebot in den Kampf schicke, doch dieser Gegner sei »durch eine Weltanschauung geeint und geformt«.
Während auf den Thermopylen Stalingrads des Reichsmarschalls Totenrede von denen gehört wurde, denen sie galt, nahm Oberst Ludwig, Kommandeur des Artillerieregiments der sächsischen 14. Panzerdivision, in der Kochs Freund sich befinden mußte und den er im November in Berlin verabschiedet hatte, Verbindung mit dem Gegner am Roten Platz auf und vereinbarte eine örtliche Waffenruhe bis zur Morgendämmerung. General Schmidt, der Chef des Stabes der 6. Armee, erfuhr davon und billigte den Entschluß, bei Hellwerden mit den Resten der 14. Panzerdivision in Gefangenschaft zu gehen. Bei ihm, sagte er, mögen sich doch auch Parlamentäre melden. Damit war gesichert, daß keinesfalls der Staatsfeiertag der Machtergreifung Hitlers mit dem Makel der Aufgabe des Kampfes behaftet würde.
Generaloberst Paulus, der Leonidas in Stalingrads Thermopylen, wurde noch Feldmarschall, um niemals zu kapitulieren, nur als Toter dem Feind in die Hände zu fallen, worauf Paulus verzichtete.

Nachdem am Vormittag des 2. Februar 1943 auch General Strekker mit der Nordfront den Kampf einstellte und in Gefangenschaft ging, wurde es Zeit, im Wehrmachtsbericht das Ende zu melden. Die Gefangenen von Stalingrad hatten, nach dem Abtransport des Feldmarschalls Paulus und seines Stabschefs, auf dem Roten Platz antreten müssen, um sich Reden von Walter Ulbricht, Erich Weinert und Wilhelm Pieck anzuhören. Ein anderes Deutschland zeigte sich in diesen Namen, das einmal in Berlin an die Macht kommen sollte, in dem Oberleutnant Koch auf den Wehrmachtsbericht wartete. An diesem Abend des 3. Februar hatte Koch eine Karte für das Kabarett der Komiker, das »Es war einmal...« spielte.
Er hört, als das Radio angestellt wurde, die ihm vertraut gewordene Stimme des Nachrichtensprechers: »Das Oberkommando der Wehrmacht gibt bekannt: Der Kampf um Stalingrad ist zu Ende. Ihrem Fahneneid bis zum letzten Atemzug getreu, ist die 6. Armee...«, den Rest hört Koch nicht, denn die Gäste des Café Kranzler sind von ihren Stühlen aufgestanden, als zöge der Leichenkondukt einer ganzen Armee durch die Räume, er hört nichts von der dreitägigen Volkstrauer, die der Führer angeordnet hat, nur das Deutschlandlied und dann das Horst-Wessel-Lied, die beiden Nationalhymnen, den rechten Arm wie alle anderen weit ausgestreckt. Dann, schon im Weggehen, das wie Flucht aussieht, den Trauermarsch.
Am Tage vorher, um 12.45 Uhr, hatte die Heeresgruppe Don in Taganrog die letzte Nachricht von der 6. Armee, die Meldung eines Wettertrupps, erhalten: »Wolkenuntergrenze 5000 Meter, Sicht 11,2 Kilometer, klarer Himmel, geringe Bewölkung, Temperatur minus 31 Grad Celsius, über Stalingrad Nebel und roter Dunst. Wetterstation meldet sich ab. Grüßt die Heimat.«
Die Heimat, die zur Front wurde.
Das Unglück war groß, und er war mitten hineingeraten. Der Oberleutnant nahm den kürzesten Weg zum Stadtbahnhof, um in seine Stube zu gelangen. Eine stockdunkle Traurigkeit verhüllte Berlin, gemildert vom schwachen Licht der Schneehaufen an den Rändern der Straßen.
War dies das Land ohne Erlösung?

2. KAPITEL

Der Blick nach innen

Das letzte Jahr der deutschen Vormärsche und Siege war aus einem kurzen regnerischen Sommer in einen langen Herbst übergegangen, mit sehr klaren und goldenen Mittagen, »ein Herbst«, wie Gottfried Benn, der als Sanitätsoffizier in Berlin diente, am 14. Oktober 1942 schrieb, »bei dem man weit hineinblickt in die Dinge. Dieser harte Norden! Dieses Nebel- und Niflheim. Diese Asen, die immer nur die Krieger tragen, und wo es immer Wunden und Zwiespalte sind, durch die das Leben sich erlebt und sein Weiterkommen findet.«
Tiefere Einblicke in die Dinge, die dem Oberstabsarzt im Oberkommando der Wehrmacht, beim Chef des Sanitätswesens, der November brachte, mit dem Wissen um die in Stalingrad eingeschlossene Armee, ließen Gottfried Benn am 4. Dezember 1942 in einem anderen Briefe schreiben: »Die Dinge um uns werden noch eine Weile bis zur Vollendung dauern und wie diese Vollendung dann aussehen wird, weiß niemand; aber eine sehr abschließende Veränderung unser aller Lage wird es wohl geben ... Ein großes Bewältigungsvorhaben scheint sich doch jedenfalls um uns und in uns abzuspielen, ein viel tiefer reichendes, als die Börsenstimmungen und Heeresberichte anzudeuten vermögen.«
In den geheimen »Meldungen aus dem Reich«, die vom Chef der Sicherheitspolizei des SD, Otto Ohlendorf, herausgegeben wurden, einem Inlandnachrichtendienst, der die Staatsführung in die Lage versetzen sollte, die im Volk vorhandenen und entstehenden Auffassungen kennenzulernen, hieß es über die Weihnachtsfeiertage: »Sie wurden in ernster und zuversichtlicher Haltung begangen. Man benutzte sie sowohl zur Erholung und Entspannung als auch zur Besinnung im Kreise der Familie, wobei die enge Verbindung mit den im Felde stehenden Angehörigen überall zum Ausdruck

kam. Große Freude bereitete der Umstand, daß verhältnismäßig viele Urlauber, zum Teil unerwartet, die Feiertage im Kreise der Familie verbringen konnten. Besonders günstig hat sich vor und während der diesjährigen Weihnachtsfeiertage die derzeitige Ernährungslage auf die Bevölkerung ausgewirkt, die durch die Weihnachtssonderzuteilungen, vor allem aber durch deren im allgemeinen reibungslos verlaufende Anlieferung zu den Festtagen, noch einmal jedem spürbar wurde. Sie gaben den meisten Familien Gelegenheit, besonders gute und ausreichende Mahlzeiten zu sich zu nehmen, da die von vielen Hausfrauen für das Fest aufgesparten Fleischmarken anstandslos beliefert worden sind. Auch die durch die Sonderzuteilungen ermöglichte Herstellung von Weihnachtsgebäck hat überall zur Zufriedenheit beigetragen.«
Am Heiligen Abend hatten sich die Soldaten von den Fronten im Osten und in Afrika in einer Ringsendung des Großdeutschen Rundfunks gemeldet, die in Stalingrad ebenso wie die in der Libyschen Wüste.
An der Küste des Atlantischen Ozeans hatte der Soldat Anton Zillober wie alle deutschen Wehrmachtsangehörigen katholischen Glaubens die Weihnachtsbotschaft des Katholischen Feldbischofs der Wehrmacht, Franziskus Justus, Titularbischof des (antiken) Hierocaesarea, erhalten, in der von der »höchsten Pflicht und Aufgabe« gesprochen wurde, derentwegen »Millionen deutscher Soldaten auch in diesem Jahr nicht zur friedlichen Weihnachtsfeier im Kreise der Familie heimkommen« könnten. Rückblickend hieß es in der Botschaft des Feldbischofs: »Vieles hat sich ereignet seit jener ersten Kriegsweihnacht im Jahre 1939, wo wir noch nicht allzuviel vom eigentlichen Kriege wußten. Im Polenfeldzug hatte er sich wie ein Unwetter entladen, das sich schnell wieder verzog. Ein Jahr später lagen eure Weihnachtsquartiere außerhalb der Reichsgrenzen, und ein Kranz herrlicher Siege war in den vorhergehenden Monaten der jungen deutschen Wehrmacht geschenkt worden. Weihnachten 1941 schloß ein Jahr ab, in dem der deutsche Soldat Entbehrungen und Strapazen größten Ausmaßes erlebt und gemeistert hat. Unvergeßlich wird vielen von euch jene schwerste Kriegsweihnacht sein, jene Heilige Nacht vor Leningrad oder am Ilmensee, mitten in schwersten Abwehrkämpfen gegen

einen zahlenmäßig überlegenen Gegner unter den schwersten äußeren Bedingungen.«

Der katholische Feldbischof hatte dann aufgezählt, wo zu diesem Weihnachten 1942 deutsche Soldaten standen: »... im fernen Osten, wo dunkle Wälder weiße Lasten tragen, auf den Bergen und in den Tälern des Kaukasus, an der Küste, wo der Ozean donnernd und brausend gegen die starken Verteidigungsanlagen schlägt, im ewigen Eis und Schnee der Polarnacht und im Sande der Wüste.«

»An diesem Feste« sollte der Soldat »mit beiden Händen in der Tiefe der eigenen Seele graben. Er wird bedenken, daß alles Große und Wertvolle erstritten und errungen werden muß und daß uns Menschen nach Gottes Willen der Kampf des Lebens aufgetragen ist, damit wir ihn mit sittlicher Kraft und tapferer Selbstbehauptung zu Ende führen. Zu der gleichen Bereitschaft wird er sich bekennen, wenn es um Leben und Zukunft des ganzen Volkes geht, unseres Volkes, das im Laufe seiner Geschichte, soweit wir sie zurückverfolgen können, sich seine Freiheit und Ehre immer von neuem unter schweren Opfern erkämpfen mußte.«

Die katholischen deutschen Wehrmachtsangehörigen, die diese in Berlin gedruckte Weihnachtsbotschaft erhielten (der Nachdruck, auch auszugsweise, war nur mit Genehmigung des Herausgebers, des Feldbischofs, gestattet, was hieß, daß er nicht an die Öffentlichkeit gelangen durfte), lasen über Hitler: »Die Anstrengungen, aus denen der Sieg erwächst, werden von uns allen viel Kraft und Hingabe verlangen. Unser Führer und Oberster Befehlshaber steht uns hier als leuchtendes Vorbild vor Augen. Er fordert von uns an Anstrengung und Einsatzbereitschaft nicht mehr, als er selbst zu geben bereit war und ist. In unerschütterlichem Vertrauen auf ihn werden wir das Ziel erreichen, um das gekämpft wird. Es ist das höchste und edelste, was es geben kann: Heimat, Freiheit, Vaterland und Lebensraum für unser Volk.«

Auch der Soldat Anton Zillober, der diese Botschaft in den Händen hielt, wußte nicht, wie lange es noch dauern würde, »bis wir als deutsches Volk das Tor erreichen, hinter dem eine schmerzlose Zeit liegt«, wie der Bischof schrieb, deshalb blieb ihm allein der Segen des allmächtigen Gottes, des Vaters und Sohnes und des

Heiligen Geistes, mit dem die Botschaft schloß – und mit einem Amen.
Der Blick nach innen, Selbstbesinnung, das Überdenken der Lage, die Erkenntnis, daß die Dauer des Krieges nicht abzusehen sei, den die Deutschen, wie viele von ihnen damals meinten, nur durch eigene Schuld verlieren könnten, all das hatte ein eigenes Gewicht erhalten. Die Unbekümmertheit der durch Erfolge verwöhnten Nation verlor sich, auch die Propaganda, zu der die Presse und der Rundfunk gehörten, wurde Ende des Jahres 1942 sachlicher; es wurde nicht mehr so viel beschönigt. Zeitungen brachten Aufsätze, in denen von einem weiteren russischen Winter geschrieben wurde, und eine »Anzahl von Volksgenossen äußerte sich dahingehend, daß man sich ›so gar keine Vorstellung machen‹ könne, wie der Krieg, insbesondere mit den USA, zu einer klaren Entscheidung kommen sollte.« Weiter sprachen die »Meldungen aus dem Reich« vom 29. Dezember 1942 von »verzagten Gesprächen in Teilen der Bevölkerung darüber, ›was wohl alles noch kommen‹ würde.«
Später wurde gemeldet, »bei der von Reichsminister Dr. Goebbels zur Jahreswende gehaltenen Ansprache habe sich ein Teil der Volksgenossen gefühlsmäßig davon beeinflussen lassen, daß der Deutschlandsender abgeschaltet war, daß im Westen Alarm gegeben wurde und daß die Rede im Osten auf der Breslauer Welle sehr gestört worden sei. Das monotone wiederholte Hineinsprechen von der Gegenseite: ›1943 wird ein Jahr des Grauens – Niemand wird aus Rußland zurückkehren – Hitler ist der Totengräber Europas – Stalingrad ist eingeschlossen –‹ habe vereinzelt die Stimmung gedrückt.« Auch der Leitartikel »Die Vollendeten« von Joseph Goebbels, den die Wochenzeitung »Das Reich« am 27. Dezember 1942 gebracht hatte, wurde in den »Meldungen« herangezogen: Große Aufmerksamkeit habe er in Berlin, München, Nürnberg, Stuttgart, Salzburg, Dortmund, Schwerin, Klagenfurt, Bremen, Kiel, Danzig und Linz gefunden. »Es habe überzeugend gewirkt, daß die Opfer dieses Krieges in ihren Taten in einer vertieften Gemeinschaft unseres Volkes fortleben und dadurch gesichert wurden. Es sei dankbar aufgenommen worden, daß einmal Gedanken angeschnitten worden sind, vor die man sich in

vielen deutschen Familien gestellt sehe. Der Artikel habe erkennen lassen, was uns Deutschen fehlt. Es sei dies besonders klar in einem Hinweis auf Japan, seine Totenverehrung...«
»Was die Lage angeht«, schrieb Gottfried Benn am 2. Januar 1943, »so ist sie von kristallener Klarheit. Es wird kaum Überraschungen mehr geben. Die Formen des Verlaufs sind nicht zu spezifizieren, aber das Ergebnis ist unerschütterlich deutlich ... Was dem Menschen von heute völlig abgeht, ist der wunderbare Begriff des Märtyrers der früheren Jahrhunderte, der in der Arena des Löwen und, an den Stamm gebunden, die Pfeile der Heiden ohne zu widerrufen hinnimmt.« Die Lage sah Benn richtig aus seinem Büro im Oberkommando der Wehrmacht, aber die Fähigkeit, Märtyrer zu werden, unterschätzte er; sie gab es längst, und sie sollten sich ins nicht mehr Übersehbare vermehren.
Staatspolizeiliche Maßnahmen wurden am 11. Dezember 1942 bei der Buchhandlung F. Kegel in Frankfurt am Main durchgeführt, in der ein 1923 im Verlag Paul Cassirer erschienenes Buch von Herbert Eulenberg »Neue Bilder« mit anderem »nicht zu wünschendem Schrifttum« angeboten wurde, da die Nachfrage nach Büchern in der Vorweihnachtszeit vom Buchhandel noch weniger als im Jahre vorher erfüllt werden konnte. In Eulenbergs Buch hieß es: »An einem Tag, am 2. August 1492, mußten mehr als 300 000 Juden Spanien unter den unwürdigsten Bedingungen arm und beraubt verlassen, an einem Tage, an dem Spanien auf immer Landestrauer anlegen sollte.«
Die »Meldungen aus dem Reich« stellten fest, das konfessionelle Schrifttum trete stärker hervor, »offenbar verfügte eine Anzahl katholischer Verlage noch über größere Lagerbestände, die sogar von Buchhandlungen übernommen würden, die man von einer konfessionellen Bindung frei wisse«. Weiter hieß es, »daß Läden neben Fachliteratur fast nur Kriegsbücher und politisch-propagandistisches Schrifttum aufzuweisen hätten«. Die »Volksgenossen fühlten sich überfüttert«. Geäußert werde in Hamburg, München, Köln, Braunschweig und Breslau: »Wenn man erreichen will, daß man der Kriegspropaganda überdrüssig wird, dann braucht man nur in eine Buchhandlung zu gehen und die zahlreichen Schriften vom Frankreichfeldzug, vom Krieg in Norwegen, in Griechen-

land, Afrika, im Osten, vom Heer, von der Kriegsmarine und von der Luftwaffe, gegen England, den Kapitalismus, den Bolschewismus, das Judentum usw. bloß anzusehen.«
»Bei der Aufzählung der Bücher, die man leider *nicht mehr* bekomme, kehren folgende Autoren besonders häufig wieder: Kolbenheyer, Emil Strauß, Weinheber, Wilhelm Schäfer, Carossa, Binding, Gorch Fock, Löns, Tügel, Kluge, Knittel, Brehm, Dwinger, Ehm Welk, Mungenast, Zillich, Wittstock, Pleyer, Waggerl, Gulbransson, Hamsun, Jelusich, Zöberlein, Sven Hedin. Im Grunde fehlen aber alle namhaften Autoren der Vergangenheit und Gegenwart. Es ist zu bedauern, daß in einem Krieg, der insbesondere für den Bestand der Kultur geführt würde, die gültigen Bücher der deutschen Geistesgeschichte und Dichtung kaum noch zu erhalten seien.«
Bücher würden als nicht wichtig von den Behörden angesehen. Die besondere Funktion der Buchstadt Leipzig und ihres graphischen Gewerbes sei durch Rüstungsaufträge gelähmt, durch Personalentzug in den Verlagen, Druckereien und Bindereien. In Posen dürften Bücher nur an die im Reichsgau Wartheland ansässigen Deutschen vergeben werden, um zu verhindern, daß sie von aus dem Altreich kommenden Menschen aufgekauft werden. In Posen werde an jeden Käufer nur *ein* Buch gegen Vorlage und Abstempelung der 3. Reichskleiderkarte ausgehändigt.
Vor Weihnachten 1942 kam im Leipziger Paul List-Verlag ein schmaler Band von Martin Raschke, dem im Osten gefallenen Dichter, »Zwiegespräche im Osten«, heraus, in dem im Kapitel »Das Vaterland« zu lesen war: »*Ich*: Für was starben die vielen? Warum bist du hier, tausend Kilometer in fremdem Land? Sag bitte nicht, weil du mußt! Welche Armut! *Er*: Brauchen uns, denke ich, in dieser Nacht keine Phrasen zu sagen. Gleich werden sie feuern. Vielleicht trifft es uns diesmal in unserer Kate. Das Dach hat's gestern schon zur Hälfte abgedeckt. Wer möchte dann mit einer Lüge auf den Lippen gestorben sein? – Oder begeistert dich der Gedanke, für etwas mehr Acker, einen besseren Markt für irgendwelche Erzeugnisse, für Kohle und Eisen, bei einem Kerzenstummel in dieser dreckigen Kate zu kauern? *Ich*: Kaum. *Er*: Anfangs genügte mir das. Ich war sogar froh, nur für solche Ziele,

die ich mit bösem Stolze eingestand, zu kämpfen. Nüchtern bleiben! rief ich mir zu. Aber nun? *Ich*: Sonst mahntest mich du immer zur Kälte. *Er*: Deutschland? – Ach, ich hörte es zu oft. Ist das Wort nicht zerbrochen? *Ich*: Nur im Schweigen lebt's. Im Reden zerstiebt es gleich. *Er*: Was umschließt es denn für dich? *Ich*: Die Väter und ihre Hügel.«
Geschrieben und gedruckt in der Zeit, in der Deutschland seine weiteste Ausdehnung in Europa und Afrika durch Krieg erreicht hatte, hinterlassen von einem gefallenen Dichter, das Vaterland zurückgegeben den Vätern und ihren Hügeln, den Toten in den Gräbern – so endeten die schwarzen Nächte der Verdunkelung 1942 in Deutschland.

3. KAPITEL

Dieses frühe Frühjahr

In einem Gegensatz zu der erstaunlich nüchtern gewordenen Behandlung der militärischen Lage nach Stalingrad in Presse und Rundfunk befand sich die »Deutsche Wochenschau«, die im Reichsgebiet vom 31. Januar bis 5. Februar in den Kinos gezeigt wurde. Sie war mit großer Spannung erwartet worden. Die Kinobesucher wußten nicht, daß sie, wie alle anderen Wochenschauen, von Hitler selbst freigegeben wurde, der oft Korrekturen am Text und der Bildauswahl vornahm. Sie begann mit dem »Gruß der Heimat an die Front«, Bildern von Eisenach und der Wartburg, als »romantische Stätten deutscher Vergangenheit« vorgestellt, die Begleitmusik war Opern von Richard Wagner entnommen.
Dann bot der »Rückblick auf die zehn Jahre seit der Machtergreifung« das gewohnte Bild: Die Leistungen des Nationalsozialismus auf sozialem und kulturellem Gebiet wurden herausgearbeitet, um zu suggerieren, wie sehr Deutschland durch den »ihm aufgezwungenen Krieg gehemmt worden« sei. Das »Interesse Deutschlands an der Erhaltung des Friedens«, den Hitler mit dem Überfall auf Polen gebrochen hatte, wurde »eindringlich zum Bewußtsein gebracht«, wie es in den »Meldungen aus dem Reich« hieß.
Vor einem halben Jahrzehnt, am 10. Dezember 1937, hatte Reichsbankpräsident Dr. Schacht über die Lage der deutschen Wirtschaft vor der Wehrmachtakademie in einer vertraulich gehaltenen Rede gesagt: »Seit vier Jahren, seit 1933, steht die deutsche Wirtschaft unter dem beherrschenden Zeichen der Aufrüstung. Ihre Leistungen auf diesem Gebiete ragen in manchen Punkten über diejenigen etwa von Sowjetrußland, Frankreich oder England hinaus. Während diese Länder ihre vorhandene Rüstung nur auszubauen haben, müssen wir sie im wesentlichen neu schaffen. Während die anderen über die großen Naturschätze ihrer Weltreiche verfügen,

sind unsere inländischen Rohstoffquellen verhältnismäßig armselig und beschränkt. Die Erzeugung von Kriegsgütern in einem solchen Ausmaß muß daher bei uns die Erzeugung von Gütern des sonstigen Bedarfs in ganz anderer Weise beeinträchtigen und die Ersparnisse der heutigen und die Verpflichtungen der späteren Generationen stärker in Anspruch nehmen, als es in den anderen großen Ländern der Fall ist.

Dies führt zu der grundsätzlichen Frage, wie sich das Wirtschaften für den Krieg und das Wirtschaften für den Frieden in ihren Größenordnungen zueinander verhalten sollen. Es ist nicht damit getan, diese Frage durch die staatspolitische Zielsetzung zu lösen und eine Entscheidung darüber zu treffen, ob wir dieses Ziel nur durch Krieg oder auch durch friedliche Mittel erreichen.«

Die Entwicklung der ersten vier Jahre des Dritten Reiches war, wie Schacht fortfuhr, »gekennzeichnet durch die fast vollständige Einbuße der Gold- und Devisenbestände der Reichsbank, durch die ebenfalls nahezu restlose Veräußerung der noch im deutschen Besitz befindlichen Auslandswerte, durch die immer schärfer gewordene Devisenzwangswirtschaft und durch die Verstrickung des Auslandszahlungsverkehrs in ein dichtes Netz von Clearing- und Verrechnungsabkommen.

Die Goldbestände der Reichsbank, die Ende 1929 noch 2300 Millionen Reichsmark und Ende 1932 – ohne die Kredite ausländischer Notenbanken – immerhin noch 800 Millionen Reichsmark betrugen, bewegen sich seit fast zwei Jahren um die lächerliche Summe von rund 70 Millionen Reichsmark«.

Die deutsche Aufrüstung seit 1933 war, wie Schacht sagte, »eine ungeheure Kraftanstrengung des verarmten deutschen Volkes«.

Ende 1937 sah er die Gefahr, daß das Reich durch die verschwenderische Aufrüstung wirtschaftlich bankrott machen könnte. Kurz darauf, Anfang 1938, entschloß sich Hitler, diesen Bankrott durch Aggressionen abzuwenden, die auch durch Kriege erfolgen könnten.

Dabei dachte er daran, die Länder, die er zu gewinnen trachtete, wirtschaftlich so auszubeuten, daß sie ihm, wie Wallensteins Heeren im Dreißigjährigen Krieg, die sich aus dem Lande ernährten, in jeder Weise zur Verfügung stehen würden. Diese Rechnung eines

Eroberers war bis Stalingrad aufgegangen. Als er gezwungen war, die riesigen Fronten im Osten durch verbündete Armeen aus Rumänien, Italien, Ungarn und der Slowakei zu schließen, trat der Rückschlag ein. Die Verbündeten wurden von der Roten Armee durchbrochen, die Front löste sich auf, der Katastrophe von Stalingrad folgten Niederlagen an der südlichen Ostfront. Die »Deutsche Wochenschau« in diesen schicksalhaften Tagen ging von dem scheinbaren nationalsozialistischen Idyll auf sozialem und kulturellem Gebiet, von der angeblichen Friedfertigkeit des nationalsozialistisch beherrschten Deutschen Reiches zu Kampfaufnahmen über, zum Bildbericht vom Einsatz einer Nachtjagdstaffel, die gegen die Feindeinflüge aus England angetreten war. Der Sprecher der Wochenschau stellte auch bei den folgenden Kampfeindrücken immer öfter fest, daß der Feind vernichtend geschlagen worden sei; der Eindruck wurde vermittelt, als ob »wir an allen Fronten siegen« würden, wie es in den »Meldungen aus dem Reich« nicht ohne Zynismus hieß.
»Die Bevölkerung befürchte, daß die großen Opfer des Vorjahres vergebens gewesen seien. Die schweren Verluste der letzten neun Monate seien nicht mehr zu ersetzen. Der Kampf um Stalingrad habe nach Meinung der Bevölkerung in verschiedenen Gauen besonders große Lücken gerissen. Aus Dresden sollen, wie man sich dort erzählt, allein 3000 Männer in Stalingrad gewesen sein, aus einem kleinen Dorf bei Zittau vierzig, aus einem Dorf in der Schwäbischen Alb fünfundzwanzig. Die Abschiedsbriefe der Stalingrad-Kämpfer würden eine große seelische Belastung bedeuten, da der Inhalt der Briefe schnell verbreitet werde. Die Vorstellung von den Leiden der letzten Kampfwochen – in den Briefen stehe, daß es pro Mann und Tag nur noch 100 Gramm Brot gegeben habe – verfolge die Angehörigen Tag und Nacht.«
Da Hitler verboten hatte zu erwähnen, daß die Verbündeten mit ihren Armeen von der Roten Armee zerschlagen worden waren, ehe sich der Ring um die 6. Armee in Stalingrad schloß, entfiel für die Bevölkerung ein Entschuldigungsgrund; die deutsche Wehrmacht hatte allein diese Niederlage zu verantworten. Das Vertrauen in die eigenen Soldaten, die auch nicht fähig gewesen seien, die Eingeschlossenen zu befreien, sank, die Sorge um hohe Verluste

wuchs. Am meisten aber war das Vertrauen, das die Deutschen damals in hohem Maße Hitler noch entgegenbrachten, der die Operationen im Osten leitete, nun in eine Krise geraten. Hitler selbst erklärte in seinem Führerhauptquartier, daß er die Verantwortung für Stalingrad auf sich nehme. »Der Mensch regeneriert sich schnell«, sagte er zu Offizieren, die aus dem Kessel geflogen wurden, um ihm Bericht zu erstatten.
Ende Februar 1943 hieß es in den »Meldungen aus dem Reich«, die Bevölkerung dächte an 1917, an das vorletzte Jahr des Ersten Weltkriegs. Sie fürchtete den Verlust der fruchtbaren Ukraine, die zu gewinnen Hitler in seinen Rußlandkrieg gezogen war. Im Gegensatz zu 1941/42 war der Winter 1942/43 mild.
»Das Merkwürdigste im Augenblick erscheint mir«, schreibt Gottfried Benn am Sonntag, dem 28. Februar 1943, in einem Brief, »dieses frühe Frühjahr; Beobachter sagen, daß seit 1919 ein so warmer Winterausgang nicht war; was könnte alles in ihm liegen, was könnte er alles bringen und streuen an Hyazinthen und hellen atmenden Abendstunden, an Ahnungen und Glücken, wenn alles anders wäre!
Aber es war einmal und dessen erinnere ich mich oft. Mir persönlich geht es unverändert. Ich kann jedenfalls abends immer noch in meinem Zimmer sitzen, am Schreibtisch und aufblickend Ihren Buddha sehen.«
Er wohnte in Berlin-Schöneberg in der Bozener Straße. Am Tage vorher, am Sonnabend, dem 27. Februar 1943, wurden die Juden, die sich noch in der Reichshauptstadt aufhielten, verhaftet, um sie so schnell wie möglich in Güterzügen der Reichsbahn nach Osteuropa abzutransportieren, wo sie den Tod fanden.
»Seit heute morgen um sechs Uhr fahren Lastautos durch Berlin«, schreibt Ruth Andreas-Friedrich in ihrem Tagebuch, das 1947 erschien, »eskortiert von bewaffneten SS-Männern. Halten vor Fabriktoren, vor Privathäusern, laden Menschenfracht ein, Männer, Kinder, Frauen. Unter den großen Planverdecken drängen sich verstörte Gesichter, Elendsgestalten, wie Schlachtvieh zusammengepfercht. Immer neue kommen hinzu, werden mit Kolbenhieben in die überfüllten Wagen gestoßen. In sechs Wochen soll Deutschland ›judenrein‹ sein. Sollen wir hingehen und die SS

zur Rede stellen? Ihre Lastwagen stürmen und unsere Freunde herunterreißen? Die SS hat Waffen – wir haben keine.«

»Unglücklicherweise«, notiert Joseph Goebbels am 1. März 1943 in sein Tagebuch, »haben unsere ›besseren Kreise‹, besonders die Intellektuellen, wieder einmal unsere Judenpolitik mißverstanden und in einigen Fällen sogar Partei für die Juden ergriffen. Deshalb wurden unsere Pläne vorzeitig bekannt. Es gelang einer Menge Juden, uns durch die Hände zu schlüpfen. Aber wir werden sie wieder fangen. Ich werde gewiß nicht rasten, bis die Reichshauptstadt endlich frei von Juden ist.«

Mit der Todesstrafe wurde bedroht, wer Juden versteckte, mit Konzentrationslager, wer sie über Maßnahmen informierte, die gegen sie gerichtet waren.

Dennoch kam es zu einer Gegenaktion in Berlin. Goebbels verschweigt sie in seinem Tagebuch. Die jüdischen Partner rassisch gemischter Ehen hatte die SS von den übrigen abgesondert und in ein Sammellager in der Rosenstraße gebracht. Sie sollten überprüft, ihr Schicksal endgültig beschlossen werden. Diesen Männern folgten ihre Frauen, sie versammelten sich vor dem Gebäude in der Rosenstraße, in dem »Arischversippte« gefangengehalten wurden. Sie riefen nach ihren Männern, wichen nicht, bis am Dienstag, dem 2. März 1943, von der SS entschieden wurde, daß die jüdischen Männer arischer Frauen »Privilegierte« seien, die »in die Volksgemeinschaft eingegliedert« würden. Nur diese jüdischen Gefangenen wurden entlassen; die anderen, die nicht mit arischen Frauen verheiratet waren, bestiegen die Güterzüge.

In den »Meldungen aus dem Reich« wird die Verschickung der Juden nicht erwähnt, auch nicht eine Reaktion aus der Bevölkerung. Dafür heißt es dort: »Aus Einzelmeldungen geht hervor, daß den Angehörigen von den in Strafgefangenenlagern verstorbenen Zuchthäuslern noch heute die Leichen zwecks Überführung in die Heimat seitens der zuständigen Verwaltung zur Verfügung gestellt werden. Es bestünde zur Zeit keine gesetzliche Handhabe, derartige Überführungsanträge abzulehnen. Die Überführung erfolge bei geringen Entfernungen durch Leichenwagen, bei weiten Entfernungen werde die Überführung auf dem Eisenbahnwege im Waggon durchgeführt, wodurch eine nicht zu verstehende Belastung

der Reichsbahn hervorgerufen werde. Zu einer Zeit, da der Reichsbahn oft für wichtige Güter nicht genügend Beförderungsmöglichkeiten zur Verfügung stehen und ›wo alle Räder für den Sieg rollen‹ müssen, sei es unverständlich, daß die Leichen von Verbrechern noch über weite Strecken befördert würden.«
Außerdem wurde auf Unterschiede in der Presseberichterstattung hingewiesen: »Im ›Reich‹ vom 14. Februar 1943 steht, daß Smuts' Antrag auf Verwendung südafrikanischer Truppen außerhalb Afrikas mit 75 gegen 49 Stimmen angenommen wurde. Das australische Parlament nahm einen gleichen Antrag an. Im ›Völkischen Beobachter‹ vom 13. Februar 1943 steht, daß das australische Parlament eine Verwendung australischer Truppen abgelehnt habe.«
Der südafrikanische Premierminister Smuts hatte erklärt, daß man sich seit 1914 in einem neuen Dreißigjährigen Krieg befinde.
Jetzt war es aber auch ein »totaler Krieg«, den Goebbels im Berliner Sportpalast im Februar ausgerufen hatte – nach innen, nach außen.

4. KAPITEL

Eine Weiße Rose

Wenn er sich später der Menschen entsann, mit denen er damals zusammen lebte, dann fiel ihm zuerst Professor Franz Koch ein, bei dem der Oberleutnant Koch im ersten Frontsemester an der Berliner Friedrich-Wilhelms-Universität Unter den Linden im Hörsaal 3 seit dem 3. Dezember 1942 die Vorlesung »Vom Barock zum Sturm und Drang« hörte. Am 25. Februar 1943 hatte der Professor, wie der Oberleutnant in sein Kollegbuch mitschrieb, über Lessing gesprochen, der eine »Verbindung der Religionen« suchte, für einen Vergleich zwischen den Religionen und für Toleranz eintrat. Hierzu gehörte Lessings Begegnung mit Moses Mendelssohn, dem »ersten jüdischen Schriftsteller deutscher Zunge«, mit dem Lessing Shaftesbury und Burke studiert habe. Der Berliner Verleger Nikolai habe seine »Allgemeine deutsche Bibliothek« begründet, den »gesunden Menschenverstand« proklamiert. Am 1. März 1943, nach der Verhaftung der Juden, sprach der Professor über ein bürgerliches Trauerspiel von Lessing, »Miß Sara Sampson«. Lessing hatte das erste bürgerliche Trauerspiel geschrieben, sonst blieb das Trauerspiel allein dem Adel auf der Bühne vorbehalten. Der Professor sprach von »endlosen Dialogen, von Tränenfluten, von reiner Prosa« in dem Stück. Und vom eisernen Fleiß Lessings, Genie sei Fleiß, vielen Überarbeitungen des Philologen und Dichters.
Am Nachmittag des 2. März 1943 las der Professor über Lessings Faustfragment, bei dem es »zuviel Überlegung« des Autors gegeben habe, Verzicht auch auf dramatische Wucht. »Doch er hörte aus der alten Sage die tiefe deutsche Sehnsucht heraus«, schrieb der Oberleutnant ins Kollegheft. In der Nacht griffen 251 britische Bombenflugzeuge die Stadtmitte, die West- und Südvororte Berlins mit 610 Tonnen Bomben an. 17 Bomber wurden von Nacht-

jagd und Flak abgeschossen; es gab 711 Tote und 1570 Verwundete, 35 000 Berliner wurden obdachlos, 20 000 Häuser waren beschädigt.
Da der Oberleutnant Koch im Norden Berlins, in Hermsdorf, wohnte, blieb dieser Luftangriff ein kriegerisches Gewitter, das ihn nicht betraf. Er kannte das Feuer, er hatte in ihm gelegen, nun war es ihm von der Front vor Moskau bis hierher gefolgt, aber es hatte ihn verfehlt. Die Vorlesungen fielen am 3. März 1943 aus, schwefelgelber Rauch verdüsterte die Vororte im Westen und Südwesten; Goebbels stellte in seinem Tagebuch an diesem Tage fest, daß der Luftschutz wenig Wirkung gezeigt habe, denn die Luftschutzwarte hätten mit den Hausbewohnern zu lange in den Kellern gesessen, während die Häuser niederbrannten. Auch die Partei habe versagt. Er entließ zwei Ortsgruppenleiter aus den westlichen Vororten, die sich dem Unglück nicht gewachsen gezeigt hatten, und sagte den Priestern der zerstörten St. Hedwigs-Kathedrale zu, daß sie die Singakademie für den Gottesdienst benutzen könnten. »Kleine Geschenke erhalten die Freundschaft«, notierte er.
Am 4. März 1943 setzte der Professor in Hörsaal 3 seine Vorlesungen fort. Er sprach über ein Theaterstück von einem gewissen Cronegk »Codrus«, das zeitgemäß sei, Kriegserlebnis und Vaterland zum Inhalt habe, auch von Ewald von Kleist, dem Freund Lessings, der 1757 eine »Ode an die Preußische Armee« gedichtet hatte. Im Laufe des Siebenjährigen Krieges, in den Jahren von 1759 bis 1763, habe Lessing 133 Briefe geschrieben, die die neueste Literatur beträfen.
Der Oberleutnant nahm dies alles wahr, als sei die Literatur unzerstörbar, von der er hier hörte, während Häuser und Menschen um ihn fielen.
Dem schwerkriegsbeschädigten Offizier war es als Frontstudent gestattet, sich der Literatur zuzuwenden, die er so viele Jahre entbehren mußte. Untauglich geworden für den Frontdienst, war es jetzt seine Aufgabe, auch sein Auftrag, den der Staat ihm stellte, sich für einen Beruf an der Universität vorzubereiten, denn Abiturient konnte er ja nicht bleiben, wie es in seinen Papieren seit 1937 stand.

Erst später erfuhr er, daß am 19. Februar 1943 der Gauleiter Giesler in der Aula der Münchner Universität die Bereitschaft der akademischen Jugend, sich fürs Vaterland einzusetzen, in einer Ansprache bezweifelt und das Studium der Frauen verhöhnt hatte.
Dann hatte es Flugblätter in der Münchner Universität gegeben, die von der Empore in die Tiefe geworfen wurden.
Wenige Stunden später waren die Frontstudenten Hans Scholl und Christoph Proebst sowie die Studentin Sophie Scholl verhaftet worden. In den Flugblättern stand am Schluß: »Studentinnen und Studenten! Auf uns sieht das deutsche Volk. Von uns erwartet es die Brechung des nationalsozialistischen Terrors aus der Macht des Geistes. Beresina und Stalingrad flammen im Osten auf. Die Toten von Stalingrad beschwören uns. Frisch auf, mein Volk, die Flammenzeichen rauchen! Unser Volk steht im Aufbruch gegen die Verknechtung Europas durch den Nationalsozialismus, im gläubigen Durchbruch von Freiheit und Ehre!«
»Weiße Rose« – nach der 1933 zerstörten deutschen Jugendbewegung – nannten sich diese Empörer, die mit ihrem Lehrer Professor Huber von Roland Freisler, der vom Reichsjustizministerium in Sondermission nach München geschickt wurde, dem Schafott übergeben wurden.
Diese Vorgänge unter Studenten in München wurden nur als Gerücht bei den Berliner Studenten bekannt. Doch sprach man viel darüber.
Eine propagandistische Gegenaktion ließ der Reichsstudentenführer Scheel durchführen.
In den »Meldungen aus dem Reich« stand zum ersten Mal der nicht mehr sibyllinische Satz: »Die Mehrheit der Bevölkerung setzt nach wie vor einen etwaigen Verlust des Krieges mit dem buchstäblichen Untergang des Deutschen Reiches gleich.«
Anfang März 1943 hatte eine deutsche Gegenoffensive im Süden der Ostfront zur Wiedergewinnung von Charkow geführt. Die Ostfront war wiederhergestellt, Hitler konnte am 19. März nach Berlin fahren, um zum Heldengedenktag am 22. März 1943 im Zeughaus zu sprechen. Dort wollte ihn ein Offizier aus dem Stabe der Heeresgruppe Mitte in die Luft sprengen, aber Christoph von

Gersdorff gelang der Anschlag nicht, der auch sein Leben gekostet hätte.

Oberleutnant Koch sah sich die Wochenschau an, über die es in den »Meldungen aus dem Reich« hieß: »Die Freude darüber, daß der Führer ›endlich‹ wieder in der Wochenschau zu sehen gewesen, sei im ganzen Reich allgemein gewesen. Es seien dadurch schlagartig die in allen Reichsteilen umlaufenden Gerüchte zerstört oder zumindest stark zurückgedrängt worden. Neben dieser beruhigenden Wirkung«, so hatten die »Meinungsforscher« im Dienste des Reichssicherheitshauptamtes gefunden, »wird aber ebenso einheitlich gemeldet, daß man überall ›bestürzt‹, ›betroffen‹, ›stark beeindruckt‹, ›beunruhigt‹ worden sei von dem angeblich sehr ›übermüdeten‹, ›abgespannten‹, ›gealterten‹ und ›abgearbeiteten‹ Aussehen des Führers. Übereinstimmend heißt es weiter: ›Man beobachtete jede seiner Bewegungen und hing förmlich an seinem Gesichtsausdruck‹, der ›als Gradmesser für den augenblicklichen Stand der Ereignisse‹ gelte. Die Aufnahme, die den Führer gesenkten Hauptes auf seinem Platz in der Halle des Zeughauses gezeigt habe, habe ›geradezu erschüttert‹.«

»Der Führer«, schrieb Goebbels am Tage vorher in sein Tagebuch, »ist glücklich über meinen Bericht, daß die Juden zum größten Teil aus Berlin evakuiert worden seien. Er hat recht, wenn er sagte, daß der Krieg es möglich mache, eine ganze Anzahl von Problemen zu lösen, die wir niemals in normalen Zeiten hätten erledigen können. Die Juden werden sicher die Verlierer dieses Krieges sein, komme was mag.« Am Montag, dem 22. März, nach dem Heldengedenktag, las Kochs Professor über Lessings »Emilia Galotti«, sprach vom »Verzicht auf jede Gewalt als Merkmal der Bürgerlichkeit«, vom »Opfer, das der Tugend gebracht« werde.

Er sprach von 1772, von Wolfenbüttel, nicht von 1943, von Berlin. Aber weshalb notierte sich der Oberleutnant gerade diese Sätze? Vom Verstande her konnte er die Umwelt nicht bis in ihre letzten Einzelheiten erfassen. Er hatte seine Pflicht während des Krieges in Polen und in Rußland getan. Nach seiner schweren Verwundung, die für immer ihre Spuren hinterlassen würde, geriet er in Kriegslazarette, Reservelazarette und ehemalige Sanatorien, in denen er sich ein Jahr aufzuhalten hatte, um wieder gehen zu

können, am Stock und jeder Schritt schmerzhaft. Er hatte dem Vaterland gegeben, was es in seinen dunkelsten Jahren von ihm verlangen konnte. Nun gab das Vaterland ihm das Universitätsstudium; das Heer erlaubte ihm, auf Studienurlaub zu gehen. Wenn er im Osten, hinter den Panzern, vor seiner Kompanie, gegen den Feind vorging, dann hatte er sich nicht nur körperlich eingesetzt, sondern auch geistig. Anders wäre das nicht zu denken gewesen, was hinter ihm lag. In den langen Lazarettnächten, fast über zwölf Monate, blieb er körperlich gefesselt an die Wunde, an das Bett, an das Unvermögen, sich noch einmal so zu bewegen, wie er es bisher im Kriege getan hatte.
Er gehörte noch mit seiner Uniform, seiner militärischen und menschlichen Erfahrung vom Leben und Sterben an der Front zu diesem grauen Heer, aber seine Gefühle bestimmten ihn nun lebhafter als früher, und sein geistiges Leben trachtete nach mehr Wissen, nicht nur um die Dinge dieses Krieges, sondern auch um weit von ihm entfernte Wertvorstellungen. Es mußte doch ein Land geben, das allein der Seele gehörte, ein imaginäres Reich, das dem Dritten Reich, in dem er seine Gesundheit wie viele andere verloren hatte, entrückt war.
Er trat keine Flucht an, er desertierte nicht aus diesem Dritten Reich. Er suchte nur etwas anderes als er vorfand. Er studierte nicht Medizin, um einmal Wunden zu heilen. Er suchte in der Geschichte einen Grund für sein kleines Mithandeln in dieser Zeit als Soldat. -in der Literatur suchte er Geschichte, in der Kunst der Architektur, die Professor Pinder an der Universität lehrte, entkam er seiner Zeit in das Barock nach dem Dreißigjährigen Krieg. Nur im Seminar über Geopolitik näherte er sich wieder dem Dritten Reich, auch in den zeitungswissenschaftlichen Vorlesungen des Professors Emil Dovifat, der ihm den Schlüssel zum »Giftschrank« aushändigte, in dem die Bücher verbotener Autoren aufbewahrt wurden.
Er wurde Entdecker; das Gefühl, daß er unbeschränkte Zeit habe, um seine Forschungen fortzusetzen, hielt ihn in einem sonderbaren Abstand von den Zeitereignissen, die sich um ihn abspielten. Als er im geopolitischen Seminar eine Arbeit über Marokko ablieferte, landeten die Amerikaner in Casablanca. Da war es ihm für

33

einen Augenblick, als befände er sich doch im Teufelskreis, als sei er eingeholt worden von den Zeitereignissen, denen er sich in dem Lazarettjahr doch entzogen hatte. Die nächtlichen Luftangriffe, die er in Berlin kennenlernte, veränderten nicht seine persönliche Freiheit, die er an der Universität gefunden zu haben glaubte. Sie konnten sie einschränken, wenn Lehrveranstaltungen ausfielen, aber dafür durfte er in seiner gemieteten Stube im Vorort Hermsdorf lesen und nachdenken, ausgerüstet mit Büchern, die er aus Bibliotheken entlieh.
Und der Tod oder die Verwundung durch Bomben hatten ihm nichts Neues zu sagen, er kannte das von der Front. Oberleutnant der Reserve Koch ging es nicht anders als Zehntausenden seines Jahrgangs oder seines Schicksals. Nun aber hatte ihn die Tat und das Schicksal der Geschwister Scholl in München betroffen gemacht, für eine Zeit, die er noch nicht abschätzen konnte, aus der Beschäftigung mit dem imaginären Reich wieder in das Dritte Reich zurückgezwungen.
Er hörte nur von einer Rebellion mit Flugblättern, er kannte ihren Inhalt nicht. Er wußte nicht, daß Scholl Frontstudent wie er war, der die »Heldenfibel« Tusks kannte wie Koch, der mit ihr 1939 nach Polen gefahren war.
Daß der Krieg soeben eine entscheidende Wendung genommen hatte, mit den Alliierten in Afrika, den Russen im siegreichen Vormarsch, bei der Rückgewinnung ihres Landes, auch mit der ersten, sichtbaren Empörung von Soldaten wie diesen Altersgefährten in München, entging ihm nicht, aber er hatte weder etwas dagegen einzuwenden noch konnte er die Wendung rückgängig machen.
Wenn alles so kommen mußte, dann blieb ihm nichts anderes übrig, als – wie die anderen – seinen Kopf hinzuhalten, an das Schicksal nur die Erwartung irgendeiner Gnade zu hängen, die ebenso imaginär war wie sein imaginäres Reich.
Er meinte, daß er sich anderen gegenüber, also auch seinem Volke, nur dann richtig verhielte, wenn er von dem Gefühle geleitet sei: so und nicht anders sollst du handeln, wenn du anständig bleiben willst.
Ihm fehlte die Vorstellungskraft, sich auszudenken, daß ihm dies

einmal vorgeworfen werden könnte; hätte er sie gehabt, seine moralische Maxime wäre nicht anders ausgefallen.
Aber er begann zu ahnen, daß er sich im Zentrum eines Taifuns aufhielt, in der stillen Zone auch des Geistigen, an das er sich klammern wollte, solange es ihm möglich wäre. (Später würden viele Bücher über diesen Krieg geschrieben werden, doch diese Haltung, die Millionen in der Heimat unabhängig voneinander einzunehmen suchten, so lange es ihnen gestattet wurde, nahm kaum jemand wahr. Sie wurde verdrängt und vergessen, von Schuld und Sühne aufgezehrt und von den dann alt und grauhaarig gewordenen Überlebenden jener Jahre in die verborgensten Winkel ihrer verletzten Seelen vergraben.)
Aber war alles hoffnungslos für den einzelnen?
Wenn Koch morgens zum Stadtbahnhof ging, sah er neue, ihm unbekannte Panzer unter Tarnnetzen, die auf Tiefladern durch die Straßen zu Güterbahnhöfen oder Erprobungsstellen gefahren wurden.
Nie hatte er solche schweren Panzer an der Front gesehen.

5. Kapitel

Der kürzeste Krieg

Fronten entstehen nicht von alleine, sie bilden sich aus den operativen und strategischen Maßnahmen, nach den Zwängen des Kriegsverlaufs; sie werden errichtet, aufgegeben oder gehen verloren.
Aber das Primat des Soldaten, Fronten zu errichten, wurde 1939 bis 1945 von dem politischen Willen Hitlers weitgehend überlagert. Die Fronten, die er durch die Soldaten errichten ließ, entsprangen seinen politischen Absichten. Seine erste Front hatte er in der Sudetenkrise 1938 erhalten, die dann durch das Münchner Abkommen nicht zum Einsatz gelangte. Es war die mitteleuropäische Front, die er rings um die Tschechoslowakei bilden ließ. Er versicherte sich dabei der polnischen und ungarischen Unterstützung, die dann auch durch Gebietsabtretungen belohnt werden mußte.
Während des Feldzuges in Polen wurde nicht von einer Ostfront gesprochen. Dafür gab es eine Westfront, an der jedoch bis zum Mai 1940 kaum gekämpft wurde.
Der Krieg in Frankreich, Belgien, Luxemburg und den Niederlanden brachte dann für eine kurze Zeit eine bewegliche Westfront zustande, aus der nach dem Waffenstillstand die »Wacht am Kanal und am Atlantik« wurde.
Die kurzen Feldzüge in Norwegen, Jugoslawien und Griechenland im Frühjahr 1941 ließen es nicht zu, daß sich feste Fronten bildeten. Die Eroberung Kretas aus der Luft hatte den Charakter der Einnahme einer Insel-Festung, wie sie auch für Gibraltar und Malta geplant, aber nicht ausgeführt wurde.
Die Entsendung von motorisierten Truppen nach Nordafrika galt der Stärkung der italienischen Front gegen die Briten.
Als Hitler 1941 auf der Höhe seiner Macht stand, wie Napoleon

als Kaiser der Franzosen 130 Jahre zuvor im Jahre 1811, eröffnete er, wie einst Napoleon, an einem 22. Juni die Ostfront, an der bis zum Fall von Stalingrad Ende Januar 1943 seine Wehrmacht über zwei Millionen Soldaten als Gefallene, Verwundete und Vermißte verloren hatte.
Die weiteste Ausdehnung der Ostfront Mitte November 1942 – vom Eismeer bis zum Kaukasus – erfuhr dann den großen sowjetischen Gegenschlag beiderseits Stalingrads, der zur raschen Einschließung der 6. Armee und von Teilen der 4. Panzerarmee sowie verbündeter Truppen führte. Gleichzeitig errichteten die Verbündeten der Sowjetunion, Großbritannien und die USA, eine »Zweite Front«, nach der Stalin seit der deutschen Invasion in sein Land gerufen hatte. Sie entstand in Nordafrika.
Napoleon hatte seinen Sturz selbst vorbereitet, als er zu weit ging. Carl von Clausewitz spricht in seinem Buch »Vom Kriege« vom Kulminationspunkt des Angriffs, wenn sich die Kräfte des Angreifers erschöpfen. Militärisch gilt das taktisch und strategisch. Es gilt aber auch politisch für den Eroberer, den der Erfolg verblendet, der das Augenmaß verliert, der die Grenzen des Möglichen nicht mehr erkennen will. Für die Weltgeschichte bedeutete 1812 ein Schicksalsjahr, über das Clausewitz schrieb: »Das russische Reich ist kein Land, welches man förmlich erobern, das heißt besetzt halten kann, wenigstens nicht mit den Kräften jetziger europäischer Staaten und auch nicht mit 500 000 Mann, die Bonaparte dazu herangeführt hatte. Ein solches Land kann nur durch eigene Schwäche und durch die Wirkungen inneren Zwiespalts bezwungen werden.«
Das napoleonische Heer von 1812 entsprach mit seiner halben Million Mann, umgerechnet auf die Bevölkerungsdichte jener Zeit in Europa, dem Dreimillionenheer, das Hitler 1941 in die Sowjetunion entsandte.
Es trat in drei Heeressäulen ähnlich wie die Wehrmacht des Dritten Reiches an, um sich sechs Monate später mit Resten aus Rußland zu retten. Damals wurden Napoleons Soldaten bis nach Paris von russischen Verbänden verfolgt, die dort mit ihren Verbündeten 1813 eintrafen.
Die deutsche Wehrmacht drang eineinhalb Jahre lang in der So

wjetunion ein, um zwei Jahre nach dem Kulminationspunkt Stalingrad über die deutschen Grenzen auf die Weichsel und Oder zurückgeworfen zu werden.
Über die »Natur der Verteidigung« schrieb Carl von Clausewitz: »Gewöhnlich betrachtet sich ein Staat schon halb verloren, wenn er innerhalb seiner Grenzen den Feind erwarten und durch einen Verteidigungskrieg seine Erhaltung sichern soll.
Diese Gewohnheitsansicht in Regierung und Volk gibt ein dumpfes, ängstliches Gefühl, was sich bald in Mutlosigkeit verwandelt. Es ist daher der Mühe wert, die Begriffe von Angriff und Verteidigung deutlich zu machen, vielleicht wird dann eine Quelle des Muts, was bisher Kleinmut erzeugte.« Aus den angriffsweise (und überfallweise) geführten Feldzügen der deutschen Wehrmacht im Zweiten Weltkriege wurde ab 1943 ein Verteidigungskrieg, der noch längere Zeit außerhalb der damaligen Reichsgrenzen geführt werden konnte, bis er dann im eigenen Land als Erdkrieg zur Niederlage wurde. Als Luftkrieg hatte er schon Jahre Deutschland erfaßt. Zur Westfront, die Anfang 1943 noch in Nordafrika stand, und zur Ostfront, die sich seit Ende 1942 nach rückwärts in Bewegung setzte, mußte notwendigerweise eine *Heimatfront* kommen, für die das ganze Volk gebraucht wurde, nicht mehr nur Soldaten.
Stalin führte einen Volkskrieg gegen die deutschen Invasoren. Bisher war diese Art der Kriegsführung von der deutschen Propaganda nur abwertend dem eigenen Volke dargestellt worden. Aus Partisanen machte man Banden, aus den Rüstungsanstrengungen der Gegenseite, der Verpflichtung der Frauen für den Dienst in den Fabriken, wie es mit Kriegsbeginn 1939 in Großbritannien geschah, fabrizierte die Propaganda verzweifelte Anstrengungen von militärisch hoffnungslos Unterlegenen.
Das Dritte Reich hatte bisher den Krieg hochmütig geführt. Erst die Niederlage von Stalingrad dämpfte den Hochmut, zügelte die Arroganz der Mächtigen, obwohl die Schlacht um Moskau 1941/42 ein Warnzeichen gewesen war. Erst nach Stalingrad, am 18. Februar 1943, stellte Goebbels im Berliner Sportpalast die Frage: »Wollt Ihr den totalen Krieg? Wollt Ihr ihn, wenn nötig, totaler und radikaler, als wir ihn uns heute überhaupt noch vor-

stellen können?« Am gleichen Tag gab er Weisungen zur Behandlung seiner Sportpalastrede an die Presse, in denen es hieß: »Die Auseinandersetzungen mit dem Bolschewismus gehen nicht nur das deutsche Volk, sondern auch die Welt an, während die Ausführungen der Rede über die Totalisierung der Kriegsführung eine überwiegend auf das *Inland* berechnete Angelegenheit darstellen.« Goebbels meinte den »totalen Kriegseinsatz«, aber das von ihm benutzte Wort »Totaler Krieg« mußte sich selbständig machen.
Am 13. März 1943 heißt es im Protokoll der Ministerbesprechung, die Goebbels in Berlin täglich 11 Uhr abhielt: »Der Minister berichtet, daß nach Angabe des Oberkommandos der Wehrmacht das Kernstück aller Feldpostbriefe die Zustimmung zu den Maßnahmen über den totalen Krieg bildet. Die Soldaten berichten einheitlich in begeisterten Worten über die Maßnahmen, die in der Heimat durchgeführt werden ... Die Lage im Osten stabilisiert sich weiterhin und nimmt damit in gewissem Sinne der Propagierung des totalen Krieges die Zugkraft. Der Minister gibt deshalb die Anweisung, dem Volk klarzumachen, daß der totale Krieg eine Sache für sich und unabhängig von Sonnenschein und anderen positiven Dingen durchzuführen ist. Der totale Krieg hat nichts mit der Krise im Osten zu tun, sondern soll kommende Krisen vermeiden. Das Schlagwort sei ›Nie wieder Krise‹.«
Aus dem »totalen Kriegseinsatz«, den der »totale Krieg« nach Goebbels bedeuten sollte, wurde der alleinige »Totale Krieg«, der Vernichtung um seiner selbst willen bedeutete.
An eine »Totalisierung der Kriegsmaßnahmen« hatte Goebbels nach der Winterkrise 1941/42 gedacht, aber er konnte Hitler dafür nicht gewinnen.
Goebbels hatte nach dem Flug des »Stellvertreter des Führers«, Rudolf Heß, im April 1941 nach England gehofft, Hitlers Stellvertreter zu werden, der im Kriege freilich eine viel höhere Machtfülle besitzen müßte, um im Reich regieren zu können, während der Führer und Oberste Befehlshaber der Wehrmacht, der zugleich seit Dezember 1941 Oberbefehlshaber des Heeres war, von seinem Hauptquartier im Osten aus führte. Im August 1942 hatte er sich auch noch die Heeresgruppe A persönlich unterstellt, die im Kaukasus nicht weiterkam. Erst Mitte Dezember 1942 erhielt Goeb-

bels die Gelegenheit, einen energischen Vorstoß zu unternehmen, mit dem Ziel, in seiner Hand die Kriegsanstrengungen in der Heimat zu vereinigen.
Er schickte Hitler eine Denkschrift über die »Totalisierung der Kriegsmaßnahmen«. Sie wurde von Hitler erst eine Woche nach dem 21. Dezember gelesen. Das war der Tag, an dem Feldmarschall von Manstein ihm gemeldet hatte, daß die Entsatzoperation der 4. Panzerarmee nicht ausreichen würde, um den Belagerungsring zu sprengen und die 6. Armee aus ihrer Lage zu befreien. Am 24. Dezember mußte diese Operation, an der nur zweieinhalb Panzerdivisionen beteiligt waren, endgültig aufgegeben werden.
Da Hitler sich weigerte, der 6. Armee den Befehl zum Ausbruch zu geben, um sich mit den an der Myschkowa – etwa 50 Kilometer vor dem Kessel von Stalingrad – angekommenen Panzerdivisionen zu vereinigen, mußte die 6. Armee sich selbst überlassen bleiben.
Vier Tage später, nachdem Hitler die Denkschrift gelesen hatte, am 28. Dezember, suchte Martin Bormann, der Leiter der Parteikanzlei und Sekretär Hitlers, Goebbels in Berlin auf, um mit ihm über die Denkschrift zu sprechen. Im Auftrage Hitlers teilte er mit, Bormann habe dem Führer Gesetzesentwürfe zur »Totalisierung der Kriegsführung« in kürzester Zeit vorzulegen. Goebbels war überspielt.
Aus dieser Vorlage wurde der »Erlaß des Führers über den umfassenden Einsatz der arbeitsfähigen Männer und Frauen für die Aufgaben der Reichsverteidigung«, den Hitler am 13. Januar 1943 unterzeichnete.
Der Erlaß sah vor, Arbeitskräfte freizumachen, die für die Front, aber auch für ein gigantisches Panzerbauprogramm vorgesehen wurden. Betriebe des Handels, des Handwerks und der kleineren Gewerbe wurden hiervon betroffen. Sie sollten stillgelegt werden und 500 000 Soldaten durch diese Maßnahme an die Front abgegeben werden.
Das Oberkommando des Heeres hatte an zwei Millionen Mann gedacht. Ein »Gremium zur Koordinierung der Totalisierungsmaßnahmen« sollte die Durchführung überwachen.
Doch Goebbels wurde nicht in dieses Gremium von Hitler befohlen. Er sollte die Rolle des »Herolds des totalen Krieges« spielen.

Als Goebbels davon Ende Januar 1943 erfuhr, plante er eine Massenkundgebung im Berliner Sportpalast, in der er das Volk fanatisieren und dessen Bereitschaft zum totalen Kriegseinsatz demonstrieren lassen wollte.
»Der wohl sensationelle Erfolg der schließlich auf den 18. Februar 1943 anberaumten Kundgebung«, schreibt Willi A. Boelcke, »war sicher gleichermaßen der Haltung des Publikums in einer Situation heraufdämmernder Verzweiflungsstimmung wie der alle Register suggestiver Verführungskünste ziehenden Rede zuzuschreiben, weniger der obligaten Regie und der während der Veranstaltung den Beifall steuernden Claque, für die in unaufdringlicher Weise in das Lautsprechernetz der Kundgebung überspielte, auf Schallplatten konservierte Ovationen sorgten. Den Beifall jedoch bis Minutenlänge auszudehnen, spontane Zustimmungserklärungen zu inspirieren und schließlich zu hysterischen Exzessen, wie sie tatsächlich zu beobachten waren, hinzureißen, das alles war weniger technischen Finessen und der beteiligten Regie, sondern vor allem dem Geschick des Redners zuzuschreiben und seiner Fähigkeit, das ohnehin spannungsgeladene Auditorium, das einen Querschnitt vom Parteifanatiker bis zu dem sich in mannigfaltigen Schattierungen verkörpernden ›Mitläufer‹ bot, zu elektrisieren.«
Goebbels behauptete im ersten Teil seiner Rede, Europa sei der bolschewistischen Weltgefahr ausgesetzt, die »Terror«, »Anarchie«, »Hunger«, »Elend« und »Zwangsarbeit« bedeute. Den »motorisierten Roboterdivisionen« des Ostens könnte nur die Wehrmacht siegreich entgegentreten. »Wenn wir nicht das Spiel als verloren aufgeben wollen«, sei »der totale Krieg das Gebot der Stunde«, dem Führer eine »operative Reserve« zu schaffen, »Hunderttausende von UK-Stellungen (UK = Unabkömmlich) in der Heimat« zu beseitigen, die Frauen zum freiwilligen Arbeitseinsatz aufzurufen, um den »greifbar nahen Sieg« mit einer Sommeroffensive im Osten zu erzwingen.
Theodor Körners Wort aus den Befreiungskriegen schloß die Rede ab: »Nun Volk steh auf, und Sturm brich los!« Der »totale« Krieg, so hatte er ausgerufen, sei der »kürzeste Krieg«.
Die Verheißung auf den Sieg im Sommer wurde der Bevölkerung vermittelt, um ihr bei den Einschränkungen, die geplant waren, ein

positives Ziel zu zeigen, das alle Entbehrungen aufwiegen würde. In den »Meldungen aus dem Reich« hieß es dazu Anfang März 1943: »Es ist zur Zeit schwierig, die Haltung und Gesinnung der Volksgenossen zutreffend darzustellen. Auf der einen Seite werde in einer Art und Weise über die Zukunftaussichten gesprochen, die man als sehr niedergeschlagen und wenig hoffnungsfroh, teilweise sogar als defaitistisch bezeichnen müsse. Jedoch würden viele Volksgenossen, die jetzt davon sprächen, daß schon alles verloren sei, dennoch hundertprozentig ihre Pflicht tun und sich gewiß auch in noch stärkeren Belastungsproben bewähren. Andererseits sei es unverkennbar, daß die gute Haltung mancher Volksgenossen auf dem Bestreben beruhe, so zu erscheinen, wie man es von ihnen erwarte.«

In diesen »Meldungen« taucht zum ersten Male das Wort »Endsieg« auf: »Hinter einem äußerlich aufrechten und optimistischen Gebaren würden sie ihre Zweifel und Sorgen verbergen im Bewußtsein der Verpflichtung, durch gute Haltung beispielgebend sein zu müssen. Der Teil der Bevölkerung, welcher trotz klarer Erkenntnis von den bis zur Erringung des Endsieges noch zu bewältigenden Schwierigkeiten sich von den Besorgnissen und Ängsten anderer Volksgenossen nicht anfechten lasse, trete äußerlich am wenigsten in Erscheinung. Diese Volksgenossen würden sich an den Diskussionen über den weiteren Verlauf und den Ausgang des Krieges kaum beteiligen, weil sie solche Erörterungen für zwecklos hielten und in der Erfüllung der jedem übertragenen Pflichten die Garantie dafür erblickten, daß ›wir uns durchbeißen werden‹.«

Ende März 1943 handelte es sich, wie die »Meldungen aus dem Reich« festhielten, »darum, Geister wieder loszuwerden, die sich beim ersten fanatischen Aufruf für die totale Kriegsführung und die Zurückstellung aller Friedensgewohnheiten vielfach eingestellt hätten. In breiteren Schichten wird häufig gemeint, daß in bezug auf den totalen Kriegseinsatz gegenüber der Theorie der ersten Tage in der Praxis vieles wieder ›zurückgekurbelt‹ werde, wobei immer wieder auf die Frage der Dauerwellen verwiesen wird«.

So wurde herausgefunden, daß die Einschränkungen im Friseurhandwerk zu »unerquicklichen Debatten« bei der weiblichen Bevölkerung geführt hätten. Die Dauerwelle wurde hier verboten, dort wurde sie zwar auch verboten, aber wieder erlaubt. »Totale Kriegsmaßnahmen gelten entweder im ganzen Reich oder überhaupt nicht«, würde drastisch geäußert.

In der Bevölkerung habe die Schließung der Luxus- und Barbetriebe in Berlin Zustimmung gefunden. Doch wurde darauf hingewiesen, daß in den Speiseräumen der Hotels oft noch auserlesene Speisen und Getränke angeboten würden, so daß für die ehemaligen Besucher von »Schlemmerlokalen« eine Ausweichmöglichkeit bestehe. Größere Barbetriebe wie »Melodie« am Kurfürstendamm und »Frasquita« in der Hardenbergstraße hätten zwar ihre Bars geschlossen, aber die Räume führten sie mit dem gesamten Personal als Speisebetriebe weiter. Andere Barbetriebe blieben einige Tage geschlossen, dann öffneten sie als Café. Aus der »Gongbar« sei »Café Gong« geworden.

Was hätten diese Betriebe besseres tun können? Goebbels hatte in seiner Sportpalastrede den Sieg im Osten für den Sommer versprochen. Bis dahin galt es, das Personal zu halten, denn nach dem Siege brauchte man auch wieder Bars in Berlin.

Mit zwei persönlichen Weisungen griff Hitler am 4. und 16. März 1943 in diese Diskussion ein. »Im Zusammenhang mit den Maßnahmen der totalen Kriegsführung haben einige Blätter Ausführungen veröffentlicht, die sich gegen einen Teil der Volksgenossen richten, die bisher nicht voll eingesetzt waren. Solche Äußerungen in der Presse sind grundsätzlich zu unterlassen«, hieß es in der »Tagesparole des Reichspressechefs« vom 4. März 1943. Und am 16. März 1943 ließ er durch die »Tagesparole« die deutsche Presse wissen, »daß mit den Maßnahmen der totalen Kriegsführung nicht Instinkte der gegenseitigen Beschnüffelung, insbesondere in äußeren Dingen des Auftretens, der Kleidung usw. wachgerufen werden sollen, ... daß es keinen Verstoß gegen die Kriegsdisziplin darstellt, wenn sich z. B. eine Frau mit den Sachen, die sie besitzt, nett anzieht oder sonst hübsch macht. Nicht die äußere Aufmachung interessiert, sondern allein die Haltung und Leistung«.

Anfang April hieß es in den Weisungen des Reichspressechefs: »Die Erleichterung der Lage an der Ostfront und die damit zusammenhängende Auflockerung der militärischen Berichterstattung dürfen keinesfalls dazu führen, daß die deutsche Presse ihre seit den Wintermonaten eingenommene generelle ernste Einstellung zum Kriegsgeschehen verläßt.«

Zum »Reichsbevollmächtigten für den totalen Kriegseinsatz« wurde Goebbels erst einen Tag nach dem Attentat auf Hitler, am 21. Juli 1944, ernannt.

Der »totale Krieg«, den Goebbels wollte, erhielt 1943 und 1944 durch die Steigerung der Luftangriffe auf die Städte seine eigentliche Bedeutung für die Deutschen.

Wenn zuerst unter diesem Wort die totale Kriegsanstrengung verstanden wurde, dann wurde »Totaler Krieg« nun zu einem Akt erbarmungsloser Vernichtung.

Die »totale Kriegsanstrengung« blieb weitgehend eine Farce. Erst im Winter 1943/44 sollte aus der »Kriegsanstrengung« ein »totaler Kriegseinsatz« werden.

Eine unter dem Eindruck von Stalingrad sich zeigende Entschlossenheit wurde nie wieder erreicht.

Als dann die Fronten näher an Deutschland heranrückten, wurde sichtbar, was im März 1943 in den »Meldungen aus dem Reich« fast anekdotisch knapp, mit dem Nachsatz versehen »Der Name des Reisenden konnte festgestellt werden, entsprechende Maßnahmen sind eingeleitet«, mitgeteilt wurde: »Ein Berliner, angeblich in einer Reichsstelle tätig, äußerte in der Eisenbahn zu einem Mitreisenden nach längerer, offener Aussprache über die Kriegslage: ›Ich kann Ihnen die hundertprozentige Versicherung geben, diesen Krieg brauchen wir nicht mehr zu verlieren, den haben wir schon verloren.‹«

Die deutsche Auslandspropaganda begann mit einer dramatischen Darstellung dessen, was zukünftig im Osten geschehen würde. Die Parole lautete: »Stalin ante portas.«

Mit der Bekanntgabe des Sieges bei Stalingrad hatte Stalin sein erstes territoriales Kriegsziel verkündet: Wiederherstellung der Grenzen von 1940, der sowjetischen Westausdehnung, die sein Pakt mit Hitler von 1939 eingebracht hatte. Dazu gehörten auch die drei baltischen Staaten, die 1943 zum Reichskommissariat Ostland zusammengefaßt worden waren. Hitler befahl, deren männliche Bevölkerung zum Wehrdienst oder Polizeidienst heranzuziehen. Aber nicht die Wehrmacht, sondern der Reichsführer SS Himmler erhielt sie für seine Zwecke, für Polizei und die Freiwilligenverbände der Waffen-SS.

Als im April 1943 die Massengräber erschossener polnischer Offiziere bei Katyn entdeckt wurden, erhielt »Stalin ante portas« gegenüber dem Ausland eine Bedeutung, die durch die Nachricht vom Abbruch der Beziehungen zwischen der polnischen Exilregierung in London und der Sowjetunion unterstrichen wurde. Die sich abzeichnende politische Krise im Lager der Gegner Deutschlands sollte bis 1945 andauern.

6. Kapitel

Der brennende Dornbusch

Konnte man die Schlachtschiffe oder schweren Kreuzer der Kriegsmarine in Panzer umschmelzen? Oder reichte das Material, 125 000 Tonnen Stahl und Eisen, gerade aus, den Bau von Unterseebooten zu beschleunigen? Unter dem Eindruck von Stalingrad dachte Hitler daran, die Schlachtschiffe »Tirpitz«, »Scharnhorst«, »Gneisenau« und die schweren Kreuzer »Hipper«, »Prinz Eugen«, »Admiral Scheer« und »Lützow« abwracken zu lassen.
Am 2. Januar 1943 meldete ihm die Seekriegsleitung, daß sich nur geringe Einsparungen ergeben würden. Monatlich verbrauche das Hauptamt für Kriegsschiffbau für Schiffbau einschließlich U-Booten 65 000 Tonnen Eisen und Stahl. Nicht einmal für zwei Monate würde der Bedarf der Kriegsmarine durch das Abwracken gedeckt. Es sei auch nicht sofort für andere Zwecke brauchbar, sondern müsse erst in der Industrie umgeschmolzen und neu verarbeitet werden.
Für längere Zeit würden sämtliche größeren Docks belegt. Die schweren Schiffe bekämen monatlich 4500 Tonnen Treiböl von den insgesamt 16 700 Tonnen, die der Flotte zugeteilt würden. Außerdem erhielte die Gruppe Nord monatlich 9000 Tonnen für operative Aufgaben an der norwegischen Küste, im Eismeer und im finnischen Meerbusen.
Erspart würden monatlich zwischen 5 bis 8000 Tonnen, wenn die großen Schiffe verschwänden. Das Personal betrage rund 300 Offiziere, 8500 Unteroffiziere und Mannschaften. Dies seien Spezialisten, die für den Einsatz und die Waffenverwendung auf den schweren Seestreitkräften besonders ausgebildet wurden.
Gegenüber dem »einmaligen Gewinn einer beschränkten Anzahl jüngerer Offiziere für die U-Bootswaffe«, so wurde gemeldet, »steht der Fortfall der Ausbildungs- und Erziehungsbasis für die

gesamte Kriegsmarine einschließlich der U-Waffe, die nach wie vor zur Heranbildung des Nachwuchses unerläßlich« sei.
Das Abwracken unterblieb.
Gegen Ende Januar 1943 verfügte die Ostfront nur noch über 500 einsatzbereite Panzer, während die Rote Armee 5000 hatte.
Vom Hauptausschuß »Panzerwagen und Zugmaschinen«, den Rüstungsminister Albert Speer hatte bilden lassen, wurde am 20. Januar 1943 ein »Adolf-Hitler-Panzerprogramm« vorgelegt, das die Unterschrift des Vorsitzers des Hauptausschusses, Rohland, trug. Unter dem Datum »Führerhauptquartier, 20. 1. 1943« verpflichtete sich der Hauptausschuß, in einem Jahr, bis März 1944, der Front 6370 Panzerwagen, 2818 Sturmgeschütze und 2936 Selbstfahrlafetten zur Verfügung zu stellen, das sollten insgesamt 12 124 gepanzerte Fahrzeuge sein.
Um dieses Programm zu erfüllen, wurden als »Allgemeine Voraussetzungen« genannt: 9000 Maschinen, die bestellt, 11 200, die neu angefordert werden müßten, eine monatliche Zuteilung von mindestens 1000 Spezialmaschinen, zusätzlich zu der bisherigen Kapazität 60 000 Arbeiter »zur Erfüllung des maximalen Ausstoßes«, Sicherstellung der Energieversorgung und des Materials für Elektroöfen.
Das Stahlkontingent wurde für April bis Juni 1943 auf 21 641 Tonnen angesetzt, für Januar bis März auf 46 852 Tonnen, für Juli 1944 auf 63 240 Tonnen und für das 3. Quartal 1944 auf 69 940 Tonnen.
Die Firmen wurden genannt, die dieses Programm erfüllen sollten: Den Tiger-Panzer I und II bauten Henschel/Wegmann, den Panther-Panzer Daimler-Benz, Falkensee, Henschel/Wegmann (Kassel), MAN, MNH, Nibelungenwerke St. Valentin bei Linz. Den Panzer IV bauten Krupp-Gruson, Vomag (Plauen), Nibelungenwerke. Der Panzer III sollte bei Alkett (Borsigwalde), Daimler-Benz (Berlin), Henschel/Wegmann, MAN (Nürnberg), Miag (Braunschweig) und MNH (Hannover) hergestellt werden.
Der Panzer II bei Famo (Breslau) und Ursus (Warschau), der Panzerspähwagen »Luchs« bei MAN, die Sturmgeschütze und der Panzer »Ferdinand« bei Alkett (Borsigwalde) und Henschel (Kassel).

Bei Krupp-Gruson in Mülheim an der Ruhr die auf dem Panther-Fahrgestell laufende Selbstfahrlafette mit der 12,8 cm Kanone 43, die 8,8 Pak-Selbstfahrlafette »Hornisse« bei Alkett und Stahlindustrie, dort auch die Selbstfahrlafette »Hummel« mit der Schweren Feldhaubitze 43 auf Selbstfahrlafette, Unterbau Panzer IV. Die leichte Feldhaubitze 18 war bei Famo/Ursus in Breslau und Warschau zum Bau vorgesehen, ebenso die 7,5 Pak 40 auf Fahrgestell Panzer II. Die 7,62 Pak 36 (russisch) würde auf dem Fahrgestell des tschechischen Panzers 38 fahren.

Bei BMM in Praga-Wilson sollte das Schwere Infanteriegeschütz 33 auf den tschechischen Panzer 38 gestellt werden.

In der »Geheimen Reichssache Adolf-Hitler-Panzerprogramm« hieß es abschließend: »Das Bauprogramm für die Panzerfabriken wird mit einem Bauvolumen von 32 Millionen Reichsmark und einem Maschinenbeschaffungsvolumen von 102 Millionen Reichsmark veranschlagt. Zu diesen 134,948 Millionen sind zusätzlich geplant Ausgaben von 159,200 Millionen Reichsmark. Das sind insgesamt 294,108 Millionen Reichsmark.«

Diese Endsumme entspricht der Hälfte der Summe, die 1929 nach dem Youngplan vom Deutschen Reich als Reparationsleistung an die Sieger des Ersten Weltkrieges aufgebracht werden sollte. Jetzt hatte sie der Erneuerung der Panzertruppe zu dienen, auf der die Hauptlast kommender Kämpfe liegen würde. Um die Panzertruppe zu reorganisieren, bedurfte es eines Entschlusses Hitlers, der ihm schwerfiel. Am 17. Februar 1943 befahl er, Generaloberst Guderian habe sich am 20. Februar bei ihm im ukrainischen Führerhauptquartier bei Winniza zu melden.

Mit der Berufung Guderians zum Generalinspekteur der Panzertruppe wurde ein militärisches Kapitel in der Geschichte des Zweiten Weltkrieges eingeleitet, das auch für die Heimatfront wichtig wurde.

Sieht man auf die Geschichte dieses Krieges mit verkehrtem Fernglas, mit einer Optik, die das Einzusehende noch entfernter hält als es sein dürfte, so treten einzelne Figuren stärker hervor. Ihre Umwelt schrumpft, sie wird winzig, aber ein Mensch faßt für den Betrachter vieles zusammen, was sich bei normaler Beobachtung verloren hätte.

Da der Ausgang des Krieges für die Deutschen seit 1943 gewiß war, und ungewiß nur die Dauer, die er noch brauchen könnte, um plötzlich zu enden, bekommt jede Figur, die an sich selbst eine Tragödie zu vollziehen hatte, die Farbe des Feuers. Und auch die Seelen der Figuren beginnen zu brennen, wenn man sie sich aus diesem verkehrten Fernglas noch einmal in die Zeit zurückholt, in der sie sich auf Wanderungen wiederfanden, die sie sich nicht gewünscht hatten.
Sie ahnten nicht, daß sie in großen atomaren Sonnenbällen verbrennen würden, wenn sie nicht rechtzeitig vor diesen Explosionen die Waffen niederlegten, wie es dann auch geschah.
Sie erinnerten sich vielleicht der Fackelzüge, in denen sie vor dem Kriege marschiert waren; nun wurden sie selbst zu Fackeln, die von mächtigen Händen in die Erde ihres Landes und fremder Länder gestoßen wurden, um zu leuchten, zu verlodern, die Leiber in Asche verfallen zu lassen, in der Hoffnung auf die Unsterblichkeit der Seelen oder der Taten, auch der Untaten, alles Gewordenen, das körperlich in Trümmer fallen konnte, aber doch in der Erinnerung Überlebender andauern würde.
War das sicher? Wäre es nicht möglich, daß später kaum jemand gerührt würde von diesen Fackeln, die verloderten?
Daß ihnen nichts bliebe als nur diese, ihre Zeit, jetzt, 1943, das Jahr, in dem sich alles entschied?
Und auch *sie* vermochten sich dann nicht mehr zu erinnern?
Die Panzerdivisionen, für die das »Adolf-Hitler-Panzerprogramm« gedacht war, würden Jahrzehnte nach dem Kriege nur noch Findlingssteine in der Lüneburger Heide sein, einmal im Jahr am Volkstrauertag in die Erinnerung gebracht, voller Trauer um die Gefallenen, neunundvierzig Findlinge mit aufgesetzten taktischen Zeichen der Panzerdivisionen, die sie einst getragen hatten.
Dort endeten alle Straßen und Rollbahnen, auf denen sie einst gefahren waren.
Die Unvergleichbarkeit des Zeitlichen! Das Einmalige des einzelnen im brennenden Dornbusch, der die Stimme nicht hörte, die aus ihm kam.
Die Mitleidslosigkeit der Geschichte ist nicht zu beklagen; man darf sie betrauern, wie um die Soldaten von Stalingrad getrauert

wurde, die Dimension blieb noch übersichtlich, in der das geschah. Sie war örtlich einzugrenzen.
Was sich aber nun ankündigte, das würde in Dimensionen vor sich gehen, die der einzelne nicht mehr überschauen konnte.
Früher, in besseren Zeiten, wechselte man die Pferde oder die Fronten, änderte sein Glaubensbekenntnis, suchte Pardon beim Feinde.
Keine Gnade würde jetzt mehr gewährt werden. Die Kapitulation hatte bedingungslos zu erfolgen.
Darauf konnte sich keiner vorbereiten.
Er konnte es sich auch nicht vorstellen.
Verzweiflung war für später aufzuheben, wenn man dann dazu noch fähig war.
Ein tiefer, aber nicht schneller Fall wäre mitzumachen bis auf den Grund aller deutscher Dinge.
Die Werte, oder auch nur die Illusionen, die einer sich machte, würden bei dem langsamen Fall auf den Grund ihm vielleicht abhanden kommen, er würde sie wegwerfen, sich nicht mehr an sie klammern, um die Hände frei zu bekommen für die Landung.
Und dann doch wieder der Aufstieg, nach einem dreißigjährigen Krieg wiederum ein barockes Deutschland in Überfluß, Luxus und schöner billiger Oberflächlichkeit, nur geteilt das Land, zweimal das Land in unterschiedlichen Formen und Formulierungen, ein Heerlager noch immer. Verkehrt das Fernglas auf den Gegenstand gerichtet, aus einer Nähe in eine Ferne entrückt Gewordenes, Vergehendes, und in die Erinnerung eingeschlossen, in die Gruft eines Memorials?
Wenn der Oberleutnant Koch sich später des Dornbusches erinnerte, in dem er damals gesessen hatte, dann kam es ihm vor, als sei der Himmel anders gewesen, die Erde dunkler, die Sprache gehemmter, auch unentschlossener als je zuvor.
Er versuchte, helle Stellen auf dieser Erde von einst zu finden, einen Himmel, der ihm vertraut war – nichts anderes. Wenn im Sein das Nichtsein eingeschlossen war, dann mußte das Nichtsein auch ein Sein zulassen.
Oder anders gedacht: Im großen Völkermord, der stattfand, mußte das Vaterland eingeschlossen sein, das nun immer stärker

hervortrat, nachdem alles, was die Deutschen nur dafür vorgesehen hatten, erobert worden war, um wieder verlorenzugehen.
Stalin führte seinen Großen Vaterländischen Krieg. Würde Hitler auch dazu fähig sein, da er im Augenblick nicht wegzuschaffen war, auch nicht wegzudenken, denn er verantwortete alles, auch das, was die meisten nicht zu sehen bekamen? Als Generaloberst Guderian zu Hitler nach Winniza flog, dachte er nur an einen vaterländischen Krieg, für den er sich zur Verfügung stellen wollte. Es war nicht mehr der Krieg, den er von 1941 kannte, und der in ihm Abscheu erweckt hatte, obwohl *er* nach Moskau wollte. Es würde ein Krieg an Grenzen und um Grenzen werden, dachte der Generaloberst, als er unter sich Schlachtfelder sah, auf denen er vor zwei Jahren gesiegt hatte.

7. Kapitel

Verwöhnt durch Eroberungen und Siege

Das Rad der Geschichte, das die Deutschen unter Hitler seit Stalingrad zu zermalmen drohte, ließ sich nicht zurückdrehen. Es gab kein Zurück zu den Anfängen, über die im Sommer 1942 ein Oberst Neef dem neuen Reichsminister für Bewaffnung und Munition, Albert Speer, in einer Denkschrift berichtet hatte. Der Oberst arbeitete im Oberkommando des Heeres beim Chef der Heeresrüstung: »Geheimhaltung, Devisenschwierigkeiten und anderes mehr schalteten bei der Aufrüstung nach 1933 jede ausländische Konkurrenz aus. Deshalb entfiel ein wesentlicher Motor zu rationeller Fertigung. Aufträge kleineren Ausmaßes wegen des Versailler Vertrages oder der Gefährdung des Reichsgebietes bis 1936 liegen heute noch vor.
Nach Kriegsbeginn haben Auftragsstreuung, der Kriegsverlauf im Westen und der Glaube an einen baldigen Sieg innerhalb und außerhalb der Wirtschaft eine volle Umstellung und eine hundertprozentige Ausrichtung auf den Krieg verhindert.« Nach Kriegsbeginn 1939 hatte der Chef der Heeresrüstung versucht, den männlichen Reichsarbeitsdienst für die Rüstungswirtschaft zu gewinnen. Der weibliche Reichsarbeitsdienst sollte eine fachliche Ausbildung erhalten, um aus ihm Frauen für die Rüstungswirtschaft zu rekrutieren.
Es gelang nicht, eine Entscheidung Hitlers herbeizuführen. Männlicher und weiblicher Reichsarbeitsdienst wurden von nun an beim Oberkommando des Heeres als »Luxus« bezeichnet. Erst im April 1942 konnten nach mehrfachen vergeblichen Bemühungen beim Führer des Reichsarbeitsdienstes, Konstantin Hierl, 45 000 bis zu 300 000 Arbeitsmaiden des weiblichen Reichsarbeitsdienstes zum Kriegshilfsdienst in die Rüstungsindustrie einberufen werden.
Die Zahl der Männer und Frauen, die Ende Mai 1939 im arbeitsfä-

higen Alter waren, hatte 38 Millionen betragen. Bis Ende Mai 1941 war sie um drei Millionen auf 35 Millionen zurückgegangen.
Bis zum 31. Mai 1941, wenige Wochen vor dem Überfall auf die Sowjetunion, waren 5 580 000 Männer zum Wehrdienst einberufen worden. Damit befand sich fast jeder vierte Wehrfähige (23,5%) im aktiven Kriegsdienst.
Der Rückgang war geringer als die Zahl der Einberufungen, da in der Zahl von 35 Millionen am Stichtag des 31. Mai 1941 noch andere Arbeitskräfte enthalten waren, die zum Arbeitskräftepotential gerechnet wurden: 1,66 Millionen Ausländer und Juden (die Statistik in den Akten der Heeresrüstung macht diese Unterscheidung »Ausländer und Juden«) und 1,23 Millionen Kriegsgefangene aus den siegreichen Feldzügen der Wehrmacht.
Somit standen vor Beginn des Feldzuges gegen die Sowjetunion weniger arbeitsfähige Männer und Frauen zur Verfügung als kurz vor Kriegsbeginn 1939.
Für die Rüstung wurde davon jedoch nur ein Bruchteil verwendet. Für das erste Halbjahr 1942 hatte die Wehrmacht einen zusätzlichen Bedarf von Rüstungsarbeitern angemeldet, der 786 000 Männer umfassen sollte. Bergbau und Reichsbahn verlangten zusätzlich 125 000 Arbeitskräfte. Zum Wehrdienst sollten 410 000 Mann aus der Rüstung eingezogen werden. Um diesen »Bedarf zu decken«, hatte Hitler sich Ende Dezember 1941 entschließen müssen, durch Führerbefehl »die Zuführung aller geeigneten kriegsgefangenen Russen in die Rüstungsindustrie« anzuordnen.
Von den Millionen sowjetischer Kriegsgefangener, die 1941 der deutsche Wehrmachtsbericht gemeldet hatte, waren Anfang Mai 1942 noch 1 002 254 am Leben. Von ihnen wurden 350 000 im Operationsgebiet der Wehrmacht zurückgehalten, 652 254 befanden sich in den besetzten Gebieten und im Reich. Von diesen waren arbeitsfähig, das heißt »in Arbeit«, nur etwa die Hälfte – 377 504 Kriegsgefangene.
Mitte April waren 40 339 sowjetische Kriegsgefangene aus den Kriegsgefangenenlagern der Wehrmacht der Rüstungsindustrie überwiesen worden. 14 858 Kriegsgefangene befanden sich, wie es im Kriegstagebuch Oberkommando des Heeres, Chef der Heeresrüstung heißt, »zum Aufpäppeln in RAB-Lagern«, 7099 Kriegsge-

fangene waren »aus Lagern ausgekämmt« und 2059 sowjetische Kriegsgefangene als »Arbeitsunfähige« an die Landwirtschaft abgegeben worden.

Das Kriegstagebuch berichtet auch über die »Einsatzbedingungen der aus den Ostgebieten stammenden Arbeitskräfte«. Zu den sowjetischen Kriegsgefangenen kamen Mitte April russische Zivilarbeiter, die zumeist unter Druck aus den besetzten Ostgebieten angeworben worden waren. Gezählt wurden 79 422 Arbeitskräfte, davon 52 259 männliche und 27 163 weibliche. Im Antransport bis Ende April wurden insgesamt 103 000 Arbeitskräfte gemeldet.

»Um die Leistungsfähigkeit dieser Arbeitskräfte zu erhöhen«, heißt es im Kriegstagebuch, »wurde durch Erlaß des Reichsführers SS eine Milderung der Bedingungen für die angeworbenen Arbeitskräfte und gleichzeitig durch Erlaß des Reichsministers für Ernährung und Landwirtschaft eine Erhöhung der Verpflegungssätze für Kriegsgefangene und russische Zivilarbeiter angeordnet.«

Neben den Richtlinien über den Einsatz der russischen Zivilarbeiter, die von jetzt an Ostarbeiter genannt wurden, und der Lagerordnung, die der Reichsführer SS und die Deutsche Arbeitsfront herausgegeben hatten, gab es noch sicherheitspolizeiliche Anordnungen über die Behandlung der in Lagern untergebrachten Ostarbeiter, Anordnungen, die streng vertraulich zu behandeln waren und Außenstehenden nicht bekannt werden durften.

Ein »Netz von Vertrauenspersonen aus Ostarbeitern« sollte geschaffen werden, das neben den Ostarbeitern tätig werden würde, die als »Lagerdienst« für Disziplin und Ordnung zu sorgen hätten. Den Ostarbeitern war der Verkehr mit Kriegsgefangenen aller Nationen ebenso wie mit Deutschen und ausländischen Arbeitskräften verboten. Ostarbeiter sollten mit Kriegsgefangenen nur in dringendsten Fällen zusammenarbeiten. Eine seelsorgerische Betreuung der Ostarbeiter war unerwünscht.

»Die Lager dürfen nicht mit Stacheldraht umzäunt und die Fenster vergittert werden. Das Lager muß jedoch mit einer Umzäunung versehen sein, die eine Flucht möglichst erschwert und einen Zutritt von Deutschen und anderen ausländischen Arbeitskräften unmöglich macht. Den Ostarbeitern soll der Eindruck genommen werden, daß sie wie Gefangene gehalten würden. Es ist deshalb

erforderlich, die Lagerinsassen über die Notwendigkeit einer festen Umzäunung in geeigneter Form aufzuklären. Ebenso ist bei der Kennzeichnung mit dem ›Ost‹-Abzeichen zu verfahren, das keine Diffamierung darstellt, sondern bei der Millionenzahl der eingesetzten Ostarbeiter aus sicherheitspolizeilichen Gründen unerläßlich ist. Die Kennzeichnung der neu eintreffenden Ostarbeiter ist so schnell wie möglich durchzuführen.«
Zu den »milden« Strafen bei Verstößen gegen die Lagerdisziplin sollten »Ordnungsübungen nach Beendigung der Arbeitszeit« und »Zuteilung zum Straftrupp« gehören.
Am 10. Juli 1942 gab es 3 159 000 zivile ausländische Arbeiter und Angestellte im Deutschen Reich. Der höchste Anteil kam aus dem früheren Polen (Generalgouvernement) und dem Bezirk Bialystok mit 1 297 000 Frauen und Männern. 697 000 kamen als Ostarbeiter aus der Sowjetunion, 212 000 aus Italien, 169 000 aus Böhmen und Mähren, 135 000 aus Belgien, 127 000 aus den Niederlanden, 77 000 aus Frankreich, 72 000 aus der Slowakei, 68 000 aus Kroatien, 60 000 aus Serbien, 30 000 aus Ungarn, 28 000 aus Dänemark, 20 000 aus Litauen, je 17 000 aus der Schweiz und Bulgarien, 9000 aus Rumänien, 8000 aus Lettland, 6000 aus Spanien, 5000 aus Griechenland, 2000 aus Estland, je 1000 aus Norwegen, Schweden und Großbritannien einschließlich Irland, 500 aus der Türkei, 300 aus Finnland und 200 aus Portugal.
Diese Statistik des Reichsministers für Arbeit wurde nach der Staatsangehörigkeit aufgestellt.
Die Zahl von 3,159 Millionen entspricht der Zahl der an der Ostfront eingesetzten Wehrmachtsangehörigen bei Beginn des Krieges gegen die Sowjetunion.
Zwei Jahre nach dem Sieg über Frankreich im Mai/Juni 1940, am 25. Juli 1942, wurde dieses Land in seinen von deutschen Truppen besetzten und unbesetzten Gebieten für die »größtmöglichste Stärkung des Deutschen Rüstungspotentials« vorgesehen. »Voraussetzung für den Erfolg«, so hieß es in dem Berliner Dekret, »ist eine Vereinheitlichung in der Verlagerung aller deutschen Aufträge nach Frankreich, wobei die Notwendigkeit, Werte für die deutsche Rüstung zu schaffen, allen anderen Erwägungen voranzugehen hat.«

Mit dem Sitz in Paris wurde das »Deutsche Beschaffungsamt in Frankreich« errichtet.
Über die Arbeitskräfte in den von der Wehrmacht besetzten Ländern verfügte seit dem 21. März 1942 nach einem Erlaß Hitlers der Thüringer Gauleiter Sauckel, der zum Generalbevollmächtigten ernannt worden war.
Er hatte Arbeitskräfte ins Reich zu bringen. Unter seiner Aufsicht waren, wie es in seiner Anordnung Nr. 10 vom 22. August 1942 hieß, »die verfügbaren Arbeitskräfte der besetzten Gebiete in erster Linie zur Befriedigung des kriegswichtigen Bedarfs in Deutschland selbst« einzusetzen.
In den besetzten Gebieten sollten die Arbeitskräfte nach dieser Rangordnung mitarbeiten: Zuerst, um Aufgaben für die Truppe, die Besatzungsdienststellen und die zivilen Dienststellen des Reiches zu erfüllen, dann für deutsche Rüstungsaufgaben, für Ernährung und Landwirtschaft, für gewerbliche, im deutschen Interesse liegende Aufgaben außerhalb der Rüstungswirtschaft, zuletzt für gewerbliche Aufgaben im Interesse der Bevölkerung der betreffenden Gebiete.
Von den nichtdeutschen Arbeitskräften wurde grundsätzlich die gleiche Arbeitsleistung wie von deutschen Arbeitskräften verlangt. Die Arbeitszeit wurde der in Deutschland geltenden angeglichen. »Die Mindestarbeitszeit soll in der Regel 54 Stunden betragen. Ebenso wie von den deutschen Arbeitskräften muß auch von den fremdländischen in den besetzten Gebieten erforderlichenfalls Sonn- und Feiertagsarbeit geleistet werden.« »Strengste Arbeitsdisziplin« wurde verlangt, Arbeitsbummelei und unberechtigtes Verlassen der Arbeitsplätze sollte »aufs strengste geahndet« werden.
Für die polnischen Arbeitskräfte, die seit 1940 im Reich tätig waren, wurden am 29. September 1942 Maßnahmen eingeleitet, die ihre Lage etwas verbessern sollten. Polnischen landwirtschaftlichen Arbeitern stand bisher kein Urlaub zu; die anderen im Reich tätigen polnischen Zivilarbeiter hatten sich damit abzufinden, daß ihre ihnen zugesicherten Ansprüche auf Urlaub und Familienheimfahrt ruhten.
Nun ordnete der Generalbevollmächtigte für den Arbeitseinsatz

an, daß Arbeitskräfte aus dem Generalgouvernement und den eingegliederten Ostgebieten 3 Wochen Urlaub erhalten sollten. Bezahlten Urlaub bekamen nur Zivilarbeiter in der gewerblichen Wirtschaft; landwirtschaftlichen Arbeitskräften wurde unbezahlte Freizeit gewährt.

Der Unternehmer, der die Arbeitskräfte beschäftigte, wurde verpflichtet, bei Zivilarbeitern zwei Wochenlöhne, bei landwirtschaftlichen Arbeitern einen Monatslohn einzubehalten. Dieser Lohn wurde erst ausbezahlt, wenn der Arbeiter rechtzeitig zurückkehrte. »Kehrt der Pole nicht pünktlich zu seinem Arbeitsplatz zurück, so wird er wegen Arbeitsvertragsbruchs bestraft; der einbehaltene Lohnanteil ist an den Reichsstock für Arbeitseinsatz (Arbeitsamt) abzuführen.«

Als Grund für diese Lockerung wurde angegeben: »Wenn auch an dem Grundsatz festzuhalten ist, daß dem Polen inmitten des Krieges kein Anspruch auf Arbeitsbefreiung zum Zwecke der Erholung zugebilligt werden kann, so ist es im Interesse eines ungestörten Produktionsablaufes in der Wirtschaft doch angezeigt, bewährten polnischen Arbeitskräften die Möglichkeit zu einer vorübergehenden Rückkehr in die Heimat zu eröffnen. Hierdurch soll den häufig festzustellenden Arbeitsvertragsbrüchen der Polen, die überwiegend mit dem Versagen des Urlaubs begründet werden, entgegengetreten werden, vor allem aber denjenigen polnischen Arbeitskräften, deren Leistungen nicht befriedigend sind, ein Anreiz gegeben werden, sich die Gewährung von Urlaub durch besonders gute Führung und bessere Leistungen zu verdienen.«

Während die Wehrmacht im Osten Mineralwasseranlagen und 120 Millionen Fliegenfänger vom Rüstungsamt anforderte, beabsichtigte das Oberkommando des Heeres Mitte November 1942, eine Firma mit dem Aufkauf von Werkzeugmaschinen im Schwarzhandel in den besetzten Westgebieten zu beauftragen, und das Reichswirtschaftsministerium wurde von ihm zu einer Vereinbarung veranlaßt, die Einfuhr von Uhren aus der Schweiz vom zivilen Sektor auf den Bedarf von Wehrmachtuhren umzustellen, »damit die gesamte schweizerische Uhrenindustrie gesteuert werden« könne. Uhrenreparaturen, die in Deutschland anfielen, sollten zentral

im Bereich Paris ausgeführt werden. Dampfturbinenlieferungen aus der Schweiz durch BBC Baden (Schweiz) wurden als rüstungswirtschaftliche Geschäfte bevorzugt mit Devisen ausgestattet.
Das wichtige Chromerz sollte vertragsgemäß ab 1943 aus der Türkei bezogen werden. Dafür waren Werkzeugmaschinen zu liefern. Doch die Anforderungen der Türkei blieben in Grenzen, so daß ohne wesentliche Beschränkung der deutschen Rüstung geliefert werden konnte.
Auch beim Magnesium begannen sich Engpässe abzuzeichnen. Die Anforderungen der Wehrmacht seien größer als das Aufkommen. Doch warnte Feldmarschall Milch vor allzu großer Verminderung der Brandbombenfertigung, da der Vorrat in einigen Monaten »verworfen« sein konnte und es hier keine Ausweichmöglichkeiten auf Rohgummi und Phosphor, wie bei den Alliierten, gäbe.
Der Generalbevollmächtigte Chemie warnte: »Luftüberlegenheit, Panzerüberlegenheit, Überlegenheit in Motoren und Munition sind nur möglich, wenn Mineralöl, Leichtmetall, Buna und die übrigen Rohstoffe und Vorprodukte ausreichend vorhanden sind.«
Am 11. November 1942 befahl Hitler, »daß die Presse als Mittel der Kriegsführung auch für die weitere Dauer des Krieges personell arbeitsfähig erhalten« bleiben solle.
Die Bestimmungen für die gewerbliche Wirtschaft sollten für alle Fachkräfte, die Zeitungen und Zeitschriften herstellen, nicht angewendet werden.
Sachsen war wegen seiner Industrie zum »rüstungswirtschaftlichen Schonbezirk 1. Klasse« erklärt worden.
Und erst am 2. Juni 1942 wurde eine »Reichsnumerierung der Betriebe« durchgeführt, um eine bessere Übersicht über alle Firmen und deren Leistungen zu erhalten.
Dieses Auf und Ab, dieses Für und Wider, das im Jahre 1942 auf dem Gebiet der Rüstung und der Arbeit in dem Gebiet zu beobachten war, das vom Deutschen Reich und seiner Wehrmacht beherrscht wurde, zeigt ein Nebeneinander von Leichtsinn und drakonischen Maßnahmen, deren Ursache die *Schonung der Deutschen* vor Kriegsmaßnahmen und Kriegsleiden gewesen ist, soweit

sie nicht Soldaten an den Fronten waren oder sich in den Gebieten aufhielten, die Ziel britischer Luftangriffe wurden.
Die 54-Stunden-Woche von Montag bis Sonnabend entsprach der Arbeitszeit im Frieden mit montags bis freitags 8 Stunden und sonnabends 6 Stunden. Dazu kamen Überstunden wie vor 1939. Dem 24-Stundentag des Soldaten an der Front wurden keine vergleichbaren arbeitsrechtlichen Opfer in der Heimat gebracht.
Hitler hatte *seinen* Kriegsplan.
Die Deutschen hatten ihn bis Ende 1942 nicht.
Verwöhnt durch Eroberungen und Siege, abgeschirmt von den vom Regime brutal verfolgten Juden, von Regimegegnern und Kriminellen, die in Konzentrationslager und Gefängnisse geworfen wurden, sahen sie sich – vorübergehend – als Herren Europas, ohne diese Rolle auf allen Gebieten ernsthaft spielen zu können.
Als im Juli 1942 die »Reichsvereinigung Eisen« neben der »Reichsvereinigung Kohle« und »Reichsvereinigung Textil« gegründet wurde, schrieb Dr. Hermann Röchling in der Wochenzeitung »Das Reich« vom 26. Juli 1942: »Käme die sowjetische Führung über Europa, so würde ein unvorstellbar tiefer Lebensstandard die Folge sein. Im Gegensatz hierzu kann sich unsere Führung in Europa nur mit einer Hebung des gesamten Kulturniveaus, vor allem auch in allen östlichen Ländern, rechtfertigen. Dazu muß aber der gesamte Kontinent die notwendigen Voraussetzungen schaffen. In erster Linie ist das eine Aufgabe der deutschen Wirtschaft, die dazu die Mitarbeit aller übrigen europäischen Länder braucht. Es ist dies eine Aufgabe von unvorstellbarer Größe.«
Eine Größe der Aufgabe, die sich ein Industrieller wie Röchling nicht vorstellen konnte, entsprach der Unvorstellbarkeit einer Zukunft für dieses Reich.
»Denn deutsch sein und ein Reich sein ist für uns kein Besitz, sondern eine ungeheure Aufgabe«, schrieb Hans Rössner in der Wochenzeitung »Das Reich« vom 24. Mai 1942. »Wer ein Reich baut, sieht sich nicht um. Er versichert sich nur von Zeit zu Zeit seiner Kraft und seiner Götter.«
Kraft, ja, aber Götter? Welcher Götter für dieses Reich?
Auf der Höhe seiner militärischen Macht in Europa mußte das Reich Schläge hinnehmen. Teile dieses Reiches wurden zur Front.

59

Dort galt Besitz nichts mehr, zu dem auch das Reich nicht zählen sollte, wie es in der Wochenzeitung stand.
Auch das Leben galt nichts mehr.
Während sich die deutschen Heere immer weiter nach Osten entfernten, entstand die Heimatfront.

8. KAPITEL

Nicht Krieg der Soldaten, sondern der Völker

Nur rein militärische Ziele sollten im Luftkrieg angegriffen werden, der zuerst in dieser Form von 1914 bis 1918 geführt wurde. Aber bald stellte es sich heraus, daß militärische Ziele auch zivile Ziele waren, und die rein militärischen Ziele wurden mehr und mehr zur Fiktion.
Doch die Fiktion wurde beibehalten, sie erhielt heuchlerische Charakterlosigkeit.
Im Jahre 1911 benutzten die Italiener als erste während ihres Krieges in Tripolitanien das eben erfundene Motorflugzeug für kriegerische Zwecke. Drei Jahre vorher, 1908, hatte der amerikanische Pilot Wilbur Wright den Motorflug in Paris demonstriert, und 1909 überquerte der Franzose Blériot in 32 Minuten den englischen Kanal.
Die ersten Luftbombardements auf Feldbefestigungen führten die Bulgaren 1912/1913 gegen türkische Stellungen bei Adrianopel durch.
Zu Beginn des Ersten Weltkriegs hatten deutsche Zeppeline London angegriffen, am Ende dieses Krieges erschienen deutsche Gotha-Bomber über dieser Stadt.
Zwischen den beiden Weltkriegen warfen die Japaner in China, die Italiener in Abessinien mit ihren Luftstreitkräften Bomben; es war nicht auszumachen, ob die Ziele rein militärisch geblieben waren.
Im Spanischen Bürgerkrieg wurden nicht nur Stellungen, marschierende Kolonnen, Dörfer und Städte aus der Luft angegriffen; der von General Franco gewünschte Angriff von Flugzeugen der deutschen »Legion Condor« traf Guernica, ein nichtmilitärisches Ziel.
Mit zwei falschen Fliegeralarmen begann für Berlin und London

der Zweite Weltkrieg. Die Einwohner wurden am 1. September 1939 in Berlin und am 3. September 1939 in London durch die Luftschutzsirenen in die Luftschutzkeller geschickt, die in den Jahren vorher ihre alarmierenden Schreie schon bei vielen Probealarmen den Menschen bekanntgemacht hatten.
Der neue Krieg von 1939 blieb in seinen ersten Tagen nicht auf die Fronten beschränkt, er schlug in der Heimat zu, die an der Front doch geschützt werden sollte – wenn auch nur durch falsche Alarmierung, die der Nervosität zuzuschreiben war.
Die Zerschlagung der polnischen Wehrmacht im September/Oktober 1939 beschränkte sich nicht auf militärische Ziele, obwohl diese nur in den Erfolgsmeldungen der deutschen Luftwaffe angegeben wurden. Aber hier waren es doch noch Dörfer und Städte, Eisenbahnknotenpunkte und Festungen, die *auch* vom Erdkrieg, nicht nur vom Luftkrieg, einbezogen wurden in die Kampfhandlungen. Die Stukas, die eine kleine Stadt wie Mielun am 2. September dem Erdboden gleichmachten, wurden von der Luftwaffenführung als weiterreichende Artillerie angesehen und entsprechend eingesetzt.
Die Bombardierung Warschaus, die zur Kapitulation der polnischen Wehrmacht führte, fand statt, nachdem der Stadtkommandant über den Sender Warschau die Millionenstadt zur Festung erklärt hatte.
Aber in dieser »Festung« starben dann mehr Zivilisten als Soldaten.
Warschau war die erste europäische Hauptstadt, die ein Opfer des Luftkrieges wurde.
Aber dies geschah während der Kriegshandlungen, das *rein militärische* Ziel war eine Fiktion, doch an diese Fiktion glaubte man damals.
Die Bombardements niederländischer, belgischer, französischer Städte im Frühsommer 1940 ließen sich immer noch zu den militärischen Kampfhandlungen zählen, auch wenn dies für Rotterdam nicht mehr aufrechterhalten werden konnte. Bis zur offen geäußerten Absicht, Städte, die weit außerhalb von Kampfhandlungen lagen, in den Luftkrieg einzubeziehen, gab es noch eine Lücke, die nicht der Anstand wahrte, sondern die Sorge vor Vergeltung.

Daß diese Sorge, auch Furcht vor Vergeltung bald in den Ruf nach Vergeltung übergehen würde, zeigte sich zuerst Ende August/Anfang September 1940 während der »Schlacht um England«, die von den Luftstreitkräften ausgetragen wurde.

Während des Westfeldzuges hatte England in Frankreich nur einen Teil seiner Royal Air Force eingesetzt, um sein Expeditionskorps zu unterstützen. Bis 1940 hatte das Schwergewicht der englischen Luftrüstung auf dem Ausbau der Luftabwehr gelegen, deren technischer Stand der deutschen etwa gleichwertig war. Vier Wochen nach dem Beginn der planmäßigen Luftangriffe gegen das englische Festland war die Landung der deutschen 6. und 9. Armee mit Schwerpunkt zwischen Dover und Isle of Wight vorgesehen, die ihre Vorbereitungen zur Invasion mit Unterstützung der Kriegsmarine bis zum 20. September 1940 abzuschließen hatten.

Dem Landungsunternehmen »Seelöwe« ging der »Adlertag« voraus, an dem alle Kräfte der Luftflotten 2 (Generalfeldmarschall Kesselring) und 3 (Generalfeldmarschall Sperrle) sowie der in Norwegen und Dänemark liegenden Luftflotte 5 (Generaloberst Stumpf) eingesetzt werden sollten. Doch schon vor diesem »Adlertag« hatten sich über dem Kanal und der englischen Südküste Luftschlachten entwickelt, die alle bisherigen Luftkämpfe im Krieg mit England an Umfang und Härte übertrafen. Der 13. August (»Adlertag«) brachte nicht den erhofften Erfolg. Wegen schlechten Wetters konnte nur ein Teil der Angriffe durchgeführt werden. Erst am 15. August waren 801 Kampf- und Sturzkampfflugzeuge über England, die von 1149 Jagd- und Zerstörerflugzeugen begleitet wurden. Davon gingen 73 verloren. Die Luftwaffenführung glaubte, in vier Tagen die feindliche Jagdabwehr im südenglischen Raum niederkämpfen zu können. Danach sollte sich die Luftoffensive mit Tagesangriffen über die Linie Kings – Lynn – Leicester hinweg abschnittsweise nach Norden auf ganz England ausdehnen. Angriffsziele waren die Royal Air Force, vor allem deren Jäger, in der Luft und am Boden, Stützpunkthäfen und Versorgungseinrichtungen, vor allem der Nachtkampfverbände und die Fliegerbodenorganisation im Raume London. Die Luftflotte 5 sollte durch Angriffe gegen Flugplätze im Raum Newcastle Abwehrkräfte binden. Die Kampfverbände erhielten zu

Beginn der Tagesangriffe einen nur auf das unbedingt Notwendige beschränkten unmittelbaren Jagdschutz, um die Masse der eigenen Jäger ihrer eigentlichen Aufgabe, der freien Jagd auf britische Jäger, nicht zu entziehen. Aber bereits in den ersten Tagen der Luftschlacht zeigte es sich, daß die zahlreichen, verbissen kämpfenden britischen Jagdflieger, ergänzt durch Freiwilligenformationen der von Deutschland besiegten Nationen, den Einsatz der Kampf- und Sturzkampfflugzeuge so erschwerten, daß zu deren Begleitschutz das Doppelte oder selbst das Dreifache der Stärke des zu schützenden Verbandes notwendig wurde. Den Stukas fügte die englische Jagdabwehr hohe Verluste zu, so daß nach wenigen Angriffen auf eine weitere Verwendung der Ju 87 bei Tage verzichtet werden mußte.
Nachdem es nicht gelungen war, in einer Woche die englische Jagdabwehr auszuschalten, gab der Oberbefehlshaber der Luftwaffe, Reichsmarschall Göring, am 20. August die Kampfanweisung, durch pausenlose Angriffe dem Gegner den Einsatz seiner Jagdkräfte aufzuzwingen, außerdem durch Einzelflugzeuge bei Tage, wenn die Wetterlage den Einsatz von geschlossenen Verbänden nicht zuließe, und in der Nacht Anlagen der Flugrüstungsindustrie und der Fliegerbodenorganisation anzugreifen.
Dabei kam es in der Zeit vom 24. August bis zum 6. September zu schwersten Verlusten für das britische Jägerkommando, nach denen es fast ausgeschlossen schien, sich der deutschen Luftangriffe auf die Feldflugplätze noch länger zu erwehren. In diesen zwei Wochen gingen 295 Spitfires und Hurricanes verloren, 103 Piloten fielen oder wurden vermißt, 128 Piloten wurden verwundet und fielen für den weiteren Kampf aus. Bei den Einzelangriffen deutscher Flieger kam es in der Nacht zum 24. August zu einem »Unfall«, wie es später in angelsächsischen Kriegsberichten hieß. Deutsche Flugzeuge, die ein Flugzeugwerk in Rochester und Öltanks in der Themsemündung bombardieren sollten, machten einen Navigationsfehler. Sie warfen Bomben auf London; Feuer brach aus. Kein militärisches Ziel wurde getroffen.
Der britische Premierminister Churchill verlangte sofort einen Vergeltungsschlag gegen Berlin. Das britische Bomberkommando erblickte darin wenig Sinn, wenn man von dem psychologischen

Effekt absah. Da Churchill darauf bestand, flogen in der Nacht vom 25. zum 26. August 81 britische Bomber nach Berlin, von denen 29 nach ihrer Rückkehr meldeten, sie hätten Berlin mit Bomben belegt. Eine dicke Wolkenschicht verdeckte das Ziel. Die Bomben wurden blind abgeworfen.
Weitere 27 Bomber, die Berlin erreichten, verzichteten auf den Abwurf, da sie ihre Ziele nicht fanden.
Von diesen 27 Bombern kehrten 21 Bomber mit ihrer Bombenlast nach England zurück. 6 Bomber warfen ihre Bomben in die Nordsee. 18 britische Kampfflugzeuge wählten alternative Ziele, 7 Bomber mußten wegen Motorschäden zurückkehren, 5 »Wellington« gingen verloren, davon fielen drei in die See; ihre Besatzungen wurden gerettet.
Nach deutschen Berichten warfen nur 10 Bomber ihre Last auf Industriebetriebe der Reichshauptstadt, der Rest der geworfenen Bomben verteilte sich über die ganze Stadt. Die Wirkung war gering, doch diese erste Attacke gegen die Reichshauptstadt schokkierte die Berliner. Ihnen hatte Göring versprochen, nie würde ein britisches Flugzeug über ihrer Stadt erscheinen.
Drei Nächte später, am 28./29. August 1940, waren wieder britische Kampfflugzeuge über Berlin, und diesmal töteten sie zum ersten Male in der Geschichte des Luftkrieges deutsche Zivilisten; es waren zehn Menschen, neunundzwanzig wurden verwundet. Die Berliner Presse nannte die britischen Flieger »Luftpiraten«.
Kein deutscher Soldat war gefallen, keine Flakbesatzung hatte einen Treffer erhalten, kein militärisches Ziel wurde angeflogen.
In seiner Ministerbesprechung vom 31. August 1940 ging Goebbels auf die publizistische Behandlung der beiden Luftangriffe auf Berlin ein: »Herr Major Wodarg soll vor der Pressekonferenz wiederholen, was er über das mustergültige Verhalten der Berliner Bevölkerung zu berichten weiß. Er hat sofort nach dem Angriff Luftschutzräume an den Bombenabwurfstellen aufgesucht und die Bevölkerung beim Ablöschen von Bränden beobachtet und findet Worte höchsten Lobes für die disziplinierte, sachliche Haltung besonders der Arbeiterschaft, die ohne Klagen und ohne Erschütterung einen geradezu vorbildlichen Eindruck machte. Der Minister wünscht, daß die Presse darüber unpathetisch und untenden-

ziös erzählt; er erwartet, daß durch eine solche Veröffentlichung, mehr als es durch Gebote oder Aufrufe geschehen könnte, in der Bevölkerung ein gewisser Wettstreit ausgelöst wird, um im Wiederholungsfalle ähnlich gut abzuschneiden.
Zur Beisetzung der Opfer des letzten Luftangriffs bestimmt der Minister, daß aus ihr keine Paradeschau gemacht werden dürfe, da der Rahmen der ersten derartigen Feier auch bei kommenden Todesopfern beibehalten werden müßte und eine dauernde Wiederholung eines großen Staatsaktes nicht möglich sei. Der Minister denkt statt dessen an eine feierliche Beerdigung, an der der zuständige Kreisleiter mit den Ortsgruppenleitern teilnehmen soll.«
Bis dahin war es noch nicht Pflicht, bei Luftalarm die Luftschutzräume aufzusuchen. In der Bevölkerung wurde ein in der Presse erschienener Artikel »Fliegeralarm oder nicht?« diskutiert, der klarmachen sollte, daß der Produktionsprozeß nicht durch Fliegeralarme unterbrochen werden dürfte. Die Betriebe griffen zur Selbsthilfe. Sie organisierten einen eigenen Beobachtungsdienst und führten eigenen Luftalarm ein. Erst Ende September 1940 entschied Hitler, daß der Luftalarm ernstgenommen werden sollte. Bis dahin versuchte die Partei, beunruhigt durch die Angriffe auf Berlin, durch Mundpropaganda gegen die Meinung anzugehen, daß das Aufsuchen des Luftschutzkellers Mangel an Mut bedeute. In diesen hellen Augusttagen, kurz nach dem Sieg über Frankreich, entstand das, was bald die Heimatfront genannt wurde. Ihr entsprach die »Home front« in England, die zur Abwehr einer deutschen Invasion und der Folgen von Luftangriffen gebildet worden war.
Mit dem Vergeltungsschlag der Luftwaffe gegen London am 7. und 8. September 1940 war dann das eingetreten, was ein amerikanischer Historiker des Luftkriegs später so beschrieb: »Die Fiktion des rein militärischen Zieles war beseitigt. Der Krieg zwischen den Soldaten war vorüber, es würde nun ein Krieg zwischen Völkern werden. Der Zivilist genoß nicht länger den Status des Nichtkombattanten: Der moderne Krieg hatte offiziell eine neue, tödliche Lage eingenommen.« Einschränkend fügte er an: »Vielleicht war es immer schon so gewesen, aber endlich wurden die Vorbehalte aufgegeben. Die einfache ›Kriegskunst‹ wurde entlarvt

als das, was sie war und noch immer ist – die Technologie des Schlachtens, des Gemetzels.« (Edward Jablonski)
Das Oberkommando der Luftwaffe fällte am 3. September 1940 auf einer Besprechung in Den Haag eine folgenschwere Entscheidung. Um das britische Jägerkommando endgültig zu zerschlagen, erklärte es London als einziges Ziel. Die Stadt lag gerade noch im Aktionsbereich der deutschen Me-109. Göring nahm an, daß die britischen Jäger, die von den Flugplätzen in Kent nach deutscher Luftaufklärung abgezogen worden seien, sich seinen Luftstreitkräften über London stellen würden, das einen hohen Symbolgehalt für die Engländer hatte. Doch in Kent hatte der britische Kommodore der 11. Jägergruppe, Keith Park, noch seine Staffeln liegen. Die Piloten waren mit den Nerven am Ende, aber sie waren noch da.
Zu dieser Fehleinschätzung durch das Oberkommando der Luftwaffe kam noch eine andere: Wenn es gelänge, die Einwohner von London durch Luftangriffe zu demoralisieren, dann könne man auf »Seelöwe« verzichten, um der Wehrmacht hohe Verluste oder gar eine Niederlage zu ersparen.
(Dieselbe Idee hatte Luftmarschall Harris später, als er Churchill versicherte, die Invasion in der Normandie könne durch Flächenbombardements deutscher Städte den Alliierten erspart werden, denn diese Bombardements würden zur Demoralisierung der deutschen Zivilbevölkerung führen.)
Großadmiral Raeder unterstützte Görings Entscheidung von Den Haag bei Hitler, der sie am folgenden Tag, dem 4. September 1940, in seiner Sportpalastrede zur Eröffnung des Winterhilfswerkes billigte.
Er machte die nächtlichen Flüge britischer Bomber über dem Reichsgebiet lächerlich, warf der Royal Air Force vor, sie sei außerstande, Deutschland am Tage anzufliegen, während die Luftwaffe täglich über England sei.
»Wenn die Britische Luftwaffe zwei- oder drei- oder viertausend Kilogramm Bomben abwirft«, rief er aus, »dann werden wir in einer Nacht hundertfünfzig, zweihundertdreißig, zwei- oder viertausend Kilogramm abwerfen.« Hier unterbrach ihn starker Beifall. Er fuhr fort: »Sie werden verstehen, daß wir jetzt nun Nacht

für Nacht die Antwort geben, und zwar in steigendem Maße ...
Wenn sie (die Engländer) erklären, sie werden unsere Städte in
großem Ausmaß angreifen, wir werden ihre Städte ausradieren.«
Statt die schwer getroffene Royal Air Force auf ihren zum großen
Teil in Mitleidenschaft gezogenen Flugplätzen und an den Produktionsstätten weiter anzugreifen, um ihr den »Rest« zu geben,
wie die Briten vermuteten, verzichteten die Deutschen darauf. Sie
errichteten einen neuen Kriegsschauplatz, den über London.
Hitlers und Görings durch die beiden Luftangriffe auf Berlin
verletzte Eitelkeit nahm der deutschen Luftwaffe vielleicht die
letzte Chance eines Sieges in der Luftschlacht über England.
Während in England angenommen wurde, die Invasion der Insel
durch die Deutschen werde beginnen – die Kommandeure der
»Home front« alarmierten ihre Einheiten –, erschien am Sonnabend, dem 7. September 1940, der Sonderzug Reichsmarschall
Görings am Cap Blanc-Nez an der Straße von Calais. Der Sonderzug brachte Görings persönliche Köche mit, seinen Arzt, seine
Krankenschwester und eine Ladung Wein. Göring hatte die persönliche Führung der Luftwaffe in deren Krieg gegen England
übernommen. Fotos zeigen den Reichsmarschall mit Generalen
und Offizieren an der Kanalküste vor der nicht fernen englischen
Küste.
Von diesem »Feldherrnhügel«, der an den Napoleons vor dessen
beabsichtigter Invasion Englands im Jahre 1810 im Lager von
Boulogne denken ließ, beobachtete er, wie mehr als 300 Bomber
(Ju-88, He-111, Do-17), begleitet von 600 Jägern (Me-109,
Me-110), insgesamt fast tausend Flugzeuge, zur City of London
flogen.
In großer Höhe erreichten diese Verbände ihr Ziel. Die Londoner
Flak konnte sie nicht abwehren.
Tonnen von Bomben fielen auf die Docks, auf das Woolwich
Arsenal, auf Öltanks und andere militärische Ziele im Themsebereich, aber auch auf East End mit den Slums aus Victorianischer
Zeit.
Die Tagesangriffe wurden nachts fortgesetzt. Die Brände wiesen
den Bombern die Ziele, in die sie ihre Bomben abwarfen. Ungefähr
300 Londoner wurden getötet, über 1000 ernsthaft verwundet. 53

deutsche Flugzeuge gingen verloren, zumeist Kampfflugzeuge. Göring bedauerte die schweren Verluste, sagte aber: »Das ist die historische Stunde, in der zum ersten Male unsere Luftwaffe ihre Faust ins Herz des Feindes stößt.«

Da die englischen Flugplätze nicht mehr angegriffen wurden, konnten sie wieder ausgebessert werden. Der amerikanische Luftkriegshistoriker Jablonski schrieb später: »Die Deutschen hatten durch ihre neue Zielwahl, die London hieß, unwissentlich dem britischen Jägerkommando eine bitter benötigte Periode der Gnade gewährt.«

Vom 7. bis 11. September 1940 wurden etwa 8100 Sprengbomben und Flammenbomben im Gesamtgewicht von 1500 Tonnen über London und Umgebung abgeworfen. Das Ziel, die Bevölkerung zu demoralisieren und die britischen Jäger über ihrer Hauptstadt zu vernichten, wurde nicht erreicht.

Bei einem britischen Gegenschlag in der Nacht zum 11. September wurden in Berlin das Brandenburger Tor und das Reichstagsgebäude, die Ruine vom Reichstagsbrand 1933, beschädigt. Am Mittag des 11. September gab Goebbels in der Ministerbesprechung des Reichspropagandaministeriums die Anweisung: »Der englische Angriff auf Berlin in der Nacht zum Mittwoch soll von der Presse mit flammender Entrüstung als Angriff auf unsere nationalen Symbole angeprangert werden. Ebenso sollen die Todesopfer der englischen Fliegerangriffe erneut genannt werden, es soll dabei darauf hingewiesen werden, daß die Engländer insofern eine Fälschung begangen haben, als sie die Zahl der in Deutschland getöteten Kinder als Gesamtzahl der Toten ausgeben. Es soll deshalb von Herrn Braeckow auch die Zahl der getöteten Erwachsenen festgestellt und der Presse übergeben werden.« Braeckow teilte in der Pressekonferenz der Reichsregierung am gleichen Tag mit, daß in der Zeit vom 10. Mai bis 10. September 1940 durch englische Luftangriffe auf das Reichsgebiet nicht 1500, sondern nur 617 Menschen getötet worden seien. Diese Zahl dürfe jedoch nicht aufgegriffen werden, da die gleiche Zahl an Menschen durch die deutschen Luftangriffe auf London täglich ums Leben komme.

In Berlin wurden Führungen von Auslandsjournalisten zu den Schadstellen der Luftangriffe durchgeführt, aber Ende September

1940 verbot sie die Reichskanzlei. In der Nacht vom 24. zum 25. September 1940 wurden die Siemenswerke in Berlin getroffen, 1500 Beschäftigte der Firma konnten am nächsten Tage ihrer Arbeit nicht nachgehen.
Nun begann die Evakuierung der Kinder durch die NS-Volksfürsorge auf freiwilliger Basis. In der Ministerkonferenz stellte Goebbels am 1. Oktober 1940 fest, daß diese Evakuierung »zur schwersten Belastungsprobe für weite Bevölkerungskreise seit Kriegsbeginn« geworden sei.
Am 23. Oktober 1940 teilte Feldmarschall Milch im Auftrage Görings dem Propagandaministerium in einem Schreiben mit: »Ich bitte, durch unverzügliche Anweisung aller in Betracht kommenden Stellen Ihrer Bereiche Sorge zu tragen, daß ab sofort überhaupt keine freie Presseberichterstattung über stattgefundene feindliche Luftangriffe sowie deren Auswirkung mehr erfolgt. Infolge Verstärkung des Luftkriegs ist es künftig weiter untragbar, daß der Gegner aus deutschen Veröffentlichungen irgendwelche wichtigen Rückschlüsse hinsichtlich der Zweckmäßigkeit seiner Angriffsverfahren sowie über den Umfang seiner Waffenwirkung ziehen kann.«
Eine über den OKW-Bericht hinausgehende, amtlich gesteuerte Berichterstattung, hieß es in dem Brief weiter, komme nur noch dann in Frage, wenn die Bevölkerung durch Luftangriffe besonders in Mitleidenschaft gezogen wurde oder »von höchster Stelle eine propagandistische Ausweitung der Schadenswirkungen gewünscht wird«.
Am 20. Oktober waren die Tagesangriffe auf London wegen schlechter Wetterverhältnisse endgültig eingestellt worden. Die Großangriffe starker Kampfverbände mit 200 bis 300 Kampfflugzeugen hatten schon am 27. September ihr Ende gefunden, nachdem der 25. September bereits ein Wendepunkt war.
Die Verluste der deutschen Luftstreitkräfte führten von jetzt an zu einer Beschränkung der Tagesangriffe auf Einsätze von jeweils einer einzelnen Ju-88-Gruppe und ab Anfang Oktober mit Jagdbomberverbänden (Bf 109 mit je einer SC 250 Bombe beladen), die eine Stärke bis zu 120 Flugzeugen aufwiesen, begleitet auf An- und Rückflug von 2 bis 3 Jagdgeschwadern. Bei schlechter Wetterlage,

die keinen geschlossenen Einsatz zuließ, flogen einzelne Flugzeuge Störangriffe. Der Monat Oktober brachte die Fortsetzung des Zermürbungskrieges gegen London, wobei endgültig der Schwerpunkt von den verlustreichen Tagesangriffen auf Nachtangriffe verlegt wurde. Als Wendepunkt wurde auf britischer Seite der »Battle of Britain-Day« angesehen. An diesem Sonntag, dem 15. September 1940, besuchte Winston Churchill morgens mit seiner Frau, vom Landsitz Chequers kommend, den Gefechtsstand der 11. Jagdgruppe der Royal Air Force in der Nähe von Uxbridge unter dem Hillingdon Golfplatz. Hier befand sich Churchill in einem Gruppen-Operationsraum, der wie ein kleines Theater aussah. Ihm wurde vorgeführt, wie bunte Lichter auf einer großen Wandtafel die Einsatzbereitschaft der einzelnen Staffeln der 11. Jagdgruppe signalisierten, während auf einer großen Landkarte die Einsätze der Briten und der anfliegenden Deutschen sich abzeichneten, dazu die Stellungen der Flak. Auf dem Höhepunkt der sich bald entwickelnden Luftschlacht fragte Churchill, ob es noch Reserven gebe, was Keith Park, der Gruppen-Commander, verneinen mußte. 24 Jagdstaffeln der Briten warfen sich am frühen Nachmittag 148 deutschen, London angreifenden Kampfflugzeugen und deren Begleitjägern entgegen. Erstmals griff die Royal Air Force, bei ihr auch tschechische und polnische Jagdflieger, die deutschen Bomberformationen *von vorn* an. Aus der ersten Welle wurden 56 Flugzeuge abgeschossen, andere Maschinen erreichten zerschossen die Küste oder die Flugplätze jenseits des Kanals. Die Briten meldeten den Abschuß von 184 Maschinen. Doch die Luftwaffe verlor nur 78, nicht 184 Flugzeuge. Die Royal Air Force meldete den Verlust von 35 Jagdflugzeugen und 11 Piloten.

Das Gegenteil von dem, was Feldmarschall Kesselring am 3. September bei der Besprechung in Den Haag vorausgesagt hatte, wenn London zum einzigen Ziel gewählt würde, war eingetreten. Die britische Jägerwaffe war zwar über London zum Kampf in der Konzentration aller ihrer Kräfte gestellt worden. Alle verfügbaren Jäger waren aufgeboten; sie hatte keine Reserven mehr. Nicht sie, sondern die deutschen Bomberverbände mit ihren Begleitjägern wurden geschlagen. Die deutsche Jagdwaffe war zahlenmäßig zu schwach, um die Bomber über England zu schützen.

Die Fehlentscheidung des Oberkommandos der Luftwaffe vom 3. September 1940 führte aber nicht nur zur Niederlage in der Luftschlacht über England. Sie wurde auch, zusammen mit den vorhergehenden Luftangriffen britischer Bomber auf Berlin Ende August 1940, zum Ursprung des Luftkrieges über Deutschland, in dem sich die Deutschen an der Heimatfront bewähren sollten. Zwei Tage nach dem »Battle of Britain-Day« heißt es unter dem 17. September 1940 im Kriegstagebuch der deutschen Seekriegsleitung: »Die feindlichen Luftstreitkräfte sind noch nicht geschlagen; im Gegenteil, sie zeigen wachsende Aktivität. Die Wetterverhältnisse erlauben es nicht, eine Periode der Ruhe zu erwarten. Der Führer hat deshalb entschieden, ›Seelöwe‹ auf unbestimmte Zeit zu verschieben.«

Die Luftschlacht über England dauerte bis Mai 1941. Ab Mitte November wurden die Nachtangriffe auf die mittelenglischen Industrie- und Hafenstädte ausgedehnt, Schwerpunkt blieb trotzdem London, wo man vom deutschen »Blitz« sprach. Die Stadt wurde vornehmlich in mondlosen Nächten angegriffen, da sie ein großes Flächenziel bot. Großangriffe erfolgten auf andere Städte während der Mondscheinperioden, um die Zielfindung zu erleichtern und am Ziel Einzelobjekte auszumachen. Zur Zielmarkierung diente der Abwurf zahlreicher Brandbomben zu Beginn der Angriffszeit. Eine He-111 Gruppe des Kampfgeschwaders 100, die sogenannte »Anzündergruppe«, hatte diese Sonderaufgabe übernommen. Um das Ziel zu finden, nützte sie besonders eng gebündelte, damals störungssichere Leitstrahlen (x- und y-Strahlen) aus. Die Bomben wurden über das Görz-Visier 219 oder Lotfe im Hochangriff aus 3–6000 m Höhe geworfen. Die Masse der Sprengbomben setzte sich aus den Kalibern 250 und 50 kg zusammen. Vereinzelt wurden auch schwerste Bomben bis zu den Kalibern 2500 kg und Luftminen verwendet. Das Beladeverhältnis von Spreng- und Brandbomben war meist 1:1.

Die feindliche Abwehr war nicht bedeutend. Zwei- und einmotorige Nachtjäger traten im Winter 1940/41 über der Insel und dem Kanal nur vereinzelt auf, dagegen zahlreiche Fernnachtjäger, die Start und Landung teilweise recht wirksam störten. Erst ab Mitte März 1941 wurde die britische Nachtjagdabwehr wirksamer.

Scheinanlagen zogen die deutschen Flieger von ihren Zielen ab. So mißlang ein Großangriff auf Liverpool in der Nacht vom 29./30. November. Auf dem westlich von Birkenhead gelegenen Meeresarm, dem Dee, waren durch das Ausschütten von brennendem Öl Großbrände vorgetäuscht worden, die von der Masse der Besatzungen als das brennende Liverpool angesprochen wurden. Ende Oktober 1940 waren 1733 deutsche Flugzeuge und 915 britische Flugzeuge während der Luftschlacht um England abgeschossen worden. Die deutschen Luftstreitkräfte hatten 783 Luftangriffe auf England geflogen, davon 333 auf London. Das Reichsgebiet und die besetzten Gebiete waren von den Briten 601mal attackiert worden.

Die Zivilbevölkerung, hauptsächlich diejenige Londons, hatte 1500 Tote und 21 000 Verletzte. Der letzte Großangriff auf London wurde in der Nacht zum 11. Mai 1941 geflogen. 1212 Menschen kamen ums Leben; es gab 1769 Schwerverletzte. Auf Coventry hatte am 14. November 1940 ein Großangriff stattgefunden, der 554 Tote und 865 Schwerverletzte hinterließ. Obwohl die britische Führung rechtzeitig von diesem Angriffsziel erfahren hatte, wurde die Stadt weder benachrichtigt noch verteidigt. Churchill wollte nicht, daß die Deutschen erführen, er könne die Befehle der Luftwaffe durch das »Enigma-Gerät« mitlesen.

Der Angriff auf Coventry war von Hitler als Vergeltung für den britischen Angriff auf München am Jahrestag seines Putsches vom 9. November 1923 befohlen worden.

Zur *blinden* Vergeltung flogen die Deutschen nach England, die Briten nach Deutschland.

Der Luftkrieg begann zum Massaker zu entarten, das aus der Luft absichtlich angerichtet wurde, um Rache für zerstörte Stadtteile und getötete Menschen zu nehmen.

So kam der Krieg, der den Deutschen im Reich in siegreichen Feldzügen davongelaufen war, wieder zu ihnen zurück. Sie fanden im Luftkrieg ihre Front vor wie die Soldaten während der Feldzüge. Aber wie wehrlos blieb die Zivilbevölkerung, und wie fatalistisch mußte sie alles hinnehmen.

Um den Luftkrieg gegen England erfolgreich durchführen zu können, fehlten der Luftwaffe die schweren viermotorigen

Kampfflugzeuge, die der erste Generalstabschef der Luftwaffe, Generalleutnant Walther Wever, mit der Do-19 und Ju-89 vor dem Kriege einführen wollte. Als Hitler am 1. November 1935 die Luftkriegsakademie in Berlin-Gatow eröffnete, hielt Wever die richtungsweisende Ansprache, in der es hieß: »Vergessen wir nie, daß der Bomber der entscheidende Faktor im Luftkrieg ist. Nur diejenige Nation, der starke Bomberstreitkräfte zur Verfügung stehen, kann entscheidende Aktionen durch ihre Luftwaffe erwarten.«

Der amerikanische Luftfahrthistoriker Edward Jablonski meint hierzu in seinem 1979 erschienenen Buch »Air War«: »Die Luftschlacht um England, und vielleicht der Ausgang der in Europa handelnden Phase des Zweiten Weltkriegs, wurde vorentschieden am 3. Juni 1936 beim Absturz eines Flugzeuges in der Nähe von Dresden in Deutschland. In späteren Jahren würde Dresden mehr Unsterblichkeit beanspruchen als der Platz für eine grimmigere Tragödie wie des Todes eines deutschen Generals und seines Feldwebels. Aber die kleinere Tragödie und die weitumfassendere Tragödie würden eines Tages miteinander verbunden werden durch den unerforschlichen, blinden Ablauf der Geschichte. Bei diesem Absturz starb mit Walther Wever die Entwicklung der schweren Bomber. Sein Nachfolger, Albert Kesselring, setzte die Do-19 und Ju-89 ab und konzentrierte die Entwicklung auf den mittleren Bomber und den Sturzkampfbomber, auf die He-111, Do-17 und Ju-88 sowie Ju-87, den Stuka.«

Ende November 1940 besuchte der letzte Luftwaffenattaché in London, General Wenninger, Kampfbomberverbände an der Kanalküste. Zu den Besatzungen sagte er: »Ihr habt dem deutschen Volk den Weihnachtsfrieden zu bringen.«

Aber die mittleren Kampfbomber waren, bei aller Tapferkeit und Ausdauer ihrer Besatzungen, dazu nicht in der Lage. Um die Jahreswende sangen Bomberbesatzungen, die nach England unterwegs waren, den umgewandelten Text eines Liedes, das damals in den »Wunschkonzerten« des Rundfunks in Mode gekommen war: »Die Front hebt nun der Heimat hoch das Hemde ... Die Heimat reicht der Front die schwachen Hände.«

Der amerikanische Flugzeugkonstrukteur Seversky stellte später

in seinem Buch »Victory through Air Power« fest, daß das ausschließlich *taktische* Gerät der deutschen Luftwaffe zwar die Ausgangspunkte für den *operativen* Luftkrieg gegen England erkämpfen konnte, darüber hinaus aber den folgenden Aufgaben nicht gewachsen war. Deutschland hatte versäumt, rechtzeitig die zweckentsprechende Waffe zu entwickeln.
Die Briten und Amerikaner lernten schnell aus den deutschen Fehlern. Sie entwickelten die kriegsentscheidende operative Air Force der viermotorigen Bomber.
Endgültig wurde die Invasion Englands von Hitler am 16. Januar 1941 abgesagt.
Gottfried Benn hatte noch am 27. Oktober 1940 geschrieben, als der »Blitz« über London niederging: »Allzu romantisch darf man in unserer Lage nicht sein. Darum kann ich auch London durchaus brennen sehen.«
Am 22. Dezember 1940 forderte er seinen Briefpartner Oelze auf, noch einen Blick in das vielfach so angenehme Leben zu richten: »Ich glaube, daß wir rückblickend – wer es überlebt – den (ersten) Weltkrieg als gar keine wesentliche Veränderung unseres Lebens empfinden werden, dagegen diesen Krieg, wie er auch endet, als Beendigung unserer Existenz. – Die neuen englischen Bomber übrigens, die jetzt offenbar Stil sind und aus den USA stammen, wirken unvergleichlich intensiver. Die beiden letzten Angriffe hier waren recht unangenehm. In der Tauentzienstraße ist kein Fenster ganz geblieben von 2 Bomben, die Ecke Nürnberger- und Tauentzienstraße fielen.«
Der Luftkrieg zwischen Deutschen und Engländern, das einsame, tödliche Duell, das abgehalten wurde, während die Armeen ruhten, die Welt rüstete und die Meere vereisten, blieb kein Intermezzo zwischen Feldzügen.
Es wurde zum Präludium für kommende Jahre, in denen der Himmel zu Erz wurde und die Erde zur Hölle.
Bevor die »Luftschlacht um England« begann, hatte sich Hitler mit dem Wehrmachtführungsstab in der letzten Juni-Woche 1940 in ein Tal des Nördlichen Schwarzwaldes zurückgezogen, wo für ihn ein Führerhauptquartier mit Bunkern und Baracken, Flakständen und Absperrungen gebaut worden war. Er sollte es schon

Anfang Mai beziehen, um von hier aus den Westfeldzug zu verfolgen, den er seinen Heerführern überlassen wollte. Doch dann hielt sich Hitler in der Eifel auf; das Ende des Westfeldzuges erlebte er in den Ardennen bei Rocroy. Zwischen »Alexanderschanze« und »Zuflucht«, ostwärts der Schwarzwaldhochstraße, gedeckt von der Flak auf dem kahlen Gipfel des Schliffkopfes, in der Unbequemlichkeit kleiner Bunker, vor denen Dienstwagen hielten, die von Freudenstadt ins Führerhauptquartier »Tannenberg« kamen, residierte die Wehrmachtführung.

Hier überdachte Hitler seine Lage nach dem Sieg über Frankreich. Während Admirale und Generale die Landung »Seelöwe« in England vorbereiteten, Görings Luftwaffe die Erringung der Luftherrschaft über England sich vorzunehmen hatte, arbeitete in einem Bunker Oberstleutnant von Loßberg von der Abteilung Landesverteidigung im Oberkommando der Wehrmacht an einer Operationsstudie für einen Feldzug gegen die Sowjetunion. Diese Studie umfaßte etwa dreißig Seiten mit Anlagen und Skizzen. Sie hatte eine große Ähnlichkeit mit dem Plan für die Operation »Barbarossa«, der später entstand.

Dies geschah in der Woche vom 28. Juni 1940 an, in der Regen und Wind die Tannen aufstöhnen ließen, die hier am Kniebis wuchsen. Flechten und Moose bedeckten die Waldpfade, auf denen die wenigen Eingeweihten in Hitlers Absicht, alles bisher Gewonnene aufs Spiel zu setzen, die Sowjetunion in einem Sommerfeldzug zu besiegen, spazieren gingen und ihren Gedanken nachhingen. Hier wurde der neue Alexanderzug erdacht, der dann tatsächlich stattfand, und mit welchen Folgen!

Hitler konnte nur eine Operation des Heeres tief nach Osten die einzige Gewißheit nach den blendenden Erfolgen des Westfeldzuges verschaffen, daß die Unsterblichkeit nun sein sei.

»Tannenberg« bei Freudenstadt galt es, nach dem Osten zu verlegen – in jene Gegend bei Rastenburg, die dem Schlachtfeld von Tannenberg 1914 nahe war.

Übrig blieben von diesem »Tannenberg« Betonklötze, von Sprengungen aufgetürmt, Fundamente von Flakständen, von Bunkern und Baracken, nachdem französische Pioniere nach Kriegsende die Anlage in die Luft gesprengt hatten.

Die Deutschen hatten etwas früher, im Januar 1945, ihr Tannenbergdenkmal in Ostpreußen zerstört.
Die Schwarzwaldhochstraße führt an diesen Resten eines Führerhauptquartiers vorüber. Nichtsahnend wird sie heute befahren.
Wanderer, die abseits der Straße die stummen Zeugen einer Vergangenheit finden, wissen nicht, was sie da vor sich haben.
Gleichgültig gehen sie daran vorüber oder wenden sich von ihnen ab, als hätten sie ins Feuer gefaßt, das von hier aus nach Osten zu brennen begann, sollten sie hören, was dieser Ort zu bedeuten hat.
Doch Kinder spielen auf den Fundamenten von Bunkern und Baracken, in denen Geschichte ausgedacht wurde.
Sie verbleibt diesem Land auf Plätzen wie hier im Schwarzwald, die nie vermodern.

9. KAPITEL

Das Innere Reich

Was war das eigentlich, das Reich, die Heimat, in jenen Jahren, in denen das Reich verteidigt, die Heimat beschützt werden sollte? Als im August 1941 der Bezirk Bialystok in die Zoll- und Verwaltungshoheit des Reiches einbezogen und das Generalgouvernement um den Bezirk Galizien mit Lemberg als Hauptstadt vergrößert wurde, umfaßte das Reich mit seinem Nebenland, dem Generalgouvernement (das Wort Polen durfte nicht mehr fallen, Rest-Polen war Generalgouvernement, ein Gattungsbegriff ohne geographische Bezeichnung), fast 1 Million Quadratkilometer und 120 Millionen Einwohner. Es war der größte und volkreichste Staat Europas.

Es hatte sich gegenüber dem Jahre 1920 an Zahl der Einwohner und der Quadratkilometer verdoppelt.

Die Grenzen dieses Reiches waren 9000 Kilometer lang; nur 2100 Kilometer waren Seegrenzen.

Jenseits dieser Land- und Seegrenzen stand die deutsche Wehrmacht; im Westen gab es den Waffenstillstand mit Frankreich, im Nordwesten die See- und Luftkriegsfront gegen England, im Norden waren Dänemark und Norwegen besetzt, im Osten kämpfte die Wehrmacht in der Sowjetunion, im Südosten begannen die ersten Partisanenkämpfe, im Süden lag Italien, der Verbündete Deutschlands, der in Nordafrika Krieg führte. »Heimgekehrt« in dieses Reich waren seit 1939 über 900 000 Volksdeutsche aus den Siedlungsinseln in Ost- und Südosteuropa.

Dieses Reich von 1941 schloß im Westen Eupen und Malmedy, Luxemburg, Elsaß und Lothringen verwaltungsmäßig und ins Zollgebiet eingefügt ein. Im Mai 1941 waren die Untersteiermark und Oberkrain aus dem Staatsverband des besiegten Jugoslawiens herausgelöst worden.

Das Reichsgebiet grenzte gegen Ende 1941 im Osten an das Reichskommissariat Ostland (Baltische Staaten), an das Reichskommissariat Ukraine, an Rumänien, die Slowakei und Ungarn, im Süden an Kroatien, Italien und die Schweiz, im Westen an Frankreich, Belgien und die Niederlande, im Norden an Dänemark.
Daß dieses vor allem im Krieg geschaffene Hitler-Reich mit dem ebenfalls – von Bismarck – in einem Kriege geschaffenen kleindeutschen Reich von 1871 verglichen wurde, das 20 Millionen außerhalb der Reichsgrenzen gelassen hatte, lag damals nahe. Aber dieser Vergleich stand auf schwachen, wankenden Füßen. Denn Bismarcks Deutsches Reich wurde erst gegründet, als der Krieg gewonnen war.
Dieses Großdeutsche Reich befand sich noch im Krieg, und ein Ende war nicht abzusehen. Da es bis Galizien und Bialystok reichte, konnte es nicht als »Germanisches Reich deutscher Nation« bezeichnet werden, wie es nationalsozialistische Ideologen versuchten. Es war ein Reich, das sich aus Deutschen und Slawen zusammensetzte, wobei den Slawen der niedrige Status einer minderwertigen Rasse zugeteilt wurde.
Es gab in diesem Reich ein West-Ost-Gefälle, das Hitlers Großmachtansprüchen entsprach, die er in seinem Buch »Mein Kampf« früh schon als Herausforderung an Europa angemeldet hatte.
Friedrich Nietzsches Wort »zu herrschen und dem höchsten Gedanken zum Siege zu verhelfen« wurde als Auftrag dieses Reiches angenommen, obwohl in einer Diktatur nur einer herrschen konnte und »höchste Gedanken« nicht diejenigen des »höchsten Führers«, Hitler, waren.
Dennoch gehörte zu jenen Jahren ein idealistischer Begriff von »Deutscher Größe«, wie ein Fragment Schillers überschrieben war, in dem es hieß: »Dem, der den Geist bildet, beherrscht, muß zuletzt die Herrschaft werden; denn endlich an dem Ziel der Zeit, wenn anders die Welt einen Plan, wenn des Menschen Leben irgendwo Bedeutung hat, endlich muß die Sitte und die Vernunft siegen, die rohe Gewalt der Form erliegen – und das langsamste Volk alle die schnellen, flüchtigen einholen. Die anderen Völker waren dann die Blume, die abfällt. Wenn die Blume abgefallen,

bleibt die goldene Frucht übrig, bildet sich, schwillt die Frucht der Ernte zu.«
Beschworen wurden diese Sätze des Klassikers des deutschen Idealismus auf dem deutschen Dichtertreffen im Oktober 1941 in Weimar, an drei regenverhangenen, trüben Tagen, als ein europäischer Schriftstellerverband im Beisein von Goebbels in der Nähe des Goethehauses am Frauenplan gegründet wurde. »Da saß beisammen, was im Schrifttum Europas Rang und Namen hat«, schrieb Jürgen Schüddekopf in »Das Reich« vom 2. November 1941. »Carossas gütiges, klares Gesicht, die noble Erscheinung Svend Fleurons, Wilhelm Schäfers durchgeistigtes Antlitz, der hinreißende Charakterkopf von Felix Timmermans, die seigneurale Geistigkeit der Franzosen Chardonne und Bonnard, das enthusiasmierte Temperament der Italiener, die Farinelli anführte. Wie Sinnbilder des Geistes dieser Tagung zwischen ihnen die straffen Gesichter der jungen deutschen Dichter und Schriftsteller im Feldgrau: Zillich, Dwinger, Baumann, Bauer.«
Die pathetische Aufzählung ließ die Frage offen, wer denn hier fehlte, wer nicht gekommen war, wen es längst in die innere Emigration verschlagen hatte.
Das Reich sollte, wie es nicht nur seine Dichter sondern auch seine Denker meinten, »Herz und Mitte der Völker« werden.
Ein Imperium Germaniae, dem Krieg überantwortet, dessen Ausgang niemand öffentlich bezweifeln durfte, wurde zum Versteck für die Zweifel, die der einzelne haben mußte, der nur gefühlsmäßig, nicht vom Wissen und Verstande her, die großsprecherischen Propagandatiraden durchschaute.
Dabei wurde ihm das Reich zu einem Synonym für die Herrschaft Stärkerer über Schwächere, zu einem Instrument, das erst durch Siege auf Schlachtfeldern zum Klingen gebracht werden konnte.
Dieses Reich von 1941 hatte einen Reichsgründer, dessen Macht die Ohnmacht des einzelnen bestätigte, Hitler, und auch später, als dieses Hitler-Reich abstarb, mit seinem Gründer verschwand, den ohnmächtigen einzelnen wieder in die Freiheit des Privaten entließ, übte das Wort allein eine Faszination aus, die aus anderen Quellen kommen mußte als derjenigen, der es entsprang, dem Haupte des Kriegsgottes Mars.

Das Kriegsreich der Deutschen suchte, nachdem Hitler seinen Nationalsozialismus selbst ad absurdum geführt hatte, in den Köpfen der Nachkriegsdeutschen keine Rechtfertigung mehr, und es wurde auch, so schnell es die Zeit zuließ, vergessen.
Damals hatte dieses Reich im europäischen Raum eine Faszination auf die Deutschen ausgeübt, die eine andere Faszination ersetzte, der die Deutschen in ihrer großen Mehrheit in den ersten Jahren des Hitlerregimes erlegen waren. Der nationalsozialistische Staat trat zurück hinter dieses Reich, das in den kurzen Friedensjahren dieses Staates beinahe wieder die alten Reichsgrenzen von 1914 zurückgewonnen hatte, dazu noch Österreich.
Als dann 1939 Polen und 1940 Frankreich, Belgien und Holland besiegt, tatsächlich die Grenzen des Deutschen Reiches von 1914 wiederhergestellt worden waren, befand es sich im Krieg, dessen Ende nicht abzusehen war.
Die Erweiterung nach Osten und Südosten, die 1941 stattfand, machte das Reich zum Kriegsreich der Deutschen, das aufs Spiel gesetzt wurde.
Neben diesem Kriegsreich gab es aber noch ein Inneres Reich, das keine äußere staatliche Form aufwies, niemals bis nach Galizien und Bialystok sich ausgedehnt hatte. Dieses Innere Reich wurde zum geheimen Deutschland, das sich absetzte vom imperialen Großdeutschland Hitlers. Da es das geheime Deutschland seit dem 30. Januar 1933 schon gab, mehr oder weniger wissend und unwissend zugleich von denen aufrecht gehalten, die sich im Widerspruch oder Widerstand gegen den nationalsozialistischen Staat befanden, bedurfte es nur eines Zurückfallens des Reiches als Inneres Reich, als verinnerlichter Reichsgedanke, auf dieses geheime Deutschland, um aus dem Feuer der Feldzüge eine eigenartige Stimmungslage in die Heimat zu übertragen. Sie wurde zur Ursache für den Durchhaltewillen, der sich auf den Reichsgedanken bezog und auch berief, nicht auf die Verteidigung des nationalsozialistischen Staates mit seiner parteigebundenen Technokratie und Bürokratie.
Aus dem Vaterland war das Reich geworden, für das gekämpft und Opfer gebracht wurden. Für »König und Vaterland«, für »Kaiser und Reich« waren früher die Soldaten in den Krieg gezogen, jetzt

fielen sie für »Führer und Reich«, wie es Todesanzeigen in den Zeitungen meldeten.

Der Führer stand, wie einst der König und der Kaiser, an erster Stelle, er war das Synonym für die Obrigkeit, die herrschte. Das Reich war das Sinnbild, das dem Opfer den Sinn geben sollte. Es wurde nicht für das Generalgouvernement als Nebenland des Reiches gekämpft und gestorben, das Reich hörte dort auf, wo es nicht mehr von Deutschen bewohnt war, obwohl die Reichsgewalt weiter reichte.

Der Reichsgedanke vom Inneren Reich blieb national; ein übernationales Element, das auch eine europäische Sache genannt wurde, entstand zuerst bei der Waffen-SS, die Freiwillige, später auch Einberufene aus den Ländern sammelte, die unter die Reichsgewalt gefallen waren, aber dem Reich nicht angehörten.

Das Reich als europäische Ordnungsmacht blieb ein Kriegsziel, das mit dem Kriegsreich untergehen mußte.

Das Innere Reich als Reichsgedanke kam nicht aus der nationalsozialistischen »Weltanschauung« oder »Idee«, sondern bezog sich auf die früheren Reiche der deutschen Nation.

In den zwei deutschen Staaten, die 1949 gegründet wurden, ist der Reichsgedanke vom Inneren Reich erhalten geblieben, er hat nichts mit dem Hitlerreich zu tun; seine legendäre und reale Begründung findet sich in der europäischen Geschichte. Aus Österreich, dem einstigen östlichen Reich, mußte 1938 wieder die Ostmark des Reiches werden, um nicht in einem Reich zwei Reichsbegriffe mitzuführen.

Aus der Parole, die im Frieden für die Volksdeutschen im Ausland ausgegeben worden war – »Wir wollen heim ins Reich« – wurde bei den Soldaten der letzten Kriegsjahre »Wir wollen heim, uns reicht's«.

Heimat und Reich blieben miteinander identisch.

Und das Innere Reich der Deutschen in jenen Jahren des Zweiten Weltkrieges wurde zur Quelle für den Widerstand, der gegen die gegnerischen Heere und Luftgeschwader, aber auch gegen die nationalsozialistische Staatsführung passiv und aktiv geleistet wurde.

Ein Amalgam entstand, eine Quecksilberlegierung, die Metall mit

Quecksilber verband, Metalle als Elemente von eigenartigem Glanz, außer dem Quecksilber bei gewöhnlichen Temperaturen starr; das Quecksilber flüssig und giftig. Letzteres war die Hitlersche Komponente dieses Kriegsreiches und seiner Bevölkerung, ersteres diejenige, die durch das Amalgamieren mit dem giftigen Quecksilber auf Zeit zusammengezwungen, aber auch verbunden war.

Diese deutsche Legierung, auch das Dritte Reich genannt, löste sich erst 1945 in ihre beiden Bestandteile wieder auf, nachdem alle Versuche gescheitert waren, das starre Metall dem giftigen Quecksilber zu entziehen, das Reich von Hitler zu trennen, mit dem es unterging.

10. KAPITEL

Der Staat als Zahlmeister

Wenn in den späten dreißiger Jahren davon ausgegangen wurde, daß der moderne Krieg in noch viel größerem Maßstab als der letzte Krieg ein Kampf der Maschinen, ein technischer Krieg sein werde, dann hätte angenommen werden müssen, daß Hitlers Wille, den Krieg seit 1938 in seine Absichten einzubeziehen, auf eine entsprechende kriegswirtschaftliche Grundlage im damaligen Deutschen Reich gestellt gewesen sei. Aber im September 1939, als Hitler sich tatsächlich im Kriege befand, unterließ er, was er diktatorisch erzwingen konnte, die totale Mobilmachung im ökonomischen Bereich beim Übergang von der Wehrwirtschaft zur Kriegswirtschaft. »Die deutsche Wirtschaft«, schrieb nach dem Kriege der Chef des Heeresamtes für Rüstung, General Thomas, »hatte bei Kriegsausbruch 1939 nicht die innere Fülle und Stärke wie bei Kriegsausbruch 1914, da durch die mehrjährige Aufrüstung und die sonstigen staatspolitischen Vorhaben, verbunden mit der durch die Ernährungslage stark angegriffenen Devisenlage, die Wirtschaftslage in der Gesamtheit gespannt war.«
In einer Schrift, die F. Steinberg 1939 in Paris erscheinen ließ, »Wie lange kann Hitler Krieg führen?«, wurde von einer »erheblichen Verschlechterung der Lebenslage der deutschen Arbeiterklasse« gesprochen, die einen geringeren Reallohn bei längerer Arbeitszeit als während der Weltwirtschaftskrise 1930–32 erhalte. Demnach würde es Hitler nicht gelingen, »in den Massen die seelischen Kräfte zu entwickeln, die nach der Meinung der entscheidenden Wehrmachtskreise für die Widerstandskraft der großen Millionenheere notwendig« sei.
»Heute wissen wir«, schreibt Hans-Erich Volkmann 1977 in »Kriegswirtschaft und Rüstung 1939–1945«, »wie das NS-Regime seine kriegswirtschaftlichen Probleme zu lösen suchte,

nämlich durch partielle Erweiterung seiner ökonomischen Basis auf territorialer Grundlage, durch die Ausbeutung der besetzten Gebiete und schließlich durch die koordinierte Produktion innerhalb des von ihm beherrschten Raumes.«

Vergleicht man die deutschen Kriegsanstrengungen in der Heimat während der Jahre 1939 bis 1941 mit denen der Gegner, so ergeben sich Daten, die den Schluß zulassen, daß es zwingende Gründe gegeben haben muß, die deutsche Bevölkerung bei guter Stimmung zu halten, um überhaupt einen Krieg führen zu können, der von dieser Bevölkerung nicht gewünscht worden war.

Bis Januar 1942 wurde die Konsumgüterproduktion auf dem gleichen Stand wie 1939, vor Kriegsbeginn, gehalten, und auch später widersetzte sich die nationalsozialistische Führung dem Druck, den das Ministerium für Rüstung ausübte, um die Konsumgüterproduktion zu drosseln.

In »Kriegswirtschaft und Rüstung 1939–1945« schreibt Alan S. Milward auf Grund von alliierten Berechnungen, die nach 1945 angestellt wurden, daß »Deutschland die einzige große Volkswirtschaft war, in der die Zahl der in der zivilen Arbeiterschaft beschäftigten Frauen während des Krieges nicht wesentlich anstieg. Die Zahl der tatsächlich in einem Arbeitsverhältnis stehenden weiblichen Arbeitskräfte fiel vom 31. Mai 1939 bis zum 31. Mai 1941 beständig, und am 30. September 1944 war sie nur um 271 000 größer als zum erstgenannte Zeitpunkt. Die Gesamtzahl im September 1944 enthielt 1,3 Millionen Hausangestellte, von denen die meisten deutscher Nationalität waren. In den Vereinigten Staaten bestand im gleichen Zeitraum ungefähr die Hälfte des Zuwachses der zivilen Arbeitskräfte aus Frauen. Wenn man Volkswirtschaften zum Vergleich heranzieht, in denen die zusätzliche Arbeitskräftebeschaffung schwieriger war als in den USA, tritt die *Einmaligkeit der deutschen Politik* noch klarer zutage. Ungefähr 2,5 Millionen Frauen, die vorher keine feste Beschäftigung hatten, wurden in Großbritannien während der Zeit von 1939 bis 1943 als zivile Arbeitskräfte herangezogen, 80 Prozent des Gesamtzuwachses. Es kann gut sein, daß sich auch in der Sowjetunion, wenn exaktere Zahlen verfügbar wären, das Anwachsen der Ganztagsbeschäftigungen der Frauen als der größte Beitrag zur

Verstärkung der dortigen zivilen Arbeitskräfte erweisen würde. Der Anteil der Frauen unter den Zivilarbeitern erhöhte sich von 38 Prozent im Jahre 1940 auf 53 Prozent im Jahre 1942. Die Beschäftigung von Frauen hätte Probleme der Sicherheit und des Arbeitsunwillens, die durch die Anstellung ausländischer Arbeitskräfte in Deutschland geschaffen wurden, vermeiden helfen können.«
Die Schonung der Frauen wurde freilich bald aufgewogen durch die Schonungslosigkeit, mit der sich die Frauen in der Heimat den Luftbombardements ausgesetzt sahen. Sie waren es, die bald die Lasten einer Heimatfront zu tragen hatten, vor denen sie Hitler und die Soldaten bewahren wollten, Hitler, weil er die Frauen als seine treuesten Anhängerinnen ansah, die Soldaten, weil sie doch in fremden Ländern kämpften, um den Krieg nicht auf die Heimat zurückschlagen zu lassen. Diesen Verschonungswillen machte der Luftkrieg zunichte. Gleichzeitig weckte er Kräfte, die von den bisherigen Kriegsanstrengungen nicht angerührt worden waren. Sie sind in der Leidensfähigkeit der Frau zu suchen, in dem Fatalismus, der dazu gehörte, in der passiven, dem realen Kriegsgeschehen vor der Haustür ausgelieferten Verhalten, das in Aktivität umschlug, wenn es um die Rettung, die Bewahrung und das Abfinden mit der Zerstörung der Städte ging.
Die moralischen und physischen Kräfte, die von den Frauen nicht in die Kriegswirtschaft und Rüstung eingebracht werden mußten, blieben für das Schrecklichste, das diese Frauen nun zu ertragen und zu erleiden hatten, aufgespart. Wenn es den Soldaten, die in ihren Divisionen an den Fronten standen, schwerfiel, sich bei ihren Urlaubsaufenthalten in der Heimat den Luftalarmen und Bombardements aussetzen zu müssen, so erhält, im historischen Abstand gesehen, aber auch mit der Authentizität der damaligen Situation noch vertraut, diese Lage der Frauen (und Kinder) eine für die Kriegsdauer wesentliche Bedeutung. Es gab keine Frauenrebellionen in den bombardierten Städten, keine verzweifelten Reaktionen auf das Ungeheuerliche.
Ergebung in das Schicksal? Es mußte mehr gewesen sein, denn das große Wort vom Schicksal konnte nicht auch die winzigsten, überlieferten oder vergessenen Teilstücke des Widerstandes gegen diese Ergebung in ein Schicksal überdecken.

Vor der Fabrikarbeit, der Dienstverpflichtung in die Rüstungswirtschaft bewahrte seit Beginn des Krieges die Frauen auch die nationalsozialistische Ideologie von Rasse und Fortpflanzung. Die Mutterschaft war wichtiger als die Kriegsproduktion.
Durch eine hohe Geburtenrate im Kriege sollten die blutigen Verluste der Männer aufgehoben werden. Dies blieb noch im Rahmen des Möglichen, als die Blitzkriege eine niedrige Zahl an Gefallenen aufwiesen, die in keinem Verhältnis zu den blutigen Verlusten im Ersten Weltkrieg standen.
Erst der Rußlandfeldzug brachte dann die hohen blutigen Verluste, die durch keine noch so große Geburtenrate aufgewogen werden konnten.
Statt der Arbeitspflicht für die deutschen Frauen gab es jedoch die Arbeit und Zwangsarbeit ausländischer Arbeitskräfte, von Männern und Frauen.
Zuerst, während der Blitzkriege 1939 bis 1941, überstieg der Anteil ausländischer Arbeiter in der Landwirtschaft noch denjenigen in der Industrie. Erst im Jahre 1942 änderte sich dieses Verhältnis, nachdem die Rüstungsproduktion unter dem Eindruck der Winterschlacht in der Sowjetunion 1941/42 aus Gründen der Reichsverteidigung tief im Osten weitgehend ausgebaut wurde.
Fremdarbeiter und Kriegsgefangene wurden für die deutsche Kriegswirtschaft benötigt, obwohl gerade in ihr die Gefahr der Spionage und Sabotage am größten war.
Die große Reserve an Arbeitskräften, die durch Anwerbung und Zwangsverpflichtung in West und Ost entstand, entsprach jedoch nicht leistungsmäßig der deutschen Arbeiterschaft. Es wird geschätzt, daß die Fremdarbeiter etwa 60 Prozent der Leistung eines deutschen Arbeiters brachten. Erst als die Diskriminierung der »Ostarbeiter« im Fortgang des Krieges gemildert wurde, stiegen die Leistungen an. Es kam dann 1944 zu den hohen Produktionsergebnissen der Kriegsrüstung, die trotz der Bombardierungen erreicht wurden.
Wenn man diese Produktionskraft, die durch Ausländer entstanden war, auf die Schlüsselindustrien und Kapitalgüterindustrien überträgt, dann kann man, wie Alan S. Milward in »Kriegswirtschaft und Rüstung 1939–1945« feststellt, zu dem Schluß kommen,

daß in diesen Industrien »trotz der beträchtlichen Zerstörung der deutschen Volkswirtschaft durch die Alliierten die Produktionskapazität am Ende des Krieges immer noch den annähernd gleichen Umfang hatte wie zu Anfang.«
Milward fügt hinzu: »In den Vereinigten Staaten gab es, abgesehen von der Tötung einer relativ kleinen Zahl von Bürgern und dem Verlust von Handelsschiffen, praktisch keine Zerstörung an Menschen- und Anlagenkapital. Die Folgen vierjähriger konzentrierter Investitionen, der Vollbeschäftigung und des wachsenden Bruttosozialproduktes sollten nicht nur den Lauf der amerikanischen, sondern auch der internationalen Wirtschaft völlig verändern. Die Nachkriegszeit, in der die Höhe der Produktion, Exporte und Arbeitsleistung in den USA die der anderen Volkswirtschaften bei weitem überstieg, begann schon im Jahre 1941.«
Wenn auch diese Feststellung post bellum, nach dem Kriege, getroffen wurde, wodurch sich ihr Wert nur noch ökonomisch, nicht mehr moralisch messen läßt, so beweist sie doch, daß es ein Kontinuum gibt, das über Kriegsjahre hinausreicht, in einem Kriege schon die Nachkriegszeit vorherbestimmt, ohne an die Unterteilung in Sieger und Besiegte zu denken.
(Daß jenes »Deutsche Wirtschaftswunder«, mit dem die besiegten Deutschen nach dem Kriege sich hervortaten, wie es ähnlich den besiegten Japanern gelang, in den sechziger und siebziger Jahren durch ausländische Arbeitskräfte, die nun Gastarbeiter hießen, mit erzeugt wurde, gehört auch in eine Betrachtung des Zweiten Weltkrieges post bellum, aber sie bleibt ohne Wert, wenn man die Leiden der Menschen im Kriege bedenkt, denen solche Zukunftsverheißungen unwirklich blieben.)
Der historischen Betrachtung muß es erlaubt sein, den Unterschied zwischen einem Nachkriegsdeutschland nach 1918 und einem Nachkriegsdeutschland in zweierlei Gestalt nach 1945 wahrzunehmen.
Zweimal halfen die Vereinigten Staaten durch Kredite dem geschlagenen Deutschland. Erst der zweite Versuch, der mit dem Marshallplan gemacht wurde und auch anderen Völkern zugute kam, hatte Erfolg. Aus der Geschichte wird kaum etwas gelernt, aus der Wirtschaftsgeschichte schon eher.

Was hat dies mit den deutschen Frauen im Kriege, mit den Fremdarbeitern im Reich jener Jahre zu tun?
Es nimmt ihnen nichts von ihrer Leidensfähigkeit.
Die mobilisierenden Aspekte des Krieges, das Anwachsen der Beschäftigung, des Einkommens und des nationalen Wohlstandes, den Kriege auch hervorbringen können, sind historische Erfahrungen, die der Zeitgenosse und auch viele der Nachgeborenen nicht nachvollziehen werden.
Denn der Krieg kann nie etwas Positives sein, er kann es höchstens hervorbringen. Aber das ist dann ein Wechsel auf Zeiten nach diesem Kriege, den andere für diejenigen ziehen, die an ihm beteiligt waren.
Es bedurfte nicht eines Krieges, um Wohlstand hervorzubringen, der für die USA als Siegermacht schon während des Krieges nach der Weltwirtschaftskrise Anfang der dreißiger Jahre entstand, für die Deutschen erst nach der größten Katastrophe ihrer Geschichte. Alan S. Milward kommt in »Kriegswirtschaft und Rüstung 1939–1945« mit C. D. Long, einem amerikanischen Wirtschaftshistoriker, zu dem Schluß, Sozialzulagen für Ehefrauen und Angehörige von Soldaten seien in Deutschland bewußt auf einem höheren Stand gehalten worden als in den anderen am Krieg beteiligten Volkswirtschaften. Er schreibt: »In der Tat war Deutschland die einzige Volkswirtschaft, in der man damit überleben konnte. In den Vereinigten Staaten und Großbritannien wurden sie bewußt auf einen so niedrigen Stand gesetzt, um Frauen auf den Arbeitsmarkt zu drängen.«
Dies gilt keineswegs für alle Angehörigen der im Kriege stehenden deutschen Soldaten.
Im März 1943 führten die »Meldungen aus dem Reich« des Reichssicherheitshauptamtes einige Beispiele an, die Milwards Meinung widerlegen.
Ein 69jähriger Witwer, der seinen einzigen Sohn verloren hatte und noch in der Kriegswirtschaft arbeitete, erhielt keine Rente für seinen gefallenen Sohn, weil er monatlich 90 Reichsmark verdiente. Der Einkommenshöchstsatz betrug für einen alleinstehenden Hinterbliebenen 85 Reichsmark.
Dieser Mann würde, so heißt es in den »Meldungen«, dafür be-

straft, daß er noch heute arbeite. Bliebe er zu Hause, hätte er eine Rente für seinen gefallenen Sohn erhalten. Die Ehefrau eines Obergefreiten aus Crailsheim, der während eines Nachturlaubs tödlich verunglückte, erhalte keine Hinterbliebenenversorgung, da ihr Ehemann sich während des Unfalls nicht im Dienst, sondern im Urlaub befunden habe und der Tod somit nicht mit dem Wehrdienst zusammenhänge.

Witwen und Waisen der im aktiven Wehrdienst verstorbenen Soldaten erhielten keine Rente, wenn Wehrdienstbeschädigung nicht vorliege, sondern der Tod durch ein inneres Leiden herbeigeführt worden sei.

Die Staatsbürokratie des Dritten Reiches unterschied zwischen gefallenen und verstorbenen Soldaten, obwohl doch der Soldat sein Leben hinzugeben bereit sein mußte und es nicht an ihm lag, ob dies durch Verwundung, Unfall oder Krankheit geschehen würde.

Bezieht man diese Summen auf die Kriegsbesoldung eines Oberleutnants der Panzertruppe, der schwerverwundet 1942 im Kriegslazarett lag, so ergibt sich auch hier eine Sparsamkeit des Staates gegenüber seinen Soldaten. Das Grundgehalt von 283,34 Reichsmark, wegen des großstädtischen Heimatortes mit 72,- Reichsmark als Wohnungsgeldzuschuß bedacht, mit einer Zulage von 15,- Reichsmark noch weiter erhöht, machte 370,34 Reichsmark aus. Dieses Gehalt wurde um 6 Prozent, 21,32 Reichsmark, und um die Höhe des Wehrsoldes von 81,- Reichsmark auf 268,02 Reichsmark gekürzt, von denen dem Oberleutnant nach Abzug von 33,- Reichsmark Lohnsteuer, 5,20 Reichsmark Kriegssteuer und 3,30 Reichsmark Winterhilfswerkspende noch 226,52 Reichsmark blieben. Von 370,34 Reichsmark Gehalt hatte er dem Staat 143,82 Reichsmark zurückzuerstatten, der freilich für die von dem Oberleutnant nicht selbst verschuldeten, sondern dem Kriegsgeschehen anzulastenden Monate im Lazarett aufkam.

Zur gleichen Zeit wurden Brillantringe in Düsseldorf bis zum fünf- und zehnfachen Preis gegenüber dem im Jahre 1937 gehandelt; mit seinem Gehalt hätte der Oberleutnant mehr als anderthalb Jahre im Lazarett, an der Front, wieder im Lazarett verbringen müssen, ohne ihn anzurühren, um sich einen Brillantring von

5000,- bis 6000,- Reichsmark leisten zu können. Da 1943 die Spezialgeschäfte für Schmuckwaren im Reich geschlossen wurden, unterblieb diese Versuchung.
Gesetzt den Fall, der Oberleutnant würde den Krieg überleben und sein Bankkonto nach Rückkehr in seiner Heimatstadt abheben wollen, das während der Jahre von 1939 bis 1945 sich angehäuft hatte, dann hätte er sich für die Aufbewahrung seines Geldes und als seine Geburts- und Heimatstadt einen Ort westlich der Demarkationslinie zwischen der Sowjetunion und den westlichen Alliierten suchen müssen, um an den Bankschalter herantreten zu können. In der sowjetischen Besatzungszone hätte er vergebens gespart.
Die unbarmherzige Epoche, die sich über die Welt gesenkt hatte, ließ unterschiedliche Auswege offen.
Seit Kriegsbeginn waren 13 Millionen Männer in die Wehrmacht eingezogen worden. Im September 1944 leisteten noch 9,1 Millionen Wehrdienst. Im Frühjahr 1945 dienten in den Streitkräften der Vereinigten Staaten 12 Millionen, dazu kamen noch die vielen Millionen, die in der sowjetischen Armee, in den Streitkräften Großbritanniens und anderer Verbündeter standen. Für die Deutschen in der Wehrmacht und in der zivilen Bevölkerung wurde der Verbrauch des einzelnen zwischen 1939 und 1945 auf ungefähr die Hälfte von dem reduziert, was er in Friedenszeiten erhalten konnte. Da der einzelne sein Geld nicht wie früher ausgeben konnte, war er gezwungen, zu sparen, es in Bankinstituten anzulegen. Das Volkseinkommen betrug im Deutschen Reich von 1944 rund 135 Milliarden Reichsmark. Die Spareinlagen bei Sparkassen und Banken waren von 20,1 Milliarden Reichsmark am 31. Dezember 1939 auf 85 Milliarden Reichsmark Ende 1944 angestiegen. Die Spareinlagen wurden von den Kreditinstituten in Reichsanleihen und Schatzanweisungen angelegt, wodurch es sich ergab, daß die Mehrzahl der Deutschen Gläubiger des Reichs wurden, ohne zumeist davon überhaupt gewußt zu haben. Die Deutschen kreditierten mit ihrem ersparten Geld die Finanzierung des Krieges. Dazu wurden auch die besetzten Gebiete herangezogen. Das Ausland, das als Partner des Reiches Handel trieb, gehörte auch dazu. Gegen Kriegsende hatten die verbündeten und besetzten Länder

zur Kriegsfinanzierung insgesamt 119 Milliarden Reichsmark beigetragen. Von dieser Summe konnten 28 Prozent der Wehrmachtausgaben bestritten werden.

Die Reichsschuld betrug am 21. April 1945 387,9 Milliarden Reichsmark. Am 1. September 1939 hatte sie 37,4 Milliarden betragen. Zählt man zur Reichsschuld noch andere Verpflichtungen wie beispielsweise aus den Mefo-Wechseln, aus den bei Kriegsende nicht mehr bezahlten Waren und ausgezahlten Gehältern, so hinterließ Hitlers Regierung Schulden in Höhe von 451 Milliarden Reichsmark.

Solche Zahlen haben ihre eigene Bedeutung; sie geben Einblick in die Finanzierung des Krieges, aber sie bleiben abstrakt. Ihre Erklärung erhalten sie durch die Wirklichkeit.

Ehe Hitler 1939 den Krieg begann, hatte sich das Reichsamt für Wirtschaftsausbau in einer Studie über die »Möglichkeiten einer Großraumwirtschaft unter deutscher Führung« sachkundig zu machen versucht. Es ging dabei um die Blockadesicherheit, falls Großbritannien eine Seeblockade verhängen würde, was dann auch geschah. Es wurde festgestellt, daß die deutsche Ernährungslage durch eine Seeblockade auch von längerer Dauer nicht erschüttert werden könnte. Großdeutschland würde sich zu 84 Prozent selbst mit Lebensmitteln versorgen, die auf 87 Prozent anwuchsen, wenn das künftige Generalgouvernement, das Protektorat Böhmen und Mähren sowie die Slowakei hinzugerechnet würden. Mit dem mitteleuropäischen, von Deutschland beherrschten Wirtschaftsraum sowie mit dem russischen Wirtschaftsraum käme man auf 96 Prozent. Der Hitler-Stalin-Pakt vom August 1939 brachte dann die Verwirklichung dieser Rechnung, wozu auch die Rohstoffversorgung zählte, bei der außer der Sowjetunion auch Nordeuropa in die Berechnungen einbezogen wurde.

1938 hatte die Sowjetunion für 50 Millionen Reichsmark Rohstoffe und Nahrungsmittel an das Deutsche Reich geliefert. Nun legte ein im Februar 1940 unterzeichnetes Abkommen fest, daß bis Mitte August 1941 die Sowjetunion für mehr als 1 Milliarde Reichsmark liefern sollte. Die deutschen Gegenlieferungen wurden auf das Jahr 1945 terminiert.

Im Januar 1941 wurde nochmals die Stärkung des deutschen

Kriegspotentials durch wiederum erhöhte Rohstofflieferungen aus der Sowjetunion erreicht.
Diese Lieferungen hielten bis zum 21. Juni 1941 an.
Diese Webmuster aus Zeiten, die sich ständig verzweigten, zahllosen Zukünften entgegen, von denen der einzelne sich die eigene Zukunft nicht aussuchen konnte, sind über die frühen Jahre des Zweiten Weltkrieges zu legen.
Sie gelten auch für die späten Jahre, doch erscheinen sie nun in blutigen Knäueln, die über die Erde geworfen werden, nur dem noch entzifferbar, der sich in eine stille Ecke inmitten aller Greuel zurückziehen konnte, um Bilanzen zu errechnen, für die andere die Zahlen an seiner Stelle einsetzten.

11. KAPITEL

Rückkehr an die Elbe

Vielleicht ist 1942 das letzte Kriegsjahr für die Deutschen gewesen, in dem sie sich noch nicht bemitleideten, in dem sie gefaßt waren, glücklich schon lange nicht mehr. Sie wußten nicht von allem, was Hitler über sie gebracht hatte, ihre Unwissenheit über schreckliche geheime Unternehmungen mußten sie noch nicht entschuldigen, sie waren aber auch unfähig, sich aus einer Verstrickung zu lösen, die sie in eine der hochfahrendsten Unternehmungen der Weltgeschichte gerissen hatte.
Die meisten von ihnen gaben den Krieg noch nicht verloren. Sie hofften auf ein Ende des Krieges, für den sie so viele Opfer gebracht hatten. So dachte auch Oberleutnant Koch, der sich endlich im Lazarett von den furchtbaren Träumen befreite, die er aus Rußland mitgebracht hatte.
Je länger er im Reservelazarett Glogau im Streckverband lag, ans Bett gefesselt wie ein Opferlamm, ein Soldat, der den Geschossen nicht ausgewichen war, sich ihnen stellte, damit ihn endlich eine Kugel traf und für das ganze Leben zum Invaliden werden ließ, desto jünger fühlte er sich. Er hatte wieder das Kindliche, das er als junger Soldat aufgeben mußte. Er schrumpfte, nur noch auf sich selbst verwiesen, nicht mehr auf Kriegsdienst und die Gewißheit des Todes im Felde.
Als sich der Frühling verspätete, ließ sich Koch im Beckengips wie ein geharnischter Ritter aus musealen Zeughäusern von der kalten Oder an die freundlichere Elbe, nach Dresden, verlegen, um wieder dort zu sein, von wo alles seinen Ausgang für ihn genommen hatte.
Er wollte in der Stadt sein, in die er gehörte.
Bei den Diakonissinnen in Dresden-Neustadt lag er in einem frommen Reservelazarett, in dem noch gebetet und christlich ge-

sungen wurde. Seine Kirche hatte ihn wieder aufgenommen, die er seit seiner Konfirmation fast vergessen hatte. Sie nahm sich der Verstümmelten an, tröstete die Sterbenden, umgab die Davongekommenen mit Samariterdiensten, wie es ihr aufgetragen war und ihr noch zustand in diesem Dritten Reich.
Diese jungen und alten Frauen mit den duldenden, wissenden Augen und der Härte, die sie beim langen Dienen erlernt hatten, ließen den Frühling, der endlich über die Stadt kam, nur sparsam in die Krankenstuben. Koch schien es, als wollten die Schwestern die Verwundeten, auch die in tiefster Seele Verletzten, behutsam an die neue Jahreszeit gewöhnen, in der sie fremd sein mußten nach dem russischen Winter, unfähig, an eine Erneuerung zum längst verloren gegebenen Leben zu denken.
Die Wiederkehr von frischem Laub und ersten zärtlichen Blumen, fröhlichen Wolkenschiffen am Himmel, letztem Schnee aus der Dresdner Heide, der in geschwollenen Bächen pathetisch dem Strome zustürzte.
Die Wiederkehr der Familie, der Namen, der Straßen und Plätze, der Heimat, sogar des Vaterlandes, das irgendwo Krieg führte, einen langen, furchtbaren Krieg gegen Rußland und Amerika, gegen Kontinente. Das Vaterland hatte die Hand gegen alle gereckt, nun reckten sich alle Hände nach ihm.
Aber hier, vom Lazarettbett, mit der tiefen Wunde, die langsam verheilte und die eine große Narbe mit allen Beschwernissen in den Nervensträngen des Beines hinterließ, sah Koch die Dinge mit jener Vereinfachung, die das Recht des Versehrten bleibt – und er war dankbar.
Daß er lebte!
Wie viele lebten nicht mehr, und fast täglich kamen die Briefe, die Besuche von Hinterbliebenen seiner Freunde, mit denen er aufgewachsen und ausgezogen war, aus denen ihm die Gewißheit, daß dieser Schuß in den Oberschenkel ihn rettete, immer deutlicher wurde, obwohl er sich ihrer auch schämte.
(Versetzt man diese Stimmung eines einzelnen in größere Maßstäbe, in die hunderttausendfache Aufreihung der Verwundeten, der Verstümmelten, der um Arme und Beine, Augenlicht oder auch nur Hände und Füße, Finger und Zehen durch die Erfrierungen in

Rußland Gebrachten, dann wird der Krieg, an dem sie so weit vorn beteiligt waren, fast zu einer Wohltat. Konnten sie doch noch einmal einen zärtlichen Frühling erleben, einen großen Sommer und bunten Herbst, ehe abermals ein Winter kam und dann »Winter« blieben, auch wenn es noch zwei Sommer waren.)
Krieg in der Heimat: Er war noch nicht blutig und voller Brände, nicht aussichtslos alles auch hier.
In Glogau war der Wehrkreisbefehlshaber von Breslau, ein älterer, müder General aus dem Ersten Weltkrieg, zu ihm ins Lazarettzimmer gekommen, als er noch im Streckverband lag, hatte gefragt, was er denn für einen Beruf habe, er sei ja, wie die Tafel über dem Kopfende des Bettes auswies, Reserveoffizier. Kochs Antwort, er sei Abiturient, zwang den Wehrkreisbefehlshaber zu der zweiten Frage, was Koch denn werden wolle, worauf der General die Antwort erhielt, er wolle schreiben, auch aufschreiben, was da alles geschehen sei mit ihm und dort in Rußland, eine Antwort, die der General wie der Alte Fritz quittierte: Dann brauche er ja nicht mehr zu gehen.
Aber jetzt, im Obstblütenschleier beiderseits der Elbe, ging Koch doch wieder, an Krücken, dann am Arm anderer, der Mutter, der Schwester und endlich der jungen Mädchen und Frauen, die ihn stützten, eine nannte sich seine »Krückstockin«, aber er hatte auch den Stock, den ihm sein Vater aus dem Kaukasus nach Glogau ins Lazarett geschickt hatte. Ein Kalmücke oder Tartar hatte den Knauf mit dem Kopf eines Elefanten versehen, ein Schnitzwerk aus jener Ferne, für die er für immer verloren war, wie er glaubte. Das Zurückfinden in eine Welt, die er am 2. November 1937 verlassen hatte, als er seinen Dienst in der Wehrmacht antrat, fiel ihm nicht schwer. Er kehrte als Schwerkriegsverletzter zurück, ohne die Uniform ausziehen zu müssen. Damit gehörte er zu einer heimlichen Armee, die in den Reservelazaretten lebte, der es an Reserven nie mangelte, da der Verwundetenzustrom sich seit dem 22. Juni 1941 ständig erhöhte. Diese Armee wurde von Chefärzten kommandiert, die über den einzelnen Kommandogewalt hatten, ihn bestrafen konnten, wenn er gegen die Ordnung des Lazaretts verstieß.
Es waren nicht mehr die Stabsärzte, die Oberärzte und Unterärzte,

die Koch in seiner Panzerdivision kennengelernt hatte, Männer, die beim Angriff mitliefen und fielen wie andere auch oder verwundet wurden. Kein Kriegschirurg mehr im Kriegslazarett, der über Leben und Tod gebot, soweit ihm dieses noch in den Händen geblieben war. Nicht der Stabsarzt, der in der russischen Hütte ihn zuerst versorgte, nach dem Sturz in die rückwärtige Welt des Krieges.

Die Oberstabsärzte, die Koch als Chefärzte flüchtig kennenlernte, als er in Glogau und Dresden ihnen ausgeliefert blieb, waren nicht mehr die Kameraden draußen, sondern die Vorgesetzten, die ihn ärztlich versorgten, denen er nichts anderes bedeutete als ein Fall, der im Kriege tausendfach vorkommt.

Diese Chefärzte hatten etwas Ziviles, sie kamen aus der Welt des Friedens, und Friede herrschte dort, wo nur noch der Schmerz etwas galt, der überwunden werden mußte, die Zukunft sich zeigte, eine lastende Zukunft, die *Zukunft* war, mehr als er sich an der Front wünschen durfte.

»Allen Soldaten aber soll die Sicherheit gegeben werden«, hieß es im Wehrmachtsfürsorge- und -versorgungsgesetz, das am 26. August 1938, kurz vor dem Aufmarsch gegen die Tschechoslowakei, erlassen worden war, »daß bei opferfreudigem Einsatz ihrer Gesundheit und ihres Lebens sowohl für sie selbst als auch für ihre Frauen und Kinder gesorgt wird.«

Dieses Gesetz galt nun für Koch, denn »es gehört zu den Eigentümlichkeiten des Krieges, daß ein Soldat während des Aufenthaltes im Kriegsgebiet sich immer im Dienst befindet«, las er in der Schreibstube des Reservelazaretts im Aktenbündel mit Ausführungsverordnungen für dieses Gesetz; die Erkenntnis war am 26. Oktober 1940 schriftlich festgelegt worden. Er fand dort auch eine Verordnung des Reichsarbeitsministers vom 18. Dezember 1941, die er beinahe überschlagen hätte, wenn ihm nicht das Wort *Jude* aufgefallen wäre in dem Paragraphendickicht, das »Fahrpreisvergünstigungen für Kriegsbeschädigte bei Eisenbahnfahrten und Ausweise zur bevorzugten Abfertigung vor Amtsstellen« zum Inhalt hatte. Es ging um die im Ersten Weltkrieg schwerkriegsbeschädigten Juden, Soldaten, Unteroffiziere und Offiziere in den Heeren des Kaisers und Königs von Preußen, der Könige von

Bayern, Sachsen, Württemberg und der Großherzöge, Herzöge und anderer Fürsten, Frontsoldaten von 1914 bis 1918, denen eine Polizeiverordnung vom 1. September 1941, die im Reichsgesetzblatt veröffentlicht worden war, gegolten hatte.
Oberleutnant Koch las die beiden Daten sonderbar abwesend, er versuchte sich zu erinnern, wo er am 1. September 1941 gewesen war, fand sich im südlichen Weißrußland an der Grenze zur Ukraine, am Flusse Ssudost, beim Flankenschutz in der Panzerdivision für die große Schlacht um Kiew. Und am 18. Dezember 1941, dem zweiten hier angegebenen Datum, hatte er im Reservelazarett Glogau in jenem winzigen Zimmer gelegen, das von den Schwestern »Sterbezimmer« genannt wurde, wie er später erfuhr, als er aus diesem Einzelzimmer in einen Raum zu anderen Verwundeten verlegt worden war. Träume unter Morphium, wie konnte er sich an sie erinnern. Andere hatten, während er abwesend war, nicht für ihn, nicht in seinem Sinne, aber doch im Namen des Reichs, für das er gekämpft hatte, verordnet, was mit schwerkriegsbeschädigten Kameraden seines Vaters vom Ersten Weltkrieg zu geschehen habe: »In der Polizeiverordnung über die Kennzeichnung der Juden mit dem Judenstern sind schwerkriegsbeschädigte Juden von dem Tragen des Judensterns nicht ausgenommen. Diese Juden dürfen daher die 2. Wagenklasse auch bei Vorlage einer Bescheinigung für deutsche Schwerkriegsbeschädigte zur Benutzung der 2. Wagenklasse mit Fahrausweis 3. Klasse nicht benutzen. Die Ausstellung einer solchen Bescheinigung für Juden erübrigt sich daher.« Und anschließend bestimmte der Reichsarbeitsminister (Im Auftrag gez. Dr. Engel), daß nunmehr auch an »Juden, die mit dem Judenstern gekennzeichnet sind, der Ausweis zur bevorzugten Abfertigung vor Amtsstellen nicht erteilt werden darf; sofern Juden mit dem Judenstern noch im Besitze eines solchen Ausweises sind, ist dieser sofort einzuziehen.«
Und zuletzt noch die verschämte Geheimsprache des Dritten Reiches: »Von einer Veröffentlichung des Erlasses ist abzusehen.«
Ereignet hatte sich das während der Abwesenheit des Heeres an der Front, auch Kochs Abwesenheit, und nun zeigte sich ihm in der Schreibstube des Lazaretts, im Aktenordner, der Zipfel eines

Vorganges, dessen Bedeutung er erst noch begreifen lernen mußte. Jetzt begriff er nichts; er schämte sich nur, daß dies geschehen konnte, denn er hatte zwischen den Kriegen gelernt, daß die Gefallenen und Verwundeten des Weltkrieges Helden seien und für immer bleiben würden, denen nachzustreben wäre, nachzusterben auch, wenn es vom Vaterland verlangt würde. Nun hatte man Helden ausgestoßen, sie zusätzlich zu ihren Eisernen Kreuzen und Verwundetenabzeichen aus dem Weltkrieg mit einem Judenstern hervorgehoben aus der Menge, aber dieser Stern sollte sie demütigen; damit wurden auch die Kriegsauszeichnungen herabgesetzt, gedemütigt, sinnlos wie die Verletzungen, die sie davongetragen hatten.
(Daß es ihm und Millionen anderer einmal ähnlich gehen würde, nur nicht mit der abschließenden grausamen Konsequenz wie für die Juden »mit deutschen Schwerkriegsbeschädigtenausweisen«, hätte er sich nicht vorstellen können, aber so geschah es, und er ist auch dann wieder davongekommen.)
Oberleutnant Koch erfuhr auch, mit welchen Wohltaten er in seinem Zustand, mit der Versehrtenstufe II, überhäuft werden sollte. Es gab für verwundete und kranke Wehrmachtangehörige, die sich in Lazarettbehandlung befanden, Fahrpreisermäßigung von 50 Prozent in der 2. und 3. Klasse beim Besuch durch Angehörige. Bei einem ernsten Zustand der Verwundeten und Kranken gewährte das Lazarett den besuchenden Angehörigen einen Unkostenbeitrag für die Reisekosten.
Den Versehrten wurden Lohnsteuer und Einkommensteuer ermäßigt, sie erhielten wie Verwundete und Kranke (und bis zum 18. Dezember 1941 die schwerkriegsbeschädigten Juden!) Fahrpreisvergünstigungen auf der Eisenbahn, durften die 2. Wagenklasse benutzen, wenn der Chefarzt dies für erforderlich hielt, in besonders schweren Versehrtenfällen konnten sie einen Begleiter mitnehmen, der mit einer Fahrkarte 3. Klasse in der 2. Klasse bei dem Versehrten mitreisen durfte. Auf deutschen Straßenbahnen, Hoch- und Untergrundbahnen wurden verwundete und kranke Wehrmachtangehörige in Uniform während ihrer Lazarettbehandlung und der sich anschließenden ambulanten Behandlung frei befördert.

Der Dank des Vaterlandes setzte für Oberleutnant Koch schon ein, er wurde nicht verzögert, hinausgeschoben auf friedliche Zeiten, er fand im Kriege statt wie die Eintrittspreisermäßigung bei kulturellen Veranstaltungen, für die er einen Ausweis von seinem Chefarzt in Dresden erhielt. Er enthielt Kochs Paßfoto, das Bild eines jungen Mannes in Uniform, dessen Augen zu brennen schienen, aber es war der Fokus der Kameralinse, in die er starrte, das Erlebte, Überdauerte blieb hinter seiner Stirn.
Dieser gelbe Ausweis, alljährlich verlängert, war eine Gabe des Präsidenten der Reichskulturkammer Dr. Goebbels, dessen Anordnung über Eintrittspreise für Schwerkriegsverletzte vom 3. Juli 1940 auf dem Ausweis abgedruckt war.
Er erlaubte ihm den Zugang zur »Götterdämmerung« und zum »Prinzen von Homburg«, zu allem, was »Unternehmer oder Veranstalter von Theatern, Lichtspielunternehmen, Konzerten, Vorträgen, artistischen Unternehmen (Varietés, Kabaretts, Zirkusveranstaltungen usw.), Tanzvorführungen und Ausstellungen kultureller Art« verpflichtete, »Schwerkriegsverletzten, die im Besitze eines amtlichen Ausweisen sind, eine Eintrittspreisermäßigung von 50 v. H. der normalen Eintrittspreise zu gewähren. Eine Beschränkung der Eintrittspreisermäßigung auf bestimmte Tage oder bestimmte Vorstellungen ist nicht zulässig. Die Ermäßigung gilt nicht für Ur- und Erstaufführungen sowie für besondere Festaufführungen, bei der die Gültigkeit von Frei- und Ehrenkarten aufgehoben ist. Der Mindesteintrittspreis darf 0,30 Reichsmark nicht unterschreiten. Beträge, die sich bei der Kürzung ergeben, sind auf volle 5 Reichspfennige nach oben abzurunden.«
Aber auch Erstaufführungen blieben Koch nicht verschlossen; am 23. Mai 1942 saß er im Dresdner Opernhaus im 1. Rang, Loge 19 auf Platz 3; es wurde Mozarts »Idomeneo« gegeben, auf der Rückseite der Eintrittskarte war vermerkt: »Schutzraum 3«. Sturm- und Tempelszenen, die Arien der Ilia, eine musikalische Perlenkette, eine Gesangsoper, das Schicksal schlug auch hier beim König von Kreta, Idomeneo, zu, aber schwebend kam es von Bühne und Orchester der Semper-Oper auf Oberleutnant Koch in der Rangloge zu, nicht dröhnend und durchschlagend bis in die Tiefe der Seele.

Die Kunst als Neue Welt, in die er jetzt eintrat, hatte er sich durch seine Beinverwundung vor Jefremow am oberen Don verdient; sie hatten hier auch ihren »Schutzraum 3«, den Luftschutzkeller unter dem Parkett, doch Koch war in Dresden, nicht im Westen des Reichs, der Aufdruck erschien ihm allegorisch zum dahinschwebenden, leicht-zärtlichen Schicksal, an das Mozart geglaubt hatte, als er die Oper komponierte.

Das Erstaufführungspublikum war feldgrau durchsetzt, es fehlten nicht kostbare Abendkleider, die Rezensenten der Dresdner Zeitungen erschienen im Smoking, das Gelb und Rot der Ausstattung des Zuschauerraums ließ Koch fast den Schmerz vergessen, den er im Bein mitgenommen hatte.

In der Pause traf er mit Maria, die er mitgenommen hatte, um sich stützen zu lassen und weil sie ihm gefiel, einen Schulkameraden in Luftwaffenuniform, auch er verwundet, mit einer Frau, die ihn stützte. Sie blieben oberflächlich, sagten nichts von dem, was sie ausgestanden hatten, nur einmal, als die Begleiterin des Luftwaffenoffiziers zum Büfett ging, um Bier zu holen, konnte es sich der Luftwaffenoffizier nicht versagen, wie einst in der Schule hinter vorgehaltener Hand Koch etwas Sonderbares mitzuteilen: daß seine Begleiterin die Witwe eines gefallenen Kameraden sei und daß – bei allem Ernst – die Luftwaffe dankbar gedenke. Im Auftrage des Reichsmarschalls Göring habe die Witwe 1941 als einmaliges Weihnachtsgeschenk für jedes Kind ein Sparbuch im Werte von 1000 Reichsmark erhalten im Gedenken an den auf dem Felde der Ehre gebliebenen Ehegatten und Vater!

Aber, so fügte, immer noch hinter vorgehaltener Hand, damit Maria nichts hören konnte, der Luftwaffenoffizier hinzu, das werde Göring kaum durchhalten, es seien bald zu viele für das Portefeuille des Reichsministers der Luftfahrt und Oberbefehlshabers der Luftwaffe.

Kochs Oberbefehlshaber des Heeres war seit Mitte Dezember 1941 Hitler; von dem kam so etwas nicht.

Es gab also noch andere Wohltaten, von denen Koch nichts gewußt hatte, als er aus dem Bett im Lazarett aufstand und wieder unter die Menschen ging.

Andere Wohltaten standen ihm bevor. Einige davon nahm er nicht

mehr in Anspruch. So unterließ er es, sich zu melden, als im Mai 1944 kriegsversehrte Reserveoffiziere der Einstellungsjahrgänge 1936 und 1937 aufgerufen wurden, daß sie in den aktiven Wehrdienst übernommen werden könnten, da sie, wie es in dem Erlaß des Chefs des Heerespersonalamtes vom 20. Mai 1944 hieß, »fast ausnahmslos denselben Werdegang wie die aktiven Offiziere derselben Jahrgänge hätten, in ununterbrochener Dienstzeit die gleiche Ausbildung erhielten, als Offiziere nach den gleichen Gesichtspunkten eingesetzt waren und im Kampf vor dem Feinde unter denselben Voraussetzungen ein schweres Blutopfer gebracht haben.«
Dieser Erlaß des Generals Schmundt führte auch an, daß nur wenige überlebende Offiziere der Jahrgänge 1936 und 1937 dafür in Frage kämen, die finanzielle Belastung des Reiches daher völlig belanglos wäre, für die Betroffenen aber von großer Bedeutung, da der aktive Oberleutnant (Versehrtenstufe II, verheiratet, 1 Kind, Ortsklasse B, Oberschenkel amputiert) die doppelte Abfindung erhielte wie der unter gleichen Verhältnissen versehrte Reserveoffizier.
Da Oberleutnant der Reserve Koch im Mai 1944 sich nicht vorstellen konnte, wie es einem aktiven Offizier nach dem verlorenen Kriege ergehen würde, blieb er Reservist, obwohl aktiv im Wehrdienst nun schon im siebenten Jahre.
Auch eine andere Vergünstigung nahm er zu dieser Zeit nicht wahr, die denen zum Verhängnis wurde, deren Abstand vom Geschehen nicht so groß war wie bei ihm. Am 10. März »begrüßte« das Oberkommando der Wehrmacht ein Schreiben des Reichsführers SS, in dem mitgeteilt wurde, daß im Einvernehmen mit dem Führer kriegsversehrte entlassene Offiziere hauptamtlich innerhalb der »Schutzstaffel verwendet werden könnten, wo sie gute Lebensstellungen mit Aufstiegsmöglichkeiten in fast allen Berufszweigen und Stellungen« vorfänden, »neue Betätigungsfelder, die sie trotz ihrer Versehrtheit ausfüllen könnten«. Aber auch einfache Soldaten und Unteroffiziere konnten nach ihrer Entlassung zur SS gehen.
Das Reichsluftfahrtministerium, das die Luftwaffensoldaten versorgte, gab hierzu die Anweisung: »Zur Entlassung kommende

versehrte Offiziere über General Musshoff der SS anbieten.« Unterschrieben hatte ein Stabszahlmeister.

Eine Ahnung von »Betätigungsfeldern« der »Schutzstaffeln« hatte Koch damals, doch konnte er nicht behaupten, sie alle zu kennen. Daß das Reich seine Soldaten, die für den Krieg an der Front wegen Verwundungen und Verstümmelungen nicht mehr tauglich waren, nicht nur mit Wohltaten umgab, hätte er am 15. Februar 1944 vom Kommandeur der Heeres-Entlassungsstelle für den Wehrkreis XIII (Nürnberg), die in Regensburg ein Ausweichquartier gefunden hatte, erfahren können. Da er nicht in diesen Wehrkreis gehörte, blieb er von Erkenntnissen verschont, die in Akten über den Atlantischen Ozean gebracht wurden, Kriegsbeute der Amerikaner, nach Jahrzehnten zurückgegeben.

So konnte er später lesen, daß die meisten aus den Lazaretten entlassenen Versehrten, die zur Heeres-Entlassungsstelle 1/XIII in Regensburg kamen, ihren Versehrtengrad genau kannten. Der Versehrtengrad war Fatum, auch ihr »Abzeichen«, das sie von nun an zu tragen hatten. »Der Versehrtengrad wird sehr häufig durch den Arzt der Dienststelle *herabgesetzt*, wogegen sich die Versehrten zu beschweren versuchen.« Diese Beschwerden waren der Entlassungs-Dienststelle lästig. »Von der Dienststelle werden sie genau aufgeklärt, daß die Feststellung des Versehrtengrades durch Lazarette und Entlassungsstelle nur eine vorläufige – sozusagen nur ein Vorschlag – ist, gegen den es keine Beschwerde gibt und daß die endgültige Festsetzung durch die Wehrmachtsfürsorge- und Versorgungsdienststellen stattfindet.«

Da war noch eine höhere Instanz, die das Los des Versehrten zu bestimmen hatte; die Entlassungsstelle entließ nur, die höhere Instanz setzte die Versorgungsbezüge fest. Da die Mitteilung des Versehrtengrades aber schon im Falle der Versehrtenstufe II (weitgehend gehunfähig, Bein ab, Bein gelähmt) an die zu Entlassenden durch die Entlassungsstelle erfolgen mußte, Versehrtengeld an sie zu zahlen war, konnte, wie es in dem Erlaß heißt, »den Versehrten *nur* geheimgehalten werden, ob sie Versehrtenstufe III oder IV« seien. »Das Personal der Dienststelle ist angewiesen, hierüber keine Mitteilung zu machen.«

Die Herabstufung des Versehrtengrades, die Einsparung von Geld

und Hilfen, gehörte auch zu diesem Reich, dem der Soldat damals vieles zutraute, aber nicht dieses. Davon nichts zu ahnen, war für ihn ein Segen, wie ebenfalls bei vielen anderen Dingen . . .
Im Mai 1942, bei Mozarts »Idomeneo, re di Creta« in der Dresdner Semper-Oper, hatte der Oberleutnant Koch mit der ihm verliehenen Versehrtenstufe II sein steifes linkes Bein von sich gestreckt zu halten, und da er an der Logenbrüstung einen Platz erhalten hatte, fiel es ihm schwer, sein Bein unterzubringen. Aber er lernte auch das; hinter sich, wie er dachte, den Krieg auf vordersten Plätzen, und vor sich Zeit genug, endlich zu leben.

12. KAPITEL

Mit tausend Bombenflugzeugen

Ende April 1942 mußte sich die Reichsanstalt für Luftschutz mit der Brandmasse der englischen 30 LB Phosphor-Brandbombe befassen, durch die bei Luftangriffen des Bomber-Kommandos die Fachwerkbauten der Innenstädte von Lübeck und Rostock vernichtet worden waren.
Sie enthielt eine schwere, hellgelbe Flüssigkeit, die aus einer Lösung von Schwefel in weißem Phosphor bestand, sowie eine zähe, fadenziehende Masse, die sich aus 12% Rohkautschuk und 88% Leichtbenzin zusammensetzte, wobei die Kautschukmasse wechselnde Mengen von Phosphor aufnahm. Gelangten Spritzer der Phosphor-Schwefellösung oder Klumpen der phosphorhaltigen Rohkautschukmasse auf Lebensmittel oder Viehfutter, so wurden diese durch das Eindringen von Phosphor in hohem Maße giftig und konnten auf dem Weg über den Magen-Darmkanal zu schwersten Erkrankungen führen. Die Anstalt untersuchte Rindertalg, Butterschmalz, Rindfleisch, Butter, Hafer und Mehl.
Als Mittel gegen Phosphorverschmierungen wurde Seife genannt. Da die Luftangriffe des Bomber-Kommandos ländliche Gegenden in Norddeutschland betroffen hatten, wobei das Vieh auf den Weiden in Brand geriet, befürchtete man nicht nur eine Vernichtung der vorwiegend aus Holz im Fachwerkbau errichteten Stadtzentren aus alter Zeit, sondern auch eine schleichende Nahrungsmittelvergiftung.
Da die Rohkautschukvorräte Großbritanniens größer als die des Reiches waren und über See trotz des U-Bootkrieges laufend ergänzt werden konnten, war es nicht möglich, die deutschen Brandbomben diesem Schwefel- und Phosphorregen ebenbürtig zu machen.
Die Phosphorbrandbombe, die später durch den Phosphorkanister

in ihrer verheerenden Brandwirkung eine zusätzliche Unterstützung beim Flächenbombardement der Städte erhielt, wurde – neben den Sprengbomben, die ständig an Gewicht zunahmen – ein schlimmer Feind der Zivilbevölkerung. Mit jedem Luftangriff wurde sie tiefer in die Heimatfront gestoßen, wofür sie aber vor dem Krieg kaum ausgebildet worden war. Sie mußte lernen, noch während des Bombardements etwas zu tun, was kaum von einem Soldaten an der Front verlangt wurde, nämlich aus den Kellern über die Treppen ins Dachgeschoß ihrer Häuser zu steigen, um dort die zischenden Phosphorbrandbomben mit Hilfe von Schaufeln durch die Dachluken auf Straßen, Höfe und Gärten zu werfen, wenn sie ihre Häuser vor dem Niederbrennen retten wollte. Soviel Mut war Frauen, Kindern und in der Heimat arbeitenden, unabkömmlich geschriebenen Männern bisher noch nie abverlangt worden. Die Übungen des Luftschutzes vor und während des Krieges reichten nicht aus, um diesen Ernstfall zu konstruieren. Die Opfer, die von der Zivilbevölkerung von jetzt an gebracht werden mußten, blieben vorerst niedrig, im Vergleich zu den kommenden Jahren. Meldungen aus den bombardierten Städten des Reiches sprachen 1942 noch von der Unfähigkeit der Hausbewohner, sich gegen die Brandbomben zu wehren, die in steigenden Zahlen abgeworfen würden. Es wurde gerügt, daß die Leute in den Kellern sitzen blieben, bis das Haus über ihnen abbrannte.
Diesen Erfahrungen, die jetzt gemacht werden mußten, war der Entschluß des britischen Kriegskabinetts vom 14. Februar 1942 vorausgegangen, sich als »Ziel der Angriffe des Bomber-Kommandos gegen Deutschland nicht Fabriken und sonstige militärische Objekte, sondern die Moral der feindlichen Zivilbevölkerung, vor allem der Industriearbeiterschaft,« vorzunehmen.
Eine sechs Monate anhaltende Offensive galt deutschen Städten, wobei »fünfzig von ihnen durch Ströme von Bombern, die Schicklgrubers Häuser flachlegen und seine Arbeiter demoralisieren« sollten, »tödlich getroffen« werden müßten, wie es Lord Cherwell am 14. Februar 1942 vorschlug. Am 22. Februar 1942 übernahm Luftmarschall Arthur Harris das Bomber-Kommando, der in der Geschichte des Zweiten Weltkrieges als »Bomber-Harris« eingehen sollte.

»Machen wir Schluß mit dem Krieg, indem wir den Deutschen die Seele aus dem Leib schlagen«, hieß seine Maxime, die eine neue Dimension des Luftkrieges umriß, in der militärische Objekte bedeutungslos wurden gegenüber einem anderen Ziel, dem der Moral. Nicht jener der Soldaten, sondern deren Angehörigen.
Jetzt zog der Soldat nicht mehr ins Feld, wie es in früheren Kriegen üblich gewesen war, um die bedrohte Heimat zu schützen. Er ging an die Front, obwohl er wußte, daß die Heimat weitgehend schutzlos den Luftangriffen des Gegners ausgesetzt war. Diese Härte war bisher noch nie von ihm abverlangt worden. Immer hatte es dem Soldaten geholfen, den gefährlichen, oft tödlichen Dienst im Bewußtsein zu leisten, daß seine Angehörigen in der Heimat sicher waren, solange dorthin nicht der Feind gelangte. Deutschland war zuletzt in der napoleonischen Zeit, in den Befreiungskriegen, Schlachtfeld gewesen, hatte den Feind im Land gesehen.
Noch stand 1942 der Feind nicht im Land, aber er zeigte sich über ihm und schien entschlossen, die Städte zu verbrennen. Zu dieser Zeit, im Frühjahr 1942, befand sich fast die Hälfte der deutschen Luftwaffe in der Sowjetunion, ein Viertel war in Nordafrika und auf dem Balkan im Einsatz, das zweite Viertel gehörte zur Luftflotte 3 im Westen, mit nur zwei Kampfgeschwadern, K.G. 2 und K.G. 6, aber modernsten Jagdflugzeugen, das letzte Modell der Messerschmitt 109 und die neue Focke-Wulf 190.
Dann war die Flakartillerie, die vor allem militärische und industrielle Objekte sichern sollte, nicht zu übersehen, doch die Nachtjagd steckte noch in den Kinderschuhen.
Die zweite Front, die Stalin von Churchill und Roosevelt so dringend forderte, konnte noch nicht im Erdkrieg gebildet werden, um die bedrängte Sowjetunion zu entlasten. Hitler hatte Europa zur Festung ausgebaut, aber, wie Roosevelt meinte, dabei vergessen, über der Festung ein Dach zu bauen.
Durch Flächenbombardements konnte das Reich getroffen werden, während Soldaten weit von ihm entfernt Krieg führten.
Luftmarschall Harris traf aus Washington in London ein, um sein Amt zu übernehmen. Seit Mai 1941 stand er dort einer Delegation der Royal Air Force vor, die amerikanische Kriegsflugzeuge für

die RAF zu bestellen hatte. Durch den japanischen Angriff auf Pearl Harbour im Dezember 1941 sahen sich die Amerikaner jedoch veranlaßt, für die eigene Luftwaffe die höchsten Prioritäten zu setzen. Harris war drüben nur noch wenig zu tun übrig geblieben.

Er fand das britische Bomber-Kommando in einem »entmutigenden Zustand« vor. Bei Luftangriffen hatte es sich verzettelt, die Maschinen waren zum Teil nach Nordafrika abgezogen worden. Kampfgeist, so meinte Harris, werde das Bomber-Kommando erst wieder in höherem Maße besitzen, wenn ihm einfache Ziele gesetzt würden, die Erfolge versprächen.

Neu war ein Navigationsgerät »Gee«, einem deutschen Gerät ähnlich, aber wirksamer. Auf einem verhältnismäßig kleinen Raum konnten mit dessen Hilfe bei der Zielfindung Bomben abgeworfen werden.

Um seine Initiative zu demonstrieren, ließ Harris als erstes Ziel am 4. März 1942 die Renault-Werke bei Paris durch Tiefangriff von 235 Bombern für vier Monate »auslöschen«.

Angriffe auf Essen und Köln im März 1942 enttäuschten Harris. Erst der Angriff am 28./29. März 1942 auf Lübeck, der die halbe Stadt zerstörte, wurde mit Wellington-, Stirling- und erstmals Lancaster-Bombern ein Erfolg der neuen Taktik des zeitlich konzentrierten Flächenbombardements. In neunzig Minuten warfen sie 144 Tonnen Brandbomben und 160 Tonnen Sprengbomben ab. 2000 Häuser, das gotische Rathaus, die Marienkirche wurden zerstört; es gab 320 Tote und 791 Verwundete.

Nur das schlechte Wetter im April konnte das Bomber-Kommando davon abhalten, andere Städte anzugreifen, bis Ende des Monats, in der Nacht vom 23. auf den 24. April 1942 und in den drei folgenden Nächten, ein anderer deutscher Ostseehafen, Rostock mit den Heinkel-Flugzeugwerken, Schauplatz der neuen Bombertaktik wurde.

Die Flugzeugwerke erhielten einige Treffer, die Altstadt wurde vor allem durch Brandbomben zu 60% eingeäschert. Die Stadt zählte damals 130 000 Einwohner; 100 000 waren obdachlos geworden und mußten evakuiert werden. Gezählt wurden 204 Tote und 89 Schwerverletzte.

Am Vormittag des 27. April 1942 wurde in der Ministerbesprechung, die Goebbels im Propagandaministerium abhielt, mitgeteilt, »daß der 4. Angriff auf Rostock hauptsächlich mit Luftminen durchgeführt wurde, die die noch stehenden Reste der Altstadt und einige schon vorher besonders schwer getroffene Wohnviertel weitgehend zum Einsturz brachten. Der Führer hat die Aufstellung eines Planes für harte Vergeltungsmaßnahmen auf entsprechende Städte angeordnet. Der Minister wird anregen, dabei auch Flugblätter abzuwerfen, in denen Bilder von Lübeck und Rostock mit einem Hinweis gebracht werden, daß es sich bei den deutschen Angriffen um Vergeltungsangriffe handelt«.

Diese Anregung wurde von Göring zurückgewiesen, da es für Propagandaflüge nach England an Flugzeugen fehlte.

Der stellvertretende Leiter der Presseabteilung des Auswärtigen Amtes, Baron Braun von Stumm, hatte das Wort von den »Baedeker-Angriffen« erfunden, um der Bevölkerung die bevorstehenden Vergeltungsangriffe in der deutschen Presse zu erklären. Die deutsche Luftwaffe werde Objekte in England angreifen, die im Baedeker-Reiseführer mit drei Sternen verzeichnet seien. So kam es zu den Vergeltungsangriffen gegen England im April bis Juni 1942 auf Ziele wie Bath, Norwich, York und Canterbury. Sie hatten weitaus schwächere Auswirkungen als die Angriffe zwei Jahre zuvor, als London und Mittelengland den deutschen »Blitz« erlebten.

Rechnete jemand aus, ob mehr englische oder deutsche Städte zu dieser Zeit durch Luftangriffe zerstört waren, so mußte er gegen Ende Mai zu dem Ergebnis kommen, daß sich beide Luftwaffen damit fast die Waage hielten. Aber um den gleichen Effekt hervorzurufen, der in England schon seit 1940 vorlag, bedurfte es noch eines besonders großen Schlages gegen eine der deutschen Städte. Seit Mitte Mai 1942 wurde er von Luftmarschall Harris vorbereitet und in der Nacht zum 31. Mai 1942 durchgeführt.

Der große Schlag sollte von tausend Bombern geführt werden, die ein leicht zu findendes Ziel anzugreifen hätten, das möglichst an einem großen Strom läge wie Hamburg oder Köln.

An einem Sonntagabend Mitte Mai 1942, nach dem Dinner mit dem britischen Premierminister auf dessen Landsitz in Chequers, von dem es zum Haus des Luftmarschalls in Springfield nicht weit war, entwickelte Harris vor Churchill seinen Plan, einen Tausendbomber-Angriff durch das Bomber-Kommando testen zu wollen. Dazu brauchte Harris die politische Genehmigung des Premierministers, der sie ihm, beeindruckt von der Größe dieses Konzepts, auch gab, nachdem auf seine Frage, wieviele Flugzeuge denn dabei verloren gehen könnten, Harris etwa fünfzig eigene Bomber angegeben hatte. Das seien rund 5% der eingesetzten Maschinen. Churchill wollte sich aber auf den Verlust von hundert Bombern vorbereiten, wie er Harris sagte. Harris meinte weiter, Hunderte solcher Luftangriffe auf deutsche Städte könnten eine Invasion auf dem Kontinent, die viel Blut kosten werde, überflüssig machen. Für die Operation »Millenium« (Tausend Bomber) wurden Ende Mai 1046 Kampfflugzeuge auf 53 Flugplätzen versammelt, die zum Teil der Marine oder der Verwendung über dem Mittelmeer entzogen worden waren. Das Wetter, Gewitterstürme und Wolkendecken über dem nordwestlichen Deutschland, schien den Start unmöglich zu machen. Als am 30. Mai Aufklärer eine dichte Wolkendecke über Hamburg gemeldet hatten, wagte der Meteorologe des Luftmarschalls die Vorhersage, über Köln werde um Mitternacht die Sicht klar sein; bei ihrer Rückkehr hätten die Bomber aber Nebel über England zu erwarten.

Harris beugte sich, die Zigarettenspitze im Mundwinkel, über die Karten auf seinem Schreibtisch, zeigte auf Köln. Ein einsamer Mann, der die Hölle über die Stadt am Rhein zu bringen beabsichtigte.

Um die Flugzeuge ins Ziel zu bringen, war von Dr. Dickins, einem wissenschaftlichen Mitarbeiter des Bomber-Kommandos, der »Bomberstrom« erfunden worden. Nicht auf einen Punkt sollten die tausend Bomber anfliegen, sondern auf drei Punkte, um in drei verschiedenen Höhen fliegend, dazu noch in parallelen Strömen, in kurzer Zeit in höchster Konzentration über Köln zu erscheinen. Die Besatzungen, über 6000 Mann, kamen aus allen Gegenden des britischen Weltreiches, aus Australien, Neuseeland, aus Canada und als Freiwillige aus den USA.

Die Vorhut dieser Bomberströme hatte mit Brandbomben das Zielgebiet zu kennzeichnen (fast eine halbe Million Brandbomben

fielen in dieser Nacht auf Köln), die anderen Flugzeuge trugen zusätzlich noch 1300 verschiedene Bomben unterschiedlicher Größe, um die markierten Gebiete zu vernichten und zu verhindern, daß der zivile deutsche Luftschutz überhaupt zum Einsatz kam.
Am Sonntagmorgen, dem 31. Mai 1942, war in Köln um 2.25 Uhr eine von Menschen künstlich geschaffene Hölle ausgebrochen.
Für den britischen Piloten, der als letzter Köln anflog, war der Anblick, den er vorfand, »der ungeheuerlichste in der Geschichte des Bombenkrieges«. Als Leonard Chester in seinem Halifax-Bomber unter sich die Stadt sah, »war es plötzlich still an Bord. Wenn das, was wir sahen, wahr war, dann mußte Köln zerstört sein. Wir blickten auf den Rhein, aber es war kein Irrtum: Was wir da unten sahen, war die Wirklichkeit.« Es sollte später ähnliche Aussagen und die gleiche Stille an Bord geben, wenn die »Hölle der Städte« sich den Besatzungen zeigte.
Die Verlustrate betrug 3,6%, 43 abgeschossene Bomber. Da Polizei, Feuerwehr und Luftschutz zum Teil noch während des Angriffs eingesetzt wurden, konnte verhindert werden, daß nicht die ganze Altstadt niederbrannte. Es gab 467 Tote und über 5000 Verletzte.
Luftmarschall Harris, dem Churchill am Vormittag des 31. Mai 1942 gratulierte, schrieb ins Kriegstagebuch: »Endlich war die ausschlaggebende Waffe des Krieges massiert zum Einsatz gekommen.«
Im Unterhaus sagte Churchill am 2. Juni 1942: »Ich darf sagen, daß mit dem Fortschreiten des Jahres die deutschen Städte, Häfen und Zentren der Kriegsindustrie einer Prüfung unterliegen werden, wie sie kein Land jemals erfahren hat.«
Diese Prüfung dauerte drei Jahre, fast auf den Tag, von diesem 31. Mai 1942 an bis zum 5. Mai 1945.
Aber was heißt aushalten?
Lübeck, Rostock, Köln, schöne alte Städte des Reichs, konnten niederbrennen, in Trümmer fallen, aber alle Städte dieses Reiches würde der Gegner doch nicht aus der Luft zerstören. Bei dem »Millenium«-Angriff auf die Innenstadt von Köln hatte die Royal Air Force von 1134 eingesetzten Flugzeugen 43 verloren. Luftmar-

schall Harris hatte den Verlust von 50 Maschinen eingeplant, Churchill wollte 100 verlorene Flugzeuge im Unterhaus verteidigen, nun brauchte er es nicht mehr.
Goebbels bezweifelte in seinem Tagebuch, daß die Engländer die Kraft hätten, solche Luftangriffe fortzusetzen. Für dieses Jahr behielt er recht. Nur einen einzigen Tausendbomber-Raid konnte Luftmarschall Harris 1942 noch fliegen lassen, gegen Bremen am 25./26. Juni. Eine vorher angesetzte Attacke auf Essen wurde von weniger als 1000 Bombern durchgeführt. Die englische Luftkriegsführung hatte auf die 8. und 15. amerikanische Luftflotte zu warten, damit über Europa Operationen dieser Größenordnung kontinuierlich durchgeführt werden konnten.
Luftmarschall Harris hatte Köln nicht zerstört, wie er versprach. Er hatte das Bomber-Kommando, das er in schlechtem Zustand vorfand, »gerettet«, ihm neue Zuversicht und Erfolgsgefühle gegeben, die der Soldat nun einmal braucht. Wenn es nun auch ein Krieg gegen Städte und deren Bewohner geworden war – über diesen brennenden Städten abgeschossen zu werden, in das Feuermeer eintauchen zu müssen und darin mit den Zivilisten zu verbrennen, kam dem Tod auf dem Schlachtfeld gleich.
Die Obdachlosen von Köln hatten bei ihrer Evakuierung ein Papier zu unterschreiben, in dem sie sich verpflichteten, nicht über die Situation in der Stadt zu sprechen.
Es wäre auch nicht leicht gewesen, darüber zu reden. Die Sprache für das, was sie überlebt hatten, mußte erst noch gefunden werden. Der Polizeipräsident von Köln konnte nach dem Angriff nicht angeben, wieviele Bomber beteiligt waren. Gauleiter Grohé meldete Hitler telefonisch ins ostpreußische Hauptquartier, es seien tausend oder noch mehr gewesen.
Bei der Mittagslage am Montag, dem 1. Juni 1942, im ostpreußischen Hauptquartier meldete der Generalstabschef der Luftwaffe, General Jeschonnek, es habe eine RAF-Attacke auf Köln gegeben, eine »hübsch schwere« Attacke. »Wie schwer?« fragte Hitler, der Grohés Meldung kannte. Jeschonnek erwiderte: »Nach den vorläufigen Meldungen durchbrachen 200 Flugzeuge unsere Verteidigung. Der Schaden ist schwer. Wir warten noch auf weitere Meldungen.« »Sie warten noch auf weitere Meldungen«, fuhr Hitler

ihn an, »und die Luftwaffe denkt, dort gab es 200 feindliche Maschinen. Die Luftwaffe schlief wahrscheinlich in dieser Nacht. Aber ich schlief nicht – nicht, wenn eine meiner Städte unter Feuer ist.« Dann sagte er noch: »Gauleiter Grohé hat mir gemeldet, daß es tausend oder noch mehr englische Flugzeuge waren, hören Sie zu, tausend, zwölfhundert, vielleicht noch mehr. Natürlich ist Herr Göring nicht hier.«
Der Reichsmarschall hatte sich auf seine Burg Veldenstein in Franken zurückgezogen. Von dort mußte er nach Ostpreußen fliegen. Als er sich bei Hitler meldete, übersah dieser Görings ausgestreckte Hand.
Luftmarschall Harris hatte mit seinem »Millenium«-Raid auf Köln auch die beiden mächtigsten Männer in Deutschland getroffen, sie für immer einander entfremdet.
Das Vertrauen zur eigenen Luftwaffe schwand dahin.
Der Schriftsteller Horst Lange, der vor Moskau schwer verwundet worden war, schrieb damals in sein Tagebuch: »...daß der Luftkrieg als Stoff ja viel gewaltiger ist als das Frontgeschehen.«
Wahrscheinlich konnte diesen Stoff noch niemand bewältigen, weil die Sprache für ihn erst noch zu finden wäre, suchte man sie nicht im Alten Testament, bei Hiobs Schilderung des Leviathan: »Er achtet Eisen wie Stroh, und Erz wie faul Holz. Er macht, daß der tiefe See siedet wie ein Topf, und rührt ihn ineinander, wie man eine Salbe mengt. Nach ihm leuchtet der Weg, er macht die Tiefe ganz grau. Wenn er sich erhebt, so entsetzen sich die Starken, und wenn er daher bricht, so ist keine Gnade da. Aus seinem Munde fahren Fackeln, und feurige Funken schießen heraus. Sein Atem ist wie lichte Lohe, und aus seinem Munde gehen Flammen.«
Im Juli 1942 drangen die Armeen der Heeresgruppen im Süden tiefer in die Sowjetunion ein, sie näherten sich der Wolga und dem Kaukasus.
In diesem Monat verzeichnet die Karte »Feindeinflüge in das Reichsgebiet«, die vom OKW monatlich zur Vorlage bei Hitler vorbereitet wurde, verhältnismäßig bescheidene Luftangriffe der Engländer.
23 Maschinen flogen nach Saarbrücken; sie warfen 203 Spreng-

bomben und 3350 Brandbomben ab. Köln war nochmal das Ziel, diesmal mit 49 Maschinen, die 19 Luftminen, 3500 Brandbomben und 382 Sprengbomben mitbrachten. Nach Duisburg kamen 379 Maschinen mit 216 Luftminen, 40 000 Brandbomben und 2037 Sprengbomben. Über Münster wurden 43 Luftminen, 8615 Brandbomben und 345 Sprengbomben abgeworfen. Auf Bremen fielen 5720 Brandbomben und 280 Sprengbomben, die 50 Maschinen mit sich führten. Vor Emden wurden von 40 Bombern 43 Seeminen abgeworfen. Wilhelmshaven erreichten 73 Maschinen, die 124 Sprengbomben und 10 000 Brandbomben warfen. Nach Hamburg kamen 148 Bomber mit 10 Luftminen, 22 700 Brandbomben und 649 Sprengbomben, nach Flensburg 55 Maschinen mit 139 Sprengbomben und 3220 Brandbomben.
19 Maschinen warfen 25 Seeminen in die Danziger Bucht, und 72 sowjetische Bomber griffen Königsberg mit 227 Sprengbomben an.
Frankfurt am Main bekam von 63 Bombern 19 Luftminen, 8500 Brandbomben und 382 Sprengbomben.
Der Krieg gegen die Städte wurde zur Alltäglichkeit.
Die Meldungen über die Schäden, die im Rüstungsamt des Ersatzheeres in Ordnern gesammelt wurden, halten sachlich, in militärischer Kürze fest, was geschehen war. So heißt es über den Luftangriff auf Düsseldorf in der Nacht vom 10. zum 11. September 1942, 300 Bomber hätten anderthalb Stunden lang abgeworfen. Es gäbe 70 bis 80 Tote, 120 Vermißte, 17 000 Obdachlose. Die wehrwirtschaftlichen Schäden seien gering, in den Werkstätten würde unter freiem Himmel weitergearbeitet. Hauptsächlich gäbe es Schäden ziviler Art; die Hälfte aller Wohnhäuser sei zerstört. Die Stimmung der Bevölkerung sei ruhig, gefaßt, es sei keine Panik zu verzeichnen.
Im Anschluß an ihre zehn- bis zwölfstündigen Schichten hätten Betriebsbelegschaften nochmal zwölf Stunden Löscharbeiten durchgeführt.»Wo Kriegsgefangene und Russen nicht voll zugefaßt haben, sind sie von der deutschen Belegschaft verprügelt worden.« Gelobt werden das Löschwesen, die Hilfsfeuerwehr der Hitler-Jugend. Die Ernährung der Arbeiter sei bei solchen Einsätzen unzureichend, da die Werksküchen ausfielen. Erforderlich sei

es, Rüstungsbetriebe mit eisernen Rationen auszustatten. Frauen und Kinder hätten Häuserbrände gelöscht. Öffentliche Gebäude, die nachts so gut wie leer stünden, seien eine Gefahrenquelle bei Großbränden. »Der Angriff auf Düsseldorf stellt sich als ein reiner Terrorangriff gegen die Zivilbevölkerung dar«, heißt es zum Schluß. »Wehrwirtschaftliche und militärische Objekte sind offenbar nicht das Ziel des Angriffs gewesen und nur insoweit getroffen worden, als sie inmitten der Wohngegenden liegen.«

13. KAPITEL

Ein rätselhaftes Volk

Der Beginn der schweren nächtlichen Luftangriffe des Bomber-Kommandos fiel mit der Kürzung der Lebensmittelzuteilung zusammen, die am 6. April 1942 bekanntgegeben wurde. In der Woche gab es statt 400 Gramm Fleisch nur noch 300, statt 150 Gramm Butter 125, Margarine 65,62 Gramm statt 96,87, Brot statt 2250 Gramm 2000.
Erst am 19. Oktober 1942 wurde die Fleischration um 50 Gramm und die Brotration um 250 Gramm erhöht, wodurch die Brotzuteilung, nicht aber die Fleischration, wieder ihre frühere Höhe erreichte.
Nach schweren Luftangriffen gab es Sonderzuteilungen. Begründet wurde die Erhöhung der Fleisch- und Brotrationen mit den Leistungen des deutschen Heeres im Osten. Fronturlauber erhielten auf den Grenzstationen das »Führerpaket«, um mit zusätzlichen Lebensmitteln zu Hause auszuhelfen. In der fruchtbaren Ukraine hatte die erste Ernte nach der Besetzung durch deutsche Truppen stattgefunden; hier sollte die Fleisch- und Kornkammer des Reiches errichtet werden. Als das Stadtinnere von Lübeck und Rostock verbrannte, veröffentlichte die Deutsche Arbeitsfront Dr. Robert Leys Artikel in ihren Zeitschriften, in denen von »nationalem Sozialismus« und »Sozialismus« gesprochen wurde, der die Kraft gäbe, in der Volksgemeinschaft die schwere Zeit durchzustehen.
Dagegen wandte sich Goebbels in seiner Ministerkonferenz vom 22. April 1942. Er gab »schärfste Weisung«, dafür zu sorgen, daß in der deutschen Propaganda unter keinen Umständen anstelle des Begriffs »Nationalsozialismus« Begriffe wie »Sozialismus«, »Nationalismus« oder »Nationaler Sozialismus« gebraucht werden dürften. Das Wort »Nationalsozialismus« habe einen Inhalt, der

»nicht auf andere Weise umschrieben werden könne und dürfe«. Nach der Wannsee-Konferenz im Januar wetteiferten die Gauleiter, Hitler melden zu können, daß ihre Gaue »judenrein« seien. In Berlin hatte es Ende August 72 327 Juden gegeben, die bei der Polizei registriert waren. Ende Oktober 1942 war diese Zahl auf rund 40 000 verringert worden. Mitte August 1942 hatten in der Reichshauptstadt »größere Judenevakuierungen« stattgefunden, wie es im Protokoll der Ministerkonferenzen des Propagandaministeriums heißt. Die bürgerlichen Zeitungen mußten deshalb Berichte über »die Hetze der Juden in den Feindstaaten« bringen, um die Bevölkerung propagandistisch mit dieser Maßnahme »in Einklang« zu bringen.

Den Juden in Berlin hatte Goebbels am 17. Februar 1942 verboten, Zeitungen und Zeitschriften zu erwerben. Am 24. April wurde ihnen die Benutzung öffentlicher Verkehrsmittel untersagt, soweit sie nicht zu den 20 000 Juden in Rüstungsbetrieben gehörten, die rote Sonderausweise erhielten. Am 15. Mai 1942 verbot ihnen Goebbels das Halten von Haustieren, am 29. Mai 1942 das Aufsuchen von Friseurgeschäften; am 18. September 1942 ordnete er an, keine Lebensmittel mehr an Juden auszugeben, die ihnen auf Karten bisher zustanden. Goebbels überprüfte am 8. Juli 1942 auch die elf Geheimsender, die es im Reich gab. Sieben von ihnen konnten weitersenden: »New British Broadcasting Station«, »Workers Challenge«, »Stimme des Freien Indien«, »Stimme der Freien Araber«, »Sender der alten Garde Lenins«, »Sender der freien Amerikaner« sowie der Geheimsender »Z«, der verschlüsselte Anweisungen für Agenten ausstrahlte. Eine straffere Führung des seit 23. Mai 1941 vereinheitlichten Reichsrundfunkprogramms wurde von Goebbels angeordnet, da der Rundfunk das wichtigste Massenbeeinflussungsmittel auch im Bombenkrieg blieb. Das Reichsprogramm sendete von 5 Uhr morgens bis 2 Uhr nachts. Die Sender Luxemburg, Weichsel und Alpen boten zwischen 20 Uhr 15 und 22 Uhr ein leichtes Unterhaltungsprogramm, der Deutschlandsender ein ernstes Musikprogramm in den Abendstunden aus Orchester-, Opern- und Kammermusik. Soldatensender wie Belgrad (»Lilli Marlen«) blieben der Wehrmacht.

Rüstungsminister Speer, der die Produktion kriegswichtigen Geräts im Jahre 1942 reorganisierte und bürokratische Hemmnisse beseitigte, was mit Hilfe ausländischer Arbeitskräfte zwei Jahre später dazu führte, daß die Zahl der Panzer fast verdreifacht, die der Kanonen über 7,5 Kaliber vervierfacht und die Herstellung von Flugzeugen mehr als verdoppelt werden konnte, fand im August das Führerhauptquartier bei Winniza in der Ukraine in prächtigster Laune. Deutsche Armeen marschierten auf Astrachan und Baku; die britischen Luftangriffe im Westen des Reiches hatten keine Wirkung auf die gute Laune Hitlers, der zu Speer sagte: »Ich bin auf alles vorbereitet. Zunächst werden wir den Süden des Kaukasus erreichen, dann den Rebellen in Persien und im Irak zu Hilfe gegen die Engländer kommen. Ein anderer Vormarsch wird längs des Kaspischen Meeres nach Afghanistan und Indien angetreten werden. Dann verlieren die Engländer ihre Ölquellen. In zwei Jahren werden wir an der indischen Grenze stehen. Zwanzig bis dreißig Elitedivisionen werden das schaffen. Dann wird das Britische Empire zusammenbrechen.«
Auch im Reich wurde die Stimmung der Bevölkerung wieder besser. Im September schwächten sich die Luftangriffe im Westen ab. Die Panzerarmee Afrika stand in Ägypten, der Krieg schien sich weit von den Grenzen Deutschlands entfernt zu haben.
Anfang Oktober verließ Oberleutnant Koch das Reservelazarett Dresden IV in Dr. Lahmanns Sanatorium auf dem Weißen Hirsch, um sich als genesen nach fast einjährigem Lazarettaufenthalt bei seinem Ersatztruppenteil im thüringischen Altenburg zurückzumelden. Den Genesungsurlaub verbrachte er am Millstätter See in Kärnten. Dort, in der Pension, deren Adresse er im Lazarett erhalten hatte, fiel ihm das Schreiben schwer. Er hatte einiges aufzuzeichnen oder auch zu erzählen, aber bei Gesprächen in der Pension, auf Spaziergängen im warmen Herbstwetter oder beim Baden im See wollte niemand, daß er sich mit seinen Gedanken quälte.
Gerettet schien allen das Vaterland, der Feind im Osten, in jenem entsetzlich fremdgebliebenen Land, weit zurückgeworfen.
Der südliche Himmel über der »deutschen Riviera«, wie das Seengebiet Kärntens genannt wurde, mit warmem Klima in dem lang-

gestreckten Talkessel, abgewehrt die rauhen Winde vom hohen Gebirge, an den Wegen Eßkastanien, schienen zu einer schicksallosen Landschaft zu gehören. Wenn Koch im Boot sich über den See treiben ließ, nach Äpfeln griff, die verschwenderisch darin schwammen, hatte er zum ersten Male seit Jahren seinen Frieden. Diesen Frieden konnte er schmecken, genießen, lieben, für einen Dauerzustand halten, der die Erinnerung an den Krieg nicht auslöschte, aber doch verdrängte.
Er gehörte bei seiner Verwundung am 17. November 1941 zu den 17 384 Offizieren und 531 657 Unteroffizieren und Mannschaften des deutschen Heeres, die seit dem 22. Juni 1941 verwundet worden waren. Als er am 31. August 1942 aus dem Reservelazarett entlassen wurde, hatten sich diese Zahlen verdoppelt; es waren nun 33 596 Offiziere und 1 189 928 Unteroffiziere und Mannschaften, die der Generalstabschef des Heeres, Generaloberst Halder, in seinem Tagebuch verzeichnete.
An den See hatte er sich den »Siebenkäs« von Jean Paul mitgenommen, der 1942 in einer Neuauflage in Potsdam herausgekommen war. Er strich sich einige Sätze an, sagte sie laut auf, wenn er am Stock den von Nußbäumen gesäumten Feldweg in die Pension zurückging: »Ohne vergangene Not wäre die zukünftige größer geworden. Der alte Bergschwaden Deutschlands mußte durch Anzünden in reinere Luft verwandelt werden. Also kommt es jetzt auf uns an, wohin wir unsere Gänge treiben.«
Aber wer hatte hier angezündet? Und auf wen fiel das Feuer im Westen vom Himmel, daß sie damit einen Feuerkult zu treiben begannen? Der Preis für den Sieg? Wessen Sieg? Wohin er seine Gänge treiben wollte, das konnte er sich nicht vorstellen.
Im Dritten Buch von »Wilhelm Meisters Wanderjahren«, das er ebenfalls aus Dresden mitbrachte, fand er diese Sätze, die weniger bedeutungsvoll waren, dafür den Augenblick festhielten: »Es ist ein erfreuliches, schönes Schauspiel um die Fahrt auf dem See, wenn der Spiegel desselben, mit den anliegenden Gebirgen vom Abendrot erleuchtet, sich warm und allmählich tiefer schattiert, die Sterne sichtbar werden, die Abendbetglocken sich hören lassen; dann der Mond aufgeht und seinen Schimmer über die kaum bewegte Fläche streut; das reiche Gelände flieht vorüber, Dorf um

Dorf, Gehöft um Gehöft bleiben zurück. Endlich in die Nähe der Heimat gekommen, wird in ein Horn gestoßen; ein jedes Haus, das einen Angehörigen im Schiffe hat, sendet Jemanden, um das Gepäck tragen zu helfen. Wir liegen höher hinauf; aber Jedes von uns hat oft genug diese Fahrt mitbestanden, und was das Geschäft betrifft, so sind wir alle vom gleichen Interesse.« Leichter wurde ihm nicht dabei, sein rätselhaftes Volk zu begreifen, das zufrieden, wie einst bei Goethe, beim Anblick der engeren Heimat war, nun aber mit seinen Soldaten in den Kaukasus und nach Ägypten drängte. Die Interessen der Menschen dieses Volkes lagen nicht mehr auf der gleichen Linie, denn sonst hätten sie dies alles nicht auf sich genommen.

Über sich selbst hinaus war er gewachsen, als er im November 1941 die Schützenkompanie über den vereisten Fluß führte, um endlich seinen Schuß vom Gegner zu erhalten.

Viele andere konnten das auch, sie machten es noch besser als er, sie waren härter, sie dachten noch weniger als Koch, sie stießen sich ab und blieben Krieger.

War er noch Krieger hier am warmen See?

Stand er am Rande der Zeit, nicht mehr in ihr verborgen? Um ihn hatte die Geheimhaltung eines ungeheuren Unternehmens stattgefunden, die Erfindung eines Planeten, in dem es kein Bündnis mit Jesus Christus mehr geben sollte, keine Versuchung durch Freiheit, sondern die Allmacht des über Leben und Tod von Völkern und Rassen gesetzten Führers und Feldherrn. Davon hatte er einiges erfahren, manches geahnt, jetzt hatte sich alles beim Anblick des Sees in Dunst aufgelöst, der sich jenseits der nördlichen Bergkette zusammenzog. Darüber würde er nach dem Kriege schreiben müssen, jetzt blieb ihm nur der Gedanke.

Er saß auf der Terrasse, hinter sich verdunkelte Fenster, im weichen Abendlicht, das nichts Künstliches mehr hatte. Der Mond schien hier wärmer als in Rußland, die Serviererin kam, beugte sich über ihn, nahm ihm das leere Weinglas aus der Hand, brachte ein gefülltes, strich mit ihrem Haar über seine Augen, die er geschlossen hielt, als träumte er. Es war kein Traum, diese andere Wirklichkeit seines rätselhaften Volkes, über das er nachdachte, ohne eine Antwort auf alles zu finden, was von ihm ausging.

Wohin führten die Alexanderzüge? Einmal kehrten sie um, kamen zurück, verliefen sich in der Geschichte, die Staub sammelte, um daraus die Daten, die Zäsuren zu gewinnen, mit denen sie sich gegen das Vergessen wandte. Jetzt schienen die Deutschen Geschichte zu leben, so bewußt geschichtsträchtig waren sie noch kaum gewesen. Sie machten Geschichte, auch wenn sich die Geschichte gegen sie wenden müßte.

Eine Zeitung schrieb: »Der Entscheidungskampf auf Leben und Tod kann nicht auf gut bürgerliche Art geführt werden.« Oberleutnant Koch las es nach einem sehr bürgerlichen Abend, den er in einer Villa am Wörther See in Pörtschach verbracht hatte, beim Warten auf den Zug nach Villach in einem leeren nächtlichen Wartesaal. Das Bad im See, dann die Kaffeetafel im Garten, der nichts mangelte, später Tanz in der Villa, diese Bewegungen, zu denen er sich mit dem schmerzenden Bein, auf Mädchen und Frauen gestützt, zwingen mußte. Dieser Hunger nach Leben, nach verzweifelter Liebe unter jungen Menschen, der Frauen nach den zerschossenen Männern, denen sie Schönheit, Gesundheit, die Zukunft geben wollten, und die doch wählerisch blieben, sich nicht einfangen ließen für ewig andauernde Verlöbnisse oder Hochzeiten, Kindtaufen und alles andere, was zu einem gut bürgerlichen Leben zählte.

Dazu noch die sprachliche Verführung durch den weichen, schmelzenden kärntnerischen Dialekt, dieser österreichischen Verzauberung, die zum Reich gehörte. Jenseits der Alpen schien nichts mehr zu locken, keine preußische Sparsamkeit, keine sächsische Fügung in das Schmerzliche, keine rheinische Lust. Umarmungen, die nichts Endgültiges wollten, Berührungen, die Fremde einander näherbringen konnten – aber nichts sonst; kein Versprechen.

Carinthischer Kriegsherbst noch ohne Bomberströme, die von Süditalien einmal kommen würden. Frauen, die mit Feldpostbriefen aus dem Kaukasus oder von der Wolchowfront lebten, nicht mit ihren Männern, und dann noch die aggressiven jungen Mädchen, die das gleiche Los auf sich nehmen wollten, heiratete sie nur einer.

(Es gibt ein Foto von Koch aus dieser Zeit, das nicht verrät, was

die Deutschen damals sagten oder dachten, das nur einen jungen Mann an einer Kaffeetafel im Garten am See festhält, der glücklich aussieht, der lacht, der beide Arme um die Schultern von Frauen gelegt hat und dem alles gleichgültig ist, was sonst noch geschah; man erkennt es an der besitzergreifenden Pose, an der unkriegerischen Herausforderung des hier bin ich, hier bin ich wieder, kehrte zurück, habe überstanden, will nichts anderes als das, was ich mit beiden Armen umfassen kann. Darüber ein heller Himmel und klare Gebirgszüge, Schatten unter Kastanienbäumen. Nach Jahrzehnten werden andere fragen, was für Menschen diese Deutschen gewesen seien, die damals lebten; das Foto gibt eine Antwort. Sie lebten, wenn sie wieder leben durften, gut bürgerlich, wie man damals sagte. Nichts hatten sie vor mit großen Sprüchen, die andere klopften, sie waren so einfältig, an die Stille inmitten des Taifuns zu glauben, sie auszunützen für sich selbst, ohne das Ende zu bedenken. Unfaßlich wird dies später denen sein, die sich mit der Kriegsgeneration beschäftigen. In einem Jahrhundert wird man sie eher dem ausgehenden Mittelalter als der Neuzeit zuordnen. Von ihren Kindern mißverstanden, von Enkeln verleugnet oder auch nur betrauert, werden sie ein seltsames, entrücktes Dasein verteidigen, das sich in Erinnerungen vergräbt, die sie mit Toten teilen.)
Die Pension über dem Millstätter See schließt, die Serviererin strafft wieder ihr Haar, flicht den Zopf, wird Arbeitsmaid, um bald als Nachrichtenhelferin in einem höheren Stab gefangen und nach Rußland verschleppt zu werden, um nie an den See zurückzukehren. Als Koch sich von ihr verabschiedet, ist nichts übriggeblieben als die Neigung ihres Kopfes, mit der sie ihr Haar ihm über die Augen strich, eine unschuldige Liebe.
Nördlich der Alpen, im »Altreich«, wieder angekommen, wird der Schnellzug angehalten. Truppentransportzüge haben Vorrang, für die Ostfront bestimmt, wie Koch an den weißgestrichenen Panzern erkennt, die von Heusäcken fast verborgen werden; Hitler hatte befohlen, daß jeder Truppentransport nach dem Osten Futter für Pferde mitnimmt.
Koch löscht das Blaulicht im Abteil, zieht die Verdunkelungsrollädenhoch, findet bald, was er sucht: das Divisionszeichen. Es ist

die 6. Panzerdivision, die aus Frankreich an die südliche Ostfront gebracht wird, bald wird sie verzweifeln bei dem Versuch, die eingeschlossene 6. Armee in Stalingrad zu entsetzen.
Als der Schnellzug wieder anfährt, bleibt Koch am Fenster stehen, sieht in das verdunkelte Land; es wird kühl in Deutschland. Beim Ersatzbataillon in der Residenzstadt Altenburg meldet er sich zurück; dort ist Kommißbetrieb wie einst im Frieden, nur etwas leichter, da Genesende und keine Rekruten zu behandeln sind.
Er trifft Kameraden, die mit ihm bei der Panzerdivision in Rußland waren, auch den Sanitätsunteroffizier Drexel, der ihn vor Jefremow aus dem Feuer zog.
Ein Wasserschloß sieht er hinter den Kasernen. Dort wohnt der Balladendichter Börries von Münchhausen, und Koch meint, als ihm der Name genannt wird, er habe sich wie einst der Lügenbaron von Münchhausen mit Hilfe des Unteroffiziers Drexel am eigenen Zopf aus dem russischen Sumpf gezogen, um abends in das Altenburger Stadttheater gehen zu können, an dem Wieland Wagner Dramaturg ist.
Oder zur Hochzeit auf ein Rittergut fahren zu können, mit einem Mädchen, das den Dichter Walter Bauer kennt und eine Krinoline trägt, die es während der Fahrt in der Pferdekutsche ablegen, auf den Vordersitz stellen muß, um neben ihm auf dem Rücksitz sitzen zu können. Anhänglich schon seit der ersten Begrüßung und herausfordernd, um eine zweite Hochzeit folgen zu lassen, nun für sie und mit ihm.
Verlorene Geschichten, die begannen, als sie schon aussichtslos für diesen Oberleutnant waren. Von seinem Kompaniechef hatte er erfahren, er könne zum Wintersemester in Berlin Studienurlaub erhalten.
Davon sollte ihn nichts mehr abbringen.
Für den Kriegsversehrten der Stufe II gibt es die »Sonderförderung«, den »Urlaub zur Berufsförderung«, der für jedes Studiensemester vom Kompaniechef der Genesendenkompanie zu gewähren ist.
Oberleutnant Koch erhält sie für sieben Halbjahre, Semester genannt, sowie ein halbes Jahr Prüfungszeit, beginnend mit dem Wintersemester 1942/43. Für 8 Semester wird ihm schriftlich vom

Rektor der Friedrich-Wilhelm-Universität in Berlin Gebührenbefreiung und ein Unterhaltszuschuß für die Dauer von 45 Monaten über je 100 Reichsmark (50 Reichsmark in den Semesterferien) ab 1. Dezember 1942 zugesprochen. Ende des Jahres 1950 wird er seine Prüfung abgelegt, den Doktor der Philosophie gemacht haben.
Im März 1943, am Ende seines ersten Semesters, wird er Seminarbescheinigungen erhalten von Dozent Dr. Ulrich Pretzel für Übungen über deutsche Verskunst, von Professor Dovifat über »Stilformen des Essays«, von Dr. E. H. Lehmann über das Zeitschriftenwesen und von Dozent Dr. Griewank für das Proseminar für neuere Geschichte.
Bei Professor Wilhelm Pinder wird er die Kunst des deutschen Barocks erfahren haben, bei Professor A. O. Meyer die Geschichte im Zeitalter der Aufklärung und bei Professor Eduard Spranger Philosophie der Geschichte als Selbstkritik der Kultur. Die Philosophische Fakultät hat ihn aufgenommen; er ist Student der Kulturwissenschaft; die Wissenschaft vom Kriege, die viel Wissen erfordert, ging voraus.
Da er vor allem Geschichte studieren wollte, sah er sich nach seiner Ankunft in Berlin den Tobis-Film »Die Entlassung« an, in dem Emil Jannings den Reichskanzler Otto von Bismarck spielte.
»Sie haben die Interessen des Reiches, Sie haben das Vaterland geopfert«, sagte im Film Bismarck zum Geheimrat von Holstein im Auswärtigen Amt, »um Ihren Machthunger zu stillen, den Sie wie ein Laster verbergen, denn Sie sind ja nicht dumm. Sie wissen, daß uns jetzt der Zweifrontenkrieg droht.« Welche offene Sprache, dachte er, die hier in Berlin gesprochen werden darf, was für ein Land, in dem Geschichte die Gegenwart offen anklagen darf.
Die Gegenwart war bei Stalingrad in jenen Dezembertagen 1942 stehengeblieben, während sie sich in Nordafrika auf dem Rückzug der deutschen Panzerarmee befand.
Machthunger wurde jedoch nicht, wie im Film, lasterhaft verborgen.
»Macht gleicht der Natur selbst«, notierte er in der ersten Vorlesung Professor A. O. Meyers über das Zeitalter der Aufklärung in der Geschichte, »sie duldet keine leeren Worte.« Er befand sich

nun im Zentrum der Macht (und des Machthungers), in Berlin, und er durfte *auch sie* studieren.

Das vierte Kriegsweihnachten kam mit den »Zwiegesprächen im Osten« Martin Raschkes, der an Apoll erinnerte, düster das Tal des Pleistos zu seinen Füßen, in Schuld alle, besudelt von bösen Taten, »aber geadelt nicht minder durch herrliche Taten und Opfer wie nie, auch das, auch das; ein neuer Gott wird den dunklen Kriegsgott zwingen, alle Götter, die dieser verschlang, wiederzuschenken und uns mit ihnen.« Und Raschkes, des gefallenen Dichters, »Trotzdem! Trotzdem! Neue Ketten gespannt auf den Webbaum der Zukunft! Neue Pläne vorangeworfen!« Und mit des dunklen Novalis' Motto: »Es sind die ersten Wehen, setze sich jeder in Bereitschaft zur Geburt«, das dem Buch vorangestellt war. Anders drückte es Adalbert Stifter in »Nachkommenschaften« aus, der Erzählung, die im Herbst 1942 im Leipziger Insel-Verlag erschienen war: »Hören Sie mich an, es lebt seit Jahrhunderten ein Geschlecht, das immer etwas anderes erreicht hat, als es mit Heftigkeit angestrebt hat. Und je glühender das Bestreben eines dieses Geschlechter war, desto sicherer konnte man sein, daß nichts daraus wurde. Und nicht etwa durch das Schicksal wurden die Leute aus ihren Bahnen geworfen; denn dann wäre ja mancher darin geblieben, weil Schicksal und Zufall nicht folgerichtig sind, sondern jeder verließ selber freiwillig und mit Freuden seinen Kampfplatz und wendete sich zu anderen Dingen.«

Sie würden sich anderen Dingen zuwenden, wenn sie es nur könnten. Als Koch das las, aufschrieb, um es zu behalten, hatte das Dresdner Christfest begonnen: mit dem Kreuzchor, der Bach sang, dem schmutzigen Schnee auf den Straßen, der dennoch in der Heiligen Nacht silbern schimmerte, Mutter und Schwester mit Geschenken, dem wiedergeschenkten Sohn und Bruder, dem Vater, weit entfernt von ihnen im Kaukasus, dem Ortsgruppenleiter der Partei, der als »Todesvogel« den Angehörigen den Heldentod ihres Sohnes, Bruders oder Mannes mitzuteilen hatte, ein Mann, der den »Todesschrecken« verkörperte, wenn er das Haus betrat, Treppen zu Wohnungen hinaufstieg, an denen er zu läuten hatte. Die heimatliche Enge an der Elbe unter dem Todesschatten, der größer wurde.

Silvester dann auf dem Lande, mit dem Kirchgang am Neujahrsmorgen, dem »Neujahrsgruß« von Goebbels im Rundfunk: »So wie der Krieg plötzlich begonnen hat, so wird er einmal plötzlich sein Ende finden. Die Totalisierung der Kriegführung führt nur zu einer Beschleunigung des Krieges selbst. Das Jahr, das vor uns liegt, wird uns keine Prüfung und keine Belastung ersparen.« Und dem neuen Wort, das ein Ende aller Leiden einschloß, dem Wort vom »endgültigen Sieg«, dem »Endsieg«.
Nicht mehr auf Skiern war Koch ins neue Jahr gefahren wie vor dem Kriege im Osterzgebirge, als er sich im Pfadfinderbund, im Jungvolk, im Friedensheer befand, in seinem Feldlager, das dem Kriege vorausging.
Ein polnischer Kutscher brachte ihn im Pferdeschlitten zum Bahnhof, vorüber an vereisten Seen und tief verschneiten Alleebäumen, damit er den Personenzug nach Berlin besteigen konnte.
Ein Vierundzwanzigjähriger fuhr in die letzten Jahre des Dritten Reiches.

14. KAPITEL

Panzer sollen entscheiden

Während am 18. Februar 1943 Goebbels im Berliner Sportpalast den »Totalen Krieg« proklamierte, fuhr Generaloberst Guderian, der die deutsche Panzerwaffe geschaffen und in mehreren Feldzügen geführt hatte, im Kurierzug ins ostpreußische Hauptquartier nach Rastenburg, um von dort am nächsten Morgen nach Winniza in das vorgeschobene Führerhauptquartier zu fliegen.
Seit seiner Enthebung vom Oberkommando über die 2. Panzerarmee zu Weihnachten 1941 hatte Guderian keine Verwendung mehr erhalten. »Der Fall Stalingrads, die unerhörte Kapitulation einer ganzen Armee im freien Felde«, schrieb er später, »die schweren Verluste, die dieses nationale Unglück im Gefolge hatte, die schwere Niederlage der Bundesgenossen, die die Anschlußfronten an die vernichtete 6. Armee mit ihren unzulänglichen Mitteln nicht hatten halten können, dies alles hatte zu einer schweren Krise geführt; die Stimmung im Heere und im Volke war tief gesunken. Zu der militärischen Katastrophe gesellten sich noch außen- und innenpolitische Schläge. Die Westmächte hatten nach ihrer Landung auf afrikanischem Boden rasch Fortschritte gemacht. Die wachsende Bedeutung dieses Kriegsschauplatzes trat augenfällig in Erscheinung, als sich vom 14. bis 24. Januar 1943 Roosevelt und Churchill in Casablanca zu einer Konferenz trafen, deren für uns wichtigstes Ergebnis die Forderung nach bedingungsloser Kapitulation der Achsenmächte Deutschland und Italien war. Die Wirkung dieser brutalen Forderung auf das deutsche Volk und vor allem auf das Heer war tief.«
Guderian wußte auch am Vormittag des 19. Februar noch nicht, welche Verwendung er erhalten sollte, als das Kurierflugzeug über die Schlachtfelder flog, auf denen Guderians Panzerdivisionen einst gesiegt hatten. Mit 3150 Panzern hatte Hitler den Krieg gegen

die Sowjetunion am 22. Juni 1941 begonnen. Bis Februar 1943 betrugen die Panzerverluste in jenen 21 Monaten des erbarmungslosen Ostfeldzuges das Zweieinhalbfache der Ausrückstärke vom 22. Juni 1941.
Guderian hatte sich diese Zahlen im Hauptquartier des OKH vom Panzeroffizier beim Chef des Generalstabes geben lassen. 7099 Panzer waren verlorengegangen, das hieß etwa einen durchschnittlichen Monatsverlust von 366 Panzerkampfwagen bei einem errechneten durchschnittlichen Jahresverlust von 138% der Sollstärke der 20 im Osten eingesetzten Panzerdivisionen und der 2 motorisierten Infanteriedivisionen, wobei die Sollstärke für eine Panzerdivision mit 152 Panzern und einer I.D. (mot) mit 72 Panzern angegeben wurde.
Jährlich gingen im Osten 138% der eingesetzten Panzer verloren. Hinzu kamen noch die Panzerverluste in Afrika. Dort waren 835 Panzer verlorengegangen, mehr als doppelt soviel, wie die Sollstärke der beiden dort kämpfenden Panzerdivisionen und der motorisierten Division betrug, nämlich 376 Panzer. Der durchschnittliche Jahresverlust im Osten und in Afrika betrug 136,9%.
Solche Zahlen, die der Schwere der Kämpfe entsprachen, enthielten nicht die Verluste der Angehörigen der Panzertruppe, aber sie waren doch in sie eingeschlossen, verborgen durch den Anblick einer Waffe, die zweieinhalbmal in ihrer Ausrückstärke schrottreif geworden war.
Dagegen sollte das »Adolf-Hitler-Panzerprogramm« helfen, das am 22. Januar 1943 befohlen worden war.
Aber es genügte nicht, in dieser neuen Lage, die seit Stalingrad eingetreten war, des Umschwungs von einem offensiven Eroberungskrieg im Osten und Afrika in einen Verteidigungskrieg an mehreren Fronten, Panzer in neuen, viel größeren Mengen als bisher möglich erschienen war, zu bauen.
Ein Mann mußte die Soldaten der Panzertruppe, die das Vertrauen zur Führung verloren hatten, überzeugen, daß es noch Sinn habe, in neuen Panzern gegen einen übermächtig gewordenen Gegner zu fahren.
Panzer nicht mehr für Blitzkriege, in denen sie siegreich gewesen waren, sondern im Widerstand, als Rückgrat des Heeres, als Feu-

erwehr für bedrohte, wankende Frontabschnitte, als erste Helfer der zu Fuß kämpfenden Soldaten.

Hitler befand sich an jenem 19. Februar 1943 noch im Hauptquartier des Feldmarschalls von Manstein in Saporoschje. Dort war ein Gegenschlag vorbereitet worden, der die am weitesten nach Westen vorgedrungenen sowjetischen Armeen treffen sollte und dann zur Rückeroberung von Charkow im März führte. Hitler hatte einen Tagesbefehl an die Heeresgruppe Süd und die Luftflotte 4 diktiert, in dem es hieß: »Der Ausgang einer Schlacht von weltentscheidender Bedeutung hängt von euch ab! Tausende von Kilometern von den Grenzen des Reiches entfernt, wird das Schicksal der Gegenwart und Zukunft entschieden.« So pompös diese Sprache auch war – zum ersten Male nannte Hitler in einer Proklamation wieder »die Grenzen des Reiches«, wenn auch »Tausende von Kilometern ... entfernt«.

Und zum ersten Male die »Heimatfront«. »Die ganze deutsche Heimat ist deshalb mobilisiert. Bis zum letzten Mann und zur letzten Frau wird alles in den Dienst eures Kampfes gestellt. Die Jugend verteidigt an der Flakwaffe die deutschen Städte und Arbeitsplätze. Immer neue Divisionen sind im Anrollen begriffen. Unbekannte, einzigartig dastehende Waffen befinden sich auf dem Weg zu euren Fronten.«

Weder die »Mobilisierung der Heimat« war erfolgt noch rollten »immer neue« Divisionen an. Goebbels hatte gerade erst seine Sportpalastrede gehalten. Aber diese großen Worte sollten über die Leere hinwegtäuschen, die hinter den Soldaten im Osten entstanden war. Gleichzeitig nahmen sie etwas vorweg, was erst noch geschehen sollte, wie es für viele Hitlerreden und Proklamationen, die er diktierte, galt.

Da sich an diesem 19. Februar 1943 sowjetische Panzer Mansteins Hauptquartier näherten, verließ Hitler Saporoschje mit der Entschuldigung, er habe Generaloberst Guderian für den kommenden Tag nach Winniza bestellt.

Guderian erfuhr am 20. Februar 1943 von General Schmundt, dem Chefadjutanten Hitlers, daß die deutsche Panzerwaffe wegen der zunehmenden Überlegenheit der russischen in eine so schlechte Lage gekommen sei, daß die Notwendigkeit ihrer Erneuerung

nicht mehr von der Hand zu weisen sei. Generalstab und Rüstungsministerium hätten verschiedene Ansichten, die Panzertruppe verlange eine tatkräftige und sachverständige Leitung der Waffe. Hitler habe sich deshalb entschlossen, Guderian die Obhut der Panzertruppe anzuvertrauen. Guderian erwiderte, er sei angesichts der Not seines Volkes und seiner Waffe bereit, dem Rufe Hitlers zu folgen. Er stellte die Bedingung, Hitler unmittelbar unterstellt zu werden, um nicht seine Kraft in fruchtlosen Kompetenzkonflikten zerreiben zu müssen. Er sei erst kürzlich von schwerer Krankheit genesen und verlange Einfluß auf die Entwicklung des Panzergeräts beim Heereswaffenamt und beim Rüstungsminister Albert Speer sowie auf die Organisation und Ausbildung der Panzerverbände des Heeres, der Luftwaffe und der Waffen-SS.
Über seine Meldung bei Hitler schreibt Guderian: »Ich hatte Hitler seit dem dunklen 20. Dezember 1941 nicht mehr gesehen. Er war in den vergangenen 14 Monaten sehr gealtert. Sein Auftreten war nicht mehr so sicher wie damals, seine Sprache zögernd; seine linke Hand zitterte.«
(Hitler war an Grippe erkrankt, der eine Gehirnentzündung folgte, wie sein Arzt Dr. Morell diagnostizierte. Er litt unter Depressionen, konnte ohne Schlafmittel nicht einschlafen.)
»Auf seinem Schreibtisch lagen meine Bücher. Er eröffnete die Unterhaltung mit den Worten: ›Unsere Wege haben sich 1941 getrennt. Es gab damals eine Reihe von Mißverständnissen, die ich sehr bedaure. Ich brauche Sie.‹ Ich antwortete, daß ich bereit sei, wenn er mir die Voraussetzungen zu einem gedeihlichen Wirken schaffen könne.« – Der kranke Hitler, den Stalingrad gezeichnet hatte, war dazu bereit. Er ernannte ihn zum Generalinspekteur der Panzertruppe nach den Vorstellungen, die Guderian gegenüber Schmundt erhoben hatte.
Durch die »Dienstanweisung für den Generalinspekteur der Panzertruppe«, die nach einem Entwurf Guderians von Hitler genehmigt wurde, erhielt die zu diesem Zeitpunkt angeschlagene und materiell wie personell erschöpfte Panzertruppe im Feldheer und im Ersatzheer eine einzigartige Stellung innerhalb der Wehrmacht, die sie bis Kriegsende ausbauen konnte.

»Der Führer hat mich mit der Organisation und der Ausbildung der Panzertruppen des Heeres beauftragt«, hieß es im ersten Tagesbefehl Guderians an seinen Stab, den er sich Anfang März zusammenstellte. »Die Panzertruppen sind in diesem Kriege von kriegsentscheidender Bedeutung. Jeder Angehörige unserer stolzen Waffe, vom höchsten Offizier bis zum jüngsten Schützen, muß sich dieser Tatsache voll bewußt sein.
Die Größe dieser Aufgabe verlangt die Zusammenfassung aller Kräfte und die Mitarbeit jedes einzelnen.
Wir wollen unsere Arbeit beginnen mit dem frischen Angriffsgeist, der unsere Waffe von jeher beseelt und im festen Vertrauen auf den Endsieg.«
Von Siegen war in diesem Tagesbefehl nicht mehr die Rede, nur vom Endsieg.
Hitler hatte die Dienstanweisung am 28. Februar 1943 unterschrieben. Am 9. März 1943 hielt Guderian vor Hitler in Winniza Vortrag.
»Die Aufgabe für 1943 lautet, für Angriffe mit begrenztem Ziel eine gewisse Anzahl von Panzerdivisionen vollkampfkräftig zur Verfügung zu stellen.
Für 1944 müssen wir dann zum Angriff großen Stils befähigt sein. Zur Zeit besitzen wir leider keine voll kampfkräftigen Panzerdivisionen mehr. Gelingt die Lösung dieser Aufgabe, so werden wir im Zusammenwirken mit der Luftwaffe und der U-Bootwaffe den Krieg gewinnen. Gelingt sie nicht, so wird der Erdkampf langwierig und verlustreich.« Hier verwies Guderian auf einen Artikel des britischen Militärschriftstellers Liddell Hart. Er sprach nicht vom schwierigen und verlustreichen Endkampf, sondern vom Erdkampf, aber der Endkampf sollte dann tatsächlich stattfinden.
Guderians neue Dienststellung verfügte über Vollmachten, die weit über das Kommando eines Armee-Oberbefehlshabers hinausgingen, aus dem er Ende 1941 von demselben Manne abberufen worden war, der ihn jetzt wieder brauchte. Er war verantwortlich für die Schlagkraft der Panzertruppe, die den Krieg entscheiden sollte. Ihre Ausbildung erhielt sie in der Heimat oder den besetzten Gebieten; sie ergänzte sich aus jungen Freiwilligen oder Wehrpflichtigen, aus wiederhergestellten Soldaten, die Verwundungen

überstanden hatten. Die Panzerdivisionen wurden aus den Heimatstandorten wieder aufgefüllt. Guderian war der einzige deutsche General, der über eine »Hausmacht« verfügen konnte, die aus Männern bestand, in deren Augen er hohes Ansehen besaß, aus Offizieren, die ihm ergeben waren.
Eine Parallele kann zur Waffen-SS gezogen werden, die als »Hausmacht« Himmlers verstärkt wurde. Das Heer, das seit der Verabschiedung des Feldmarschalls von Brauchitsch im Dezember 1941 keinen eigenen Oberbefehlshaber mehr hatte, obwohl sich Hitler selbst dazu ernannte, konnte sich an der Front und in der Heimat wieder auf einen General einstellen, der die kampfkräftigste und am besten ausgerüstete Truppe nicht nur inspizierte, sondern sie auch geistig und moralisch führte – wenn auch nicht in der Schlacht. Dazu kam noch das Ansehen, das Guderian beim Gegner im Osten wie im Westen hatte. Die Panzergenerale und Marschälle der Roten Armee führten nach seinen Grundsätzen, sie ahmten seine Schlachten nach, die er geschlagen hatte. Sein Ansehen beim Gegner war nicht durch andere Generale und Feldmarschälle wie Rommel und von Manstein verdunkelt worden.
Guderian weckte Hoffnungen bei den Soldaten, die noch an ein Ende des Schreckens in soldatischer Pflichterfüllung für das Vaterland guten Gewissens glaubten – an ein glimpfliches Ende, das sie selbst und ihr Land betraf.
Sie trauten ihm eine Reorganisation der Panzerwaffe zu, der Rüstungsminister Speer das Material beschaffen würde, mit der sie einem übermächtigen Gegner Wunden schlagen und ihn von der Invasion des Reiches abhalten könnten.
Guderian stellte sich vor, es sei möglich, den Gegner von der Forderung auf bedingungslose Kapitulation abzubringen, ihn verzweifeln zu lassen an der stählernen Mauer, die er aufzurichten gedachte.
An diese Zukunft glaubte er, die für ihn unwiderruflich wie seine Vergangenheit und diejenige seiner Waffe schien. Im Grunde seiner Seele verbarg er die Verzweiflung, die ihm unsoldatisch erschien. Er nahm sich vor, Hitler zu widersprechen, wie er es schon vor 1942 getan hatte. Er wollte sich vor seine Soldaten stellen, deren Hingabe er nicht aufs Spiel setzen durfte.

Und er umgab sich mit Offizieren, die sein uneingeschränktes Vertrauen hatten.

Zum Inspekteur der Panzertruppen im Ersatzheer ernannte er am 1. April 1943 General Eberbach, der im Winter 1941 Guderians Panzer bis vor Tula geführt hatte.

Die Stäbe des Generalinspekteurs und Inspekteurs der Panzertruppen wurden aus Frontoffizieren gebildet, die zum Teil mehrfach verwundet worden waren.

Eberbach erhielt von Guderian den besonderen Auftrag, für einen guten Nachwuchs bei jenen Jahrgängen werben zu lassen, die von den Werbestellen der Waffen-SS als zukünftige Freiwillige angesprochen wurden. Die Panzerregimenter hatten seit ihrer Gründung ihren Nachwuchs als freiwillige Meldungen aus dem ganzen Reich erhalten.

So sollte es wieder werden.

Am Fehrbelliner Platz in Berlin-Wilmersdorf bezog der Inspekteur ein Gebäude, das nach 1945 Rathaus dieses Stadtteils wurde. Hier gab es bald eine Amtsgruppe »Vorschriften und Propaganda«, die auch ein Referat »Geschichte und Propaganda« erhielt, das für die geistige Führung zuständig war. »Geschichte« meinte die Geschichte der Panzertruppe in diesem Zweiten Weltkrieg, »Propaganda« die Nachwuchswerbung.

Dieses Referat, das bei den Kommandeuren der Panzertruppe in den Wehrkreisen Unterreferate hatte und bei den Ausbildungs- und Ersatztruppenteilen verwundete Offiziere verwendete, sollte ähnliches machen, was der Konkurrent um Freiwillige, die Waffen-SS, in der Amtsgruppe B (Ersatzwesen) des SS-Hauptamtes Ergänzungsamt BI längst unternahm:

Werbung (Wortwerbung, Bildwerbung), Nachwuchs, Verbindung HJ-SS.

Guderian bezog als Generalinspekteur sein altes Bürogebäude in der Bendlerstraße, in dem er vor dem Kriege als Chef der Schnellen Truppe gearbeitet hatte. Chef des Stabes wurde Oberst Thomale, der ihn im Führerhauptquartier vertrat.

General Eberbachs Chef des Stabes, Oberst Bolbrinker, hatte gleichzeitig die Stellung eines Chefs der In 6 (Inspektion 6), der Abteilung für Panzertruppen im Allgemeinen Heeresamt des De-

fehlshabers des Ersatzheeres, Generaloberst Fromm. Die Schulen der Panzertruppe wurden einem Kommandeur der Schulen unterstellt. »Reise-Offiziere« hielten Kontakt zwischen der Front und den beiden Stäben.
Im März und April 1943 besuchte der ehemalige Oberbürgermeister von Leipzig, Dr. Goerdeler, eingeführt von General von Rabenau, Guderian, um ihn für seine Staatsstreichpläne zu gewinnen. Guderian schreibt: »Ich fragte Dr. Goerdeler, wie er sich die Beschränkung der Befugnisse Hitlers vorstellte. Er antwortete, daß man ihn nominell als Oberhaupt des Reiches belassen sollte, aber ihn auf dem Obersalzberg oder einem anderen sicheren Ort internieren könne. Meine Frage nach der Art der Beseitigung der führenden Nationalsozialisten, ohne die der geplante Systemwechsel von vornherein scheitern müsse, wurde dahin beantwortet, daß dies Sache der Wehrmacht sei. Goerdeler hatte aber noch keinen im Dienst befindlichen Truppenführer für seine Gedanken gewinnen können. Er bat mich, bei meinen Frontreisen Erhebungen in seinem Sinne anzustellen und ihm mitzuteilen, ob und welche Generale seinen Ideen zu folgen bereit wären.«
Goerdeler wußte, welche Machtfülle ein Generalinspekteur der Panzertruppe von Hitler erhalten hatte. Er sah in Guderian nicht nur einen General, den Hitler 1941 dienstenthoben hatte. Für den Staatsstreich, den Goerdeler mit seinen Freunden plante, wäre die Panzertruppe im Ersatzheer und in den Panzertruppenschulen, die nun nicht mehr dem Befehlshaber des Ersatzheeres, Generaloberst From, unterstanden, ihrer Stärke nach mit den im Reich stehenden Truppen der Waffen-SS vergleichbar.
Auf Guderians Frage, wer denn militärisch hinter den Ideen von Goerdeler stehe, erwiderte der ehemalige Oberbürgermeister von Leipzig, es sei General Ludwig Beck.
Guderians Verhältnis zu dem früheren Chef des Generalstabes des Heeres war denkbar schlecht.
Er glaubte, daß der Mann, der ihm vor 1938 beim Aufbau der Panzertruppe wenig hilfreich gewesen war, dessen »zaudernder Charakter«, wie Guderian schreibt, »ihm bekannt war«, daß »ein solcher Mann für einen Staatsstreich die ungeeignetste Persönlichkeit« sei, »weil er nie zum Entschluß kommen würde, keine Reso-

nanz bei der Truppe besaß, ja geradezu unbekannt war – ein Philosoph, kein Revolutionär«.

Welche Wichtigkeit Goerdeler dennoch Guderian zumaß, geht aus seiner Bitte hervor, ungeachtet solcher Bedenken, ihm dennoch die gewünschten Auskünfte zu verschaffen. »Auf dieses Ansinnen ging ich ein«, schreibt Guderian, »um Dr. Goerdeler den Beweis zu liefern, daß nicht nur ich, sondern auch andere Generale so dächten, in der Hoffnung, diesen zweifellos ideal gesinnten Mann hierdurch von seinem unheilvollen Wege abzubringen. Im April habe ich sodann Dr. Goerdeler noch einmal gesehen und ihm versichern können, daß ich keinen General getroffen hätte, der geneigt gewesen wäre, auf seine Pläne einzugehen. Die von mir sondierten Persönlichkeiten hatten unter Berufung auf ihren Fahneneid und auf die ernste Lage an der Front jedes Eingehen auf Herrn Dr. Goerdeler abgelehnt. Ich bat Dr. Goerdeler erneut, auf seine Absichten zu verzichten.«

Zur Erklärung seines damaligen Verhaltens führt Guderian an: »Die Mängel und Mißstände des nationalsozialistischen Systems und die Fehler der Person Hitlers lagen damals klar zutage – auch für mich; man mußte danach streben, sie abzustellen. Bei der gefahrvollen Lage, in der sich das Reich aber infolge der Katastrophe von Stalingrad und durch die Forderung auf bedingungslose Kapitulation – auch vor der Sowjetunion – bereits befand, mußte ein Weg gewählt werden, der nicht zu einer Katastrophe des Reiches und Volkes führte. Hierin lag die ungeheure Verantwortung und Schwierigkeit, wenn man im Stillen hoffte, das Reich noch retten zu können. Ich kam daher zu dem Schluß, das Vorhaben Dr. Goerdelers als für die Gesamtinteressen schädlich und praktisch undurchführbar abzulehnen.«

Goerdeler bat anschließend Guderian, über die Unterredungen zu schweigen, in denen Goerdeler jede Absicht eines Attentates auf Hitler bestritten hatte.

Guderian versprach es und hielt sich daran.

Er verschloß sich dem Widerstand, der in der Person Goerdelers bei ihm angeklopft hatte, und behielt sein Wissen bei sich, obwohl er darüber seinem Vorgesetzten, Hitler, Meldung hätte machen müssen.

»Ich habe Dr. Goerdeler seit dem April 1943 nicht wieder gesprochen und von seinen Absichten nichts mehr erfahren.« Guderian nennt nicht die Namen der von ihm »sondierten Persönlichkeiten«; er besuchte zwischen den beiden Gesprächen mit Goerdeler Feldmarschall von Manstein, Generaloberst Hoth, die Generäle Kempff und von Knobelsdorff im Süden der Ostfront, die gerade wiederhergestellt worden war.

Diese Leistung der Heeresgruppe Süd verminderte die Sorgen um die Zukunft im Osten nicht, aber sie bewies doch, daß es gelungen war, den sowjetischen Ansturm zum Stehen zu bringen – und dies noch weit im Osten, fern vom Reich, um dessen Bestand es seit Stalingrad nur noch gehen konnte.

Für die Männer des Widerstands gegen Hitler fiel durch die im April 1943 eingetretene Lage an der Ostfront jener deutsche General aus, der mit der Panzertruppe eine »Hausmacht« besaß, die auch in der Heimat eingesetzt werden konnte.

So blieb der Staatsstreich vom 20. Juli 1944 auf diejenigen militärischen Führer beschränkt, die über keine Truppen verfügen konnten. Alles in jenen Jahren war von besonderer Art.

Eine unvergleichbare Lage für jeden, der den Kelch zu leeren hatte.

15. Kapitel

Auswirkungen der Todesnähe

Zeitig kamen in diesem Frühling 1943 die Anemonen, sie schienen noch zu frieren, aber dann erwachten die Himmelschlüsselwiesen, in den Gärten blühte der Krokus. Die wüste Unordnung des Winters war im April verdrängt, doch nicht vergessen, als die Forsythien in der untergehenden Sonne leuchteten, Narzissen in Gärten geschnitten wurden, Flieder den Sommer ankündigte, Jasmin lässig und müde sich über Zäune ausbreitete. »Die Bevölkerung befindet sich wieder in einem Zustand des Abwartens, wie er für diese Frühjahrszeit typisch geworden ist«, hieß es in den SD-Meldungen im April. Goebbels trug in sein Tagebuch ein: »Die rollende bolschewistische Dampfwalze ist zum Stehen gebracht, die Deutschen haben doch wieder ein Wunder vollbringen können. Sie sind mit der Gefahr im Osten fertiggeworden, und alle die, die im vergangenen Winter, obschon sie die bolschewistischen Erfolge rühmten, doch insgeheim die größte Sorge und Beängstigung empfanden, sind jetzt wieder wie neugeboren.« Damit meinte er auch die Alliierten, denen er durch seine Propaganda Angst vor einem bolschewistischen Europa machen wollte. In seiner Ministerkonferenz hatte er am 13. März 1943 vor Optimismus gewarnt: »Die Lage im Osten stabilisiert sich weiterhin und nimmt damit in gewissem Sinne der Propagierung des totalen Kriegs die Zugkraft. Der Minister gibt deshalb Anweisung, dem Volk klarzumachen, daß der totale Krieg eine Sache für sich ist und unabhängig von Sonnenschein und anderen positiven Dingen durchzuführen ist. Der totale Krieg hat nichts mit der Krise im Osten zu tun, sondern soll kommende Krisen vermeiden. Das Schlagwort sei: Nie wieder Krise!« Seine Propaganda, die seit Stalingrad die bolschewistische Gefahr für das Reich und Europa an die graue Wand des Krieges malte, stieß bei der Bevölkerung auf Widerstand. »Die zu Hunderttausenden hereingenommenen Ostarbeiter und Kriegsgefangenen«, schreibt im April der SD-Bericht, »werden von den Volksgenossen als lebendige Zeugen des bolschewistischen Systems betrachtet, an denen das bisherige Rußlandbild und die von der Propaganda erzeugten Vorstellungen vom Sowjetmenschen überprüft werden können. Zahlreichen Meldungen zufolge hat sich dadurch der Zwiespalt der Auffassungen bei Volksgenossen aller Schichten weiter ausgedehnt und vertieft. Die Bevölkerung sei zwar im Sinne der Führungsmittel nach wie vor von der Notwendigkeit des Krieges gegen das Sowjetregime überzeugt, und bei den an Sowjetrussen angestellten Vergleichen zeige sich keinerlei Neigung, sich mit diesen Angehörigen der Ostvölker auf eine Stufe zu stellen. Bei den immer wiederkehrenden, zum Teil erheblichen Diskussionen werde aber sehr oft der Standpunkt eingenommen, daß die Menschen aus der Sowjetunion besser, jedenfalls nicht so schlimm seien, wie man es gemeint hatte, und es ergeben sich dabei Rückschlüsse auf das Leben in der Sowjetunion und auch gewisse Widersprüche zu dem bisher von der deutschen Propaganda dargebotenen Bild. So hätten sich vielfach deutsche Volksgenossen schon beim Eintreffen der Ostarbeiter-Transporte über den guten Ernährungszustand, besonders bei Frauen, gewundert.«

Die Wiederentdeckung des Humanen, des Menschen als Russen oder Ukrainer, machte die Wirkungen der Propaganda nicht zunichte, aber sie zeigte, wie die Deutschen sich endlich ein realistisches Bild vom Gegner machten, den sie als Kriegsgefangenen und Fremdarbeiter aufnahmen. Das Erstaunen der »Meinungsforscher« beim SD ist begreiflich, die sich aus haupt- und nebenamtlichen SD-Angehörigen, aus unzähligen Beobachtern, Vertrauensmännern und Zubringern zusammensetzten, die im Rahmen des Amtes IV »Deutsches Lebensgebiet« mit den Referaten Gemeinschaftsleben, Kultur, Volkstum und Volksgesundheit, Allgemeine Wirtschaftspolitik während des Krieges »Freund- und Gegnerforschung« im Reich zu betreiben hatten. »In die Idee, ein dritter Kampfwinter im Osten unter ähnlichen Bedingungen wie die beiden ersten könne nicht mehr überstanden werden, hätten sich bereits so viele Volksgenossen verbohrt, daß man hier schon von

einer öffentlichen Meinung sprechen könne. Aus dieser Einstellung heraus richte sich die ganze Hoffnung eines großen Teiles der Bevölkerung auf eine Sommeroffensive an der Ostfront, bei der die Sowjetmacht entscheidend geschlagen werden müsse. Sicher sei es aber keineswegs, daß wir in diesem Jahr mit den Russen fertig würden, denn es sei noch immer unklar, welche Reserven an Truppen und Waffen die Sowjets hätten. Andererseits könne Deutschland seine Kräfte nicht auf eine gigantische Offensive im Osten allein konzentrieren, sondern müsse gleichzeitig die Abwehr eines drohenden anglo-amerikanischen Angriffs vorbereiten. Große Sorgen mache man sich allgemein auch wegen der feindlichen Luftoffensive gegen das Reich und die besetzten Gebiete, die allein in ihrer Wirkung auf das deutsche Rüstungspotential mit der Zeit doch einer verlorenen Schlacht gleichkomme. Ein Lichtblick seien die U-Boote.
Die Stimmung der Bevölkerung aller Schichten stehe zur Zeit wesentlich unter dem Einfluß solcher Erörterungen:
›Wenn man sich manchmal so richtig hineindenkt, dann wird einem angst und bange.‹
›Es ist besser, über das alles gar nicht nachzudenken, wir können ja doch nichts daran ändern. Es kommt eben, wie es kommen muß.‹
›Ich kann mir gar nicht vorstellen, wie der Krieg ein Ende nehmen soll!‹«
»Ein Narzissenfeld, ein Magnolienbaum! An wen verschwendet, in was verstreut –: an ein Bewußtsein, das so grundsätzlich allem diesem fremd ist und an ihm leidet und doppelt vor ihm die Tristesse seiner unausgleichbaren Existenz erlebt«, schreibt Gottfried Benn am 17. April.
In Bielefeld, aber auch in Koblenz und Bayreuth geschieht zur gleichen Zeit etwas, das im SD-Bericht als »Glaubensfeier der katholischen Jugend« bezeichnet wird: »Nicht nur, daß der Kirchenraum mit über 600 Jugendlichen bis zum letzten Platz gefüllt war. Es waren auch alle Altäre, vor allem der Marienaltar, über und über mit Blumen und frischem Grün, teils mit Tannen, geschmückt und gleichzeitig durch zahllose brennende Kerzen erleuchtet. Wegen der Offenheit des Raumes bot die Kirche in ihrer feierlichen Beleuchtung und dem prächtigen Schmuck ein erhe-

bendes Bild für die einziehende Jugend. Der feierliche Einzug der einzelnen Pfarreien mit 20 Bannern und Fahnen gab der Feier einen festlichen Beginn. 20 Messdiener und die Geistlichen gaben der Fahnenabordnung das Geleit zum Altar. Die Predigt selbst, gut vorgetragen, machte auf die Jugend tiefen Eindruck.« Abwendung vom Nationalsozialismus, Hinwendung wieder zur Kirche wurde aber nicht nur bei Jugendlichen festgestellt.»Nach Meldungen und statistischen Angaben aus den verschiedenen Reichsgebieten sind die Kirchenaustritte seit Kriegsausbruch stark zurückgegangen. Hierfür sind tiefere Gründe bestimmend als nur die Unmöglichkeit der an der Front stehenden Männer, den Kirchenaustritt zu erklären. Zahlreiche aus den Kirchen ausgetretene Volksgenossen sind wieder in die Kirchen eingetreten. Von kirchlicher Seite wird darin eine Bestätigung dafür gesehen, daß eine große Zahl der Kirchenaustritte, die vor Kriegsausbruch erfolgt sind, unter politischem Druck und aus Gründen des beruflichen Vorwärtskommens vorgenommen worden seien und daß selbst ein Teil der Volksgenossen, bei denen der Kirchenaustritt innere Überzeugung war, den seelischen Belastungen des Kriegs ohne positive, festgefügte Gottesvorstellungen nicht standhalte. Es zeige sich, daß unter der Wucht des Kriegsgeschehens und vor dem Tode, der plötzlich an Tausende von Familien herantritt, alles zerbröckelt, was nur Ideologie war.«
Humanität, Gottesvorstellungen und die Kirchen: der Krieg als Vater auch dieser Dinge? Oder hatte die Selbstverleugnung lange genug gedauert, daß Selbstbesinnung stattfand, die das Dritte Reich ideologisch und praktisch entthronte und das heilige Reich der Deutschen wieder erstehen ließ?
Daß es auch dafür zu spät war, ahnten manche, wußten wenige, fürchteten viele.
Während das feldgraue Imperium noch standhielt, zerbröckelte das braune Imperium.
Hitler hatte die »Abrechnung mit der Kirche« auf die Zeit nach dem Endsieg verschoben. Durch den Verlauf des Krieges war es der Kirche gelungen, sich wieder tiefer in den Familien zu verankern. Die konfessionelle Jugenderziehung, die durch das Reichskonkordat mit dem Vatikan von 1933 gewährleistet war, der Kon-

firmandenunterricht, in dem Frauen evangelischer Geistlicher tätig wurden, die Bibelarbeit der kirchlichen Frauenvereinigungen, die Verwendung von Farbfilmen im Religionsunterricht oder bei abendlichen Jugendtreffen werden in den SD-Meldungen erwähnt. Sie sprechen von einem Ringen der kirchlichen Mitarbeiter um einzelne, von persönlichem Eingehen auf die Wünsche und Nöte der Menschen. Besonders sei es der Kirche gelungen, die Gemütskräfte der Frauen anzusprechen und sie für die kirchliche Jugenderziehung zu gewinnen.
Um den Wiedereintritt in die Kirche zu erleichtern, reiche eine schriftliche oder mündliche Anmeldung im Pfarramt aus; auch werde auf die öffentliche Bekanntgabe des Namens verzichtet, was bisher gefürchtet wurde. Die christliche Einstellung bedeutender Deutscher werde als »Werbemittel« herangezogen. Der geistige Umbruch bei den Deutschen des Jahres 1943 hatte viele Ursachen. Als die Kirchen in Trümmer fielen, fanden sie wieder in *die* Kirche zurück. Der Nationalsozialismus gab vielen Menschen keinen Halt in Zeiten der Niederlagen. Der Patriotismus mußte ihn ersetzen, aber auch Angst vor dem jedem Volksgenossen drohenden Konzentrationslager.
»Wohl noch nie stand unser Volk in einem so ernsten Kampf um die irdischen Güter der Welt«, hieß es in einem Hirtenbrief, der in der Diözese Würzburg Anfang Mai 1943 verlesen wurde, »als jetzt in diesem Krieg. Aber gleichzeitig tobt rings um uns auch der Kampf um die geistigen Güter, um den Bestand des Christentums und der Kirche. Seit Jahrzehnten stürmt der Unglaube des Bolschewismus gegen das Bollwerk jeder wahren Religion und Kultur, das Christentum. Wir Bischöfe haben wiederholt davor gewarnt. Dazu haben sich weite Kreise – auch in Deutschland – von der christlichen Lehre und Sittlichkeit abgekehrt und die Kraftquellen der Sakramente und der kirchlichen Autorität verschmäht. Sie wollen das Rad der Zeit um Tausende von Jahren zurückdrehen und eine artgemäße deutsche Religion schaffen. Ja, es ist wiederholt das Wort gefallen: ›Nach dem Kriege wird das Christentum restlos beseitigt werden.‹ Ist es da ein Wunder, wenn manche kopfscheu und irre, schwach und schwankend werden? Laßt einen Gebetssturm durch euer Heim gehen. Nur so können

wir im Kampfe gegen den Unglauben und den Bolschewismus siegen.«

Gegen Unglauben und Bolschewismus: gegen inneren und äußeren Feind.

Und einleitend in diesem Hirtenbrief die Aufforderung, sich zu einer »festen und treuen Gebets- und Opfergemeinschaft« zusammenzuschließen, an deren Spitze »unsere tapferen Soldaten« gestellt wurden.

Die Kirche schwieg zu vielem; nun sprach sie wieder, die Situation nach Stalingrad erlaubte ihr, wieder offener zu reden.

Diktaturen müssen siegen. Wenn sie Niederlagen erleiden, verlieren sie die Massen, die ihnen freiwillig oder widerstrebend gefolgt sind. Daß diese Entwicklung nicht nur auf Deutschland beschränkt war, in Italien im Hochsommer 1943 zum Sturz des faschistischen Regimes führte, traf die Herren über das Deutsche Reich tief. Ihre Autorität schien verletzt, in Frage gestellt, woran sie bisher überhaupt nicht zu denken gewagt hatten. Um die Kontrolle über die einzelnen in der Masse zu erhalten, wurden jetzt Personalakten auch für Staatsbürger angelegt, die bisher davon verschont wurden, wenn sie unbestraft waren.

Polizeiliche Führungszeugnisse mußten für die Amtswalter des Reichsluftschutzbundes angelegt werden, für zukünftige Arbeitsmaiden des Reichsarbeitsdienstes, für Verlobte von Wehrmachtangehörigen, wenn sie heiraten wollten, für Verlobte von Soldaten, die befördert werden sollten. Das Deutsche Rote Kreuz verlangte polizeiliche Führungszeugnisse für Angehörige der Luftschutzpolizei in Ausbildungslehrgängen, obwohl der Dienst in der Luftschutzpolizei Straffreiheit voraussetzte. Sie hatte nicht nur Brände zu löschen, sondern auch zerstörte Stadtteile zu bewachen und aufzuräumen. Die NSV (Nationalsozialistische Volksfürsorge) brauchte für die Einstellung von Kindergartenhelferinnen Führungszeugnisse der Polizei, die Hitlerjugend für »Beförderungsanwärter«, die NSDAP und ihre Gliederungen verlangten Führungszeugnisse, um die Personalakten zu vervollständigen – aber auch der Reichsluftschutzbund, der Reichsbund Deutsche Familie und andere Verbände, die nicht zu den Gliederungen der NSDAP gezählt wurden, handelten im gleichen Sinne. Die NSKOV (Na-

tionalsozialistische Kriegsopferversorgung) beantragte in Eupen, das wieder ans Reich angeschlossen worden war, Führungszeugnisse für ihre Mitglieder, die bei Beerdigungen das Ehrengeleit zu stellen hatten.
Das Wort: »Führer, befiehl, wir folgen!« aus der Vorkriegszeit verlor seine betörende Ausstrahlung, die es für die Masse des Volkes einst hatte. Der Führer befahl noch, aber ihm zu folgen wurde schwer, und so blieb nur die Überwachung, das Anlegen von Personalakten, um – zusammen mit staatspolizeilichen Mitteln – die Leute unter Druck zu halten. Als am 6. April 1943 von der Reichsstelle »Chemie« angeordnet wurde, Filme, Fotoplatten und Fotopapiere nicht mehr an Privatpersonen abzugeben, die dafür keine berufliche Verwendung hätten, hieß es in den SD-Meldungen, kritische und abfällige Bemerkungen seien hierüber in allen Volksschichten festzustellen. »Es werde betont, daß in Zeiten, in denen der Päckchenversand an die Feldtruppe gesperrt war, das Foto ›die einzige Liebesgabe‹ ist, mit der die Angehörigen an der Front erfreut werden könnten. Gerade aus ungezählten PK-Berichten sei bekannt, welche Rolle das Bild von der Familie und den Kindern für den seit vielen Monaten nicht mehr auf Urlaub gewesenen Soldaten spiele. Außerdem seien die Soldaten ungehalten, daß ihnen jetzt jede Möglichkeit genommen wurde, die gewaltigen Erlebnisse an der Front im Bilde festzuhalten, um Bilddokumente des Zeitgeschehens für die spätere Erinnerung zu gewinnen. Ferner wird von Urlaubern darauf hingewiesen, daß die Aufnahme von Kameradengräbern ebenfalls durch die Verordnung unmöglich gemacht werde.« Die Ausstattung der Feldgeistlichen mit Fotomaterial wurde von der Anordnung ausgenommen. Sie hatten die Soldatengräber für die Hinterbliebenen zu fotografieren.
Durch das Ausbleiben von Fotomaterial war es Privatpersonen nicht mehr möglich geworden, Städte nach Luftangriffen zu filmen und zu fotografieren, was verboten war, aber dennoch riskiert wurde, um das Unglück der Nachwelt zu überliefern.
Die Möglichkeit der Beratung kinderloser Ehepaare wurde erweitert. Die öffentlichen Beratungsstellen nahmen Ehepaare jedoch erst an, wenn sie zwei Jahre nach der Eheschließung kinderlos geblieben waren. Ehepaare, bei denen die Frau das vierzigste Le-

bensjahr überschritten hatte, wurden abgelehnt. Die Beratungsstellen hatten sich auch mit allen Maßnahmen zu befassen, die geeignet waren, die Sterilität zu verhüten. Während Hunderttausende auf Schlachtfeldern und in den bombardierten Städten starben, wurde jede Maßnahme aufgegriffen, um diese Verluste zu ersetzen.
Der Wunsch nach einem Kind war stark. Der Soldat wollte etwas hinterlassen, wenn er fiel. Junge Frauen wünschten sich Kinder, um die sie sich sorgen konnten, wenn der Mann an der Front war. Um ihn konnten sie sich nur in Gedanken, unter Tränen, im Gebet, mit Hoffnung auf seine Rückkehr sorgen. Wenn sie von ihm ein Kind hatten, besaßen sie etwas, das zu ihrem Leben gehörte.
In diesen Wochen erwähnt Goebbels in seinem Tagebuch, daß es auch Soldatenfrauen in Berlin gäbe, die »sexuell sehr freizügig« seien. Er hielt diese Freizügigkeit für eine Begleiterscheinung der Bombardierungen, der Todesnähe in der Heimat.
Im Reichsrundfunkprogramm erhielt die Unterhaltungssendung »Deutsches Volkskonzert«, die mit dem »Wunschkonzert« konkurrierte, nicht nur eine größere Auswahl an Volksliedern, sondern es wurden auch mehr Kinderchöre herangezogen.
Kinder im Kriege rühren, wenn sie für die Soldaten und deren Angehörige singen.
Die SD-Meldungen sprechen von einem »wunderbaren Erlebnis«, wie bei einer Beethoven-Sendung, in der Mathias Wieman sprach. Die Beruhigung der Geister war dadurch nicht zu erreichen, doch eine Beruhigung der Seele.
»Ich habe viel erfahren, viel gesehen, viel verloren«, schrieb der Schriftsteller Horst Lange in sein Tagebuch, »aber auch manches dazugewonnen. Der Krieg ist furchtbar, er breitet sich aus wie eine Seuche ... Das Ewige ist ebenso schrecklich und erbarmungslos wie schön und erhebend. Am besten für den Menschen ist es, wenn er eine innere Festigkeit erhält wie lebendiges Eichenholz und in sich selbst ruhen darf gleich einem Sonnensystem, das allein von Gottes Hand gehalten wird, Amen!«
Als das nordische Rad und die Schlange sich an die Stelle des Kreuzes gesetzt hatten, standen die Kreuze auf gegen Rad

und Schlange, insgeheim, aber überall, ohne etwas anderes zu bewirken als den Anblick der Kreuze, zu denen auch die Grabkreuze der Gefallenen zählten, die hölzerne Eiserne Kreuze zu sein hatten.
Die Kreuze wuchsen zu Wäldern heran. Ihre Zahl wurde jedes Kriegsjahr größer, die Wälder aus Kreuzen schlossen sich rings um das Reich und im Reich selbst zusammen.
Das waren Barrieren, hinter denen die Lebenden schweigend standen. Und viele konnten wieder beten, amen sagen, auch ein Amen zu den schrecklichen Dingen, von denen sie nichts oder wenig wußten und die hinter ihrem Rücken geschahen.
Denn das Amen war auch ein Wort für ihre Ohnmacht.

16. KAPITEL

Auf dem Wege nach Gomorrha

Während im Frühling 1943 an der Ostfront weitgehend Ruhe herrschte, da die Schlammzeit die Fronten auf beiden Seiten lahmlegte, fand im Reich die »Luftschlacht um das Ruhrgebiet« statt, die nach der »Luftschlacht um England« im Herbst 1940 und den ersten Tausendbomberangriffen im Jahre 1942 auf deutsche Städte eine weitere erfolgreiche Operation für die britische Royal Air Force werden sollte. Die Luftschlacht begann in der Nacht zum 6. März 1943 mit einem Angriff auf Essen, der erstmals im »dichten Bomberstrom« geflogen wurde. Als Ziel wurden die Kruppwerke angegeben. In Essen wurden 3016 Häuser vernichtet, 23 000 weitere beschädigt. Franz Kurowski schreibt in seinem Buch »Der Luftkrieg über Deutschland«: »Es gab 397 Tote und 1440 Verletzte. Dies war der furiose Auftakt zu einer 4 Monate dauernden Angriffstätigkeit, die selbst die Härtesten erschütterte.«
Luftmarschall Harris gab am 4. April 1943 erneut Essen als Angriffsobjekt, wieder mit den Kruppwerken als Ziel, von denen 27 Fabrikgebäude und Hallen getroffen wurden. Harris schrieb später: »Es muß mit Nachdruck gesagt werden, daß – von Essen abgesehen – wir niemals ein besonderes Industriewerk als Ziel ausgewählt haben. Die Zerstörung von Industrieanlagen erschien uns stets als eine Art von Sonderprämie. Unser eigentliches Ziel war bei allen Angriffen stets die Innenstadt.«
Um sie härter als bisher zu treffen, wurden 27 kg schwere Brandbomben seit dem 24. April 1943 mitgeführt, da die bisher abgeworfenen Stabbrandbomben leicht zu löschen waren. Jede Brandbombe enthielt eine Mischung aus Benzin, Gummi und Viskose. Zusätzlich wurden auch die neuen amerikanischen Brandbomben verwandt, die 225 kg wogen und außerdem noch Öl, flüssigen Asphalt und Magnesiumstaub enthielten.

Jetzt begannen Soldaten der Ostfront, die aus dem Ruhrgebiet stammten, an ihre Frauen zu schreiben, sie sollten auf jeden Fall dafür sorgen, daß auch die kleinsten Kinder eine Gasmaske erhielten.
»Nach Meldungen aus Westdeutschland«, heißt es Anfang Mai 1943 in den SD-Berichten, »aber auch aus anderen Reichsteilen, wird in der Bevölkerung davon gesprochen, daß die feindliche Luftoffensive eine Folge der Verkündung des totalen Krieges sei. Viele Volksgenossen verstünden nämlich unter dem totalen Krieg nicht so sehr den totalen Einsatz aller Kräfte, sondern die totale Vernichtung.«
Dennoch sei »die Haltung der Volksgenossen nach wie vor tadellos. Von Apathie sei nichts zu bemerken. Nach dem schweren Angriff auf Essen in der Nacht zum 1. Mai sei beobachtet worden, daß die Volksgenossen am nächsten Morgen – es war der Feiertag der Arbeit – in aller Frühe dabei waren, die kleineren Schäden zu beseitigen und daß am Nachmittag überall in den Kleingärten gearbeitet wurde.«
Diese Schrebergartenstory klingt banal, aber so war es.
»Bedenklich sei die Tatsache«, so stand es weiter in den SD-Berichten, »daß sich von Angriff zu Angriff die Fälle von Diebstählen in bombengeschädigten Häusern mehren würden.«
Dabei ging es um Gerät, das bei Löscharbeiten nach Angriffen nützlich sein konnte, wie beispielsweise in Duisburg während eines Nachtangriffes vom 27. April. Eine Frau hatte sich von Nachbarn helfen lassen, einen Brand zu löschen. Sie hatte sich Eimer ausgeliehen. Als der Brand niedergekämpft war, verschwanden die Helfer unter Mitnahme sämtlicher Eimer. Diese Flächenbombardements trafen auch die ausländischen Arbeiter und die Kriegsgefangenen.
Sie erlitten nicht nur Verluste bei den Angriffen, sondern auch bei den teils freiwilligen, teils befohlenen Rettungsarbeiten.
Ihre »Stimmung und Haltung« nennen die SD-Berichte im Mai 1943 »unterschiedlich«. Sie schwanke »zwischen freudiger und einwandfreier Mitarbeit, Gleichgültigkeit und teilweise offener gegnerischen Haltung«.
Nach einem Angriff auf Düsseldorf wurde das Verhalten der Fran-

zosen hervorgehoben, die sich »spontan für Rettungsarbeiten zur Verfügung stellten«.
»Auch bei den Großangriffen auf Duisburg haben französische Kriegsgefangene sich bewährt. Sie erlitten Verluste. Verschiedentlich äußerten Franzosen: ›Das ist kein Krieg mehr, das ist Mord‹.«
Vereinzelt wurden Franzosen als Brand- und Luftschutzwachen verwendet. Wer sich dabei auszeichnete, wurde aus der Kriegsgefangenschaft entlassen.
Nach einem Luftangriff auf Berlin hieß es aber *auch* in einem SD-Bericht: »Die Franzosen rotteten sich zusammen und versuchten, noch während des Angriffes zu den Schadensstellen zu gelangen. Nachdem sie von den Straßenstreifen zurückgetrieben waren, zogen sie lachend und singend ab. Besonders aus der Stadtmitte und dem Norden Berlins wird berichtet, daß Franzosen mit schadenfrohem Grinsen die vernichteten Häuser betrachteten, ohne an Hilfe zu denken. Es wurden Ausrufe gehört wie: ›Warum soll es euch besser gehen als uns?‹ oder: ›Das habt ihr von eurem Krieg.‹ Staatspolizeiliche Maßnahmen sind eingeleitet.« »Die Franzosen nehmen die Fliegeralarme und Angriffe als eine unabwendbare Kriegsfolge hin und verhalten sich korrekt«, wurde aus ländlichen Gegenden gemeldet.
Für Elsässer, Lothringer und Luxemburger war ab Oktober 1942 die Wehrpflicht eingeführt worden. Sie kamen im Mai 1943 an die Ostfront.
»Der Zustand, in den die großen Zentren der deutschen Kriegsindustrie und vor allem des Ruhrgebietes gebracht werden«, sagte Winston Churchill am 19. Mai 1943 vor dem amerikanischen Kongreß, »ist der einer unvergleichlichen Verwüstung ... Dieser Prozeß wird pausenlos mit immer sich steigernder Intensität vorwärtsgetrieben, bis das deutsche und italienische Volk die ungeheuren Tyranneien aufgeben.«
Nach dem Angriff auf Wuppertal in der Nacht zum 31. Mai 1943 wurden 118 000 Obdachlose und 2450 Tote gezählt, die bestattet wurden. Aber der Angreifer verlor 35 Bomber durch Abschuß und 60 durch Bruchlandung in England.
Mitte Mai 1943 kamen zu den Flächenbombardements die Spezial-

angriffe gegen die Talsperren des Ruhrgebietes. Der Auftrag für die Besatzungen der Sondereinheit, die für diese Operationen ausgebildet war, lautete, dem Ruhrgebiet das Wasser zu nehmen. In der Nacht zum 17. Mai fand diese Operation der 617. Staffel unter Wing Commander Gibson statt, die den Namen »Züchtigung« erhalten hatte. Die Lancaster-Kampfflugzeuge trugen nur für diese Aufgabe neu entwickelte Bomben, von den Engländern »Wallis« genannt. Eine Lancaster wurde vor dem Ziel abgeschossen; sie explodierte mit der Superbombe über Holland.

Zerstört wurden der Möhnestaudamm und die Edertalsperre; es gelang nicht, die Sorpetalsperre trotz einiger Treffer zu vernichten. Von den 19 Lancasterbombern dieses Einsatzes wurden 9 abgeschossen; Tausende starben, vor allem ertrunken in den entfesselten Wasserfluten, darunter 324 Ostarbeiterinnen, die in einem Barackenlager in Neheim-Hüsten fortgespült wurden.

Doch diese schreckliche Wirkung hatte nichts entschieden. Nach zweieinhalb Monaten war der Schaden behoben. Bis März 1945 blieb das Ruhrgebiet das bedeutendste Industriezentrum des Reiches.

Am Morgen nach diesen Einsätzen, bei denen die Staffel 56 Männer verloren hatte, stand Dr. Barnes Wallis, der Erfinder der monströsen Bombe (ein kurz vor dem Abwurf über den Stauseen in Drehung gebrachter Walzenkörper), mit den Überlebenden noch im Stabsgebäude, einen Drink unberührt in der Hand, die Augen voller Tränen. »Wenn ich das gewußt hätte, ich hätte das niemals angefangen«, sagte er.

Wing Commander Gibson stürzte nach einem Nachtangriff auf Rheydt im September 1944 über Holland ab.

Die »Luftschlacht um das Ruhrgebiet« endete mit riesigen Zerstörungen und großen Verlusten unter der Zivilbevölkerung, den Fremdarbeitern und Kriegsgefangenen, aber sie war kein Sieg der Briten. Die Royal Air Force mußte schwere Verluste hinnehmen, obwohl sie nur nachts im Einsatz war.

Abgelöst wurde diese »Luftschlacht« von der Alliierten Bomber-Offensive, die Churchill und Roosevelt auf der Konferenz von Casablanca beschlossen hatten.

Sie begann am 10. Juni 1943.

Daß sie so lange auf sich warten ließ, lag am Widerstand der deutschen und italienischen Truppen, die in Afrika kämpften. Die amerikanischen Luftstreitkräfte waren für den Luftkrieg über dem Reich erst abkömmlich, nachdem am 12. Mai in Tunesien die Heeresgruppe Afrika ihren Kampf eingestellt hatte. Dabei kam es nicht zur Kapitulation vor dem Gegner, sondern zur Einstellung des Kampfes. Für die 1. italienische Armee hatte Armeegeneral Messe über Funk die ehrenhafte Übergabe an den Gegner angeboten, die mit der Forderung nach bedingungsloser Kapitulation beantwortet wurde. Diese Forderung, die in Casablanca erhoben worden war, nahm der General nicht an.

Das Deutsche Afrikakorps meldete sich mit dem Funkspruch ab: »Munition verschossen. Waffen und Kriegsgerät zerstört. Das Deutsche Afrikakorps hat sich befehlsgemäß bis zur Kampfunfähigkeit geschlagen. Das DAK muß wieder erstehen! Heia Safari!«

Jetzt erst konnte die unter dem Codewort »Pointblank« geplante Luftoffensive der Engländer und Amerikaner über dem Reich beginnen. Sie sollte den deutschen Widerstand derart schwächen, daß eine kombinierte Operation auf dem Kontinent möglich würde. Solange nicht die deutsche Luftwaffe »neutralisiert«, also kampfunfähig gemacht sei und die Flugzeugproduktion vernichtet wäre, müsse, so hieß es in dem Plan »Pointblank«, eine Invasion Europas auf sich warten lassen. Damit findet das den Deutschen damals unverständliche Zögern der in Afrika stehenden Alliierten seine Erklärung, nicht sofort nach Italien oder Südfrankreich übergesetzt zu sein.

Die Alliierten nahmen eine Arbeitsteilung vor: weiterhin die Nachtangriffe der Royal Air Force, während die amerikanische 8. Luftflotte am Tage in den operativen Luftkrieg eintrat. Die Kombination von Nacht- und Tagesangriffen sollte die Deutschen im Reich zermürben, die Luftwaffe verzetteln und zerschlagen, die Flugzeugwerke vernichten.

Das »Präzisions-Tageslicht-Bombardement« der Führung der amerikanischen Luftstreitkräfte wurde vom britischen Bomber-Kommando des Luftmarschalls Harris als zu riskant abgelehnt. Die Amerikaner hielten jedoch viel von ihren »Fliegenden Festungen« (Boing B-17), die mit 10 Maschinengewehren bestückt waren. Später wollten sie den noch besser geschützten »Befreier« (»Liberator« B-24) einsetzen. Sie glaubten, die deutschen Jäger würden gegen diese waffenstarrenden Flugzeuge machtlos sein. Dies war nicht der Fall, denn die Luftwaffe hatte eine neue Angriffstechnik entwickelt, unter anderem die direkte Attacke von vorn auf die Nase des Bombers.

Diesen »Fliegenden Festungen« und »Befreiern« flogen die Messerschmitt Bf-109 G mit der 20-mm-Kanone und die schwerer bewaffnete Focke-Wulf 190 entgegen, die zwei Kanonen in den Flügeln und vier Maschinengewehre im Rumpf besaß.

Nachteilig für die Piloten war, daß sie mit dieser Bewaffnung im allgemeinen nicht höher als 6000 Meter fliegen konnten, während die amerikanische B-17 noch größere Höhen erreichte.

Die Fw 190 wurde von den amerikanischen Besatzungen als harter Gegner eingestuft, wenn sie Bomber und Begleitjäger angriff. Sie war wendiger als die Me 109, doch wurde sie in viel geringerer Anzahl produziert als die Me 109.

Die Absicht, ein Ziel nachts mit britischen Flugzeugen, am folgenden Tage mit amerikanischen anzugreifen, die den Rest zu erledigen hätten, mußte zunächst aufgeschoben werden. Erst am 24./25. Juli wurde diese Kombination bei den Angriffen auf Hamburg sehr erfolgreich praktiziert, denen weitere Angriffe kurz darauf folgten.

Vorher kam es zu Nachtangriffen, die am 12. Juni mit dem Bombardement Düsseldorfs einsetzten und anschließend auf Bochum, Kiel, Bremen, Oberhausen, Elberfeld, Gelsenkirchen, Köln, Aachen und Duisburg ausgedehnt wurden.

Über diese schweren Nachtangriffe meldeten die »SD-Berichte für Inlandfragen« am 17. Juni 1943, die auf Drängen von Goebbels nicht mehr breit gestreut wurden, sondern als geheimes Nachrichtenmaterial nur auf Anforderung des Empfängers, der eine besondere Erlaubnis dafür haben mußte, übersandt werden durften. Goebbels bezeichnete die SD-Berichte als defätistisch und erreichte bei Himmler, daß eine enge Eingrenzung der Bezieher veranlaßt wurde.

»Nach den Angriffen habe sich die Bevölkerung vollkommen apathisch und erschöpft gezeigt. Die meisten totalgeschädigten Volks-

genossen seien jedoch froh und glücklich gewesen, mit dem Leben davongekommen zu sein. Die Fülle schwerer Einzelschicksale überschatte zunächst alle Überlegungen.«
»Das verdanken wir unserem Führer«, habe in Düsseldorf ein Mann in Anwesenheit eines SS-Mannes gesagt, der ihn handgreiflich zur Rede stellte. Der Mann sagte zum SS-Mann, er habe derartig die Nerven verloren, daß er selbst kaum wisse, wie er zu solchen Äußerungen komme. Dasselbe sei geschehen, als in Barmen eine Mutter hitlerfeindliche Äußerungen gebrauchte, die vor dem Keller ihres zertrümmerten Hauses stand, in dem sich die Leichen ihres im Urlaub weilenden Sohnes, eines Soldaten der Ostfront, und die der Schwiegertochter sowie deren drei Kinder befanden. »Während die Bevölkerung der betroffenen Gebiete im allgemeinen eine vorbildliche Haltung zeigt und das Schicksal, das sie betroffen hat, still trägt, wurden jedoch auch Anzeichen einer schlechten Haltung festgestellt. Vielfach wurde auch beobachtet, daß Neugierige, die die Schadenstellen umstehen, versuchen, die Geschädigten aufzureizen und aufzuhetzen.« »Von vielen Totalgeschädigten, die ihr Leben haben retten können, wird erzählt, daß sie erst auf den ganzen Umfang der Katastrophe und auf die ihnen drohende Gefahr aufmerksam geworden seien, als brennende Funken in die Keller hereinkamen.« Die Luftschutzkeller gäben gegen Phosphor keinen Schutz. Viele wüßten nicht, wie sie sich gegen Phosphor schützen sollten. Die Volksgasmaske fange an ihrem Gummi leicht Feuer und werde dem Träger der Gasmaske zum Verhängnis.

Der Phosphorabwurf wurde als »Feuerregen« bezeichnet. Da in Großbritannien häufig schlechtes Wetter die aus dem Luftraum über Deutschland heimkehrenden Geschwader empfing, weshalb es zu schwierigen Landemanövern mit Schäden an den Maschinen kam, wurde ab 22. Juni die Taktik der »Weberschiffchen-Angriffe« eingeführt. Nach dem Start in England flogen 661 Bomber nachts nach Krefeld, warfen 1956 Tonnen Bomben ab und landeten in Nordafrika, wo gutes Wetter herrschte. Die zurückkehrenden Geschwader mieden so die deutsche Luftabwehr über Holland und der Küste, die gefürchtet war.

Diese Luftangriffe führten Anfang Juli zu »Auflockerungserschei-

nungen in der Haltung der Bevölkerung«, wie die Überschrift des SD-Berichtes lautete.
Immer dringlicher würde die Frage nach Vergeltungsangriffen auf England gestellt, hieß es dort. Der Wehrmachtbericht, der die Luftangriffe nicht unerwähnt ließ, und die wenigen Funk- und Presseberichte würden im ganzen Reichsgebiet als ungenügend empfunden.
Aus dem SD-Bericht ging hervor, daß die Verbreitung von Gerüchten zunahm. Erzählungen von Augenzeugen des Schreckens, von Evakuierungen aus den Städten, die zerstört wurden, Briefe aus dem Gebiet, das angegriffen wurde, ersetzten amtliche Darstellungen.
Hervorgehoben wurde in dem SD-Bericht, daß Verpflegungsstellen für die Ausgebombten, wie nun die Totalgeschädigten genannt wurden, eingerichtet worden seien, die nach einer fürchterlichen Nacht als angenehm empfunden wurden. Sie erhielten dort Sonderzuteilungen wie Zigaretten, Zigarren, Kaffee und Lebensmittel, die auf Abschnitte ihrer Lebensmittelkarten aufgerufen wurden. Doch nicht jeder hatte seine Lebensmittelkarten bei sich, wenn er ausgebombt wurde, und es mangelte an Läden, die in ausgebombten Stadtteilen noch liefern konnten. Nach dem schweren Angriff auf Düsseldorf am 12. Juni, bei dem 120 000 Einwohner obdachlos wurden, wurden viele, die in den Außenbezirken auf Lebensmittelkarten einkaufen wollten, mit der Bemerkung zurückgewiesen, sie müßten ihre Karten beim Wirtschaftsamt gegen Reisemarken eintauschen. Doch dieser Umtausch war ausgeschlossen, da viele Kartenstellen vernichtet wurden.
Das Ziel der Luftoffensive, die Einwohner der angegriffenen Städte moralisch zu zermürben, wurde nicht erreicht. Das Gegenteil trat ein. Keine Propaganda war nötig, um Haß gegen England zu schüren.
Er entstand bei den Betroffenen von selbst.
Haß, aber auch Furcht: Beides verband sich, wurde zu einem Kitt, der die Inhaber der Macht im Reich und die Bevölkerung in dem Augenblick wieder zusammenband, als es aussah, das braune Imperium zerbröckele.
Am 30. Juli 1943 schrieb Gottfried Benn, der aus dem OKW ins

Berliner Wehrkreiskommando III versetzt worden war: »Der Sommer ist heiß, und es ist fast ununterbrochen Luftalarm, oft auch tatsächlicher. Der große Coup rückt näher; Bekannte von mir haben längst alle Möbel fortgeschafft und wohnen auf Kähnen und Zillen auf den Spreearmen und Kanälen oder in einem möblierten Zimmer, Frau und Kinder in einem Heuschober auf dem Lande – ›der Sieger ist, wer den Kranz verlor –‹.
Die Lage wird immer rätselhafter, sie ist schlechthin nur noch mythologisch zu erfahren und zu erfassen – wenn man sich mit ihr befassen will.«
Wenige Tage vorher war Hamburg zerstört worden.
Dies geschah durch britische und amerikanische Bomberströme, die nachts und am Tage das Unternehmen »Gomorrha« flogen, fünf Angriffe vom 24. bis 30. Juli 1943.
Vorher, am Morgen des 24.5.1943, erging dieser Tagesbefehl vom Chef des britischen Bomber-Kommandos: »Die Schlacht um Hamburg kann nicht in einer einzigen Nacht gewonnen werden. Wenigstens 10 000 Tonnen Bomben sind nötig, um diese Stadt auszulöschen. Wenn wir den maximalen Effekt des Bombardements erreichen wollen, dann muß unablässig angegriffen werden. Der erste Angriff heute nacht wird vor allem mit Brandbomben ausgeführt, um die Feuerwehrkräfte und die Löschmöglichkeiten zu erschöpfen.« Die Eindeutigkeit dieser Befehlsgebung entsprach dem gewählten Kennwort: »Gomorrha«. Ein Gomorrha sollte angerichtet werden, als sich Menschen aufmachten, das 1. Buch Mose 19, 24 und 25, wörtlich zu nehmen: »Da ließ der Herr Schwefel und Feuer regnen von dem Herrn vom Himmel herab auf Sodom und Gomorrha. Und kehrte die Städte um und die ganze Gegend und alle Einwohner der Städte, und was auf dem Lande gewachsen war.«
Aber es war nicht der Herr im Himmel, sondern es waren Menschen, die das Wort der Bibel erfüllen wollten.
Sie stiegen in ihre Flugzeuge, um die »Schlacht um Hamburg« zu schlagen, während der in der Nacht vom 27. zum 28. Juli 1943 der erste Feuersturm hervorgerufen wurde, dem dann weitere Feuerstürme in anderen Städten folgten, vor allem derjenige in Dresden in der Nacht vom 13. zum 14. Februar 1945. Schon seit dem

24. Juli hatten bis zu dieser Nacht britische Bomber nachts und amerikanische Bomber am Tage Hamburg angegriffen. »Die Fortführung des ersten Angriffs durch Tages- und Störangriffe in der Zeit vom Morgen des 25. Juli bis zum Morgen des 27. Juli ließ die Absicht des Feindes erkennen, Hamburg systematisch zu vernichten«, heißt es in dem Bericht des Hamburger Polizeipräsidenten und Luftschutzleiters Kehrl. »Deshalb konnte die Tatsache eines fünften Angriffes in der Nacht vom 27. zum 28. Juli nicht mehr überraschen. Die Wucht dieses Angriffs und seine Folgen übertrafen dagegen alle Erwartungen.«
Das Feuersturmgebiet umfaßte eine tote Zone von 6,4 Quadratkilometern, alle Zugangstraßen wurden mit Stacheldraht und Ziegelsteinen abgesperrt, da sich in diesem Gebiet eine derartige Ansammlung von Leichen ergeben hatte, die bis dahin unbekannt war. Auch sollte die Moral der Überlebenden durch die Rettungsaktionen nicht beeinträchtigt werden.
Über fünfzigtausend Zivilisten fielen in dieser »Schlacht um Hamburg«; diese Zahl war fast doppelt so hoch wie die gesamten blutigen Verluste (Gefallene und Verwundete) einer deutschen Panzerdivision im Zweiten Weltkrieg.
Die Zahl der getöteten Frauen überstieg die der Männer, der Anteil der gefallenen Kinder betrug 8 bis 10 Prozent der Totenzahl.
Es ist hier richtiger, von Gefallenen zu schreiben als von Getöteten. Denn der Angreifer hatte selbst das Wort von der »Schlacht um Hamburg« gewählt.
Die Lähmung des Hamburg verteidigenden Flugabwehr-Systems geschah erstmals durch Abwurf von Stanniolstreifen, Düppel genannt, die es den deutschen Ortungsgeräten unmöglich machten, die feindlichen Flugzeuge für die Bekämpfung durch die Flakartillerie zu bestimmen. Nach diesen Großangriffen wurden in Hamburg 226 Vorgänge gegen bestimmte Verdächtige und 269 Fälle gegen unbekannte Täter wegen Diebstahls und Plünderns von der Staatsanwaltschaft bearbeitet. Gemessen an dem Unglück, das Hamburg betroffen hatte, ist diese Zahl, die von der deutschen Statistik im November 1943 festgehalten wurde, gering. Luftschutzgepäck, Hausrat, Kleidungsstücke und Lebensmittel wur-

den am häufigsten entwendet. Es gab nur wenige Akte von Plünderungen in Wohnungen Evakuierter oder während der Luftalarme im Keller sitzender Einwohner.
Auf der Zielkarte »Feindeinflüge ins Reichsgebiet Juli 1943« der Rüstungsinspektion im OKH ist zu erkennen, wie sich die Bomberströme zur Weser und darüber hinaus zur Elbe ihren Weg bahnten.
Rostock, Kiel, Hamburg sind die am weitesten im Osten liegenden Ziele für die alliierten Bomber, Bremen, Hannover und Kassel folgten. Weitere Schwergebiete sind Essen, Köln, Remscheid und Aachen.
Für Hamburg werden 851 Flugzeuge angegeben, die 6116 Sprengbomben und 748950 Brandbomben abwarfen.
Das ist die höchste Zahl an Brandbomben, die bisher im Luftkrieg abgeworfen worden war.
Es ist das Feuer, das vom Himmel fiel, um Gomorrha auf der Erde zu erzeugen.
Gottfried Benn sah alles »mythologisch«. Dies war nicht mehr menschlich zu erfassen, sondern nur in schrecklicher Allegorie.
Aber es hatte biblischen Sinn.
Rüstungsminister Albert Speer meldete jetzt Hitler, daß er die Rüstungsproduktion nicht aufrechterhalten könne, wenn weitere sechs Großstädte ähnliche Verwüstungen erleiden würden.
Aber Luftmarschall Harris war gar nicht in der Lage, das Hamburger Gomorrha kurz hintereinander in sechs anderen Großstädten zu wiederholen.

17. KAPITEL

Heißer Sommer 1943

In diesem Sommer wuchs eine gute Ernte auf den Feldern heran. Für die Erntearbeiten hatten die Bauern, deren Söhne eingezogen waren, Kriegsgefangene und Fremdarbeiter. Die Bäuerinnen, die mit ihren Kindern einsam auf den Höfen lebten, lernten die Sprache der Hilfskraft. Es wurden viele fremde Sprachen auf dem Lande gesprochen, aber auch manche deutsche Dialekte, denn Evakuierte aus dem seit einem Jahr bombardierten Westen hatten sie dorthin mitgebracht.
Die Propaganda stellte sich auf eine sehr gute Ernte in den besetzten Ostgebieten ein; endlich konnten die Zeitungen wieder bessere Nachricht bringen.
Viel wurde in diesem Sommer gereist, vielleicht ein letztes Mal, wie nicht wenige dachten.
Die Zeit wurde zur Endzeit.
Um die Moral waren die Inhaber der Macht im Reich nicht nur wegen der zunehmenden politischen Apathie besorgt, sondern auch aus sittlichen Gründen der Rassenpolitik. In Geheimberichten des SD erschienen Zuchthausurteile und Meldungen, die sich auf sittliche Verwahrlosung bezogen.
In Gera wurden zwei verheiratete Frauen zu Zuchthausstrafen verurteilt, weil sie mehrfach Geschlechtsverkehr mit einem französischen Kriegsgefangenen ausgeführt hätten. Solches war mit Romanen verboten, wozu Franzosen gerechnet wurden. Was dem Soldaten in Frankreich und in anderen besetzten Ländern erlaubt war, damit er die endlose Dauer des Krieges, die lange Abwesenheit von zu Hause besser ertrüge, zu lieben und geliebt zu werden, war in der Heimat für Frauen ein Vergehen, das sie ins Zuchthaus bringen konnte. Die beiden Frauen, die in Gera verurteilt wurden, hatten sich sonntags beim Waldspaziergang mit dem Kriegsgefan-

genen getroffen, die Kinder weggeschickt und sich dann von ihm lieben lassen.
In Geheimberichten hieß es, die »Fremdvölkischen« gäben den Anstoß zum Intimverkehr, sie verfügten über Schokolade, Seife, kosmetische Artikel, die sie aus ihren Ländern geschickt erhielten, mit denen sie sich deutsche Frauen besorgen könnten.
Fast ganz Europa war in diesem Sommer im Inneren des Reiches vertreten, Frauen und Mädchen, von ihren im Kriegsdienst stehenden Männern und Freunden verlassen, die Soldaten waren, wurden in Versuchung geführt.
Der rassische Hochmut, den die deutsche Frau durch die nationalsozialistische Rassenlehre erhalten habe, so meldeten Amtsträger der Partei, sei nur eine Spielerei gewesen. Die Fremdvölkischen, worunter auch die Franzosen fielen, würden von Frauen den deutschen Soldaten vorgezogen, die als Urlauber von der Front nach Hause kämen. »Wir gingen bis 22 Uhr auf der Straße vor dem Gasthaus auf und ab«, gab ein Soldat zu Protokoll. »Wir sagten dem jungen Mädchen, das noch nicht 18 Jahre alt war, ob es denn unbedingt Franzosen sein müßten, die mit ihr geschlechtlich verkehrten. Auch wir würden den Akt genauso gut wie der Gefangene ausführen. Darauf sagte das Mädchen, für heute könne es nichts versprechen.«
Ein Protokoll aus Bayreuth: »Die M. gibt an, daß ihr der Pole, der sich angeblich um die Eindeutschung bemüht habe, gesagt habe, daß er sie nach der Eindeutschung heiraten würde. Da sie bereits ein Kind ohne Vater habe, habe sie dem Drängen des Polen nachgegeben und sich mit ihm geschlechtlich eingelassen.«
Zuchthausstrafen wegen Liebe.
Die Sorge um die Moral der Deutschen läßt sich auch aus dem SD-Bericht über die Aufnahme des Jahrganges 1925 in die NSDAP zur Sommersonnenwende 1943 ablesen.
Seit 1935 wurden die Achtzehnjährigen, die sich nichts hatten zuschulden kommen lassen, aus der Hitlerjugend in die Partei aufgenommen. Diese Aufnahme erfolgte automatisch, eine vorherige Zustimmung wurde von keinem eingeholt.
In Böhmen und Mähren seien die Feiern positiv von der Bevölkerung aufgenommen worden, auch in Wien, Düsseldorf und Kö-

nigsberg. Die Gestaltung der Feiern sei besser als in den Vorjahren gewesen, mit der Rede des Amtswalters der Partei, den Führerworten, die von Schülern vorgetragen wurden, Fanfaren des Jungvolks, Musikzügen der HJ, Chorgesängen, Nationalhymnen, meistens mit Orgelbegleitung. Aber die Bevölkerung habe sich kaum daran beteiligt; nur wenige Eltern der Aufgenommenen seien gekommen.

Für die Aufnahme in die Partei waren die Jugendlichen durch Schulung vorbereitet worden. Die Eltern schienen hinzunehmen, daß ihre Kinder Parteigenossen wurden, doch zeigten sie durch ihre Abwesenheit bei den Feiern, wie wenig sie davon hielten.

Die Achtzehnjährigen würden sofort zum Arbeitsdienst einberufen werden, dann zur Wehrmacht; sie wurden dem Krieg gegeben, vorher noch der Partei, über die sich im Sommer 1943 tiefe Schatten gelegt hatten, als Vorboten des Untergangs.

Der Stabschef der SA, Lutze, war zu schnell in seinem Mercedes gefahren, er verunglückte tödlich. Als man ihn barg, wurde entdeckt, daß er den Mercedes mit Hamsterwaren vollgepackt hatte. Nach dem Staatsbegräbnis in Berlin verdonnerte Hitler seine Gauleiter und Reichsleiter, verbot ihnen schnelles Fahren und wetterte gegen das Sybaritenleben in der Heimat, das die Parteioberen führten. Dann reiste Hitler wieder ab, um eine neue Entscheidungsschlacht im Osten zu beginnen, die Schlacht um Kursk.

Im Berliner Sportpalast hatte er noch zu den jungen Offizieren, die für die Schlachtfelder dieses Jahres bestimmt waren, über die Naturgesetze gesprochen, das Sterben als Notwendigkeit.

Die Massengräber mit zehn- bis zwanzigtausend polnischen Offizieren wurden bei dem weißrussischen Ort Katyn im Mai gefunden, die Leichen ausgegraben, einer internationalen Ärztekommission gezeigt und wieder eingebettet. Die Offiziere waren 1940 von Stalins Henkern umgebracht worden. Goebbels wollte die Gräber in der Wochenschau sehen, das Oberkommando der Wehrmacht wehrte sich dagegen. Dem Volke sollte nicht gezeigt werden, was im Osten möglich war.

Dies geschah zu jener Zeit, in der die »Verlierer dieses Krieges«, wie Goebbels am 20. März 1943 die Juden genannt hatte, in die Gaskammern geschickt wurden.

Der Krieg machte es möglich, Probleme zu lösen, notierte er, die in normalen Zeiten niemals gelöst werden könnten, wie der Führer meinte, und er habe recht.
Die Deutschen erfuhren von Katyn, nicht von Auschwitz und anderen Mordstätten.
Hätten sie *auch* von Auschwitz erfahren, wären sie dann noch in die Schlacht von Kursk gezogen, in der die Entscheidung im Osten gesucht wurde?
Diese Frage wird nie beantwortet werden.
Anderes erfuhren sie.
Mitte Juni erschien in der Wochenzeitung »Das Reich« ein Artikel »Kriegsrat der Konstrukteure«, den der OT-Berichterstatter (OT = Organisation Todt) Werner Höfer auf dem Schießplatz X geschrieben hatte.
»Es wird viel zur Sprache kommen, was nur für wenige Ohren bestimmt ist«, hieß es in diesem Artikel. »Wo die Selbsthilfe der Betriebe bei der Beseitigung von Fliegerschäden nicht ausreicht, werden – wie man hier erfährt – Einheiten der Organisation Todt eingesetzt, die nach der Fertigstellung des Atlantikwalles aus dem Westen abgezogen werden könnten. Ein Mann, der bisher im Hintergrund geblieben war, bittet ums Wort und bricht eine Lanze für das – Holz. Merkwürdig, plötzlich mischt sich in die Atmosphäre von Eisen und Maschinen etwas vom Gesang der Wälder und eine ferne Erinnerung an die Romantik des Flößens.«
Auch Goebbels ist beim Kriegsrat der Konstrukteure anwesend, er hat das Schlußwort: »Er spricht von den verborgenen Trümpfen, die wir in der Hand haben, und er bringt überzeugende Beweise dafür, daß wir am Ende dieses Krieges – wie der Marathonläufer bei den Olympischen Spielen – mit letzter Kraftanstrengung das Ziel erreichen.«
Zuletzt erwähnt Höfer die neuen Waffen: »Vieles von dem, was in den Vorträgen und in der Aussprache beim Namen genannt wurde, wird schließlich in der Wirklichkeit vorgeführt: Erbeutete Feindwaffen werden von deutschen Rüstungsfachleuten auf Herz und Nieren geprüft; und neue deutsche Waffen erleben unter ihren kritischen Blicken ihre Premiere.«
Am 1. Juli 1943 setzt sich der SD-Bericht über Inlandsfragen des

Reichssicherheitshauptamtes mit »Gerüchten über neue deutsche Waffen« auseinander, »die seit einigen Tagen im ganzen Reichsgebiet einen derartigen Umfang angenommen haben, daß fast jeder Volksgenosse in irgendeiner Weise davon berührt wird. Dabei werden nicht nur in Gesprächen unter Freunden, sondern auch offen in Verkehrsmitteln, Gasthäusern sehr ins einzelne gehende Angaben über ›neue Waffen‹ verbreitet, die überall große Hoffnung auf das Gelingen der Vergeltung geweckt haben.«
Es werde von angeblich neu entwickelten Geschützen gesprochen, die Reichweiten von 200 bis 600 Kilometern hätten und größere Teile Englands beschießen könnten. Diese »Stratosphärengeschütze« hätten Geschosse, die mit einem Raketenantrieb ausgestattet seien. Sechsmotorige Bomber würden gebaut, Transportflugzeuge für Panzer.
»Weiterhin gibt es in der Bevölkerung Erzählungen über eine neuartige Bombe, die von einer Größe sei, daß jeweils nur ein Stück von einem Riesenflugzeug befördert werden könne. 12 derartige Bomben, die auf dem Prinzip der Atomzertrümmerung konstruiert seien, würden genügen, eine Millionenstadt zu vernichten.«
Damit war die Atombombe im Gespräch (oder im Gerücht), und dort sollte sie bleiben, bis schließlich die erste Atombombe abgeworfen wurde – über Hiroshima im August 1945.
Diese ganz plötzlich gegen Ende Juni 1943 auftauchenden Gerüchte von den »Neuen Waffen« hielten sich bis Kriegsende.
Der SD-Bericht meinte am 1. Juli 1943, es würden in der Bevölkerung »vielfach die Erklärungen von Reichsminister Dr. Goebbels gebracht, wonach unsere Ingenieure und Techniker am Werke seien, neue Waffen zu schmieden«.
Es gab auch weitere Gerüchte, die erklären sollten, weshalb die gewohnten Sondermeldungen über die U-Booterfolge ausblieben. »Während vereinzelt die Meinung vertreten wird, daß die U-Bootwaffe gegenwärtig deshalb nicht eingesetzt wird, um den Alliierten die Gelegenheit zu geben, die in Afrika gemachten Gefangenen nach den USA zu transportieren, sieht der größere Teil der Bevölkerung die Ursache darin, daß die Feinde gegenwärtig neue U-Bootabwehrmittel anwenden. Dabei wird von neuartigen Horch-

geräten, Hochfrequenzstrahlen, Infrarot-Strahlen, Strahlungsspiegeln und einem verstärkten Fliegerüberwachungsdienst gesprochen. Auch hätten die Engländer sehr wirksame magnetische Wasserbomben.«

»Die Gerüchte, die in den verschiedensten Variationen fast im gesamten Reichsgebiet verbreitet sind, haben die Hoffnung auf den Endsieg wieder etwas gefestigt«, heißt es abschließend in diesem SD-Bericht.

Eine Woche vorher stand noch im SD-Bericht: »Ein großer Teil der Bevölkerung unterliege in zunehmendem Maße gegnerischen Kommentierungen und der Psychose, daß wir den Krieg schon nicht mehr gewinnen können; man treffe in bestimmten Teilen des Volkes auf eine geradezu selbstquälerische Ausmalung einer Niederlage mit allen ihren Folgen.«

Dieser Stimmungsumschwung, erzeugt durch Gerede und Gerüchte über neue Waffen, ist auf die Vergeltungs-Propaganda zurückzuführen, die in Gang gesetzt worden war. Von einem Vergeltungsschlag war oft gesprochen worden; nun gab es keinen einzelnen Schlag zur Vergeltung mehr, sondern die Vergeltung als Ausdruck der Rache.

Unter den neuen Waffen konnten Vernichtungsmittel sein, die Schrecken mit Schrecken, Terror mit Terror vergalten. Die Phantasie malte sich aus, welche technischen Mittel in einer Kriegsführung der Rache, denn Vergeltung hieß Rache, gebraucht werden könnten.

Die Gerüchte kamen der noch geheim gehaltenen Wirklichkeit nahe.

Ohne Gerüchte, ohne erdachte Parolen konnte der Soldat an der Front nicht auskommen. An der Heimatfront sorgte die Mundpropaganda, die skrupellos gesteuert wurde, für Optimismus.

Aber dieser Optimismus, der aus der Hoffnung auf monströse eigene Mittel zur Vernichtung bestand, mußte sofort von schwärzestem Pessimismus ersetzt werden, wenn man auch dem Gegner zutraute, sich solcher Mittel zu bedienen. Er brauchte jedoch keine »neuen Waffen«, um Stadt für Stadt im Luftkrieg zu zerstören. Wie noch nie zuvor wurden jetzt Möbel und Wertsachen aus der Stadt aufs Land verlagert. SD-Meldungen sprachen von Benzin-

vergeudung durch Behörden, die nicht den strengen Verordnungen für Autofahrten wie die Wehrmacht unterlagen.
Nachdem der SD-Bericht vom 12. Juli festgestellt hatte, daß die Bevölkerung ganz allgemein, unabhängig vom Ausgang des Krieges, eine Entwertung des Geldes befürchtete, da die Waren, die im Schwarzhandel erhältlich waren, sich ständig verteuerten, meldete er Einzelheiten. Freiwillig werde das Bedienungsgeld in Gaststätten von zehn auf zwanzig bis dreißig Prozent angehoben, eine Zigarette für 3 $^1/_3$ Pfennige koste im Schwarzhandel eine Mark. »Wozu soll ich sparen, man weiß doch nicht, was kommt«, sei immer öfter zu hören. Eine zum Kriegshilfsdienst eingezogene Bahnschaffnerin habe statt 4 Reichsmark 5 Reichsmark für Blumen weggegeben, ohne den Differenzbetrag zurückzuverlangen. Die Deutsche Reichslotterie mache Rekordumsätze wie noch nie seit 1939.
Aber in Kriegszeiten hatten Lotterien stets höchste Umsätze.
Da die Gaststätten jetzt eine höhere Alkoholzuteilung erhielten, glaubten viele, dies geschehe, um die Bevölkerung »bei Laune« zu halten. Gleichzeitig regte sich der Neid gegenüber den Gaststättenbesitzern und deren guten Freunden, die die Alkoholzuteilung nach der Polizeistunde unter sich ausmachten.
Ein Arbeiter in Danzig wurde im SD-Bericht vom 15. Juli 1943 zitiert: »Seitdem die Gaststätten Schnaps bekommen haben, ist mein Stammwirt jeden Tag betrunken, obwohl er sagt, daß er nur alle zwei Tage an seine Gäste in einer bestimmten Stunde 1–2 Schnäpse ausschenkt.« Hierzu wurde angemerkt, daß Arbeiter wegen der langen Arbeitszeit kaum dazu kämen, nachmittags oder abends in Lokale zu gehen und darauf zu warten, daß der Gastwirt zu einer »bestimmten Stunde« ihnen ein oder zwei Glas Schnaps einschenke.
Juli 1943. In »Hitler und seine Feldherrn« schreibt der britische Historiker David Irving: »Kein anderer Monat brachte soviel dramatische Ereignisse wie der Juli des Jahres 1943. Zitadelle (die Schlacht von Kursk) begann, der Feind landete auf italienischem Boden, die Russen gingen zu ihrer eigenen großen Sommeroffensive über, Mussolini wurde abgesetzt und der Faschismus in Italien gestürzt. Der Luftkrieg schließlich erreichte seinen vor-atomaren

Gipfel an Barbarei; mehr als vierzigtausend Zivilisten wurden in einer einzigen deutschen Stadt verbrannt, in Stücke gerissen oder durch Kohlenmonoxyd vergiftet.«
Kursk, die Schlacht im Orel-Bogen, die Landung der Alliierten auf Sizilien, die Verhaftung Mussolinis durch den König von Italien, das lautlose Ende des Faschismus, der wie ein Kartenhaus zusammenbrach, Gomorrha über Hamburg: Später würden es winzige Daten im Handbuch der deutschen Geschichte sein, Marginalien zu einem Kriege, der in Büchern und Filmen schlief. Unbegreifliche Wirklichkeit war alles jetzt, für Gottfried Benn etwas »Mythologisches«, für andere, die fragten, ob es einen Lohn für diese Ängste geben würde, die Erwartung des Umsturzes auch im Reich, des Verschwindens der Braunen, aber um Gotteswillen nicht des Hereinströmens der Roten, oder doch der Roten, der Genossen von einst, oder der Westmächte als Befreier nach bedingungslosen Kapitulationen, die bedingungsloser totaler Kriegsführung folgen mußten.
In der Nacht, in der Mussolini gestürzt wurde, hatte Hamburg seine erste Gomorrha-Nacht.
Eine Woche vorher, am 15. Juli 1943, zitiert der SD-Bericht ein päpstliches Dankschreiben an die deutschen Bischöfe, einen Hirtenbrief von Pius XII., und merkt an, »es sei jedem, auch dem einfachsten Volksgenossen, klar geworden, daß sich die Ausführungen des Papstes nur gegen den Nationalsozialismus richten könnten, wenn er auch nicht mit Namen genannt wurde«. Eine besondere Auswirkung habe der Hirtenbrief bei den Kirchenbesuchern jedoch nicht gezeigt, da er in einer schwer verständlichen Sprache abgefaßt sei.
Was hatte der ferne Papst in Rom eine Woche vor dem Sturz Mussolinis in dieser Stadt den deutschen Katholiken zu sagen? »Ihr alle streitet für die Herrlichkeit des Evangeliums, für das zu sterben Leben bedeutet, ohne das zu leben soviel wie Sterben ist. Es schauen auf Euch vergangene Jahrhunderte, voll der Herrlichkeit des christlichen Namens, und mahnen Euch, in unerschütterlicher Treue und unüberwindlicher Standhaftigkeit das alles unversehrt zu bewahren, was sie Euch als kostbarstes Erbgut hinterlassen haben.«

Was meinte Pius XII.? Das Erbgut der Jahrhunderte sank in Trümmer.
»Wir haben einen gerechten und wahren Grund getrost zu sein, da wir nach dem Ratschluß der göttlichen Vorsehung unter dem Drucke einer feindseligen Zeitströmung für die Ehre und den Sieg unseres Erlösers vieles arbeiten und noch mehr leiden müssen . . .« Die »feindselige Zeitströmung« hieß Nationalsozialismus, sie konnte auch Bolschewismus heißen. Wer konnte jetzt unterscheiden?
»Vor allem findet Unseren Beifall Euer Entschluß, die Einigkeit zu wahren, da man mit vereinten Kräften rechte Dinge zu einem guten Ende führt und feindliche Angriffe zurückweist . . . Um aber die unbedingte und gottgefällige Einmütigkeit herbeizuführen, mögen Priester und Volk Euren Weisungen und Wünschen weiterhin Folge leisten. Besonnene Tatkraft möge Eure Handlungen leiten und Euch mit sicherem Steuer hinüberleiten in die besseren Zeiten, die auf Euch warten.« So ähnlich sprach die Bibel, aber ein Papst in solchen Zeiten? »Sie mögen dessen eingedenk bleiben, daß der Christ feindliche Angriffe standhaft und mutig ertragen muß nach dem Beispiel der Gläubigen der ersten christlichen Zeit . . . Dazu mögen sie tief ins Herz geschrieben haben, daß man den göttlichen Erlöser niemals ungestraft in hartnäckiger Ungerechtigkeit verfolgen kann. Wenn die im Ratschluß der göttlichen Vorsehung bestimmte Zeit gekommen ist, wird Christus auferstehen als der allgerechte Verteidiger der eigenen Majestät sowie der Rechte der von ihm gestifteten Kirche und aller derer, die ihm angehören. Er wird die Guten zur Mehrung ihrer Tugend durch Bedrängnisse hindurchführen und ihre Feinde zum Schemel seiner Füße legen.«
So verschlüsselt, geheimnisvoll konnte nur ein bedrängter Papst sprechen. Ausgelegt konnten die Worte nach manchen Seiten werden, auch zugunsten der Verteidigung der Heimat gegen den gottlosen Bolschewismus, an der Seite des gottlosen Nationalsozialismus wider ihn streitend, wie es doch die Soldaten im Osten taten. »Ebenso ermahnet die Katholiken, sie sollen sich durchaus nicht fürchten vor denen, die zwar dem sterblichen Leib manchmal Gewalt antun, der Seele aber niemals schaden können.«

Das versprochene Martyrium war längst Tatsache, es wurde nicht nur dem Leib, sondern auch der Seele Gewalt angetan. Und von wem alles ...
Über die letzte deutsche Wochenschau vor dem Umsturz in Italien, der noch nicht »berücksichtigt« werden konnte, heißt es im SD-Bericht vom 29. Juli 1943:
»Die Aufnahmen von den Massengräbern bei Winniza lösen spontane Ausrufe des Abscheus aus und führen viele Besucher neuerdings zu der Überzeugung: ›Wenn die Russen hereinkommen, steht uns das gleiche bevor.‹ Eine gewisse propagandistische Wirkung dieses Bildberichtes ist demnach gewährleistet, doch zeigt sich, daß weite Kreise durch die massierte Propaganda in dieser Richtung diesem Bildbericht gegenüber kein unmittelbares Interesse mehr aufbringen können.«
Massengräber wurden auch im Reich ausgehoben, um die Opfer des Luftkrieges zu beerdigen; das Reichssicherheitshauptamt, das diesen SD-Bericht herausgab, hatte auch an die eigenen Massengräber zu denken, die zu den Vernichtungslagern gehörten.
»Die eindrucksvollen Großaufnahmen von Soldaten aus den Abwehrkämpfen im Raum von Orel haben bei manchen Wochenschaubesuchern den Eindruck hervorgerufen, daß ›die Zeit des sieghaften Vorwärtsstürmens offensichtlich vorbei‹ sei. Die Wucht und Präzision des Bombenregens auf sowjetische Stellungen, ausgelöst durch ein Geschwader der Luftwaffe, finden nicht bei allen Wochenschaubesuchern die erwartete Beachtung.«
Bomben »regnete« es auch im Reich.
»Es wird jedoch anerkannt, daß diese Aufnahmen zur Verdeutlichung des Kampfgeschehens wesentlich beitragen. Hervorgehoben wird in den hier vorliegenden Berichten, daß in der Bildfolge von der Schlacht um Bjelgorod tatsächlich der ganze Kampfabschnitt lebendig wird und ›nicht nur einzelne Grabenstücke oder feuernde Geschütze‹ gezeigt werden.
Der Bildbericht sei ›geeignet, eine Empfindung von dem zu vermitteln, was sich im Osten derzeit abspielt‹; er übertreffe die Berichte der vorhergehenden Wochenschauen noch an Lebendigkeit: ›In dieser Ausführlichkeit und Eindringlichkeit ist der Kampf im Osten bisher kaum geschildert worden.‹ Auch Verwundete und

Urlauber erklären, daß hier das Kampfgeschehen tatsächlich so dargestellt sei, wie es wirklich ist. Ein Bericht spricht von einem ›alles überflutenden Eindruck‹. Es wird verschiedentlich darauf hingewiesen, daß dieser Bildbericht es verstanden habe, auch der Frau das Erlebnis der Front nahezubringen, etwa durch das eingestreute Bild eines einsamen Pferdes und dergleichen.«
»Die veröffentlichte Zahl von Tausenden abgeschossener Feindpanzer und anderem Kriegsmaterial ist geeignet, der Bevölkerung erneut Angst vor einem ungünstigen Ausgang des Krieges zu machen.«
Noch stand Italien unter Marschall Badoglio auf deutscher Seite, als Großadmiral Dönitz, Oberbefehlshaber der Kriegsmarine, am 19. August in Hitlers Bunker in der ostpreußischen »Wolfsschanze« zu einer Unterredung »unter vier Augen« empfangen wurde. Dönitz diktierte für die Akten der Seekriegsleitung danach eine »Geheime Kommandosache«, die zugleich »Chefsache! Nur durch Offizier!« war.
»Oberbefehlshaber der Kriegsmarine berichtete dem Führer über Besuch Hamburger Werften. Bei aller Arbeitsfreudigkeit doch bedrückte Stimmung, die Menschen sehen nur die vielen Rückschläge. Auf Grund des Eindrucks in Hamburg und sehr vieler Nachrichten und Meldungen halte ich es für dringend erforderlich, daß Führer bald zum Volk spricht. Ich glaube, daß bei der augenblicklichen schweren Kriegslage dies unbedingt notwendig ist; das ganze deutsche Volk sehnt sich danach.
Führer sagt, daß dies auch seine Absicht sei, er müsse aber noch den Abschluß der italienischen Frage abwarten. Ob. d. M.: Es war auch typisch, was ich aus der Arbeiterschaft in Hamburg gefragt wurde. Vergeltung der Luftangriffe, und ›wie steht es mit unserer Abwehr weiterer Luftangriffe?‹. Ich glaube, daß die Arbeiterschaft arbeitswillig ist, aber bereits danach fragt, was hat das alles für einen Zweck, wenn uns doch weitere Luftangriffe immer wieder unsere Arbeit kaputtschlagen. Ich habe den Arbeitern nicht gesagt, wann die Vergeltung käme oder daß unsere Abwehr nächstens besser würde und dies damit begründet, daß ich sonst das Geschäft des Gegners betreiben würde. Ich glaube, man solle dem deutschen Volk sagen, daß man von ihm die Kraft der Geduld fordern

müsse, daß der deutsche Mensch nicht immer verlangen könne, zu hören, wann und wie wird es besser, und daß, wenn er das nicht erführe, er das Recht hätte, die Flinte ins Korn zu werfen. Dann zeigten wir ja, daß wir so sind, wie der Engländer uns einschätzt, der immer behauptet, *er* könne die Luftangriffe ertragen, weil er härter wäre als *wir*. Der Deutsche stände jedoch in dieser Beziehung dem Italiener näher.

Ich glaube daher, daß man den Deutschen bei seinem Stolz und seiner Ehre packen müsse, ohne ihm Versprechungen und Hoffnungen zu machen, die man nachher nicht halten könne.

Ich glaube, daß materiell die Luftangriffe unsere Rüstung doch nur schwerlich schädigen können. Ich habe gesehen, wie in den Maschinenhallen der Werften in Hamburg Maschinen, die unmittelbar am Rande eines Trichters eines Volltreffers standen, der in die Halle gegangen war, vollkommen unversehrt waren, da die Wirkung anscheinend nicht seitlich, sondern nur nach oben weggegangen war.

Die Eisenkonstruktion mit ihren Glasdächern ist anscheinend hierfür günstig, da die Dächer sofort zu Bruch gehen und keine Verdämmung eintritt.

Ich glaube also, daß man den Schiffbau, soweit er wassergebunden ist, in den großen Werften im Westen trotz der Luftangriffe erhalten kann und ja auch muß. Daß man aus diesen Werftstädten nur das verlagern soll, was nicht am Wasser liegen muß.

Ich glaube also, daß materiell die Rüstung erhalten bleiben kann, ich halte aber für das Wichtigste, daß das Vertrauen und damit die Arbeitsfreudigkeit und Kraft des Arbeiters erhalten bleibt.

Es *muß* also nicht sein, daß wir durch die Luftangriffe erliegen, es *kann* aber sein, wenn hierunter die Stimmung der Arbeiter leidet und dadurch der Produktionsausfall eintritt.

Ich bin der Ansicht, daß wir jetzt Kraft in das Volk ausströmen müssen und ich predige immer meinen Offizieren, daß das jetzt unsere Pflicht ist, nicht nur unseren Soldaten gegenüber, sondern auch dem ganzen deutschen Volk.

Ich halte es für das Schlimmste, wenn die gebildeten Kreise jetzt anfangen, klug und wichtig tuend, ihre Meinungen von sich zu geben, die meistens falsch sind, weil sie nur einen Teil sehen und

nicht die Zusammenhänge kennen, die aber ungeheuer schaden, da sie zur Auflösung einer kraftvollen, inneren Haltung beitragen. Hierdurch leisten durch ihr Geschwätz diese Leute der Vernichtung gerade der Dinge Vorschub, um die sie sich sorgen. Hiergegen müsse man mit allen Mitteln angehen. Führer hörte sich die Ausführungen des Ob. d. M. sehr aufgeschlossen an, stimmte ihm zu. Man müsse gegen Schwächeerscheinungen angehen, weil sie nur den Angriffswillen des Gegners stärken. Der Ob. d. M. sagte zum Abschluß, daß er sich für verpflichtet gefühlt hätte, diese Sorgen dem Führer mit allem Schwergewicht zu melden und daß er deshalb um die Unterredung unter vier Augen gebeten hätte.
Der Führer dankte sehr herzlich.«
Am folgenden Tag, dem 20. August 1943, ersetzte Hitler den Reichsinnenminister Dr. Frick durch Himmler, der durch SS-Obergruppenführer Kaltenbrunner alle »Stänkerer und Defätisten« im Reich verhaften und in Konzentrationslager bringen ließ. Diese Verhaftungswelle traf Tausende, die in der Weimarer Republik führende Stellungen eingenommen hatten oder der Partei aufgefallen waren.
Am 10. September 1943 hielt Hitler die von Dönitz geforderte Rede.
Am 8. September 1943 hatte Italien bedingungslos kapituliert. Mussolini wurde am 12. September 1943 befreit und nach München geflogen.

18. KAPITEL

Verbunkerung

Die Katastrophe von Hamburg Ende Juli 1943 löste eine Evakuierungswelle in Berlin aus, die vor allem Dienststellen des Reiches und Preußens betraf. Obwohl sie geheim bleiben sollte, wurde sie durch die Tausende, die davon betroffen waren, in der Stadt bekannt. Die Berliner glaubten nun, auch die Regierung würde die Reichshauptstadt verlassen, wenn nach Hamburg ihre Stadt an die Reihe käme.
Goebbels ließ am 29. Juli durch Mundpropaganda diese Ansicht widerlegen.
Aus Hamburg hatte ihm der Gauleiter Kaufmann gemeldet, daß eine Millionenstadt zerstört worden sei, wofür es keinen ähnlichen Vorgang in der Geschichte gebe.
Es fehlte Verpflegung, die Luftschutzkeller müßten sicherer gemacht werden, die Leute wären – 800 000 Obdachlose, die ziellos durch die Straßen irrten – zu evakuieren.
Goebbels meinte, der Gauleiter habe die Nerven verloren. Er ließ 300 000 Brote nach Hamburg schicken.
Am 5. August faßte der SD-Bericht des Reichssicherheitshauptamtes die Stimmung der deutschen Bevölkerung *nach Hamburg* zusammen. Hier klang auch die eigene Sorge der SD-Mitarbeiter durch, die allen Schichten und Berufen angehörten. Nackte Angst zeigte sich. »Es bewahrheiteten sich die Behauptungen der Gegenseite, vor allem von Churchill, daß erst im Jahre 1943 die Massenproduktion der Alliierten im vollen Umfang anlaufen werde, während unsere eigenen Gegenargumente, daß wir bis dahin alle kriegsentscheidenden Positionen in der Hand haben würden und daß auch in Amerika nur mit Wasser gekocht werde, sich als immer fragwürdiger erwiesen.«
Mit dieser Feststellung, die den Tatsachen entsprach, wurde erst-

mals angedeutet, daß der Krieg verloren gehen könne. Da Ende Juli Präsident Roosevelt alle neutralen Länder gewarnt hatte, deutsche Kriegsverbrecher aufzunehmen, bekam das Reichssicherheitshauptamt, das die eigenen Verbrechen kannte, »Nerven«, wie man damals sagte. »Aus dem Luftkrieg ergibt sich für breiteste Volkskreise die Empfindung, daß man aufgrund der eigenen Einsatzkraft die Dinge *nicht* wenden kann, sondern daß sie – einmal entfesselt – sich gewissermaßen selbständig gemacht haben, und der Krieg sich nach Gesetzmäßigkeiten entwickelt, auf die wir kaum noch Einfluß nehmen können. Typisch sind Aussprüche wie: ›Die greifen an, wo sie wollen. Mit unserer Initiative ist es vorbei‹, oder: ›Was sollen wir noch machen? Es nimmt alles seinen Lauf.‹
Diese Furcht vor dem blinden Wüten der Technik und der Eigengesetzlichkeit des Krieges bewirkt eine resignierte Skepsis, daß auch ein äußerster *persönlicher* Einsatz für den weiteren Kriegsverlauf ausschlaggebend sein könnte.« Damit war der Tod gemeint, den von nun an auch jeder fürchten mußte, der nicht Soldat war.
»Der Luftkrieg verstärke das Gefühl der Wehrlosigkeit des einzelnen, aber auch der Gemeinschaft, gegenüber den aus der Luft drohenden technischen Gewalten.
Durch dieses Ausgeliefertsein *verändere* sich in weiten Teilen des Volkes die Einstellung zum Krieg *von Grund auf*, und selbst vielen Volksgenossen, die sich in der Heimat aktiv und kämpferisch in das Kriegsgeschehen einordnen wollen, erscheine der Anruf der Leidenschaft, der Standfestigkeit der Herzen und einer soldatischen Tapferkeit in der Heimat gegenüber der hereinbrechenden Wucht der Massentechnik *einfach sinnlos*.
Verschiedentlich wird von Parteigenossen angeregt, daß diesem lähmenden Gefühl, in die Verteidigung gedrängt zu sein und von der Materie erdrückt zu werden, in den öffentlichen Führungsmitteln entgegengearbeitet und dabei die tatsächlichen Unterschiede zur Weltkriegssituation herausgestellt werden.« Im Ersten Weltkrieg bauten Pioniere Unterstände im Bereich der Front. Der Bunkerbau im Heimatkriegsgebiet, in den Städten, die durch den Luftkrieg erreicht wurden, entsprach den Schutzmaßnahmen im

Grabenkrieg, aber die Dimension war anders geworden, auch weit umfassender. Nach dem Bau des Westwalls, des Atlantikwalls, der noch nicht beendet war, wurde die Unterbunkerung der Heimatfront zu einer Aufgabe, die mit Hilfe der Fremdarbeiter recht unterschiedlich gelöst wurde. Eine Stadt wie Dresden wurde nicht unterbunkert, da sie noch außerhalb der Reichweite der Bomber zu liegen schien. Flakbunker begannen wie mittelalterliche Wehrtürme aus Städten in den Himmel zu ragen, Gemeinschaftsbunker entstanden für viele Tausende. Die Gauleiter erhielten Befehlsbunker.

»Überstürzt« wurde, wie es in dem Buch von Josef Geiß »Obersalzberg« heißt, im August 1943 in Berchtesgaden »von heute auf morgen« der »Luftschutz«. Begriffe wie »Stollen«, »Bunker« und »Sicherheit des Führers« wurden dort zum »Tagesthema«.

Bisher war der Obersalzberg auch im Kriege eine riesige Baustelle gewesen, auf der Tausende bei Umbauten und Neubauten beschäftigt wurden. Einen Luftschutzbunker hatte nur Göring, dessen Landhaus auf dem Obersalzberg stand. Der Bunker war an das Haus angebaut und entsprach mit drei Meter dicken Wänden aus Eisenbeton den Vorstellungen von Sicherheit, die aus dem Jahre 1941 stammten, in dem er entstand. Hitlers Berghofstollen, der bis zum 24. Dezember 1943 fertig sein sollte, da der Führer Weihnachten in seinem Hause verbringen wollte, wurde in den Berg hineingetrieben. Die Arbeitskräfte waren zu 70 Prozent Tschechen und Italiener, zu 30 Prozent Deutsche, die als Ingenieure, Architekten, Meister, Maschinenführer, Baufachhandwerker und Hilfsarbeiter, wenn sie zu alt für den Wehrdienst oder dafür nicht tauglich waren, eingesetzt wurden. Dazu kam noch eine SS-Stollenbau-Kompanie, die für Hitlers Bergstollen vorgesehen war. Unter dem Obersalzberg entstand eine riesige, weitverästelte Höhle durch den Stollenbau, die mit einer Technik und einem Luxus ausgestattet wurde, wie es bisher für Luftschutzräume undenkbar gewesen wäre. Acht Wochen nach Baubeginn, der sich verzögert hatte, da der Boden brüchig war, konnte Hitlers Bunker bezogen werden. Die unterirdischen Kavernen wurden vom Bunkereingang über einen geraden Gang und eine Treppe erreicht. Ein Prellbock hatte die Luftbewegungen bei Bombenexplosionen vor

dem Eingang abzufangen, eine Gasschleuse die Luft in den Stollen rein zu halten. Stollengänge führten zu den Kavernen; die technischen Leitungen, die Kabel für Warmluftheizung und Entwässerung lagen darunter in einem gesonderten Stollen.
Die Kavernen waren 2,80 m hoch und 3,50 m breit, mit Marmor der Boden und mit Edelhölzern die Wände und Decken verkleidet, mit Teppichen und Klimaanlagen ausgestattet.
Fluchtstollen und Maschinengewehrstände innerhalb der Stollen dienten der Sicherheit. Die Leibwache hatte Baderäume und Wohnräume. Ankleidezimmer gehörten zu den Schlafzimmern Hitlers und Eva Brauns, die auch ihre Wohnzimmer hatten, sowie ein Speisezimmer. Andere Kavernen enthielten den Hundezwinger, das Archiv, die Nachrichtenzentrale, eine Küche, Bäder und Toiletten, eine Arztpraxis für den Leibarzt Dr. Morell. Bauherr auf dem Obersalzberg war Reichsleiter Martin Bormann, der dort auch die Parteikanzlei untergebracht hatte, der er vorstand. Ein Fußgängerstollen verband den Berghofbunker mit Bormanns Bunker. Für Göring wurde jetzt ein größerer Bunker unterirdisch gebaut. Als er mit Bormanns Bunker verbunden werden sollte, lehnte Bormann ab.
Ähnliche Stollen und Bunkeranlagen erhielten die Flakbefehlsstelle des Obersalzberges, die SS-Wachmannschaften, das Gästehotel »Platterhof«, die Bewohner der »Klaushöhe« und die deutschen und ausländischen Arbeiter, die in Baracken wohnten.
Die beiden Bunker für die Zivilisten waren für 1000 Menschen vorgesehen, für die 385 Quadratmeter auszureichen hatten. Hitlers Bunker hatte 745 Quadratmeter.
Als er ihn im März 1944 zum ersten Male aufsuchen mußte, war er ein alter Mann, wie Arbeiter feststellten, die ihn gebeugt, auf den Stock gestützt seine Berghöhle betreten sahen. Um Hitler das Treppensteigen zu ersparen, wurde im Sommer befohlen, einen Fahrstuhl einzubauen, der vom Berghof hinunter in den Bunker führte.
Die alliierten Bombengeschwader, die aus Italien über die Alpen kamen, ließen den Obersalzberg unbehelligt bis kurz vor Kriegsende, als am 25. April 1945 amerikanische Bomber ihre Bombenteppiche abwarfen. General Eisenhower vermutete auf dem Ober-

salzberg das Hauptquartier der »Alpenfestung«. Das Obersalzberger Stollensystem überdauerte Krieg und Nachkriegszeit.
Der Eingang in Hitlers letzte unterirdische Burg befindet sich im Hotel »Zum Türken«, das neben dem Berghof stehenblieb, dessen Trümmer von den Amerikanern gesprengt wurden. Im »Türken« hatte einst das Reichssicherheitshauptamt Quartier genommen. Jahrzehnte danach wird es viel besucht, es gibt auch die Möglichkeit, zu übernachten, die vor allem von Ausländern genutzt wird, um sich in eine Zeit zurückzuversetzen, in der hier über der Erde und unterirdisch Hitlers Krieg geführt wurde. Die Invasionsschlacht in der Normandie leitete Hitler vom Berghof.
Damals, so wird berichtet, stand er während der Fliegeralarme oft am Bunkereingang, sah den Bomberströmen zu, die aus Italien über die Alpen kamen, beeindruckt von der machtvollen Technik, die silberglänzend im Sonnenlicht Zielen entgegenflog, die sie vernichten mußte.
Weder die »Wolfsschanze« in Ostpreußen noch der Berghof wurden aus der Luft angegriffen, als sich Hitler dort befand. Er war kein Angriffsziel auf der Liste der Bomber-Kommandos. Jede Seite in diesem Krieg respektierte die höchsten Gefechtsstände. Oder gab es Furcht vor einer massierten Verteidigung durch Flak, kannte man die Verbunkerung?
Das unterirdische Dritte Reich, das seit 1943 entstand, hatte Bunkeranlagen für Hitler in der »Wolfsschanze«, in München, Berlin, im Gästeschloß bei Salzburg, in den Hauptquartieren im Schwarzwald, bei Ziegenberg in Hessen, an der Somme. 1944 wurden noch zwei weitere Bunkersysteme für Hitler in Schlesien und Thüringen in den Berg gesprengt.
Göring hatte nicht nur auf dem Obersalzberg, sondern auch in Karinhall in der Schorfheide und in der Burg Veldenstein bei Nürnberg Befehlsbunker. Die Gauleiter bauten außerhalb ihrer Städte ähnliche Systeme, dazu kamen noch die Privatbunker der Reichsleiter wie der Dr. Leys in der Herthastraße in Berlin-Grunewald.
Während des Bunkerbaus wurde der Betonschutz der wachsenden Durchschlagskraft der Bomben angepaßt. Drei Meter genügten bald nicht mehr, es mußten fünf Meter Schutz bieten.

Die Jägerkaserne in Berchtesgaden sollte vor Kriegsende noch ein Bunkersystem erhalten, das für Reichskanzlei und Oberkommando der Wehrmacht gedacht war, aber auch dieses größte unterirdische Festungsvorhaben, ein zweites Stollensystem, 50 m unter dem des Obersalzberges, kam über Anfänge nicht hinaus; es sollte 1946 fertig sein, dazu noch ein Stollen für 100 Kraftfahrzeuge, Munition und Verpflegung; über allem lagen 100 m Fels.
(Der Besucher des Berghofbunkers dringt heute nur bis zu den Toiletten der Leibwache vor, die wichtigsten Räume sind baupolizeilich gesperrt wie der von Bäumen überwachsene, verwilderte Zugang zum Berghof, von dem der Keller erhalten blieb, in dem sich die Kegelbahn befand. Das Gästehaus »Platterhof« ist amerikanisches Erholungszentrum für Armeeangehörige. Unter dem Sternenbanner gibt es keinen zweiten Kyffhäuser, auch nicht unter Schwarzrotgold. Aus leeren Augenhöhlen blickt die Geschichte auf den, der sie suchen will.)
Anfang August 1943, als die unterirdischen Festungsbauten geplant wurden, hatte der Reiseverkehr im Reich »Formen angenommen, die auf die Dauer aus stimmungsmäßigen Gründen nicht länger verantwortet werden könnten«, hieß es im SD-Bericht vom 2. August. »Täglich würden sich auf größeren und auch kleineren Bahnhöfen die unglaublichsten Szenen abspielen. Das Aus- und Einsteigen durch die Fenster sei heute selbstverständlich geworden. Trotz stundenlangen Stehens zwischen Kisten und Koffern lasse sich ein großer Teil der Bevölkerung nicht von einer Reise abhalten. ›Heute habe ich Geld, um mir eine Reise leisten zu können‹, oder ›Eine Reise ist wenigstens noch markenfrei‹, seien immer wieder als Grund der Reise zu hören.«
»Auf der Strecke Dresden-München seien Frontsoldaten, die schon 3–4 Tage unterwegs waren, stehend in den Gängen beobachtet worden, die in der Unterhaltung verbittert über den starken Zivilreiseverkehr erklärten: ›Das ist nun der totale Krieg in der Heimat‹.«
Kisten und Koffer: Die Reisenden brachten Wertsachen in Sicherheit, aber sie reisten auch, um sich auf dem Lande zu erholen. Auch 1943 war Ferienzeit die Reisezeit in Deutschland. Das Ende des Faschismus in Italien fühlte, wie aus dem SD-Bericht vom

2. August hervorgeht, »beim labilen Teil der Bevölkerung dazu, Vergleiche zwischen Faschismus und Nationalsozialismus zu ziehen. Das Argument, daß es in Deutschland eine ähnliche Entwicklung geben könnte, ist ständig zu hören, ohne daß sich die meisten Volksgenossen damit identifizieren möchten. Typische Äußerungen: ›Es dauert nicht mehr lange, dann wird es bei uns genauso sein. Eine Militärdiktatur ist doch das Beste‹, oder: ›Wenn der Faschismus nach zwanzigjähriger Herrschaft an einem Tage beseitigt wird, könnte der Nationalsozialismus nach zehnjähriger Herrschaft noch rascher beseitigt werden‹.« Zum ersten Male steht im SD-Bericht, der Gedanke sei weit verbreitet, daß die bisher im Reich für unerschütterlich gehaltene Regierungsform sich plötzlich ändern könnte. »Dabei wird auf korruptes Verhalten von Parteigenossen in führenden Stellungen der Partei, des Staates und der Wirtschaft hingewiesen.« Ein »korruptes System« entziehe sich selbst seine Grundlagen.

»Auch die vermehrte Verbreitung schon früher vom SD erfaßter gehässiger Witze wird gemeldet. So erzählt man sich, der Führer habe sich zurückgezogen, um an einem Buch ›Mein Irrtum‹ zu arbeiten, oder der Führer und Reichsminister Dr. Goebbels seien in einem U-Boot gekentert und ertrunken. Denn nicht sie seien, sondern das deutsche Volk sei dadurch gerettet worden.«

Was in der Bevölkerung gedacht und gesagt wurde, erfuhr die Führung des Dritten Reiches durch die SD-Berichte aus dem Reichssicherheitshauptamt in der Berliner Prinz-Albrecht-Straße Nr. 8. Die Formulierung der SD-Berichte wurde drastischer, auch deutlicher. Die geheime Meldeeinrichtung, von Heydrich vor Hitlers Machtergreifung geschaffen, wurde zum Sprachrohr für einen Defätismus, der vor nichts mehr Halt machte. Führerwitze zu melden, war neu. Die Verfasser der SD-Berichte widersprachen der Propaganda, die Goebbels machen ließ, durch den Beweis, daß sie besser als der Minister wüßten, wie diese Propaganda beim Volk ankäme. Man kann von einem »SS-Denken« sprechen, das gegen Ende des Krieges sich freizumachen suchte von Klischees. Die Einsicht, daß der Krieg verloren war, und damit auch die SS, führte dazu, *die* Symptome in den Berichten zusammenzustellen, die sie unterstrichen.

Diejenigen, die am meisten wußten, begannen, sich von ihrem Staat und der Partei, die ihn beherrschte, geistig abzusetzen. Im Wissen, daß sie verloren waren, versuchten sie, die Lage rigoros darzustellen und nach oben weiterzumelden. Vielleicht hofften sie, daß Gegenmaßnahmen hervorgerufen werden könnten, die in einem Polizeistaat schnell zu realisieren waren.
Aber das System konnten sie nicht mehr ändern.
Goebbels, der gehofft hatte, nach seiner Rede zum »Totalen Krieg« von Hitler die Verwaltung und innere Sicherheit des Kriegsreiches übertragen zu bekommen, mußte zusehen, wie Himmler das Reichsinnenministerium im August 1943 zusätzlich zu seinen Ämtern erhielt. Die SD-Berichte der Sommermonate 1943 stellten die Genialität seiner Propaganda in Frage, als sie diese mit der wahren Denkweise im Reich konfrontierten. Mit Himmler als Reichsinnenminister hatte die SS, wie sie hätte glauben können, über die Partei, über Goebbels, über andere gesiegt.
Möglich, daß insgeheim gehofft und erwartet wurde, daß Himmler diese Machtfülle im Sinne des »Schwarzen Ordens« nutzen würde, um den Untergang aufzuhalten.
Lenins und Stalins Methode, nach der man nur 0,1 bis 1 Prozent der Untertanen aus allen Bevölkerungsschichten festsetzen oder umbringen müsse, um vor den restlichen 99 Prozent Ruhe zu haben, war bisher befolgt worden. Nun stellte es sich heraus, daß die restlichen 99 Prozent dabei waren, die Inhaber der Macht um ihre Ruhe zu bringen.
Sie bauten sich Bunkersysteme, sperrten »Defätisten und Stänkerer« ein, ließen den Widerstand, der sich hinter der Heimatfront regte, von Spitzeln und Zuträgern beobachten, um gegen ihn einmal hart zuschlagen zu können.
Aber unter ihnen waren auch Defätisten, die Krieg und Herrschaft verloren gaben.
Der Sturz des Faschismus in Italien wurde nicht tragisch genommen. Die Italiener hatten als Verbündete versagt, vor ihnen hatten die Machthaber und die Soldaten keinen Respekt. Der nicht mehr geachtete Verbündete würde noch Arbeiter stellen, die der Rüstung zugeführt werden konnten; nach dem Abfall vom Bündnis sollte Italien Schlachtfeld bis Kriegsende bleiben.

»Der durch die Ereignisse in Italien hervorgerufene Spannungszustand«, heißt es in den »Meldungen über die Entwicklung der öffentlichen Meinungsbildung« im SD-Bericht vom 29. Juli 1943, »führt dazu, daß sich die Volksgenossen mit den militärischen Geschehnissen und allen politischen Vorgängen persönlich beschäftigten, da sich jeder einzelne durch die möglichen ungünstigen Auswirkungen auf den Kriegsverlauf und den Kriegsausgang in seiner ganzen Existenz berührt fühlt. Aus den Erörterungen und Gesprächen, so kritisch sie oftmals im Rückblick auf Vergangenes und so wenig zuversichtlich sie in bezug auf das noch Kommende gehalten sind, klingt nur der *eine* Wunsch, daß sich alles wieder zum Guten wendet und der Krieg nicht verloren wird. Darin machten auch die Bevölkerungsteile, die kein festes inneres Verhältnis zum Nationalsozialismus haben oder ihm ablehnend gegenüberstehen, keine Ausnahme. Der Gedanke, daß mit dem Schicksal Deutschlands auch das eigene unlöslich verbunden ist, wird in allen besorgten Betrachtungen der Gesamtlage angetroffen.«

Die Tendenz, die hier ausgedrückt wird, lautet: Faschismus und Nationalsozialismus können zugrunde gehen, jetzt geht es nur noch um Deutschland – und da sind auch diejenigen eingeschlossen, die nicht direkt mit dem Nationalsozialismus verbunden oder die dessen Gegner sind. Die Entstehung des Fatalismus, der stoischen Haltung weiter Bevölkerungskreise, die sich erst mit Hitlers Tod änderte, ist auf diesen »Umbruch« im Innern während des Frühlings und Sommers 1943 zurückzuführen.

Von jetzt an ging es nicht mehr um das nationalsozialistische Reich, sondern um Deutschland, und Deutschland war für die Menschen, die damals lebten, »ewig«.

Das ewige Deutschland, das »heilige Deutschland«, das Oberst Graf Stauffenberg anrief, ehe er erschossen wurde, kam aus der nationalsozialistischen Verpuppung wieder hervor.

»Das Bedrückende liege in vielen Umständen«, heißt es im SD-Bericht vom 29. Juli 1943, »bei denen auf Fragen Bezug genommen wird, die unter dem Begriff ›Propaganda‹ verstanden werden und die es ›einem so schwer‹ machten, das ›alte feste Vertrauen‹ in den weiteren Verlauf des Krieges und in den Sieg aufzubringen.«

Propaganda aber hieß vieles, nicht nur Goebbels, sein Ministerium, sondern Art und Weise der Führung, wozu auch der Führer gehörte.

Das Volk gerettet, wenn Führer und Propagandaminister kenterten – dieser kolportierte Witz im SD-Bericht nannte beim Namen, was gedacht wurde. Der Witz wird denen, die ihn erzählten, den Kopf gekostet haben, aber er wurde den Machthabern weitererzählt, die Empfänger der SD-Berichte waren.

»Nachdem die aufregenden Erlebnisse des Juli 1943 wieder abgeklungen waren, wurde Anfang August eine Tagesparole erlassen, die an die antijüdische These erinnerte«, berichtet der stellvertretende Reichspressechef Helmut Sündermann, der die »Tagesparole« für die Presse ausgab. »Sie fand bei den Schriftleitungen so taube Ohren, daß eine ungewohnt drohende Sprache geführt wurde, um endlich die publizistische Linie durchzusetzen.«

Die Zeitungen hatten einen Unterschied zwischen Kapitalismus und Bolschewismus gemacht: »Der kommunistischen Agitation wird dadurch Vorschub geleistet, daß bolschewistische Äußerungen ernst genommen werden, als ob der Bolschewismus den Kapitalismus vernichten wolle, während sich dort in Wirklichkeit diese beiden jüdischen Systeme einander in die Hand arbeiteten. Schriftleiter, die gegen diese Tagesparole verstoßen, werden persönlich zur Verantwortung gezogen.«

Niemand sollte auf den Gedanken kommen, es würde einen politischen Ausweg geben, der beim Feind im Osten oder im Westen zu suchen wäre.

Nach dieser Sprachregelung galt der Bolschewismus nicht mehr als Todfeind des Kapitalismus. Er war mit ihm verbündet, und beide waren Todfeinde des Dritten Reiches.

19. Kapitel

Nachts an der Pommerschen Bucht

»Gewordenes ist unwiderrufliches Schicksal«. Die zarte Stimme Eduard Sprangers ließ den Studenten Zeit, im Hörsaal mitzuschreiben, aber sie mußten sich anstrengen, den weißhaarigen Professor zu verstehen, der sich erschöpft gegen das Pult lehnte. »Die christliche Überzeugung liegt fest: Schöpfung, alter Bund, neuer Bund, Erlösung, Jüngstes Gericht.« Oberleutnant Koch legte die Hand auf sein schmerzendes Knie, sein steifes linkes Bein hatte er auf die Kollegmappe unter der Bank geschoben. Das Semester ging zu Ende, der Sommer war zu einer dunklen, gewitterschwülen Wolke geworden, die über Berlin hing, das den Feuersturm erwartete.
»Tragische Situationen des Menschen in der Geschichte«, sagte jetzt Spranger. »Er muß im Dunklen gehen lernen.«
Während Koch mitschrieb, fiel ihm ein, daß hier ein Pädagoge philosophierte, feldgrau der Hörsaal, die Schwerverletzten der Schlachten neben den Studentinnen, den Mädchen, die Blindgeschossene begleiteten, für sie mitschrieben, fleißig, als wollten sie gutmachen, was niemand mehr gutmachen konnte. »Nicht abfallen in den Nihilismus: Das hebt uns über das Existentielle.« Nihilismus gehörte zu ihren Gesprächen, wenn sie im Schatten der »Alten Kommode« in dem der neue Hörsaal sich befand, auf dem Platz saßen, von dem sie zur ausgebrannten St. Hedwigs-Kathedrale blickten. »1795 schrieb Schiller: Ewig still steht die Vergangenheit. Ich frage: Steht Vergangenheit still?«
Was bedeutete jetzt die Vergangenheit, sie war tot, der Augenblick bestimmte alles, auch Leben und Tod in der Stadt.
Koch schien diese Abschiedsvorlesung in seinem Abschiedssemester phantastisch, unwirklich bis in die zarte Stimme Sprangers, die sich, immer leiser werdend, über die Köpfe der Studierenden zu

verlieren schien. »Im Paragraph Drei kommen wir zu den historischen Horizonten.« Die Stimme kehrte aus der Entfernung, die sie schon erreicht hatte, wieder zurück. Das Mädchen neben Koch versank mit dem Kopf beinahe im Kollegheft, so schwach waren die Augen. »Sie ergeben sich aus der persönlichen Lebenserinnerung des einzelnen ...«
Das Mädchen, Ingeborg Loderaud, kam aus Estland, es wollte zum Wintersemester nach Reval zurückkehren. Schwache Augen, dachte Koch, aber ein heller Blick, blaßblau wie der Sommerhimmel über der Ostsee, an die er jetzt fahren wollte.
»... aus dem Generationsgeflecht, denn drei Generationen leben immer gleichzeitig ...«
Starben auch, jetzt. Würden weitersterben, ineinander verflochten, ins Unendliche dieses dauerhaften Krieges verbannt.
»Die historischen Horizonte«, fuhr Spranger fort, »ergeben sich auch aus der Volkstradition, deren Aggregatzustand sich immer wieder verändert ...«
Das estnische Mädchen hebt den Kopf, sieht Koch triumphierend an, erinnert mit diesem Blick an die nihilistischen Gespräche, wenn sie auf dem Rasen des Schwimmstadions im Reichssportfeld lagen und sich darin übten, Schreckliches endlos auszudenken, das *noch* eintreten würde.
»... aus der Geschichtswissenschaft ...«
Für die Spranger lebt, dachte Koch, hielt den Blick des Mädchens aus; wofür lebte er, fragte sein Blick das Mädchen, das verstand, sich abwandte, wieder übers Kollegheft beugte, mitschrieb wie Koch.
»... der Weltgeschichte, die Menschheitsgeschichte ist ...« Banal, dachte Koch, was ist sie sonst? Menschheitsgeschichte ist jetzt Kriegsgeschichte, die nicht studiert, sondern erlebt, erlitten und von ihnen allen gemacht wurde. Dafür hatten sie alle ihren Preis gezahlt, höhere Preise wären noch zu zahlen, auch wenn keiner mehr dazu bereit war. Diese im Hörsaal versammelte Tapferkeit, die Eisernen Kreuze an den Feldblusen, die schon verblichenen Bänder, die sie in den Knopflöchern zeigten, das blutrote Band der »Winterschlachtmedaille 1941/42« mit dem winzigen weißen Streifen in der Mitte, der von schwarzer Trauer umrandet war,

Verwundetenabzeichen, einige in Silber, für mehrfaches Opfer, dazu die Krücken, die Arm- und Beinprothesen, der allgemeine Schmerz, der im Saal unter die zarte Stimme des Professors sich beugte. Das Zusammenreißen mit nihilistischen Gedanken im Kopf bei den jungen Soldaten, die schon alte Soldaten waren; nur nicht für die Mädchen, die zwischen ihnen saßen.
»... und der Philosophie der Geschichte.« Spranger schwieg. Seine leise Stimme hatte Mühe, diesen langen, alles umschließenden Satz zu sprechen; jetzt Pause. Er wischte Schweiß von der Stirn, blickte über die Studierenden hinweg, als wollte er sie nicht sehen, für die er doch Vorlesung hielt. Sein Blick suchte ferne Bibliotheken, stille Studierzimmer, wo philosophische Gedanken zu fassen waren – doch nicht hier.
Diese Gedankenpausen benützte Koch, um dem estnischen Mädchen einen Zettel mit einem Gedanken zuzuschieben, den er in der Bibliothek aus Dantes »Divina Commedia« abgeschrieben hatte: »Im letzten Höllenkreis benagen Ugolinos Zähne ohne Ende den Nacken Ruggieris.«
Das estnische Mädchen schob ihm den Zettel wieder zu, auf dem Koch las: »Diese Männer!«
Spranger fuhr fort: »Der Mensch kann gar nicht vollendeter Nihilist sein. Es haftet in jedem ein Rest des Glaubens.« Der Pädagoge, dachte Koch, will uns etwas mitgeben, wenn wir diesen Hörsaal verlassen, das estnische Mädchen geht nach Reval, ins Ungewisse auch wir.
»Weltgeschichte fügt sich durch einen imperialen Gedanken zur Einheit.«
Koch legte den Zettel »Diese Männer!« ins Kollegheft, wurde wieder aufmerksam. Imperialer Gedanke? Neue Ordnung Europas, wie das nationalsozialistische Zauberwort hieß, das alles überdecken sollte, was geschah. Ein imperialer Gedanke Hitlers war es, mit den Soldaten zum Ural aufzubrechen, aber es blieb ein Gedanke; Koch war mit diesem Gedanken unterwegs gewesen. Oder imperiales Großdeutschland, in Stalingrad geschlagen, jetzt auf dem Rückzug?
»Zum Beispiel Ranke: Er nimmt als Grundlage seiner Weltgeschichte das Christlich-Historische.«

Koch lernte Ranke kennen; er kannte Guderian, Rainer Maria Rilke, Dante, das estnische Mädchen, andere Mädchen, viele Jungen und Männer, ein Universum aus Liebe und Schmerz, Traum und Wirklichkeit. Sein Universum, das ihm gehörte, in dem er eine Sprache redete, die er während des Studiums besser verstehen gelernt hatte.
»Oder Oswald Spengler: Er lehrt in sich geschlossene Kulturabläufe, die aufeinander keine nennenswerte Wirkung haben.«
Spengler: »Der Untergang des Abendlandes«. Daran nahm Koch jetzt teil, wie er glaubte, denn etwas anderes konnte es nicht sein, was er erlebte. Der Untergang war für ihn, das estnische Mädchen, andere Studenten, mit denen er in diesem Sommer zusammen gesessen hatte, schon so weit fortgeschritten, daß sie den nihilistischen Fortschritt wie selbstverständlich hinnahmen, selbst nihilistisch dachten, redeten, diskutierten, sich nicht mehr fürchteten, sich in ihrer Stimmung anderen mitzuteilen.
Als Koch im Februar Ernst Jüngers Buch »Auf den Marmorklippen« in der Buchhandlung am Bahnhof Friedrichstraße kaufte, fand er den Nihilismus vor allem im 19. Kapitel, in dem die Schinderhütte gezeigt wurde auf der Rodung von Köppels-Bleek, mit dem Wetter, das sich geändert hatte, den Dingen, die in voller Deutlichkeit hervortraten, wie im Zentrum eines Taifuns, in stiller und unbewegter Luft. Daß Ernst Jünger jetzt, Ende Juli 1943, in Paris einen Aufruf vorbereitete, der an die Jugend Europas gerichtet war, konnte er nicht ahnen, aber als er später die »Friedensschrift« las, erinnerte er sich, daß er in jenem Sommer den Bodensatz des Nihilismus erreicht hatte, aus dem es nur noch die Rettung durch das Aufzeigen neuer Horizonte gab, wenn er nicht auch geistig dahinsterben wollte.
Jetzt hörte er die zarte Stimme Sprangers:
»Paragraph Vier: Die Gegenwart als Krise.«
Die Stimme distanzierte sich von der Gegenwart, sie wurde noch dünner, kaum noch verständlich im Hörsaal, so daß Koch fragend das estnische Mädchen anblickte.
Obwohl es im Hörsaal totenstill war, verstanden beide Sprangers Stimme nicht mehr, bis sie endlich, nach Sekunden der Verzweiflung, aus unendlichen Entfernungen zurückzukommen schien.

»... Aber Krisenzeiten sind auch Ehrenzeiten.«
Das war für die mitschreibenden Spitzel bestimmt, die es sicher gab.
»Sören Kierkegaard – 1813 bis 1855 – sagte: Gegenwart ist der Augenblick der Entscheidung.«
Das estnische Mädchen beugte wieder den Kopf tief über das Kollegheft. Koch drehte sich nach seinem anderen Nachbarn zur Seite. Der blindgeschossene Unteroffizier saß aufrecht, wie zur Parade einst in seinem Fahrzeug, auf der Bank.
»Gegenwart allein ist echte Wirklichkeit. Außer der Gegenwart ist nichts wirklich – sagt Grisebach.«
Spranger fügte rasch hinzu: »*Wir* begnügen uns, der Gegenwart einen Wirklichkeitsvorrang zu geben.«
Dann gab es auch noch eine wirkliche Vergangenheit, und es gibt eine wirkliche Zukunft, so trostlos war alles nicht, dachte Koch, als er den Satz aufschrieb.
»Der Lebende hat immer recht«, fügte Spranger hinzu.
Das klang nach: Der Führer hat immer recht, denn der Führer lebt, er befiehlt, er ist scheinbar unsterblich. Koch dachte an Strophen aus einem Gedicht Eberhard Wolfgang Möllers, das er im Band »Das brüderliche Jahr« gefunden hatte, den er mit den »Marmorklippen« in der Buchhandlung erworben hatte. Das Gedicht hieß »Der Führer«:
»Jahrhunderte vergehn, doch Ewigkeiten
noch werden glauben, woran du geglaubt,
dann wirst du tief in ihrem Schatten sitzen
und wissen: alles, was du pflanztest, lebt,
indes sich über den begrünten Spitzen
die Sonne der Unsterblichkeit erhebt.«
Hitler als Gärtner!
Was er pflanzte, sein Park, in dem er diese Huldigung wie im Kyffhäuser entgegennehmen sollte, nach Möllers Glaube. Kochs Glaube war es nicht, und er schrieb Sprangers nächsten Satz mit:
»*Wir* aber wollen aus der Vergangenheit unser eigenes Wesen aufhellen.«
Aus welcher Vergangenheit wäre einmal unser Wesen aufzuhellen, dachte er.

Er hatte genug. Das estnische Mädchen ergriff seinen Arm, damit er da bliebe, weiter zuhörte, die Lehren Sprangers empfing.
»Verminderter Wertcharakter: Man sagt, die Zukunft ist zu erwarten, sie trage die Verwirklichung aller Träume.«
Dieser Sprung in Zukünftiges, den Koch nicht mitmachen wollte. Lieber ging er; doch das Mädchen hatte seinen Arm fest gepackt, zwang ihn, sitzen zu bleiben.
»Die Eschatologie will die glückliche Vollendung der Geschichte, zum Beispiel ewigen Frieden in der Zukunft, Auferstehung und so weiter«, sagte Spranger.
Seine Stimme konnte nicht zynisch werden, das ist es, dachte Koch voller Abwehr gegen das Gesagte. Verstand er den Hintersinn nicht? Nach dem Kriege wäre der Hintersinn für alle verständlich, aber wann würde das sein, und wäre er noch dabei?
»Sub specie progressus...«
Anderes Latein schoß Koch durch den Kopf, Arma virumque cano, Trojae qui primus ab oris, aus dem Realgymnasium in Dresden, besingen will ich Waffen und den Mann und so weiter und so weiter. Das hatte er auswendig gelernt. »Denn: Niemand erträgt ein Leben, das nicht besser werden kann. Vertrauen auf die Zukunft haben!«
Während das estnische Mädchen seinen Arm festhielt, fiel Koch auf, wie kümmerlich doch diese Umarmung im Hörsaal aussah, wie verzweifelt. Er dachte sich hinaus, mit dem Mädchen, auf die Badewiese im Reichssportfeld, ehe es gegen Abend Fliegeralarm gab, den Besuch der »Mosquitos« aus England. »Rousseaus Rückwärts-zur-Natur-Parole bedeutet auch einen Steigerungswert«, hatte Spranger gesagt.
Wie Rousseau hatte Koch in der Natur gelebt, zurückgefunden zu ihr, wie es der Philosoph *und* der Feldherr wollten, die staubige Natur des Polenfeldzuges, die unbegreifliche Natur Weißrußlands und der Ukraine, zuletzt der Winter vor Moskau. Er bedurfte der Aufforderung nicht mehr durch Eduard Spranger, darin einen »Steigerungswert« zu erkennen.
Jetzt wollte *er* das estnische Mädchen am Arm packen, aus dem Hörsaal zerren, ins Freie, unter den hohen Sommerhimmel, auf die Badewiese, um Philosophie und andere Wissenschaften zu verges-

sen, die hier gelehrt wurden beim Untergang des Abendlandes, aber er konnte die Vorlesung nicht stören. »Der Rhythmus des Lebens bleibt: Revolutionäre Jugend, reaktionäres Altern«, sagte Spranger. Und Koch schrieb nochmals mit: »Jede Generation deutet und richtet sich selbst, um dann den Weg in die Zukunft zu gehen.«
Mit diesem für sie noch dunklen Satz entließ Eduard Spranger seine Studenten des Sommersemesters 1943, auch mit einem freundlich gedachten Nicken des Kopfes, griff nach Papieren, ging rasch zur Tür.
Geschichte im Hörsaal, mitgenommen in Kollegheften, in ihnen aufgehoben, wenn einer Glück hatte für eine Zeit, in der es sich vielleicht herauslesen ließe, was der Philosoph gemeint hatte.
In der U-Bahn zum Reichssportfeld todernste Gesichter; das estnische Mädchen hielt sich an seinem Arm fest.
Auf der Badewiese traf Koch einen Luftwaffenoffizier, der ihm anvertraute, das Luftgaukommando habe dem Befehlshaber des Ersatzheeres geraten, seine Kommandostelle nach Zossen zu verlegen, da ein Schutz Berlins, weder gegen Nacht- noch Tagangriffe, nicht mehr möglich sei. Die deutsche Jagdabwehr sei überfordert. Aber, so fügte der Luftwaffenoffizier hinzu, die militärischen Dienststellen blieben in Berlin, ein Umzug sei verboten worden. Semesterschluß. Oberleutnant Koch und das estnische Mädchen hatten abzureisen.
Nie würden sie sich wiedersehen. Etwas anderes hatten beide nicht erwartet.
Anfang August 1943 meint Ernst Jünger in Paris beim Stabe des Militärbefehlshabers in Frankreich, Briefe würden einen apokalyptischen Charakter annehmen, »wie wohl seit dem Dreißigjährigen Krieg nicht mehr. Es ist, als ob in solchen Lagen die erschütterte Vernunft des Menschen den Sinn für irdische Realität verlöre; sie gerät in die kosmischen Wirbel, und damit eröffnet sich ihr eine neue Welt von Untergangsvisionen, Prophezeiungen und übersinnlichen Erscheinungen. – Fortgefahren mit dem Aufrufe, dessen zweites Kapitel ich heute anfing und beendete: ›Dieser Krieg muß für alle Frucht tragen‹.« Geschrieben wurde das am 3. August. Am 7. August Gottfried Benn aus Berlin an Oelze: »Meine

Dienststelle wird nach auswärts verlegt, östliche Richtung, fast alle Dienststellen werden evakuiert. Wir kommen in eine Kaserne, vermutlich Landsberg an der Warthe, werden kaserniert, schlafen in Massenräumen, erhalten Truppenverpflegung. So sieht also das Ende aus, falls nicht schon vorher das große Feuer hier niedersinkt und unsere Gestalten mumifiziert. – Erstaunlich alles, über allem erstaunlich bis in meinen letzten Augenblick: dies Volk!« Zwischen dem 3. und 7. August, am 5. August 1943, trägt Oberleutnant Koch in sein Tagebuch ein: »Hamburg ist pulverisiert. Berlin wird evakuiert. So ist die Zeit. Unter dem Furchtbaren reifen. Kriegsstudium ist wohl nun beendet, ein Wintersemester gibt es nicht für mich. Ab morgen habe ich 14 Tage Jahresurlaub. Ich fahre auf die Insel Wollin.«
Am 6. August hatte Ernst Jünger in sein Tagebuch geschrieben: »Es wächst in Deutschland die Sekte mit dem Wahlspruch: ›Genieße den Krieg; der Friede wird fürchterlich.‹ Im allgemeinen beobachte ich bei allen Gesprächen über das, was werden wird, zwei Arten von Menschen – die einen glauben, daß sie im Falle eines verlorenen Krieges nicht weiterleben werden können, während den anderen das durchaus denkbar scheint.
Vielleicht haben beide recht.«
Ein Offizier, der aus Hamburg kam, erzählt Koch, er habe dort einen Zug von Kindern mit grauen Haaren gesehen, von kleinen Greisen, gealtert in einer Phosphornacht.
Ein Flugzeugkonstrukteur erklärt ihm, die deutsche Seite hätte Phosphor als Waffe verwenden können, als die Luftwaffe noch die Luftüberlegenheit hatte, aber es sei darauf verzichtet worden. Die Phosphormasse werde von den britischen Bombern in großen irdenen Gefäßen mitgeführt. Diese Ladung sei auch für die Piloten und ihre Mannschaft äußerst gefährlich, da ein Splitter genüge, das Flugzeug in eine feuersprühende Masse zu verwandeln, aus der es kein Entrinnen gebe.
Überall in der Bevölkerung wird über Phosphor gesprochen, der in Hamburg schrecklicher gewesen sei als die Sprengbomben. Die Stadt wurde in der Nacht zum 5. August nochmals angegriffen, wobei 425 Bomber 939 Tonnen Bomben und Brandkanister abwarfen.

Danach glaubte man in England, Hamburg sei von der Landkarte verschwunden.
Luftmarschall Harris bereitete nun die Bombardierung der Heeresversuchsanstalt Peenemünde auf der Ostseeinsel Usedom vor. Dort hatte ein Aufklärungsflugzeug eine Rakete aus der Luft fotografiert, die auf einem Eisenbahnwagen stand.
Die Pommersche Bucht wird von den Inseln Usedom und Wollin gebildet, die sich wie die Schale einer Muschel öffnen, mit dem südlichsten Punkt bei Misdroy und Swinemünde. Hier fließt die Ostswine in die Bucht, die aus dem Großen Haff kommt, das dem Hafen von Stettin weit vorgelagert ist.
Als Oberleutnant Koch am 6. August im Zug nach Stettin kam, fand er den Hafen zum Teil zerstört, aber die Bahnstrecke über Altdamm nach der Insel Wollin noch intakt.
Koch hatte die Absicht aufgegeben, in Koserow auf Usedom den Jahresurlaub zu verbringen als er hörte, daß dort alles belegt sei. Koserow, einst die Sommerfrische seiner Eltern, sollte am Rande eines großen militärischen Sperrgebiets liegen, das sich von Trassenheide über Peenemünde bis zum nördlichen Zipfel der Insel erstreckte. (Von dem, was sich in dem Sperrgebiet Geheimnisvolles befand, wußte der Oberleutnant nichts.)
Als er in Misdroy den Zug verließ, fand er das übliche sommerliche Badeleben. Es kam ihm vor, als seien hier noch mehr Urlauber als in Friedenszeiten; doch er erfuhr, unter ihnen seien viele Evakuierte.
Da er hier nicht bleiben konnte, besorgten ihm Freunde von der Baltenschule ein Zimmer in dem Fischerdorf Swantuss, das er mit dem Fahrrad, das man ihm leihen wollte, erreichen konnte. Ehe er weiterfuhr, badete er mit seinen Freunden, schwamm weit mit ihnen hinaus unter einer hochstehenden Sonne, blickte nach Nordwesten, zur Insel Usedom, auf der er den Streckelberg bei Koserow zu erkennen glaubte, in dessen wilden Ginsterbüschen er im Sommer vor dem Kriege gesessen hatte, das flimmernde Licht über dem Meer unter sich.
Daß hinter dem Streckelberg ein Sperrgebiet begann, davon hatte er gehört, aber die Misdroyer Freunde konnten ihm darüber nichts Genaues sagen. Die Barackenlager bei Trassenheide blieben ihm

verborgen, das Kriegsgefangenenlager, die Wohnsiedlung für Ingenieure, Offiziere und Facharbeiter, die drei Prüfstände für die A-4-Rakete des Heeres, die später V 2 genannt wurde und nach dem Kriege so gut verbessert, aufgestockt wurde, daß sie Astronauten auf den Mond bringen konnte, das Versuchsserienwerk, das Entwicklungswerk, das Kraftwerk, weitere Prüfstände am nördlichen Zipfel der Insel, die Startrampe, von der die A 4 zur winzigen Insel Oie in der Ostsee abgeschossen wurde (eine ging auf der dänischen Insel Bornholm nieder, die von deutschen Truppen besetzt war, eine andere in Schweden). Verborgen blieben ihm der Flugplatz, die Erprobungsstelle der Luftwaffe, der Katapult, von dem sie ihre V 1 abschoß, die Sauerstoffanlage, der Ort Peenemünde – eine streng geheime Festung der Erprobung und Wissenschaft, in der die neuen Waffen lagerten, von denen wenige wußten, aber viele sprachen.
Von dort hatte am 3. Oktober 1942 ein 5,5 Tonnen schwerer Flugkörper bei nur 4 km seitlicher Abweichung vom Ziel eine Entfernung von 192 Kilometern überbrückt, womit das Zeitalter der Raketen begann, das zerstörerischer sein würde als alle vorangegangenen Zeiten, in denen mit konventionellen Mitteln Krieg geführt wurde.
Es würde aber auch zum Zeitalter der Raumschiffahrt werden.
Unbekannt mußte es dem Oberleutnant bleiben, daß erst am 7. Juli 1943, einen Monat, bevor Koch vor dem Strand von Misdroy schwamm und den Streckelberg bei Koserow zu erkennen glaubte, Hitler entschieden hatte, die Heeresversuchsanstalt Peenemünde an die Spitze der Dringlichkeitsliste des deutschen Rüstungsprogramms zu setzen. An diesem Tag ließ Hitler sich in der »Wolfsschanze« einen Farbfilm über den ersten gelungenen Start am 3. Oktober 1942 vorführen, um anschließend Generalmajor Dornberger, dem Kommandanten der Versuchsanstalt, der mit den Professoren Wernher von Braun und Steinhoff bei ihm zum Vortrag war, zu sagen: »Warum habe ich nicht an den Erfolg Ihrer Arbeit glauben können! Wenn wir diese Rakete schon 1939 gehabt hätten, dann wäre es nicht zum Kriege gekommen.« General Dornberger bemerkte bei Hitler, wie dessen Blick ins Leere zu gehen schien, als er hinzufügte: »Jetzt und in aller Zukunft ist

Europa und die Welt für einen Krieg zu klein. Mit diesen Waffen wird ein Krieg für die Menschheit untragbar werden.«
Dann wurden ihm Modelle für Bunker vorgeführt, aus denen die Rakete nach England abgeschossen werden sollte.
Speer, der mit Keitel, Jodl, Buhle und anderen anwesend war, erhielt den Auftrag, die Decke der Bunker 7 m stark zu machen. »Die Bunker müssen die feindlichen Flieger anlocken wie Honig die Fliegen«, sagte Hitler. »Jede Bombe, die hier fällt, fällt nicht auf Deutschland.«
Er fragte, ob die Nutzlast auf 10 Tonnen und die monatliche Stückzahl auf 2000 erhöht werden könne. Aber General Dornberger verneinte; nur eine Tonne Sprengstoff könne mitgenommen werden: »Als wir 1939 die Entwicklung begannen, haben wir nicht an eine alles zerstörende Wirkung gedacht.« Hitler brüllte Dornberger an: »Sie! Freilich, Sie haben das nicht beabsichtigt, aber ich!«
Eine Woche vorher, am 30. Juni 1943, hatte Winston Churchill in London eine Sitzung des britischen Verteidigungsausschusses geleitet, wobei auf der Tagesordnung die »Deutschen Geheimwaffen« standen. Am Vortag, dem 29. Juni, wurde in Peenemünde das 38. und 39. Muster der A 4 gezündet.
Dornberger, von Braun und Steinhoff kehrten am Morgen nach dem Vortrag bei Hitler aus Ostpreußen nach Peenemünde zurück. »Wir flogen über die Pommersche Bucht«, schreibt Dornberger, »und kamen in großer Höhe bei Zinnowitz über die Küste. Noch einmal, zum letzten Mal, freute ich mich an dem Anblick Peenemündes aus der Luft, an der Weiträumigkeit und Schönheit der in ihrer Waldeinsamkeit verborgen liegenden Einrichtungen des Heeres und der Luftwaffe.
Als ich die Anlagen das nächste Mal aus der Luft sah, hatte sich das Bild gründlich gewandelt; Qualm, Brandwolken, brennende Gebäude, brennender Wald, die Folgen des schweren Luftangriffes in der Nacht vorher. Peenemünde hatte seinen ersten Treffer erhalten, der es hätte vernichten können, wenn uns das Schicksal nicht gnädig gewesen wäre.«
Gnädiges Schicksal: Der kriegsversehrte Oberleutnant Koch stieg aus dem Wasser, drehte dem Streckelberg bei Koserow, hinter dem

Unheil lauerte, den Rücken, Unheil, von dem er nichts ahnte, zog seine Uniform an, fuhr von Misdroy nach Swantuss, um in dem alten Fischerhaus für zwei Wochen den Krieg zu vergessen. Er fand auf dem Dachboden einen Verschlag mit Bett; hier konnte er bleiben.
Einige Tage und Nächte blieb es still. Swantuss bestand aus wenigen Fischerhäusern. Den Strand hatte er mit einem jungen Ehepaar aus Berlin für sich, das in einer Rüstungsfabrik arbeitete und seinen Urlaub hier verbrachte.
Im Fischerhaus versorgten sie Mutter und Tochter, deren Mann an der Ostfront war. Mit dem kleinen Jungen der Tochter spielten sie in den Dünen.
So leer war der Strand, daß sie Badekleidung nicht brauchten. In diesem Versteck am Rande des Krieges mußten sie nichts voreinander verbergen.
Koch war ins Paradies geraten.
Am 10. August, in einer warmen Nacht, hörten sie Sirenen; britische Mosquitos flogen über See ein, Jagdbomber über Rügen, um nahe an Peenemünde vorüber sich in Richtung Reichshauptstadt zu entfernen.
Erst später wurde bekannt, daß dies »Scheinangriffe« waren, wie sie fast jede Nacht zur Beunruhigung der Bevölkerung oder zur Ablenkung von anderen Zielen erfolgten. Koch hielt dies für die einzige Verbindung, die er noch mit dem Land hatte, das so weit in seinem Rücken lag, wenn er am Strand saß und die Motoren am Himmel hörte. Hier war er im einfachen Leben, über das Ernst Wiechert nachgedacht und geschrieben hatte.
Einfaches Leben, das zeitlos wurde im Seewind, der über die Dünen wehte, um im weißgelben Sand nach Muscheln zu suchen, beim Sprung von der Düne in die Tiefe, im Schatten der Ginsterbüsche, von denen die Kuppen der Dünen bedeckt waren. Sengende Sonne des Augusts.
Mit der jungen Frau des Soldaten, der an der Ostfront war, lag er in diesem Schatten des Ginsters; sie sahen dem Kind zu, das am Strand spielte.
Sie war anders als die estnische Studentin, die er bald vergaß.
Je näher er ihr kam, desto entfernter mußte sie für ihn werden;

Soldatenfrauen hatten für Koch unantastbar zu sein. Die Tochter vom Fischer und syner Fru, neben der er nackt im Ginsterschatten lag, dachte er sich als Bernsteinhexe, die im pommerschen Märchen einsame Strandgänger überfiel, um sie in ihren Umarmungen zu ersticken und dann auszurauben.

Oder ging es im Märchen anders zu; er dachte sich vieles aus, wenn er ihre braungoldenen Bernsteinaugen sah, den braunen Leib, der Schwangerschaft anzeigte.

Die Bernsteinhexe wußte nichts von Sprangers Vorlesungen, von Pretzels Rilke-Seminar.

Sie hörte zu, wenn er von seinen bündischen Jahren bei den Pfadfindern erzählte, dem Leben in einem imaginären Jungenstaat, an dem er immer noch hing. Oder von Soldatenjahren, vom Lazarettjahr, von alten Zeiten, die nie wiederkehren würden. Nie unterbrach sie ihn; sie hörte nur zu.

Wenn die Mittagszeit herankam, zog sie ein Kleid über, rief den Jungen, er sah ihr nach.

Vor dem Sonnenuntergang gingen sie mit den Berlinern zur Düne, warteten, bis die Sonne die See blutigrot färbte, dann warfen sie die Kleider ab, liefen zum Strand, gingen ins Wasser, schwammen weit hinaus, um wieder umzukehren, sich warm zu laufen.

So glücklich waren sie, daß sie sich umarmten.

Wenn der Mond aufzog, die Sternbilder hervortraten, die Milchstraße sich über den Himmel ausbreitete, saßen sie vor dem Fischerhaus und sangen.

Am 15. August waren sie in der Abenddämmerung auf ihrer Düne, sahen, wie der Mond sich verfinsterte. Mit dem Wachsen des Erdschattens wurde der weiße Sichelrand farbig, er sah golden aus, um bald blaß zu werden.

Die Bernsteinhexe sagte, die Mondfinsternis sei ein Zeichen des Himmels. Es gebe bald Frieden oder der Krieg würde noch fürchterlicher.

Der Rüstungsarbeiter aus Berlin erzählte von einem neuen Panzer, der »Panther« genannt wurde, den er mitbaute.

Seine Frau legte ihm die Hand auf die Schulter, aber er sprach weiter, nannte Produktionszahlen, sagte, er erhoffe sich viel von diesen neuen Panzern.

Koch fragte sie, was sie nach dem Krieg machen wollten.
»Hier wieder herkommen«, sagte der Rüstungsarbeiter. »Wenn wir dann noch leben.«
Wie der Erdschatten wurde der Krieg an den Himmel geworfen, um den Mond zu verfinstern und dann auf die Erde zurückzukehren, zu der er gehörte.
»Nichts wird wieder so sein«, sagte Koch.
Die Bernsteinhexe widersprach ihm: »Nicht alles, aber vieles. Liebe wird sein wie jetzt, Glück wie hier.«
Die Mondfinsternis war vorüber; bald würden die Mosquitos über der Bucht ankommen und Südkurs nehmen.
Sie verließen die Düne, gingen zu den Lilien und Rosen im Fischergarten.
Eine schwüle Nacht.
Tagsüber hielt die Hitze an. Nachts war es im Verschlag auf dem Dachboden so heiß, daß Koch kaum einschlafen konnte.
Sie beschlossen, einmal die ganze Nacht in den Dünen zu verbringen, in denen es erträglicher war als im Fischerhaus.
Es war Kochs letzte Nacht vor der Abreise am Morgen des 18. August.
Nach Sonnenuntergang aßen sie am Strand; da sie kein Feuer machen durften, unternahmen sie eine lange Strandwanderung.
Der Junge war im Fischerhaus geblieben.
Als sie sich gegen Mitternacht in den Dünen zum Schlaf hinlegten, zeichnete der Vollmond tiefe Dünenschatten in den Sand, der silbern leuchtete.
Von weither hörten sie die Sirenen heulen, als die Jagdbomber über ihnen in großer Höhe wie schwarze Schatten flogen. Sie mußten sich über der Ostsee versammelt haben, um wieder Berlin anzufliegen.
An der Kanalküste hatte der deutsche Funkhorchdienst vor einem Großangriff gewarnt, der Berlin gelten könnte, das nach der Hamburger Katastrophe auf ähnliches wartete.
Um den nach Berlin ziehenden Bomberströmen den Weg abzuschneiden, wurde das Jagdgeschwader 300, »Wilde Sau« genannt, alarmiert.
Als die Jagdbomber kurz vor Mitternacht über Berlin eintrafen,

warfen sie Markierungsbomben und Leuchtzeichen. Das XII. Fliegerkorps befahl seine Nachtjäger in den Luftraum über der Reichshauptstadt.

Die Bomberströme, die hinter den Mosquitos über Berlin erwartet wurden, hatten jedoch ein anderes Ziel. Die Jagdbomber führten nur eine Täuschung aus, die Luftmarschall Harris befohlen hatte, um die Nachtjäger irrezuführen.

Das Unternehmen »Hydra« galt Peenemünde.

Den Mosquitos, die nach Berlin weitergeflogen waren, folgten über die Ostsee 93 »Pfadfinder«-Flugzeuge und in drei Wellen 520 Kampfflugzeuge. Als die ersten »Pfadfinder« sich von Rügen den Inseln an der Pommerschen Bucht näherten, um über der Heeresversuchsanstalt ihre Markierungen abzuwerfen, erwartete nur Flak, kein Nachtjäger die im Licht des Vollmondes sich klar am Himmel abzeichnenden Geschwader.

Als Oberleutnant Koch am Strand von Swantuss das sich nähernde Grollen der vielen Motoren über See hörte, weckte er die anderen. Sie liefen in eine Mulde hinter den Dünen, die Deckung gab. Dann hörten sie die einschlagenden Bomben.

Die erste Welle aus 227 Bombern verfehlte zum Teil das gesteckte Ziel, da die »Pfadfinder« die Markierungen zu weit südlich abgeworfen hatten. Dort verbrannten im Ausländerlager Trassenheide Hunderte von Arbeitern.

Die erste Welle blieb zehn Minuten über der Heeresversuchsanstalt, sie wurde von 113 Bombern der zweiten Welle abgelöst, der die dritte Welle mit 180 Bombern folgte.

In Swantuss hörte sich das an, als sei eine Seeschlacht im Gange. Es klang, als stießen Schlachtschiffe aufeinander, die sich gegenseitig in die Luft jagten, Flammengarben röteten den Horizont, Pulverrauch stieg wie weißer Nebel hoch.

Als Zeuge über allem ein totenblasser Vollmond.

Die Pommersche Bucht war das Schachbrett für die Koordinaten, die von den anfliegenden, dann in weitem Bogen über die Inseln umkehrenden Bombergeschwadern benutzt wurden.

Die See lag unbeweglich im Licht des Vollmonds.

Von Swantuss konnten die Bombenteppiche nicht gesehen werden, die das Meer trafen, es umwälzten, in Fontänen hochschos-

sen. Koch hatte in diesem Krieg noch nichts Vergleichbares erlebt. Der Himmel schien auf das Wasser zu fallen, Möwen flogen schreiend über den Strand; Scheinwerferkegel suchten den mit Sternen besäten Nachthimmel ab.
Aber die Masse der Flugzeuge schien, befreit von der Bombenlast nach den Abwürfen, sich davonmachen zu können.
Angegriffen oder verfolgt wurden sie nicht.
Koch sah diesem Schauspiel von der Düne aus großer Entfernung ohne Angst zu. Wenn der Schatten eines Bombers sich näherte, duckte er sich nicht, er hielt den sich jäh aus dem allgemeinen Rumpeln und Donnern lösenden Lärm der Motoren nicht für gefährlich. Es mußte ein schreckliches Ziel sein, das auf diese gewaltige Weise vernichtet werden sollte.
(Wenn er später in Kellern den Luftkrieg auszuhalten hatte, wie in Dresden im Februar 1945, war das Donnern noch heftiger, aber es traf ihn nicht mehr ins Herz wie in dieser Nacht unter dem Sternenhimmel über der Pommerschen Bucht.)
Jetzt fragte er die Bernsteinhexe, die am Dünenrand kauerte, was in dem Sperrgebiet vorgehe, daß es so wild bombardiert werden müßte.
»Dort werden Raketen gebaut, die nach England fliegen sollen, weit nach Rußland hinein und nach Amerika«, sagte sie.
»Hast du sie fliegen gesehen?« fragte Koch.
»Wie einen gefrorenen Blitz.«
»Nun werden sie nicht mehr fliegen«, sagte Koch.
Ihm war plötzlich kalt, auch der Himmel über ihnen wurde wieder leer, nur noch Sterne und der Vollmond.
Hier konnten sie nicht mehr liegen, schlafen und reden; sie sahen den geröteten Himmel über dem nächtlichen Ziel.
In den Baracken des Ausländerlagers »Trassenheide« starben 612 Fremdarbeiter, darunter auch Frauen. 120 deutsche Wissenschaftler und Arbeiter überlebten den Angriff nicht, aber das große Barackenlager Karlshagen, in dem 4000 Menschen wohnten, hatte nur einen Bombentreffer.
Unter den Toten waren Dr. Thiel und seine Familie sowie Dr. Walther, die beide zum engsten Mitarbeiterstab General Dornbergers gehörten.

Aus abgeschossenen britischen Flugzeugen – es waren 42 Maschinen, die auf dem Rückflug von deutschen Nachtjägern getroffen wurden – ergaben Beutedokumente, daß ihnen als Angriffsziele die Prüfstände, das Entwicklungswerk, das Versuchsserienwerk, die Siedlung, das Ausländerlager »Trassenheide« und das Kraftwerk mit Sauerstofferzeugungsanlage befohlen wurden. Aber nur der Ostteil des Sperrgebietes wurde getroffen; ein großer Teil der Bomben ging in die Dünen und ins Wasser. Abgeschossene Besatzungen sagten aus, sie seien über die geringe deutsche Abwehr erstaunt gewesen, man habe ihnen gesagt, ihr Angriff sei einer der wichtigsten dieses Krieges; mit stärkster Abwehr, die 50 Prozent der Angreifer vernichten könnte, wäre zu rechnen.

General Dornberger, der nach dem Kriege beim amerikanischen Raketenprogramm mitarbeitete, schreibt: »Am härtesten war die Siedlung getroffen worden. Die englischen Radiomeldungen zeigten, daß das beabsichtigt war. Man wußte, daß dort die Wissenschaftler und Fachkräfte des Werkes wohnten.

Der Sachschaden im Werk war überraschend gering. Prüffelder und Sonderanlagen wie Windkanal und Meßhaus waren überhaupt nicht getroffen worden. Bei der uns sofort von allen Seiten in großzügiger und ausreichender Weise gewährten Hilfe war die Weiterarbeit mit einer Verzögerung von 4 bis 6 Wochen gesichert.«

Um den Anschein großer Zerstörungen zu wahren, wurden nur die notwendigsten technischen Anlagen ausgebessert, außerdem wurde durch Tarnmaßnahmen der Eindruck verstärkt, daß das Werk völlig zerstört sei. Dies führte dazu, daß Peenemünde neun Monate lang von weiteren Luftangriffen verschont blieb. Der Abschluß der Entwicklung der A 4 war nicht mehr aufzuhalten. In Massen hergestellt wurden V 1 und V 2 nicht in Peenemünde, sondern im unterirdischen Mittelwerk am Harz und in Österreich.

Über der Pommerschen Bucht war an klaren Tagen wie bisher der »gefrorene Blitz« am Himmel zu sehen. Den Engländern war es nicht gelungen, diese neue Waffen so zu treffen, daß sie nicht mehr weiterentwickelt werden konnten.

Das Raketenzeitalter, das in Peenemünde begann, wurde durch das Flächenbombardement nicht verhindert, kaum verzögert. Den

Luftkrieg wollte Hitler noch nicht verloren geben. Er setzte seine Erwartungen auf die Raketen, die der Gegner nicht hatte, auf die Raketenflugzeuge, die am Himmel über Deutschland erscheinen würden.

Die schweren Verluste des Bomber-Kommandos ließen in diesem Sommer die deutsche Nachtjagd als einen harten Gegner erscheinen, wenn es nicht gelang, sie vom beabsichtigten Ziel abzulenken. Peenemünde hatte den Engländern gezeigt, daß die Irreführung bei diesem Einsatz nicht ausreichte. Die Nachtjäger holten die Bomber auf dem Rückflug herunter.

Nach dieser titanischen Sommernacht reiste Oberleutnant Koch ab, der Urlaub war zu Ende, er hatte sich beim Ersatzbataillon vom Studienurlaub zurückzumelden, in dem er zuletzt das Bombardement von Peenemünde als studium generale in seine Erinnerung nehmen durfte.

Nach Jahrzehnten reiste er nochmals an die Pommersche Bucht, aus der Heeresversuchsanstalt war ein Vogelschutzgebiet geworden; um von Usedom nach Wollin zu kommen, mußte eine Grenze passiert werden.

Swantuss war nun polnisch.

Das Fischerhaus stand noch, Lilien und Rosen blühten.

Die Bernsteinhexe fand er nicht mehr, auch nicht die Düne, auf der er einst gestanden und gedacht hatte, eine Seeschlacht werde vor Usedom geschlagen.

Von der Vergangenheit nichts mehr als Sand, Ginsterbüsche an fremd gewordener Küste, eine stille See.

Ein großes, abgründiges Schweigen.

20. KAPITEL

Schüler für die Heimatflak

Wenn Soldaten jetzt auf Heimaturlaub kamen, sahen sie Kinder, die Waffen bedienten. Die Ungerechtigkeit gegenüber Zivilisten in der Heimat schwand dahin; das Kriegsverdienstkreuz war in der Heimat kein »Fernkampf-Orden« mehr wie im rückwärtigen Gebiet hinter der Front oder in den besetzten Ländern, obwohl Partisanen, die Banden genannt wurden, seit Frühjahr 1943 die Besatzungstruppen auf harte Proben stellten. Die Soldaten wußten, daß auch in der Heimat Krieg geführt wurde. Ihre Mütter, ihre Frauen und Kinder in den bombardierten Städten »lagen« wie sie an einer Front.

Einige von ihnen konnten sich sogar mit der Waffe wehren. Seit Anfang des Jahres 1943 hatten die Luftgaukommandos »Heimatflak mit Behelfspersonal« aufgestellt.

Das Behelfspersonal waren Schüler und russische Kriegsgefangene. Die Schüler hießen Luftwaffenhelfer.

In einem vertraulichen Schreiben an seine Kommandeure nahm am 8. Februar 1943 der Kommandierende General und Befehlshaber im Münchner Luftgau VII, ein General der Flakartillerie, Stellung zum Einsatz dieser Schüler als Luftwaffenhelfer, den er als Bereicherung, aber auch als Werbung für die Flakartillerie ansah.

»Wenn ich mich heute persönlich an meine Kommandeure wende, so geschieht dies in der Erwägung, daß der gesamten Flakartillerie des Heimatkriegsgebietes durch diesen aus der Not der Zeit geborenen Einsatz eine einmalige, nie wiederkehrende Gelegenheit geboten wird, bestes, einheitliches Menschenmaterial für ihre Waffe zu begeistern und heranzuziehen.

Bei der derzeitigen, infolge der Vielzahl der Neuaufstellungen eingetretenen starken Verwässerung der Einheiten bildet die Zuführung dieser einsatzfreudigen, geweckten und zweifellos stark

interessierten Jugend die Quelle eines neuen Auftriebs seelischer und geistiger Art für die Truppe.
Dies setzt nun allerdings voraus, daß alle führenden Kräfte der Truppe sich mitreißen lassen und mit Umsicht, Geschick und Takt wie auch eigener Begeisterung sich an die Lösung dieser gänzlich neuen Probleme heranmachen.
Die Jungen müssen vom ersten Augenblick an fühlen, daß man ihr Erscheinen nicht als kriegsbedingte Notwendigkeit, sondern als günstige Fügung soldatischen Schicksals deutet und es nur an ihnen liegt, das ihnen entgegengebrachte Vertrauen zu halten und zu festigen.
Die Kommandanten sollen Mittler sein zwischen der Autorität unserer Batterieführer und dem Heißsporn der jugendlichen übereifrigen Flakhelfer. Es muß alles vermieden werden, daß diese vor den Kopf gestoßen werden, sollten sie nicht samt und sonders verloren gehen.
Durch unermüdliche väterliche Fürsorge für das leibliche und geistige Wohl der Jungen, durch die besondere Gestaltung einer anpassungsfähigen Ausbildung, durch restloses Vertrauen und volle Einschätzung der altersbedingten Leistungen muß sich alsbald ein kameradschaftliches Band um Truppe und Helfer schlingen.
Auf die tadellose Unterbringung und Einkleidung der Jugend, die von Ihnen persönlich zu überwachen ist, muß besondere Sorgfalt verwendet werden. Die Verpflegung muß von Anfang an klappen. Die Schüler werden klassenweise eingesetzt. Sie bringen damit einen einheitlichen Zug und Geist mit. Sie wissen, daß sie bereits eine gewisse Auslese innerhalb ihrer Jahrgänge darstellen. Durch den Schulbetrieb sind sie gewohnt, den vor der Front stehenden Erzieher und Führer mit kritischen Augen zu betrachten. Jede Nachlässigkeit wirkt sich bei den Jungen doppelt ungünstig aus. Das gleiche gilt vom Unterricht. Nur souveränes Wissen imponiert. Daher besondere Sorgfalt in der Auswahl der ausbildenden Unteroffiziere. Besser, der Batteriechef erteilt selbst Unterricht, als daß er sich durch das eintönige Geleier eines sturen Ausbilders die mühselige Aufbauarbeit verderben läßt.
Wenn die Jungen erst fühlen, daß man sie soldatisch voll nimmt

und ihnen alles gegeben wird, dann hege ich keine Zweifel, daß dieser Einsatz der deutschen Jugend ein segensreiches Ereignis für die Flakartillerie des Heimatkriegsgebietes bedeutet. So ausgerichtet wird auch die vom Luftwaffenbefehlshaber Mitte gestellte Aufgabe, eine möglichst große Zahl von Luftwaffenhelfern an die aktive Offizierslaufbahn heranzubringen, gelöst werden können.«
Dieser Kommandeurshinweis auf die Behandlung der Luftwaffenhelfer erwähnte mit keinem Wort die Hitlerjugend, durch deren Erziehung die Oberschüler und Gymnasiasten gegangen waren und in der sie sich zum großen Teil befanden, als sie – Schüler der Jahrgänge 1926 und 1927 – vom 15. Februar 1943 an in allen deutschen Städten schulweise einberufen und der Flak zugewiesen wurden.
Die Truppenärzte erhielten vom Inspekteur des Sanitätswesens der Luftwaffe Ende Dezember 1942 Anweisungen über die gesundheitliche Betreuung dieser jüngsten Soldaten der Wehrmacht.
In ihnen hieß es: »Der Jugendliche von 15 bis 16 Jahren befindet sich in dem kritischsten Alter der körperlichen und seelischen Entwicklung.
Die durchschnittliche Erkrankungsziffer der Jugendlichen ist größer als die der Erwachsenen. Außerdem ist im Einsatz mit dem gehäuften Auftreten von Hitze-, Kälte-, Überanstrengungs- und Hautschäden zu rechnen.
Um das 15. Lebensjahr herum befinden sich die Jugendlichen in der Regel im dritten Stadium der Pubertät. Dies führt zu einer übersteigerten Ichbetonung. Als Folge tritt Empfindlichkeit und Verschlossenheit auf, Glaube an das Einmalige des eigenen Erlebens, Kampftrieb, Selbstdarstellung, Renommiersucht. Gefühlsbetonte Erlebnisse der Pubertätszeit stellen, wenn sie verdrängt werden, häufig den Keim für spätere neurotische Erscheinungen dar.
Gleichgeschlechtliche Neigungen sind in diesem Alter nicht als Zeichen einer homosexuellen Veranlagung anzusehen.
Die Betreuung des Geschlechtslebens hat eine richtige Gestaltung der Freizeit, vor allem eine sorgfältige Auswahl des Lesestoffes und künstlerischer Darbietungen zur Voraussetzung. Der Jugendliche im Kriegshilfseinsatz darf noch weniger sich selbst überlassen bleiben als der junge Soldat. Sexuelle Aufklärung muß sachgemäß

und so vorsichtig und sparsam durchgeführt werden, daß die Jugendlichen nicht auf geschlechtliche Dinge und Möglichkeiten erst hingeführt werden. Auf der anderen Seite darf der berufenen Aufklärung nicht die wilde – durch Kameraden, Personen des anderen Geschlechts, Soldaten – zuvorkommen.

Die Jugendlichen sind auf Betreiben der Truppenärzte von allen Zuteilungen für Genußgifte, Tabak, Alkohol, auszuschließen.

Wird von dem Jugendlichen körperliche, insbesondere schwere körperliche Arbeit verlangt, so müssen die Verpflegungssätze dementsprechend bemessen sein.

Mit Rücksicht auf die derzeitige epidemische Verstärkung des Scharlachs ist sofort nach dem Eintreffen bei der Truppe eine kombinierte Scharlach-Diphtherie-Schutzimpfung durchzuführen.«

Bei den truppenärztlichen Untersuchungen wurden die Jungen nach ihrer körperlichen Verfassung eingeteilt: »verwendungsfähig« (v.), »beschränkt verwendungsfähig« (b.v.), »zeitlich verwendungsunfähig« (z.vu.) und »verwendungsunfähig« (vu.).

Die »beschränkt verwendungsfähig« Geschriebenen konnten im Arbeits- und Bürodienst eingesetzt werden; die »zeitlich verwendungsunfähigen« wurden bis zu einer Nachuntersuchung zurückgestellt. Diese Anweisungen galten auch für Mädchen und Frauen, die als Luftwaffenhelferinnen angeworben wurden. Ihr Dienst war freiwillig; sie wurden als Nachrichtenhelferinnen, in Schreibstuben vor allem höherer Stäbe verwendet.

Götz Bergander, damals Luftwaffenhelfer, schreibt in »Der Luftkrieg über Dresden«: »In der Regel war es so, daß ein Stamm von rund zwanzig Unterführern und Mannschaften mit einem Offizier als Batteriechef den personellen Grundstock der Einheiten bildete und die leitenden Funktionen innehatte. Mit Ausnahme des K 3, des Ladekanoniers der schweren Geschütze, den oft russische Kriegsgefangene stellten, übten die Luftwaffenhelfer sämtliche Bedienungsfunktionen in den Meß- und Geschützstaffeln aus.

In Dresden dauerte es bis zum Sommer 1943, ehe die Heimatflakbatterien mit Entfernungsmeßgeräten ausgestattet werden konnten. Und erst im Herbst erhielten sie Radargeräte vom Typ Würzburg. Die Meßstaffel einer Heimatflakbatterie bestand nun aus

einem Radargerät sowie einem Malsi-Umwertegerät für elektrisch gesteuertes Schießen und aus einer Viermeter-Basis zum Entfernungsmessen mit einem Kommando-Hilfsgerät für optisches Schießen. Besser ausgerüstet waren die aktiven Batterien. Sie alle hatten Radar, Malsi- und Kommandogeräte.«
Die Heimatflak war meistens als Großbatterie mit bis zu 16 schweren Flakrohren organisiert, um Führungs- und Versorgungspersonal einzusparen.
Ausgerüstet war sie zunächst mit französischen, ab Sommer 1943 mit sowjetischen Beutegeschützen. Die französische 7,5 cm Flak eignete sich für Sperrfeuer. Die sowjetische 8,5 cm Flak, Russenflak genannt, war durch Aufbohrung so präpariert, daß sie die deutsche 8,8 cm Munition verschießen konnte.
Für die Luftwaffenhelfer bei der Flakartillerie fand weiter Schulunterricht statt. Zum Kriegsdienst kamen die Gymnasiasten und Oberschüler nicht unvorbereitet. Sie hatten als Dreizehnjährige im Jungvolk eine Luftschutzausbildung erhalten, die Selbstschutz genannt wurde. Militärisch waren sie im Jungvolk und in der Hitlerjugend an Staatsjugendtagen, die sonnabends stattfanden, und in Wehrertüchtigungslagern einigermaßen vorgebildet worden.
Die Luftwaffenhelfer gehörten zur Heimatflak ihrer Städte, in denen sie wohnten. 1944 wurde ihnen eine Verlegung zum »überörtlichen Einsatz« nicht mehr erspart.
Der Krieg war zu den Kindern gekommen, hatte sie in die Pflicht an der Waffe genommen. Wenn Luftalarm gegeben wurde, begann ihr Einsatz. Es war Ernstfall und kein Spiel mehr an den Geschützen und Geräten der Flakstellung.
Sie waren nun keine Zivilisten mehr, von denen sie bei einem Bombenangriff jedoch kaum etwas unterschied.
Ein Unterschied hieß allerdings, daß sie aktiv werden konnten. Sie durften sich mit der Waffe wehren. Sie konnten an den Meßgeräten die feindlichen Flugzeuge orten. Zu viel wurde von diesen Jungen erwartet. Die Begeisterung, die sich Luftwaffenoffiziere erhofft hatten, blieb in Grenzen. Sie erlitten hohe Verluste und wurden 1945 auch im Erdkampf verwendet.
Ihnen, den Kindern, wurde scheu Respekt erwiesen.
Fotos, die erhalten geblieben sind, zeigen sie oft fröhlich, selbstbe-

wußt, in Urlaubsstimmung nach der Bekämpfung anfliegender Geschwader, wie befreit von einer Last. Es sind junge, schmale Gesichter, auf den Köpfen die Skimütze, die nun feldgrau ist. Vor dem Abitur, wenn sie je dahin kamen, hatten sie hier eine andere Reifeprüfung abzulegen.

»Jetzt aber drängen sich die Nachtgespenster gefährlich eng um viele Teile der deutschen Heimat«, schrieb am 5. September 1943 Jürgen Schüddekopf im Feuilleton der Wochenzeitung »Das Reich« in der gehobenen, pathetischen Prosa, die damals üblich war. »Nicht nur die zu Furien schrecklich verwandelten Nächte sind es, einst Sinnbilder tiefsten Friedens, aus denen nun Feuer und Schrecken herabstürzen: nein, aushöhlender noch und gefährlicher als die schrecklichsten Sekunden der Gefahr sind die grauen Dämonen, die sich in uns einzunisten drohen. Hinter jedem Schmerz, hinter jeder Gefahr lauert die dämonische Verlockung, sich ihr willenlos zu überantworten. Das ist eine der Sekunden, wo das menschliche Herz auf dem Posten sein muß: das Herz des Menschen, nicht der Verstand. Denn der gibt ihm nur Sühne und Schuld seines Schicksals.«

Diese schwülstigen Worte richteten sich gegen Defätismus unter den Intellektuellen im Lande, die diese Wochenzeitung lasen. Zu ihnen gehörten auch die Luftwaffenhelfer der Heimatflak. Doch die jungen Gesichter auf den erhaltenen Fotos blicken, nicht gezeichnet von »grauen Dämonen« des Zweifels, in die Linse der Kamera.

Hinter ihnen stehen ihre Waffen. Im September 1943 hatte die Heimatflak mehr als 33 000 Geschütze.

Ein Fünftel davon waren 8,8 cm und 8,5/8,8 cm Flak, letztere die russischen Beutekanonen.

Die Großbatterien hatten vor allem die deutschen Großstädte zu schützen, in denen 30,5 Prozent der Bevölkerung des Reiches wohnten. 1939 waren dies über 24 Millionen.

Durch die Einziehungen zur Wehrmacht, zum Reichsarbeitsdienst, zur OT und Reichsbahn, zu anderen Hilfsorganisationen, zur Waffen-SS, die nicht mehr nur Freiwillige aufnahm, hatten sich diese Zahlen vermindert. Auch die Evakuierungen von Behörden hatten eine Abnahme der Wohnbevölkerung herbeigeführt.

1939 hatten die Großstädte einen Anteil der weiblichen Bevölkerung von 51,2 Prozent gegenüber 48,8 Prozent der männlichen Bevölkerung.
1943 hatte die Heimatflak neben der Nachtjagd etwa 15 bis 18 Millionen Menschen in den Großstädten durch die Abwehr feindlicher Luftangriffe zu schützen.
Ein Viertel der deutschen Bevölkerung geriet 1943 durch den Luftkrieg auf einen Kriegsschauplatz, der ebenso kriegsentscheidend werden konnte wie die militärischen.
Am wenigsten war die Landbevölkerung betroffen, die bei Kriegsbeginn 31,6 Prozent der Gesamtbevölkerung ausgemacht hatte.
Am Rande der Heimatfront blieben vorläufig noch die 11,5 Prozent in den Landstädten und die 13,3 Prozent in den Kleinstädten.
Für die 13,1 Prozent in den Mittelstädten würde bald die Stunde schlagen.
1939 hatte es im Reich 18,7 Millionen Männer im Alter zwischen 18 und 50 Jahren gegeben, die für den Dienst mit der Waffe in Frage kommen konnten.
Von ihnen erhielt während des Krieges die Hälfte eine Waffe. Die andere Hälfte arbeitete, war angestellt, erbrachte zivile Dienstleistungen oder verwaltete mit die besetzten Gebiete.
Es gab mehr Deutsche an der Heimatfront als an den Kriegsfronten. Die Geburtenjahrgänge 1926 und 1927, aus denen die Oberschüler und Gymnasiasten kamen, die als Luftwaffenhelfer 1943 eingesetzt wurden, hatten zusammen eine Stärke von etwas über einer Million. Der Jahrgang 1928, der 1945 einberufen wurde, war mit 1,2 Millionen der stärkste Geburtenjahrgang.
»Kriegseinsatz« leistete die Jugend seit Beginn des Krieges in der Hitlerjugend, dem Jungvolk, im BDM (Bund Deutscher Mädchen). Darunter wurden Hilfsdienste verstanden, Erntehilfe beim Bauern, Spielzeugaktionen für die Kinder der Gefallenen, Sammlung von Altmaterial, Betreuung Verwundeter in den Lazaretten.
1940 leisteten 318 782 Mädchen Hilfe im Haushalt von Soldatenfamilien. 64 106 halfen im Deutschen Roten Kreuz. 60 263 Mädchen pflegten und versorgten in Lazaretten. 107 185 hatten Dienst auf den Bahnhöfen bei der Betreuung und Verpflegung. Als Flugmeldehelferinnen bei der Luftwaffe waren 3 500 Mädchen tätig.

Neben dieser »Gemeinschaftsbetreuung« gab es auch »Einzelbetreuung« durch BDM-Mädchen. So wurden in Hamburg Mädchen hand- und armverletzten Soldaten als Schreibhilfen beigegeben. Dabei mußte es auch zu Schwierigkeiten kommen. Im SD-Bericht vom 8. August 1943 heißt es hierzu: »Nicht nur die Soldaten hätten sich nach anfänglichen Bedenken gern wegen des Briefeschreibens an diese Mädchen gewandt, sondern auch die DRK-Schwestern seien dankbar gewesen, daß ihnen diese Arbeit abgenommen wurde. In zahlreichen Meldungen ist auch auf die Gefahren in sittlicher Hinsicht hingewiesen worden, die für ältere Mädchen bei dieser Einzelbetreuung, aber auch bei Gemeinschaftsbetreuung, bestehen.«
Der SD-Bericht zählt dann auf, weshalb der BDM-Einsatz eingeschränkt oder unter die Aufsicht Erwachsener gestellt werden mußte, wie Mädchen Briefe von Verwundeten in ihren bei der Betreuung abgelegten Mänteln gefunden hätten, die zum »Stelldichein einluden«, wie aber auch die Initiative zum Näherkennenlernen mit allen sittlichen Folgen von den Mädchen ausginge, die sich aufdringlich den Verwundeten näherten und auf Bekanntschaften aus seien. »Ältere Mädchen« und junge verwundete Soldaten waren oft gleichaltrig; die »Anfechtungen« verstanden sich von selbst. Diese Mädchen standen ihren Mann. Eine Frau aus Hamburg schrieb über die schweren Luftangriffe Ende Juli 1943: »Auch ich habe mein Leben und das meiner jüngsten Tochter einem 17jährigen BDM-Mädel zu verdanken, das uns aus einem von Phosphor getränkten, in Flammen gehüllten Keller unter eigener Lebensgefahr erlöste.«
Im Aprilheft 1943 der HJ-Zeitschrift »Das Junge Deutschland« werden 700 000 Hitlerjungen (in Feuerwehrscharen) aufgezählt, die bis Ende 1942 zur Brandbekämpfung ausgebildet wurden und 23 000, die den Einsatzkommandos der Polizei zugeteilt waren, um als erste die Brandstellen bei Luftangriffen zu erkunden. Bis Anfang 1943 sind dabei 102 Jungen verwundet worden, von denen 32 an ihren Verletzungen starben. 607 wurden ausgezeichnet, davon 134 mit dem Kriegsverdienstkreuz, 147 mit dem Kriegsverdienstkreuz mit Schwertern und 6 mit dem Eisernen Kreuz II. Klasse.

Diese Zahlen dürften sich von 1943 an weiter erhöht haben, doch es liegt kein statistisches Material mehr vor. So sehr auch der neue große Kriegsschauplatz, die Heimatfront, im Frühling und Sommer 1943 die Kriegslage zu bestimmen schien, da es hier nicht nur um Verluste in der Rüstungswirtschaft, sondern um die Moral der Bevölkerung ging, die gebrochen werden sollte: Die Lage an der Ostfront, an der jetzt auf sechs Sowjetsoldaten ein deutscher Soldat kam, beunruhigte die militärische Führung mehr und mehr.

Noch vor der Sommeroffensive, der Schlacht von Kursk, die im Juli verlorenging, hatte der deutsche Marineattaché in Tokio, Konteradmiral Wennecker, der Seekriegsleitung am 17. April gemeldet, was man in Japan meinte: »Ein Umschwung sei nur durch deutsche Einigung mit Rußland zu erreichen, wozu die Aussichten jetzt oder noch besser nach erfolgreicher Frühjahrsoffensive angesichts der russischen Erschöpfung als nicht ungünstig anzusehen seien.«

Dem Marineattaché wurde von der Seekriegsleitung geantwortet: »Vernichtung der Sowjets entscheidend für den Bestand Europas. Über die Aussichten oder Möglichkeit, durch Verhandlungen mit Rußland den Ostkrieg zu beenden, hat die Seekriegsleitung sich nicht zu äußern.«

Nach der Schlacht von Kursk hält das Kriegstagebuch der Seekriegsleitung ein Gespräch fest, das der Chef des Wehrmachtführungsstabes, General Jodl, mit dem japanischen Vizeadmiral Nomura in Anwesenheit von Großadmiral Dönitz führte. Nomura war in einem deutschen U-Boot von Ostasien eingetroffen. Jodl meinte, er wüßte nicht, wie der Krieg beendet werden könne, »auch Friedrich der Große wußte es nicht«.

Nomura wurde dann gefragt, ob nicht die japanische Kwantung-Armee gegen die Sowjetunion in Sibirien eingesetzt werden könnte, um Deutschland zu helfen. Nomura entgegnete, dazu brauche man für die Versorgung dieser japanischen Streitkräfte 250 000 Bruttoregister-Tonnen Schiffsraum, den man nicht hätte, angesichts der weitverzweigten japanischen Operationen im Pazifik.

Das wußte auch General Jodl, der darauf erwiderte: »Deutschland

führt Krieg weiter, solange er geführt werden muß. Deutsches Volk und Führung sind sich völlig darüber klar, daß gar keine Möglichkeit besteht, diesen Krieg aufzugeben. Der Wille bei Führung und Volk durchzuhalten, ist nicht zu brechen.«
Eine Entlastung durch Japan, an die Großadmiral Dönitz gedacht hatte, blieb eine Illusion.
Die Seekriegsleitung wandte sich am 29. Juli 1943 an das OKH, Abteilung Fremde Heere Ost, um von dort eine Antwort auf die Frage einer Entlastung Deutschlands durch eine japanische Kriegserklärung an die Sowjetunion zu erhalten.
Die Antwort lautete: »Die Ostfront ist die Schicksalsfrage des ganzen Krieges.«
Alles andere, auch der Luftkrieg über Deutschland, trat dagegen weit zurück.
Der Befehlshaber des XII. Fliegerkorps und für die Nachtjagd verantwortliche General der Flieger, Kammhuber, machte nach dem Luftangriff auf Peenemünde Hitler den Vorschlag, mit den neuen »Würzburg«-Geräten, dem deutschen Radar, eine Linie an den Grenzen des Reiches und eine zweite Linie im Westen von Berlin herzustellen, um die Abwehr der gegnerischen Bomberströme durch die Nachtjäger zu verbessern. Kammhuber trug Hitler dabei vor, die amerikanische Bomberproduktion betrage monatlich 5000 Stück. Hitler nannte die Zahl unsinnig und lehnte eine »Kammhuberlinie« aus Radargeräten ab. Kammhuber verlor das Kommando über das Nachtfliegerkorps, das aufgelöst und dessen Einheiten auf die Luftflotten verteilt wurden, in denen von nun an die zweimotorigen Nachtjäger flogen.
Die einmotorigen Nachtjäger des Jagdgeschwaders 300 unter Major Hajo Herrmann, der von den Kampffliegern kam und selbst Pilot war, hatten den britischen Bombern, die vom Luftangriff auf Peenemünde heimkehrten, schwere Verluste beigebracht. Dieses Jagdgeschwader wurde »Wilde Sau« genannt, da die Nachtjäger in die Bomberströme »eintauchten« und sie durcheinanderbrachten. Neben der »Wilden Sau« gab es noch die »Zahme Sau«, bei der weniger Erfolge erzielt wurden. Major Herrmann bekam später noch unter sein Kommando die Jagdgeschwader 301 und 302, in denen die Focke-Wulff-190 geflogen wurde.

Kurz nach dem Luftangriff auf Peenemünde erschoß sich der Chef des Generalstabes der Luftwaffe, General Jeschonnek, wie schon einmal ein General der Führungsspitze der Luftwaffe, Ernst Udet, im November 1941. Auch er hinterließ eine Botschaft: »Ich kann nicht länger mit dem Reichsmarschall arbeiten. Es lebe der Führer.«

Als Italien Anfang September kapitulierte, wurde erwartet, daß die auf dem europäischen Festland gelandeten Alliierten schnelle Fortschritte machen würden, da sie die Luftherrschaft besaßen.

Das Gegenteil trat ein.

Noch immer hofften die Alliierten, die deutsche Bevölkerung durch die Luftangriffe zu demoralisieren, zu Aufständen und Meutereien in den zerschlagenen Städten treiben zu können.

Gegen die Bomberströme der amerikanischen 8. Luftflotte, die am 17. August 1943 durch Tagesangriffe die Messerschmitt-Flugzeugwerke von Regensburg und die Kugellagerfabrikation von Schweinfurt vernichten wollten, wurden von der deutschen Jagdabwehr Mittel angewandt, die von den Amerikanern staunend und mit wachsendem Schrecken als »Teutonischer Genius der Vernichtung« empfunden wurden. Leutnant Frank A. Celentano, Jurastudent, Navigator in der 546. Bomberschwadron, berichtete in der britischen Zeitung »Daily Herald« darüber: »An die 200 feindliche Jäger attackierten uns; es waren FW-190, einige mit der alten gelben Nase, andere schwarz bemalt, wieder andere schwarzweiß. Manche waren bemalt wie unsere P-47-Jäger und manövrierten wie sie, aber sie konnten uns nicht täuschen. Die Deutschen fochten wie die Teufel. Aber die Focke-Wulffs und die Flak waren nicht die einzigen Waffen, die von den Deutschen über Schweinfurt eingesetzt wurden. Die deutsche Erfindungskraft war erstaunlich. Einige ihrer Jagdbomber, Ju-88 und Me-110, waren mit Raketen ausgerüstet, die Schrecken in unseren Bomberstrom brachten, wenn die qualmenden Geschosse sie in Stücke teilten. Eine Rakete traf einen B-17-Bomber und teilte ihn in zwei Hälften, wobei sich die ganze Besatzung in den herabwirbelnden Teilen des Bombers verfing.

Der Himmel befand sich in einer schnellen Bewegung, als wollte er dieses Schlachtfeld in sich aufsaugen, das rauchbedeckt aussah,

Feuer spie, die Kondensstreifen von Jägern und Gejagten miteinander verband, während Stücke von explodierenden oder zusammengestoßenen Flugzeugen zur Erde fielen. Der Himmel war besät mit weißen amerikanischen und gelben deutschen Fallschirmen. Auf dem Rückweg von Schweinfurt erneut die Jägerattacken, denn die Deutschen hatten ihre Flugzeuge wieder aufgetankt und stürzten sich in ihnen auf unsere angeschlagenen Bomberformationen. Der Schrecken wurde für uns monoton.«

Der Angriff auf Schweinfurt brachte kaum Erfolg. Andere Ziele wurden noch im August angegriffen, bei einem Verlust von 45 Fliegenden Festungen täglich. Der größte Teil des September 1943 brachte kein »Bombenwetter«; in England verhinderte Regenwetter mit tief hängenden Wolken Starts und Landungen.

Erst im Oktober war es wieder möglich, mit neuen Besatzungen und neuen Flugzeugen Tagesangriffe auf industrielle Ziele in Deutschland zu fliegen.

Am 8. Oktober griff die 8. amerikanische Luftflotte mit 350 Viermotorigen Bremen und Vegesack an, wobei sie 30 Flugzeuge verlor. 352 Viermotorige bombardierten am nächsten Tag Seehäfen in Polen und die Focke-Wulff-Werft bei Marienburg. Dabei wurde das Vertrauen der Amerikaner in das »Tageslicht-Präzisions-Bombardement« gestärkt; sie konnten jetzt besser Ziele treffen, die zur Rüstungsindustrie gehörten. Am 10. Oktober wurden Eisenbahn- und Kanalziele in Münster von 236 Kampfflugzeugen angegriffen, von denen 30 verlorengingen.

Nach diesen anhaltenden Verlusten rechnete die amerikanische 8. Luftflotte aus, daß sie innerhalb einer Woche nicht mehr zu Einsätzen fähig sein werde.

Drei Tage Pause wurden bewilligt, um Besatzungen und Flugzeuge wieder aufzufrischen.

Am 14. Oktober 1943 stiegen die amerikanischen Bomber wieder auf, verstärkt durch Neuzugänge, um Schweinfurts Kugellager-Fabrikation endgültig auszulöschen. Doch von den gestarteten 291 Bombern erreichten nur 228 Schweinfurt, der Rest lag brennend auf der Einflugroute. 65 Fliegende Festungen gingen verloren, die Deutschen verloren bei der Abwehr 50 Jäger. 140 amerikanische Bomber erreichten ihre Basis in England in zerschossenem Zustand und 17 davon konnten nicht mehr repariert werden. 600 Mann wurden vermißt; viele von ihnen starben in ihren explodierenden und brennenden Flugzeugen, wurden getötet von Jägern und durch das Abwehrfeuer der Flakartillerie.

Die Amerikaner sahen ein, daß ihre Tagesangriffe mit »Fliegenden Festungen«, bei denen sie so weit nach Deutschland eindrangen, ohne gleichzeitigen eigenen Jagdschutz ein taktischer Fehler waren. Die Verluste waren zu hoch, die deutsche Abwehr zu stark. Jetzt fragten sie sich, ob die Engländer nicht mit ihrer These recht hatten, daß Tagesangriffe unsinnig seien? Luftmarschall Harris hatte General Eaker, den amerikanischen Bomber-Commodore, gewarnt, als dieser Schweinfurt als Ziel nannte.

Harris zog es vor, dichtbevölkerte Städte nachts angreifen zu lassen, die leicht zu finden waren und in denen, wie er zu Eaker sagte, »viele, viele Deutsche hausten. Diese Städte sollten wir zerstören, nicht das kleine Schweinfurt mit seinen 60 000 Einwohnern.«

Die Kugellager-Fabrikation wurde empfindlich gestört, aber sie ging weiter.

Die amerikanische Luftwaffe in Europa hatte ihre »Herbstkrise«, während die britische Luftwaffe die Nachtangriffe fortsetzte. Die deutsche Luftwaffenführung wußte nun, daß sie die Bomberströme nicht aufhalten konnte, obwohl sie ihnen schwere Niederlagen – wie die über Schweinfurt – zufügte. Bombardierungen durch die Gegner wurden nun mehr »geschäftsmäßig« ausgeführt, nicht mehr »selbstmörderisch« wie über Schweinfurt.

21. KAPITEL
Nichts mehr zu verlieren

Während das im Reich geschah, hatten die Rückzüge im Osten wieder begonnen. In den bombardierten Städten, den noch verschonten Landschaften trafen Feldpostbriefe ein, die mehr sagten als die Wehrmachtsberichte und Artikel der Kriegsberichter in der gelenkten Presse.
Der Inhalt dieser Feldpostbriefe wurde unter Verwandten und Bekannten verbreitet. Er hatte für die Ansichten im Volk zur Kriegslage erhebliche Bedeutung.
In den SD-Berichten vom 11. November 1943 finden sich Auszüge aus Feldpostbriefen, »wie sie in dieser Art in den letzten Wochen in ständig steigender Zahl erfaßt wurden. Es handelt sich durchweg um Soldaten, die in den Abwehrkämpfen an der Ostfront in vorderster Linie stehen«.
Nach der gescheiterten Sommeroffensive, der Schlacht um Kursk im Juli, schrieb ein Stabsarzt an einen Kollegen im Reich: »Als wir nun glaubten, die Konzentrationen geschähen für die deutsche Sommeroffensive zur Ausbügelung des Kursker Sackes, erwies sich dies als ganz bitterer Irrtum, aber das merkten wir erst später. Was dann kam, war viehisch: Wir stießen in den fertigen russischen Aufmarsch hinein, und der Rest läßt sich nicht beschreiben. Wer das mitgemacht hat, kann Pazifist werden, ohne daß man ihm das sonderlich übel nähme. Wir sehen ja nur die Kehrseite des Krieges, aber diese war so grausam, daß sie selbst beinahe für ein dickes Fell zuviel wurde. Wir sind immer abwechselnd beim Operieren umgefallen, regelrecht kollabiert, vor Übermüdung und Schwäche. Weißt Du noch, in Cambrai, da hatten wir einige Tage je 240 ›Frische‹ liegen, hier hatten wir 1808. Schildern läßt sich dies nicht, und auf dem Papier schon gar nicht, und dies dauerte nicht drei Tage, sondern drei Wochen.«

Ein Offizier schrieb: »Was im Osten geschieht, bestimmt heute allein der Russe. Man soll ja nicht glauben, daß wir alles zerstören konnten und nichts Brauchbares den Russen in die Hände gefallen ist. Das geht bei einem so umfangreichen Rückzug nicht. Vor allem die Ernte haben die Russen zum größten Teil eingebracht hier in der Ukraine.«

Anfang August wurde Orel geräumt. »Von einem regelrechten Rückzug aus Orel kann nicht gesprochen werden. Ich war selbst bei dieser eingeschlossenen Truppe, die etwa 10 000 Mann stark war und von denen nur etwa 280 Mann übriggeblieben sind.«

Ein anderer Feldpostbrief von der mittleren Ostfront: »Von einem Regiment blieben nur 100 Mann übrig, von einer Kompanie 25. Über Nacht haben wir graue Haare bekommen.«

Ein Feldwebel, der noch vor einem Monat einen zuversichtlichen Brief nach Hause geschrieben habe, teilt, wie der SD-Bericht sich von einem seiner Informanten melden ließ, »in seinem Feldpostbrief, der diese Woche einging«, mit, »daß von seiner Kompanie nur noch 8 Mann übrig seien, daß es bei den anderen Kompanien seines Regiments nicht anders aussehe. Der Rest des Regiments sei zu einer Kompanie zusammengefaßt. Diese ›Regimentskompanie‹ sei dem mit großer Übermacht angreifenden Feind an einer kritischen Stelle entgegengeworfen worden und habe dabei wiederum hohe Verluste erlitten, daß nur noch ein kleines Häuflein übriggeblieben sei. Der Regimentskommandeur und fast alle übrigen Offiziere seien gefallen oder verwundet.«

Dieser Feldpostbrief kam aus dem Frontabschnitt der 4. Armee, deren Oberbefehlshaber, Generaloberst Heinrici, am 10. Oktober 1943 einen Armeebefehl unterschrieb, in dem es hieß: »Damit ist die Abwehrschlacht von Smolensk (6. 8. – 10. 10. 43) abgeschlossen ... Bald wurde auf 5 Schlachtfeldern gerungen. Immer neue Verbände führte der Feind in den Kampf, immer neuen Ersatz schob er seinen zusammengeschossenen Regimentern nach, um seinen Stoß nicht erlahmen zu lassen. Kam er im freien Feld nicht zum Erfolg, so suchte er durch Busch, Wald und Sumpf Eure Linie zu umgehen. Was ihm an Menschen, Waffen und Kriegsmitteln irgend zur Verfügung stand, setzte er ein, um bei Jelnja, Baltutino und Krassny Teile der Armee zu vernichten ... Tags kämpfend, nachts schanzend oder marschierend habt Ihr, bis zur Erschöpfung der Kräfte beansprucht, die Schlacht zu Ende geführt. Die gelichteten Reihen habt Ihr, ohne Ersatz und ohne Reserven, durch Zusammenrücken immer wieder geschlossen. Was sonst Bataillone leisteten, haben hier schließlich wenige entschlossene Kämpfer getan ... 2000 russische Panzer sind abgeschossen. Vielfach so hoch wie die eigenen Ausfälle sind die des Gegners. Gewaltige Überlegenheit hat Eure Linien, Soldaten, in mehr als zweimonatigem Ringen nach Westen zurückgedrückt. Es ist nicht gelungen, den *deutschen Wall* zu sprengen und sich *den Weg nach Deutschland zu öffnen* ...«

Die 4. Armee stand jetzt am Dnjepr.

In einem anderen Feldpostbrief hieß es: »Unsere Panzerabwehr ist ausgezeichnet, aber wir haben viel zu wenig davon. Unsere Infanterie ist heldenmütig, aber der Russe mit seiner unheimlichen Zahl an Waffen, die technisch hervorragend sind, überrennt sie.« Große Sorgen machten sich die Briefschreiber über das Ausbleiben von Reservetruppen.

Ein Flaksoldat schrieb aus der Gegend von Leningrad: »Es ist schon öfter vorgekommen, daß die vorhandene Munition, die nur noch zur Selbstverteidigung dienen konnte, so gering war sie vorhanden, weggebracht wurde, um an anderen Abschnitten eingesetzt zu werden.«

Über die Kampfmoral der Truppe an der Ostfront: »Die allgemeine Lage übersehen wir nicht, den Abschnitt, den wir zu übersehen glauben, halten wir aber für sehr ernst. Wir sind eben nicht mehr die von 1939 und 1940. Die alten Krieger sind seltener geworden, und die Abwehrkämpfe und Rückzüge wirken sich auf die Kampfmoral und die Persönlichkeit der einzelnen anders aus, als die Vormarschkämpfe, die Du noch kennst. Es weiß jeder, was kommt, wenn es schief gehen sollte. Der Anschauungsunterricht war hinreichend. Und deswegen tut jeder seine Pflicht. Aber Grenzen der Leistungsfähigkeit sind nun mal vorhanden, wenn man sie auch mit Willenskraft noch so weit hinausschieben kann. Schön ist die Erkenntnis nicht, im Gegenteil, aber mach' was dagegen.

Was vor uns liegt ist dunkel, sehr dunkel sogar. Aber es muß eben

gefressen werden, wenn es vor uns überhaupt noch einmal hell werden soll.«
Auch von deutschen Überläufern erfuhr man durch diese Feldpostbriefe: »Auf die Dauer wirken sich die Rückzüge immer auf die Stimmung einer Truppe ungünstig aus. Wir haben heute im Osten schon viele, die mehr als genug haben. In den Lazaretten nimmt die Zahl der Simulanten dauernd zu, ebenso die Zahl der deutschen Überläufer.« »Wir haben zahlreiche Überläufer, ein schlimmes Zeichen. Die russischen Flieger werfen Passierscheine ab, mit denen unsere Soldaten ohne Schwierigkeiten zu den feindlichen Linien gelangen sollen.«
Schlicht schreibt ein Landser: »Vorne kracht's, rückwärts kracht's, an der Seite und von oben, überall kracht es Tag für Tag, immer gleich. Nur ein Wunder kann uns retten.« Jeder Soldat wußte, daß er wegen Wehrkraftzersetzung hart bestraft werden konnte. Der Inhalt der Feldpostbriefe zeigt, daß eine Gleichgültigkeit gegenüber der Furcht vor Strafen eingetreten war.
Im Ersten Weltkrieg hatten die »Zustände in der Etappe« in Belgien und Frankreich die Frontsoldaten und den Ersatz negativ beeindruckt. In Feldpostbriefen des Zweiten Weltkrieges werden sie erst in den letzten Kriegsjahren hart kritisiert.
»Ich müßte mich vor Frau und Kindern schämen, wenn ich ihnen erzählen wollte, was für eine Mätressen- und Hurenwirtschaft sich die Offiziere hinter der Front eingerichtet haben. Wer von uns aufmuckt, wird auf ein Himmelfahrtskommando an die Front geschickt. Wenn das so weitergeht, verlieren wir den Krieg«, schrieb ein Landser. »Es gibt Frontabschnitte, in denen heute jeder vierte oder fünfte Mann geschlechtskrank ist«, teilte eine Rot-Kreuz-Schwester mit.
Wie im Ersten Weltkrieg wird das Etappenleben vor allem den Offizieren angelastet, worunter aber auch die vielen Wehrmachtsbeamten gerechnet wurden, die im Operationsgebiet tätig waren. Die Fronttruppen trafen bei den Absetzbewegungen und Rückzügen auf das rückwärtige Frontgebiet, auf die Verwaltungsdienststellen in den besetzten Ländern. Sie lernten dort ein Leben wieder kennen, das sie schon lange nicht mehr führen konnten. Das trug zu der Mißstimmung bei.

Daß im rückwärtigen Operationsgebiet seit Spätherbst 1941 der Krieg gegen die Partisanen stattfand, wußten die Fronttruppen, aber sie hatten sich ihn anders vorgestellt. Er bedrohte zwar die rückwärtigen Verbindungen, setzte die Dienststellen, die über die riesigen Gebiete verstreut waren, vielen Gefahren aus, doch gelebt wurde dort anders als an der Front.
Auf einen Frontsoldaten, der vorn im Gefecht stand, kamen fünfzehn bis zwanzig Soldaten, die bisher den Feind nur als Kriegsgefangenen oder Partisanen gesehen hatten.
Von einer Division, die 10 000 bis 15 000 Mann Sollstärke hatte, kämpften mit dem Gegner jeweils nur zwei- bis dreitausend Mann. Der Unterschied zwischen Gefechtsstärke, Kampfstärke und Verpflegungsstärke mußte seit 1943 in einer »Führermeldung« regelmäßig mitgeteilt werden. Unter Gefechtsstärke fielen alle Soldaten, die tatsächlich mit dem Gegner im Gefecht waren. Die Kampfstärke schloß auch die Kraftfahrer ein, die in den motorisierten Einheiten fuhren. Zur Verpflegungsstärke gehörten sämtliche Nachschubdienste bis zum Feldpostamt und den Bäckerei- und Metzgereieinheiten. Doch rückwärts der Divisionen gab es die Korps- und Armeestäbe, die Heeresgruppenstäbe und ihre Entsprechungen bei der Luftwaffe. Dann hatten die Befehlshaber im rückwärtigen Heeresgebiet mit ihren Stadt- und Feldkommandanturen und anderen Einrichtungen Aufgaben zu erfüllen.
Vorn, da waren immer nur wenige, obwohl nicht erst seit Stalingrad auch die rückwärtigen Dienste stärker in die Schlachten einbezogen wurden.
Anders sah es in den bombardierten Städten im Reich aus. Dort befand sich während eines Luftangriffes jeder an der Front, das heißt dort, wo einer verwundet oder getötet werden konnte, während der Gegner angriff.
Eine *Etappe* gab es nicht.
Dort mehrten sich im Herbst 1943 die Rückkehrerinnen, Frauen, die es in den ihnen zugewiesenen Ausweichquartieren auf dem Lande nicht aushielten und den Behörden erklärten, sie wollten lieber Luftangriffe erdulden, als länger in den Quartieren aushalten zu müssen.
Sie brachten ihre Kinder mit. Als ale in luftgefährdeten Großstad

ten an Rhein und Ruhr aufgefordert wurden, wenigstens ihre Kinder auf dem Lande zu lassen, wobei ihnen gedroht wurde, sie erhielten keine Lebensmittelkarten für die Kinder, kam es Mitte Oktober 1943 zu einer »direkten Auflehnung bei den Frauen«, wie der SD-Bericht meldete. Sie seien zu allem fähig, ohne die geringste Vorsicht wegen der Folgen aufzubringen.
»Die sollen mir nur kommen«, habe eine Frau gesagt. »Meine Kinder kommen nicht weg, und wenn ich nichts zu essen habe, dann kann ich mit ihnen zusammen verrecken.« Oder: »Die vom Ernährungsamt sollen mir erst einmal das Gesetz zeigen, daß die Kinder weg müssen. Wenn es darüber kein Gesetz gibt, und das gibt es nicht, kann man mir niemals die Lebensmittelkarten wegnehmen.« Eine Frau sagte: »Das wollen wir doch mal sehen, ob ich für die Kinder nichts zu essen bekomme. Ich kann doch meine Kinder noch lassen, wo ich will. Es sind doch *meine* Kinder.«
Bürgermeister, Ernährungsämter, Gauleiter wurden verantwortlich gemacht.
»Sollen uns doch gleich lieber nach Rußland schicken«, sagte eine Frau im Ruhrgebiet. »Maschinengewehre auf uns halten, und fertig.«
Frauen wollten lieber mit ihren Kindern im Luftschutzkeller sterben, als sich von ihnen trennen. Eine Frau sagte: »Wenn ich weg bin, soll auch mein Kind weg sein und nicht allein in der Welt sich quälen. Wir bleiben zusammen. Das wäre noch schöner, sie können doch nicht mit uns machen, wie sie wollen, es ist doch immer noch freiwillig.«
Diese Ansicht war weitverbreitet. Es blieb der Stolz der Frauen, lieber in den Kellern der zusammengeschlagenen Häuser ein Höhlenleben bis Kriegsende zu führen, als die Stadt zu verlassen. Oder war es etwas anderes: Die kreatürliche Angst des Menschen, Ungewißheit gegen Gewißheit einzutauschen? Gewißheit hieß hier: Es kann mich überall treffen, deshalb will ich kein Flüchtling vor den Bomben werden.
»Auffallend sei«, meint der SD-Bericht vom 18. November 1943, »daß viele Maßnahmen der Partei und der führenden Persönlichkeiten von den Frauen in stärkerem Maße als von den Männern kritisiert würden, jedoch stellten sich die meisten Frauen stets

hinter die Person des Führers. Allgemein werde von den Frauen der Standpunkt vertreten, daß der Führer bestimmt Abhilfe schaffen würde, wenn er alles wüßte.«
Hitler meinte damals in einem Gespräch am 18. Oktober 1943 mit Besuchern der »Wolfsschanze« aus Bulgarien: »Wie viele Male in den letzten 300 Jahren sind ganze Städte oder wichtige Gebäude abgebrannt? Die Zerstörungen haben für das eigene Land insofern ein positives Ergebnis, als sie eine Menschenmenge hervorbringen, die nichts mehr zu verlieren hat und deswegen fanatisch weiterkämpfen wird.«
Zu dieser »Menschenmenge«, die täglich größer wurde, zählten diese Frauen.
Aber »fanatisch weiterkämpfen«, das konnten sie nicht.
Sie hielten nur in dumpfer Ergebenheit aus, was von ihnen an der Heimatfront verlangt wurde.
Der SD-Bericht sprach auch davon, daß Zusammenhalt und gegenseitiges Verständnis in der Ehe den Frauen durch die lange Kriegsdauer abhanden käme. »Die mit kurzen Unterbrechungen nun schon Jahre andauernde Trennung, die Lebensverhältnisse im totalen Krieg, die hohen Anforderungen, die an jeden einzelnen gestellt werden, formten die Menschen um und erfüllten sein Leben. Der Frontsoldat zeigte im Urlaub oft kein Verständnis für die kriegsbedingten häuslichen Dinge und bleibe interesselos gegenüber den täglichen Sorgen der Heimat. Daraus ergebe sich häufig ein Auseinanderleben der Eheleute.«
Selbst Ehen, die früher harmonisch gewesen seien, würden nun gefährdet, wenn der Mann als Fronturlauber nicht mehr verstand, was in der Heimat geschah.
Zusammenstöße zwischen den Eheleuten, Nervosität, die in der kurzen Urlaubszeit ausbreche, würden sich schädigend für die Stimmung in der Heimat und an der Front auswirken. Der Krieg konnte vieles; er zerstörte auch Ehen, er war unharmonisch, er trennte, was zusammengehörte, er schlug tot, was gerade erst geboren war.
»Leben und Tod«, schrieb Gottfried Benn am 21. November 1943, gingen jetzt so ineinander über, »daß man nicht mehr weiß, auf welcher Seite die Strahlen oder die Schatten liegen.«

Kurz vorher, am 16. November, schrieb Goebbels in sein Tagebuch: »Zur Zeit ist die Moral in unserem Volk hervorragend. Zum Teil liegt das an unserer guten Propaganda, zum anderen an den harten Maßnahmen, die wir gegen Defätisten ergriffen haben.« Nachts hatte er den Kommandobunker unter dem Wilhelmplatz besichtigt, der für den Reichsverteidigungskommissar in Berlin gebaut worden war. Er bewunderte die Ausstattung und hoffte, daß er kaum Gebrauch davon machen müßte, um von hier aus die Verteidigung der Reichshauptstadt zu leiten.

Wenige Tage später war es soweit.

Die großen Luftangriffe auf Berlin setzten ein.

22. KAPITEL

Für Berlin wird es ernst

Mit fünf Großangriffen vom 18. November bis 3. Dezember 1943, bei denen 2212 britische Flugzeuge eingesetzt wurden, begann Luftmarschall Harris die *Schlacht um Berlin* (Battle of Berlin), von der er glaubte, sie werde den Deutschen den Verlust des Krieges bringen.
Um dieses Ziel zu erreichen, brauchte er die Mitwirkung der amerikanischen 8. Luftflotte unter General Eaker, die bisher bei Tage ihr kriegswichtig erscheinende Ziele angegriffen und dabei schwere Verluste erlitten hatte. Da die Amerikaner auch Berlin bei Tage angreifen wollten, um dort kriegswichtige Ziele zu erkennen und zu vernichten, brauchten sie einen Begleitschutz von weitreichenden Jagdflugzeugen, über den sie erst zu Beginn des Frühjahrs 1944 verfügen konnten. Die Zerstörung der Reichshauptstadt hatte Churchill dem Luftmarschall Harris genehmigt. In kurzer Zeit konnte sie nun nicht mehr erreicht werden, da Berlin flächenmäßig viel zu weiträumig angelegt war, um allein von den nachts angreifenden Bombern der Royal Air Force eingeebnet und unbewohnbar gemacht zu werden.
Über die Motivation für diese »Schlacht um Berlin« schreibt der amerikanische Historiker Jablonski in seinem 1979 erschienenen Buch »Air War«: »Was auch immer die offizielle Vorstellung von der strategischen Wichtigkeit Berlins damals war – für den Piloten auf dem europäischen Kriegsschauplatz blieb Berlin das letzte große Ziel. Nach allem, was geschehen war, verstanden sie Berlin als das Hauptquartier der verhaßten Hunnen.
Gleichgültig war es, wie wenig die Zerstörung Berlins am Ende für den Gewinn des Krieges bedeutete. ›Big B‹ blieb stets ein lockendes Angriffsziel. Dort mochten Millionen hilfloser (sogar Unschuldiger, aber wer konnte das entscheiden) Zivilisten leben,

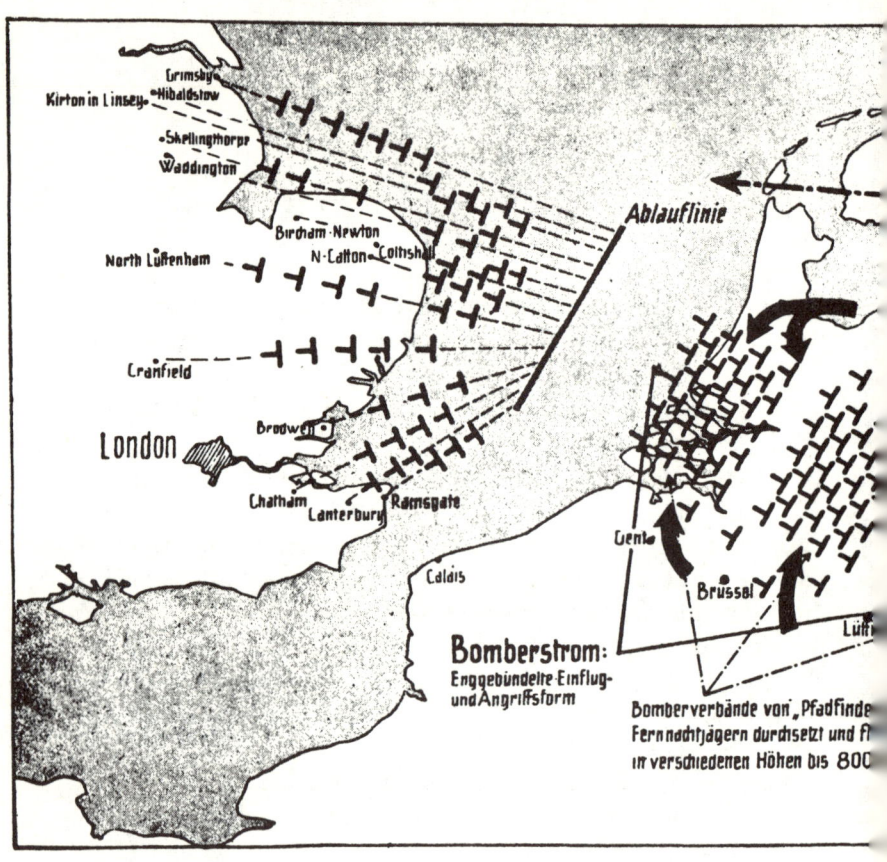

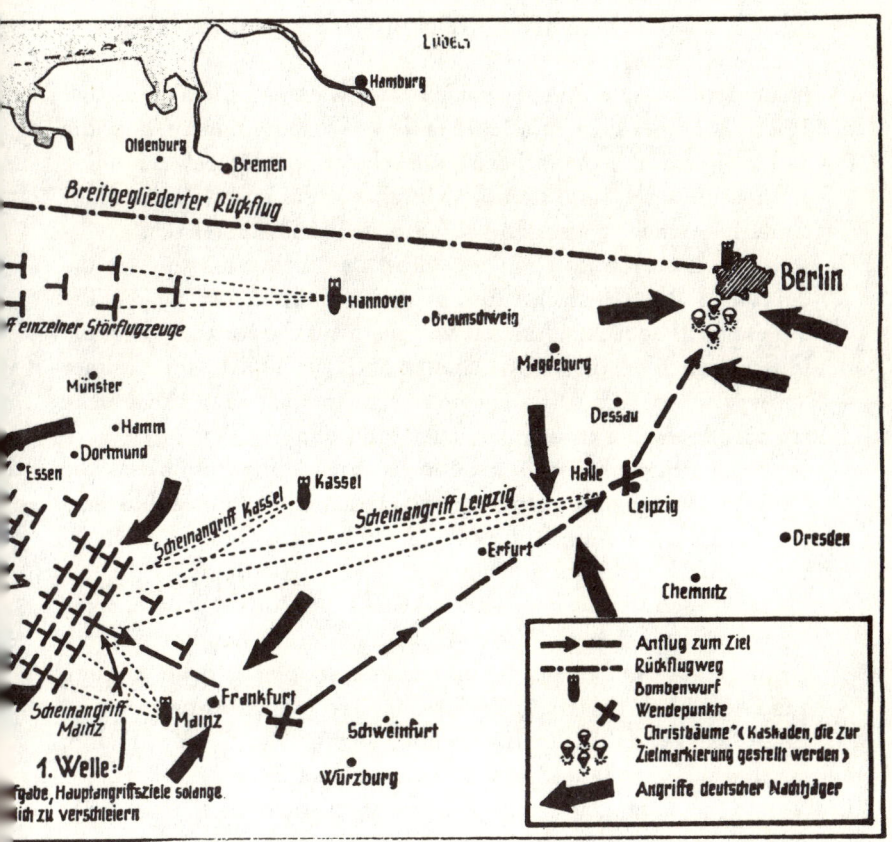

doch es blieb unwesentlich, irrelevant, eine Nebensache. Das war der Totale Krieg.

Nach dem Krieg räumten deutsche Luftwaffen-Generale ein, daß Harris' Bomber die deutschen Städte verwüsten konnten, aber die Wirkung auf die deutsche Moral sei geringfügig gewesen. Die Bombardierungen stärkten die Moral, wie das auch bei den Engländern geschehen war. Es gab keinen Aufruhr unter den Zivilisten, der nach Kapitulation gegenüber dem Feind aussah. Was die deutschen Rüstungsfachleute am meisten fürchteten, waren die Tagesangriffe der Amerikaner, vor allem auf die Rüstungswerke.«
Hitler sprach in diesen Wochen nicht, wie üblich, im Berliner Sportpalast zu den Offiziersanwärtern. Er hielt seine Ansprache am 22. November in der Breslauer Jahrhunderthalle.
In Berlin trägt Goebbels als Reichsverteidigungskommissar die Verantwortung. In seinem Tagebuch beschreibt er am 24. November die Lage, die ihm frühmorgens von seinem Gauleiterstellvertreter Schach gemeldet wurde.
Ungefähr 400 000 Berliner hätten keine Luftschutzkeller mehr, die sie aufsuchen könnten. Viele schlafen in den U-Bahn-Schächten. Beim ersten Nachtangriff zählte man 1500 Tote, beim zweiten 1200. Goebbels hält diese Verluste für erstaunlich niedrig.
Er ordnet an, daß jeder Berliner wöchentlich 50 Gramm Fleisch mehr erhalten solle und Erwachsene 10 Zigaretten.
Vom Oberkommando der Wehrmacht fordert er die sofortige Entsendung von zweieinhalb Divisionen des Heeres, um die Hauptverkehrsstraßen räumen zu lassen.
Am Abend des 24. November verläßt er seinen Bunker unter dem Wilhelmplatz, um die Nacht in seinem Landhaus auf der Halbinsel Schwanenwerder am Wannsee zu verbringen. Er ist erschöpft, aber er hat nun seinen totalen Krieg, nach dem er rief. Im Wagen durch Berlin fahrend, stellt er fest, daß nicht nur das Stadtzentrum, sondern auch der Berliner Westen, beginnend mit dem Tiergartenviertel, stark getroffen ist. Er fährt an den Fassaden der Kaiser-Wilhelm-Gedächtniskirche, des UFA-Palasts und Gloria-Palasts, den Uraufführungskinos, des Romanischen Cafés vorüber, die noch stehen, aber die Gebäude brennen innen bis auf den Grund aus.

Den Kurfürstendamm findet er in schrecklicher Verfassung, am Kaiserdamm brennen Häuser vom Angriff der letzten Nacht. Von Feuerwehroffizieren läßt er sich melden, daß sie hoffen, während der Nacht die Situation zu meistern. Unversehrt findet er sein Landhaus; hier fühlt er sich »wie im Paradies«.
Ruth Andreas-Friedrich, die zu einer illegalen antifaschistischen Zelle gehört, steht an diesem Tag in einer Eimerkette am Lützowufer, die vom Landwehrkanal bis in den fünften Stock eines Hauses reicht. »So steif sind die Hände vom Schleppen und Zureichen, daß uns die Erholungszigarette aus den Fingern fällt. Zigaretten sind selten geworden in Berlin. Bei Anbruch der Dämmerung hasten wir nach Hause. Zu Fuß, denn sämtliche Verkehrsmittel stehen still.«
Der Fliegerleutnant Seibt in der LS-Abteilung (mot) 48, die als aktive Luftschutzeinheit vom Luftgaukommando kürzlich erst aufgestellt wurde, um während der Luftangriffe in die bombardierten Städte zu fahren, trägt am Abend des 24. November in das Kriegstagebuch der Abteilung ein: »16 Uhr. Anruf vom Regiment. Regimentsadjutant Hauptmann Büttner teilt ergriffen den Heldentod von Oberstleutnant und Regimentskommandeur von Schiller mit. Während der Terrorangriffe auf Berlin wurde er an der Siegessäule von einem Bombensplitter verletzt und starb diese Nacht im Lazarett. Mit großer Ergriffenheit nahm das Offizierskorps der Abteilung diese Trauernachricht auf.«
Der Schriftsteller Georg Holmsten, der zur Kommandierten-Kompanie des Oberkommandos der Wehrmacht gehört, die in einem Gasthaus am Rande des Grunewalds kaserniert ist, fürchtet am meisten, im Splitterschutzgraben von Flakgranaten-Splittern getroffen zu werden, die ihm viel gefährlicher erscheinen als Bomben. Granatsplitter der eigenen Flak regnen auf die Stadt herab. Wenn Holmsten Nachtdienst auf dem Dachboden des früheren Reichskriegsministeriums in der Bendlerstraße hat, ist es seine Aufgabe, Brandbomben, die durch das Dach fallen, mit einer Schaufel durch die Dachluke zu werfen.
Hier oben ist er den Bomben sehr nahe, die in das Tiergartenviertel fallen. Er denkt an die Kameraden, die im Luftschutzkeller sitzen dürfen.

Wenn er aus der Dachluke blickt, sieht er Berlin brennen, und er steht mitten in diesem gewaltigen Feuer. Flakscheinwerfer, die im Frieden Lichtdome über der Stadt bauten, kommen ihm jetzt wie zitternde Finger vor, die von der Erde nach schwarzen Schatten greifen, die einen furchtbaren Lärm verursachen. Er hält alles für ein Bild der Hölle, und er fragt sich, ob einer sich daran gewöhnen würde, wenn das anhielte.

Ruth Andreas-Friedrich betrachtet nach einem Nachtangriff die Schuttkehrer und Fenstervernagler in ihrer Straße und fragt sich, warum sie überhaupt noch säubern und reparieren, wenn alles in der nächsten Nacht wieder unaufgeräumt aussehen kann.

Was bringt Millionen Menschen dazu, immer wieder aufbauen zu wollen, was in Scherben fallen wird.

Sie betrachtet im Spiegel ihr schmutzverkrustetes Gesicht, das Kopftuch schief in die Stirn gerutscht. Sie glaubt, die Antwort gefunden zu haben: »Zerstört man uns den Wohnraum, so ziehen wir in die Küche. Schlägt man uns die Küche entzwei, siedeln wir auf den Korridor. Sinkt der Korridor in Trümmer, richten wir uns im Keller ein. Wenn wir nur zu Hause bleiben dürfen. Das dürftigste Eckchen Zuhause ist besser als jeder Palast in der Fremde. Darum kehren sie alle, die von den Bomben aus der Stadt vertrieben worden sind, eines Tages zurück. Sie wühlen zwischen den Steinbrocken ihrer zerstörten Häuser. Man kann nicht leben, wenn man nirgendwo hingehört.

Deswegen retten die meisten Menschen aus ihren brennenden Häusern als erstes ihr Kopfkissen. Weil es ein letztes Stückchen ›Zuhause‹ ist. Im englischen Sender wundern sie sich darüber, daß wir uns so aufbauwillig zeigen. Deuten die fieberhafte Geschäftigkeit nach jedem Bombenangriff als Ausdruck nationalsozialistischer Gesinnung. Weder Schuttkehren noch Kopfkissenretten haben mit Nazigesinnung und Willen zum Durchhalten etwas zu tun.

Keiner denkt an Hitler, wenn er sein Küchenfenster vernagelt. Wohl aber denkt jeder daran, daß man im Kalten nicht leben kann. Daß man, noch ehe der Abend sinkt und die Fliegersirenen heulen, einen Schlupfwinkel haben muß, in dem man sein Haupt hinlegen und seine Glieder ausstrecken kann.«

Der SD-Bericht vom 22. November 1943 beschäftigt sich mit dem Frieden.
Von ihm sprächen zumeist Pessimisten, Gleichgültige oder Staatsfeinde, die unter dem Einfluß der Feindpropaganda stehen. Zwei Richtungen zeichneten sich ab. Eine geringe Zahl sei für Frieden um jeden Preis, die erheblich größere Zahl neige einem Kompromißfrieden zu.
»Zu den ersten gehören vor allem diejenigen, die den Krieg bereits für verloren halten. Sie stammen aus allen Kreisen. Vorwiegend aber sind es wirtschaftlich schlecht gestellte oder konfessionell stark gebundene Arbeiter und Bauern, Intellektuelle und Wirtschaftskreise. Ihre Ansichten gehen dahin, daß uns die Feindmächte kraft ihrer materiellen Überlegenheit erdrücken würden. Deutschland wäre niemals mehr imstande, den Krieg zu gewinnen. Es sei daher höchste Zeit, Schluß zu machen, um weiteres, unnützes Blutvergießen zu vermeiden. Solche Elemente geben sich der Hoffnung hin, daß ein verlorener Krieg für uns lange nicht so schlimm sei, wie es die Führung behaupte. Die Auffassung, entweder Leben oder totaler Untergang, sei nur Furcht und Angst der führenden Persönlichkeiten, vor allem der Partei. Diese wüßten genau, daß sie bei Verlust des Krieges selbstverständlich alle dran glauben müßten.«
Am 2. Dezember kritisiert der SD-Bericht einen Artikel in der »Salzburger Zeitung« vom 26. November »Berlin in 2 Bombennächten«: »Es wirke eigenartig, wenn in solchen Situationen von dem Auftreten einer Blumenfrau zwischen den Trümmern des Potsdamer Platzes geschrieben und die Angriffe als eine Art Erlösung aus einer unerträglichen Spannung hingestellt würden. Die starke Herausstellung der zerstörten Kulturdenkmäler würde zumeist nicht geteilt. Die Anteilnahme sei den Menschen und ihren Wohnstätten zugewendet.
Nach den Angriffen auf Berlin habe das Gespräch von der Vergeltung einen bisher noch nicht verzeichneten Umfang erreicht. ›Wann kommt nun endlich die Vergeltung?‹ werde mit an Verzweiflung grenzender Ungeduld gefragt. Folgende Äußerung eines Volksgenossen zur Vergeltung sei typisch für die Meinung weitester Bevölkerungskreise: ›Die Frage des Volkes nach der Vergel-

tung wird von Woche zu Woche lauter. Sie ist zu einer Vertrauensfrage allererster Ordnung zwischen Volk und Regierung geworden. Sie muß eines Tages beantwortet werden, wenn nicht das gläubige Vertrauen des Volkes bitter und in nicht wieder gutzumachender Weise enttäuscht werden soll.«
Es kam nach dem fünften Großangriff am 3. Dezember noch zu Nachtangriffen am 17., 24. und 30. Dezember auf Berlin. Ein geplanter Tausendbomberangriff am Heiligen Abend wurde durch Einspruch des Bischofs George Bell von Chichester, der in Schweden Einzelheiten über die Ziele der Bombardements von deutschen Antifaschisten erfahren hatte, verhindert. Luftmarschall Harris setzte nur 338 Maschinen ein, von denen 15 abgeschossen wurden.
Der Bischof hatte versucht, dieser Art von Luftkrieg durch Alarmierung der britischen Öffentlichkeit ein Ende zu machen, die durch Presse und Rundfunk sowie durch das Unterhaus nur erfuhr, es würden Industrieziele angegriffen.
Als am 20. Dezember Abstand von den Großangriffen Ende November, Anfang Dezember gewonnen werden konnte, faßte der SD-Bericht die Ereignisse zusammen. Er nennt das Verhalten der Berliner Bevölkerung während und nach den Angriffen vorbildlich, was auch durch auswärtige Besucher der Stadt – Feuerwehrleute, Politische Leiter der Partei, Hamburger, Österreicher (hier Ostmärker genannt) – bestätigt würde. »Wir hätten das nie für möglich gehalten«, »in Sachsen wäre das nicht möglich.«
Der Bericht nennt aber auch den Ausspruch einer »teilgeschädigten Kriegerfrau«: »Hitler ist ja wahnsinnig, er soll endlich mit dem Krieg aufhören«, dem er die Haltung eines Arbeiters gegenüberstellt: »Er hatte alles verloren. Seine Frau war beim Einsturz des Luftschutzkellers schwer verletzt worden, und nur seiner Energie war es zu verdanken, daß sie lebend geborgen wurde. Trotz allem hatte er den Mut nicht verloren: ›Den Krieg müssen wir unter allen Umständen gewinnen, damit wir wieder aufbauen können. Das Gegenteil wäre gar nicht auszudenken. Mit den vielen Ausländern hier im Lande würden wir einen Bürgerkrieg bekommen, wie ihn die Welt noch nicht gesehen hat‹.«
Der SD-Bericht stellt fest, daß der Selbstschutz der Einwohner

durch die Schwächung der Hausgemeinschaften schwierig gewesen sei. Viele Hausbewohner seien schon evakuiert, beispielsweise in einem Haus von 93 Personen 24, oder sie hätten sichere Keller und Bunker in der Nachbarschaft aufgesucht, oder männliche Hausbewohner seien zum Bereitschaftsdienst in öffentliche Gebäude abkommandiert gewesen.

»Die Folge seien dann Mut- und Kopflosigkeit der restlichen Hausbewohner, vor allem der Frauen, die, um sich selbst in Sicherheit zu bringen, das Haus übereilt verlassen und den Flammen preisgeben. So hätten viele Totalgeschädigte erklärt, daß sie am Niederbrennen ihres Hauses nicht ganz unschuldig seien. Manchmal hätten allerdings die gesunden und einsatzfähigen Männer versagt und sich während des Angriffs vor Kontrollgängen und Löschmaßnahmen gedrückt. So hätte ein Hausbesitzer in Köpenick vor seinem brennenden Haus gesagt: ›Soll die Bruchbude doch abbrennen, dann kriege ich nach dem Kriege etwas Besseres.‹«

Das Unglück, das so viele traf, war groß, aber trotz aller Verkehrsschwierigkeiten meldeten die Betriebe nach wenigen Tagen, daß die Antrittsstärke der Belegschaft schon wieder 80 bis 90 Prozent der Beschäftigten betrug. Größere Rüstungsbetriebe, die mehr oder weniger hart getroffen worden waren, wurden sofort wieder in Tag- und Nachtarbeit funktionsfähig gemacht.

Bewohner von Häusern, die keinen Totalschaden erlitten hatten, beseitigten Schäden, suchten sich Material zu beschaffen, um Fenster notdürftig vernageln zu können. In der Stadt herrschte eine nervöse Geschäftigkeit. In den überfüllten Verkehrsmitteln kam es aus kleinsten Anlässen zu Auseinandersetzungen.

Die Menschen improvisierten im Chaos.

Die SD-Berichte verzeichnen keine Haßausbrüche gegen das Regime in diesen Wochen, die von größeren Teilen der Bevölkerung gekommen sein könnten. Im Gegenteil: Wutausbrüche richteten sich vor allem gegen diejenigen, die Nachtangriffe auf dicht bewohnte Bezirke wie das Arbeiterviertel Wedding durchführten, aber die Villenbezirke in anderen Stadtteilen weitgehend verschonten.

Das Ansehen von Staat und Partei sei wesentlich gestärkt worden, heißt es im SD-Bericht, der Kritik an »Leitenden Persönlichkeiten« aus der Stadtverwaltung übt, die bei Alarm aber auch regelmäßig abends ihre Stadtwohnungen verließen, um sich »irgendwo in Sicherheit« zu bringen. Dagegen hätten die Angehörigen der Deutschen Reichsbahn, Beamte und Angestellte der Verwaltung noch in den Angriffsnächten bei ihren Dienststellen ausgeharrt und ihre Pflicht getan. Sonderzuteilungen an den Arbeitsplätzen hätten geholfen, »die Lebensgeister wieder zu wecken«.

Über die Problematik bei der Unterbringung der Obdachlosen schreibt der SD-Bericht: »Die Seßhaftigkeit der Berliner, besonders in den östlichen und nördlichen Bezirken, ist so stark, daß sie auch eine Umquartierung innerhalb Berlins ablehnen. Zu den menschlich verständlichen Regungen der Sorge um den Mann und seine Betreuung sowie um die Wohnung kommen die Berichte zurückgekehrter Evakuierter, die sehr unerfreuliche Berichte über ihren Aufnahme-Gau – zum Teil zu Recht, zum Teil übertrieben – geben und damit die Entschlußkraft anderer Frauen lähmen.«

Hier spielte das Gerücht auch eine Rolle, das aufkam: Wer evakuiert würde, hätte seine Wohnung an andere verloren.

Drei Wochen nach dem ersten schweren Nachtangriff gab es in Berlin wieder ein kulturelles Leben, das fast normal verlief. Die Anfangszeiten der Kinovorstellungen wurden vorverlegt. Die Opern, Operetten und die Konzerte mit Furtwängler und Karajan waren ausverkauft wie vor dem 18. November, doch fehlte das Stammpublikum. Dafür gab es wieder Karten an der Abendkasse zu kaufen, was von Soldaten, von Durchreisenden und Männern ohne Familie ausgenutzt wurde.

Schauspiel- und Opernbühnen sowie die Kinos brachten leichtere Unterhaltung beliebter und bekannter Werke. In den Kinos zeigte man den Grock-Film »Akrobat sch-ö-ö-n«, »Ich werde dich auf Händen tragen«, »Kollege kommt gleich«, »Der weiße Traum«: Filme, die im Titel sich auf die Lage bezogen, in der man sich nun zurechtzufinden hatte.

Die Zeitungen brachten Todesanzeigen für ganze Familien.

»Wahrhaftig«, schrieb Ruth Andreas-Friedrich in ihr Tagebuch am 21. Dezember, »wir haben mit dem Sensenmann Brüderschaft geschlossen.«

Berlin als Frontstadt.
Dabei sollte es bleiben. Das Wort erhielt sich bis tief in die Nachkriegszeit.
Die Erwartungen der Alliierten erfüllten sich nicht. Die Reichshauptstadt gab kein Signal, aus dem sie erkennen konnten, daß der Widerstandswille der Deutschen gebrochen sei. Die Heimatfront hielt auch in Berlin, nicht nur in den Großstädten der westlichen Teile des Reiches.
Auch die Studenten der Hochschulen, die vom SD besonders eifrig überwacht wurden, zeigten »eine Haltung und Einsatzfreudigkeit«, die von der SS nicht erwartet wurde. In einem Sonderbericht des SD heißt es über die Technische Hochschule, daß es die Studierenden als ihre selbstverständliche Pflicht betrachtet hätten, durch Aufräumungsarbeiten ihre Institute für eine Wiederaufnahme des Vorlesungs- und Übungsbetriebes herzurichten, wobei sie nach den ersten beiden Nachtangriffen 20 000 Stunden Aufräumungsarbeiten ableisteten. Nur einzelne Drückeberger habe es gegeben. Auch die Studenten aus dem Ausland hätten kräftig mitgeholfen. Die Friedrich-Wilhelm-Universität habe – vor allem Studenten der Naturwissenschaften – gut mitgehalten, um die Schäden zu beseitigen. Der Einsatz der Angehörigen der Medizinkompanien und der übrigen Medizinstudenten sei von den Professoren gelobt worden. An der Technischen Hochschule seien vorsorglich provisorische Testkarten ausgegeben worden, auf denen – wie auf den Seminarscheinen – dem Studenten die Arbeitsstunden beim Aufräumen bescheinigt wurden. Befreit waren nur die Studenten, die schwere Bombenschäden an ihren Behausungen erlitten hätten.
Die Schäden an der Universität waren geringer als an der Technischen Hochschule.
SD-Bericht: »Bei der überwiegenden Mehrzahl der Studenten sei der Wille vorhanden, trotz der augenblicklichen und sich auf die Durchführung eines ordentlichen Studiums zweifellos erschwerend auswirkenden Umstände auch weiterhin in Berlin zu studieren. Die an der Technischen Hochschule studierenden Angehörigen des Hochschulkommandos der Kriegsmarine hätten beim Oberkommando der Kriegsmarine die Bitte vorgebracht, nicht aus

Berlin verlegt zu werden; dasselbe hätten die Studienurlauber der Luftwaffe geäußert.

»Auch hier sei die Haltung der Kriegsversehrten vorbildlich. Ein kriegsversehrter Oberleutnant, der selbst bombengeschädigt ist, habe gesagt: ›Ich kümmere mich jetzt um keinen privaten Schaden mehr, sondern denke nur noch an das Studium.‹ Es seien allerdings auch Fälle bekannt geworden, in denen Studenten aus Furcht vor weiteren Angriffen nur das eine Ziel kannten, Berlin so schnell wie möglich zu verlassen.«

Daran dachten vor allem die Studenten der Hochschule für Bildende Kunst und für Musik. Von 180 Musikstudenten kamen 50 nicht mehr zum Unterricht.

»Musikstudenten hätten geäußert«, meldet der SD-Bericht, »daß zu einem erfolgreichen Studium und einer sinnvollen Arbeit an der Hochschule Ruhe und ein gewisser Abstand von Bombenangriffen und ihren Folgen gehörten.«

Der künstlerische Nachwuchs wird negativ vom SD-Bericht beurteilt, obwohl er berücksichtigt, daß es sich hier um sehr junge Menschen handele.

Schneller gelänge es der »einfachen« Bevölkerung, sich auf die »neuen Verhältnisse« umzustellen. Die »feinnervige Gebildetenschicht« habe es da schwerer.

Nun begann ein feuchter, warmer Winter, der nach einem heftigen und kalten Nachwinter Anfang März in ein zeitiges Frühjahr überging, dem ein verregneter Sommer folgte.

Dann war Berlin zu sechzig Prozent zerstört.

23. Kapitel

Dezembertage in Mitteldeutschland

Als Oberleutnant Koch mit einem motorisierten Alarmkommando des in Leisnig an der Mulde liegenden Panzergrenadierersatz- und Ausbildungsregiments 101 am Morgen des 5. Dezember 1943 die Lotsenstelle 14 an der Autobahn bei Wiederitsch erreichte, um sich dort zum Einsatz im brennenden Leipzig zu melden, hatte er mit seiner Kolonne die sächsische Großstadt, die Ziel eines nächtlichen Flächenbombardements in den frühen, dunklen Morgenstunden des 4. Dezember geworden war, in weitem Bogen umfahren.

Der rote Himmel über der Stadt erinnerte ihn an die Nacht, in der er von der Insel Wollin aus Peenemünde brennen gesehen hatte, aber nun war er nicht mehr abseits eines derartigen, ihm immer noch unglaublichen Ereignisses, sondern er fuhr mitten hinein.

Daß er befehlsgemäß erst im Morgengrauen einzutreffen hatte, geschah nicht grundlos. Für die Nacht nach dem ersten Angriff wurde ein weiterer befürchtet. Die anrückenden Hilfsmannschaften sollten nicht gefährdet werden.

Ein kalter Morgen, die Fahrzeuge seiner Kolonne mit Reif überzogen, die Straßen vereist. Als Ziel wurde seiner Einheit ein Kühlhausbrand in der Brandenburgstraße 6 zugewiesen; dort befänden sich riesige Vorräte an Gefrierfleisch der Kühltransit-Gesellschaft, die es zu bergen gelte. Auf seine Frage, weshalb die Brände in Leipzig, die vierundzwanzig Stunden vorher ausgebrochen waren, noch nicht unter Kontrolle seien, erfuhr er von einem übernächtigt aussehenden Mann der Leitstelle: die meisten Brände seien gestern zwar gelöscht worden, aber der abgeworfene Phosphor habe neue entfacht und bereits Gebäude, deren Schutz von besonderer Bedeutung sei, noch während der Nacht erfaßt.

Die Rettung der Gefrierfleischvorräte sei kriegswichtig, das Kühlhaus habe Feuer gefangen, er müsse sich mit seinen Männern beeilen.

Ein Kühlhaus hatte Oberleutnant Koch noch nie als Einsatzziel erhalten; er erinnerte sich, als er im Beiwagenkrad durch die leeren Vorortstraßen fuhr, dem Feuer, das er sah, entgegen, den Rauch der Brände schon wieder einziehend wie oft in Rußland, daß er beim Panzerraid nach Karatschew Anfang Oktober 1941 eines Nachts mit seiner Vorausabteilung bei einer Zuckerfabrik rastete, die in Flammen stand. Sie verbrennen alles, damit wir nichts in die Hände bekommen, hatte er damals zu seinem Melder gesagt. Nun verbrannten sie nicht mehr eine Zuckerfabrik vor Moskau, sondern ein Kühlhaus und einen Teil der Stadt Leipzig.

Als er die Brandenburgstraße erreicht hatte, reihte er sich mit seinen Fahnenjunkern, Genesenden, den Kriegsversehrten vom Regiment in die Rettungsmannschaften ein, die dabei waren, das Gefrierfleisch aus dem qualmenden riesigen Kühlhaus zu tragen. Solche Mengen Fleisch hatte er noch nie gesehen, die auf die Straße gebracht und aufgestapelt wurden. Ringsum brannten Häuser, Ruß bedeckte die Gesichter, tief gebeugt unter ihrer Last wankten die Soldaten ins Freie.

Die Arbeit war schwer, sie konnten nicht pausenlos Fleisch retten. Koch bekam langsam eine Übersicht. Flächenbrände wüteten am Augustusplatz und im Messegelände (später zählte man 570 Großbrände), das Alte Theater hatte Totalschaden, schwere Brandschäden an Opernhaus und Operettentheater, ein Flügel der Johanniskirche wurde gerade abgelöscht, eine Kompanie der LS-Abteilung (mot) 48, die kürzlich noch in Berlin eingesetzt war, rettete die Porzellansammlung im Grassi-Museum vor der Vernichtung.
Er wurde vor herabfallenden Gebäudeteilen gewarnt.
Der Polizeioffizier, der die Bergung des Fleisches aus dem Kühlhaus organisierte, sagte ihm, daß der Phosphor, den die Engländer in ihrer 14-kg-Bombe und in den Phosphorkanistern abwarfen, für uns zu teuer sei, deshalb werde er nicht verwendet. Bomben und Kanister enthielten Benzin, Gummi und Phosphor, wovon auch der Gummi den Engländern trotz der deutschen U-Boot-Erfolge in riesigen Mengen zur Verfügung stände, wogegen wir nur eins tun könnten, die Brände zu bekämpfen. Aber die Löscharbeiten

würden nachts mit den Zuleitungsschläuchen, die das Wasser aus der Pleiße und Zisternen holten, unmöglich gemacht, da das Wasser in ihnen einfröre und es nicht ausreichend Hydranten gäbe, die freigemacht werden könnten für die Rettungsmannschaften.
Kilometerlang seien die Schlauchleitungen; gegen das Einfrieren des Löschwassers gebe es kein Mittel.
Oberleutnant Kochs Alarmeinheit gehörte zu den 5000 Männern, die als örtliche und auswärtige Hilfskräfte eingesetzt wurden.
In der zweiten Nacht nach dem Angriff hatten die Löschmannschaften die Flächenbrände eingekreist, eine weitere Ausdehung wurde nicht mehr befürchtet.
Nachts schliefen Kochs Soldaten in der Flakkaserne Leipzig-Schönau. Vor dem Einschlafen erfuhren sie, daß es nicht möglich sei, die Alarmsirenen in Gang zu setzen, wenn Fliegeralarm gegeben werden müßte. Die Großalarmanlage sei ausgefallen; aber Schüsse der Flak würden sie schon alarmieren. Koch stellte Wachen auf.
Am Morgen löschte die LS-Abteilung (mot) 48, was von dem Kühlhaus noch qualmte oder brannte. Sie rettete die Röntgenapparate im Krankenhaus St. Jakob vor der Vernichtung, bekämpfte Etagenbrände und Kellerbrände.
Koch sah sich in der Stadt um, ehe er mit seiner Alarmeinheit abrückte. Der Brühl mit seinem Rauchwarenhandel war fast völlig ausradiert. Das graphische Gewerbe, die Buchverlage, der in Leipzig für das ganze Reich konzentrierte Kommissionsbuchhandel und die Buchbindereien waren schwer getroffen.
In Asche die riesigen Büchermengen, niemals wieder zu ersetzende Geistesschätze aus aller Welt, gerettet das Gefrierfleisch in der Messestadt, der »Hauptstadt des Buches«: und in der Endabrechnung, die Koch damals nicht erfuhr, 1182 Tote.
Da 1100 Tonnen Bomben geworfen worden waren, kam auf jede Tonne ein getöteter Mensch.
90 000 Obdachlose, dazu die Verschütteten, die noch oder niemals mehr zu bergen waren.
Als Koch vor dem ausgebrannten Alten Rathaus stand, sah er auf die Zifferblätter der Rathausuhren. Sie hielten in der Stunde, die ihnen am 4. Dezember schlug, an. Die Zeiger standen kurz vor halb Fünf.

Er winkte mit dem Krückstock seinen Kradfahrer heran, der zurückgeblieben war, als der Oberleutnant nach der Zeit auf den Rathausuhren sehen wollte, setzte sich in den Beiwagen, sagte, als der Kradfahrer vorsichtig herabhängende Leitungen der Straßenbahn umfuhr, es sei ein harter Einsatz gewesen, aber nun ginge es in die Kaserne, und man werde sich richtig ausschlafen. »Es ist«, fügte er hinzu, »Krieg jetzt bei uns, wir müssen ihm nicht mehr an die Front nachlaufen.«

Für sich dachte er, als er vor der Kolonne auf der Landstraße nach Leisnig fuhr, an das Rilke-Seminar unter Pretzel im Sommer. Etwas hatte er sich gemerkt, die Strophen aus der 7. Elegie von Rilkes Duineser Elegien, »jede dumpfe Umkehr der Welt hat solche Enterbte, denen das Frühere nicht und noch nicht das Nächste gehört«.

In den »Leipziger Neuesten Nachrichten«, die sie beim Stab hielten, sah er später den Aufruf zur »Ehrenfeier«, die »zum Gedächtnis an die Opfer des Terrorangriffs am Sonntag, dem 26. Dezember, 11 Uhr, am Völkerschlachtdenkmal« stattfinden sollte.

»Kein Ort ist würdiger für diese Totenehrung«, las er, »als jene Stätte auf dem blutgetränkten Felde der großen Schlacht von 1813, in der die siegreiche Entscheidung im Kampfe um Deutschlands Befreiung vom fremden Joch erstritten wurde.« Er las, daß die Toten im »Ehrenbuch der schicksalsreichen Geschichte der Reichsmessestadt« von nun an mit ihren Namen stünden, daß »ihre Treue und ihr Sterben den Lebenden Vorbild und Mahnung« seien.

Der Aufruf mit Trauerrand und Eisernem Kreuz von 1939 enthielt auch hohle Phrasen, aber diese wenigen Worte trafen ihn.

Das Völkerschlachtdenkmal als Totenmal gefiel ihm, es stand düster am Stadtrand, als er mit seiner Alarmeinheit abrückte; eine Totenburg.

Viele Totenburgen müßten einst errichtet werden, wollte man an die Gefallenen draußen und hier erinnern.

Aber es blieb nur die Erde, die aufnahm, was nichts mehr zu tun hatte mit einer Zeit, die dann Frieden genannt wurde. Und wer war für den Frieden bestimmt?

Für welchen Frieden?

Er fragte seinen Kommandeur, Oberst von der Decken, der ihn nach Sommersemester und Jahresurlaub an der See in seinen Stab geholt hatte.

»Für mich«, erwiderte der Oberst, »wird es keinen Frieden geben, vielleicht für Sie. Deshalb habe ich Sie in meinen Stab geholt, sehen Sie sich um, behalten Sie, was geschieht, Sie können einmal alles aufschreiben, aber schreiben Sie die Wahrheit.«

Und der Oberst fügte hinzu, nach einer Pause, in der er sich mit den Papieren auf dem Schreibtisch beschäftigte, als wollte er alles nicht so wichtig nehmen, was er dem Oberleutnant sagte: »Auch die Wahrheit über uns.«

Der Oberst trug keine Auszeichnungen. Er war Adjutant des von Hitler abgelösten Reichskriegsministers, Generalfeldmarschall von Blomberg, gewesen. Adjutanten fielen mit ihren Kommandeuren in Ungnade. Der Oberst hatte noch keinen Dienst an der Front leisten dürfen.

Koch respektierte über das Maß an Gehorsam hinaus, das er ihm entgegenbringen mußte, diesen Oberst, der denselben Namen trug wie der Regimentskommandeur seines Vaters bei den Großenhainer Husaren vor 1914.

Die von der Decken hatten, nachdem das Königreich Hannover 1866 preußisch geworden war, als Hannoveraner nicht im preußischen Heer dienen wollen. Sie gingen ins Königreich Sachsen. Jetzt fielen Traditionen; es war wie bei den Zeigern der Alten Rathausuhr in Leipzig, die einfach stehen blieben.

Vor der Fahrt in die brennende Stadt hatte ihm der Oberst den Führerbefehl vom 27. November gezeigt: »Die Reihen der kämpfenden Soldaten sind durch Tod, Verwundung und Krankheit erheblich gelichtet. Das Mißverhältnis zwischen fechtender Truppe und der großen Zahl von Soldaten, die hinter der Front tätig sind, hat sich derart gesteigert, daß es nicht nur eine rein militärische, sondern auch eine psychologische Gefahr zu werden droht.«

Dann kam etwas über die »Etappe«, in der sich 1 Million Mann befänden.

»Wenn mir nach dem 1. Januar 1944 noch Fälle gemeldet werden, daß aus Gleichgültigkeit, Egoismus und Ungehorsam die... Be-

fehle nicht befolgt werden, so werde ich den verantwortlichen Vorgesetzten wie einen Kriegsverbrecher behandeln.«
Der Oberst hatte dazu gesagt: »Die Regimentsnummern können auf den Schulterklappen wieder gezeigt werden, auch die Erkennungszeichen an Kraftfahrzeugen dürfen nicht mehr getarnt werden. Es heißt, die Anonymität, hinter der sich alles verbergen konnte, müsse aufhören.«
Seit dem 12. Juli 1942 gab es den »Grundsätzlichen Befehl des Führers« über Geheimhaltung, dem der Chef des Stabes des Generalinspekteurs der Panzertruppe, General Thomale, bei der Aufstellung seiner Dienststelle 1943 entnommen hatte, daß auch das Lesen der Eingänge und Durchgänge allen Personen, die nicht mit der Auszeichnung oder Bearbeitung beauftragt seien, verboten ist. Schon am 11. Januar 1940 hatte Hitler befohlen: »Niemand: Keine Dienststelle, kein Offizier dürfen von einer geheimzuhaltenden Sache erfahren, wenn sie nicht aus dienstlichen Gründen unbedingt davon Kenntnis erhalten müssen.«
Für den Soldaten, den Offizier sollte der Krieg ein Geheimnis bleiben. Doch der geheimnisvolle Krieg hatte in einigen Kriegsjahren seine Geheimnisse verloren. »Ein Offizier«, hatte der Oberst gesagt, »muß die Lage kennen, in die er hineinreitet.«
Nach seinem Einsatz in Leipzig kannte Oberleutnant Koch seine Lage besser, in die er nicht mehr hineinritt wie der alte Kavallerist von der Decken, sondern in die er hineingefahren war, in der er nun steckte.
Der Oberst vertraute ihm.
Es hatte im Oktober beim Ersatzbataillon in Altenburg, in das Koch nach seinem Studienurlaub zurückgekehrt war, ein Planspiel gegeben, das die kriegsversehrten Offiziere vor dem Regimentskommandeur aus Leisnig veranstalteten. Der Oberst wollte sehen, was sie militärisch konnten. Oberleutnant Koch durfte im Gelände nach der Karte ein Bataillon führen. Nach der Manöverkritik sagte ihm der Oberst, er möchte, daß er in seinen Stab nach Leisnig käme.
Dort erhielt er die Planstelle eines Gasschutzoffiziers, deren Besetzung durch Gerüchte über einen kommenden Gaskrieg dringlich geworden war.

Darum sollte er sich kümmern, auch um Werbung für die Panzertruppe.

Als er seinen Dienst antrat, erfuhr er, daß es eine Dienststelle beim Inspekteur der Panzertruppe in Berlin gab, die sich auf Befehl Guderians um die Nachwuchswerbung in Oberschulen und Gymnasien bemühte.

Der Sachbearbeiter in Berlin sagte Koch, es gehe darum, daß die großzügig arbeitenden Erfassungsstellen der Waffen-SS der Panzertruppe die besten Freiwilligen wegnähmen. Dagegen sei einiges zu tun.

In allen Wehrkreisen würden die Ersatz- und Ausbildungseinheiten der Panzertruppe sich um mehr Freiwillige bemühen.

Die Panzerregimenter hätten früher nur aus Freiwilligen, danach müsse man sich richten, bestanden.

Das Ganze blieb eine Improvisation. Aber der Oberleutnant hatte eine direkte Verbindung nach Berlin, die es ihm ermöglichte, Einblicke zu erhalten, mit Offizieren zusammenzukommen, die aus allen Wehrkreisen sich regelmäßig trafen, um die Nachwuchswerbung zu besprechen. Über den Leutnant, der in Berlin Sachbearbeiter war, bekam er auch Kontakte zu den Reiseoffizieren, die in Guderians Generalinspektion tätig waren, um den Generalinspekteur über die Lage der Panzertruppe an den Fronten zu informieren. Bald sollte der Krieg für Koch geheimnisloser werden, als er für den Oberst war, der im Dezember Kommandeur der Panzertruppen im Wehrkreis IV wurde.

Das Vertrauen des Obersten zu ihm war groß. Er gab Koch eine Aufgabe, der sich nicht sicher war, ob er einmal dazu käme, das Erlebte auch niederzuschreiben.

Der Oberst hatte darum ersucht; befehlen konnte er es nicht.

Im Januar 1944 sollte Oberleutnant Koch zu einem Lehrgang auf die Gasschutzschule nach Bromberg.

Vorher, am 24. Dezember 1943, nahm ihn der Oberst zum Reserveoffiziersbewerber-Lehrgang des Regiments ins Osterzgebirge mit. Der Lehrgang hatte die Kaserne mit einer Gebirgsbaude in Niklasberg im Sudetenland vertauscht, um in Schnee und Kälte frontnah ausgebildet zu werden. Noch einmal fuhr Koch in sein erzgebirgisches Winterland, wie er es vor dem Kriege zu dieser

Jahreszeit getan hatte, als er bei den Pfadfindern, im Jungvolk, beim Maschinengewehrbataillon 7 in Dresden gewesen war. Im »Wanderer« des Kommandeurs kam ihm im ausgehenden Jahre 1943 diese Wiederkehr eines alten Verhaltensmusters so vor, als sei er am Ende der Zeiten, in denen Unheil und Vernichtung hereinbrachen, auf alte, unverwesliche und ewige Formen gestoßen, auf Unverwundbares, das bleiben würde. Nichts hatte sich verändert, die Berge waren nicht abgeflacht, die Wälder ruhten im Schnee, nur das Bild der Sterne wandelte sich.
In der Gebirgsbaude feierten sie Weihnachten. Der Oberst hielt eine Rede, in der er wie ein Vater zu seinen Kindern sprach, die einer ungewissen Zukunft entgegengingen, aber nicht in eine Schule des Lebens, sondern in eine Schule des Krieges. Was die jungen Reserveoffiziersanwärter darunter verstünden, das könne er sich denken, aber sie sollten aus diesen Wintertagen hier im Erzgebirge die Gewißheit mitnehmen, daß alles nicht so heiß gegessen werde, wie es gekocht würde. Das Vaterland sei in Gefahr, aber es habe noch so viele prächtige junge Männer wie diese hier, auf die es sich verlassen könne. Es werde heute kein großer Unterschied zwischen Offizier und Reserveoffizier mehr gemacht. Beide hätten Gewaltiges zu leisten, was die Nachwelt ihnen danken solle, aber er glaube, sie würde wenig von dem verstehen, was gerade jetzt geschähe. Der Oberst machte eine Pause. Koch sah, wie er versuchte, einige Worte zu finden, die ihm nicht über die Lippen gehen wollten.
Deshalb konnte der Oberst nur noch für die Aufnahme danken, die er mit seiner Begleitung hier oben bei den Kameraden vom Lehrgang gefunden habe am Heiligen Abend dieses Jahres, das sie lieber vergessen sollten, wenn sie im neuen Jahr im Osten oder in Italien endlich an die Front kämen. Er wünsche ihnen Soldatenglück.
Als später der Oberst nach der allgemeinen Kriegslage gefragt wurde, lenkte der Kommandeur ab. Es sei Weihnachten, sagte er, und das wolle man feiern.
Zwei Tage vor den Feiertagen hatte der Chef der Seekriegsleitung, Konteradmiral Wagner, in Berlin eine Niederschrift diktiert, die seine Besprechung mit dem stellvertretenden japanischen Militär-

attaché Fregattenkapitän Taniguti festhalten sollte. In ihr hieß es, mit der Verschärfung des Krieges sei Deutschland in die Defensive gedrängt und sähe sich drei großen Bedrohungen gegenüber: »Ostfront, Luftterror, Kampf um die europäischen besetzten Gebiete im Westen, Norden und Süden.« Die Ostfront sei Sache des Heeres. Die Russen hätten 1943 Vorteile errungen und manche wertvollen Gebiete zurückerobern können, aber es sei nicht gelungen, unsere Front zu zerreißen.
Die Qualität des russischen Mannschaftsersatzes habe stark nachgelassen, doch die »angespannte Lage im Osten« binde »den weitaus größten Teil unserer Wehrmacht.«
»Die Luftangriffe des Gegners sind hart und fügen uns manchen Schaden zu. Die eigene Abwehr hat aber immerhin doch dem Gegner solche Verluste zugefügt, daß er nicht mehr freizügig ist, sondern planmäßig Wetterlagen aussucht, die unsere Abwehrstreitkräfte behindern. Es ist festzustellen, daß unsere Industrie, im Großen gesehen, nur gering geschädigt ist, was der vorausschauenden Auseinanderlegung der Industrieunternehmen zu danken ist. Die feindlichen Luftangriffe richten sich hauptsächlich gegen Wohnviertel und treffen die Industrieerzeugung in erster Linie durch den Terror gegen die arbeitende Bevölkerung. Hervorzuheben ist die vorzügliche Haltung der Bevölkerung im ganzen Reich, die beweist, daß der vom Gegner geführte Nervenkrieg keinen Erfolg hat. Im Gegenteil ist allgemein verstärkter Abwehrwillen festzustellen.
Die Luftangriffe auf Deutschland können nicht als unmittelbare Vorbereitung einer Landung angesehen werden, da sie sich gegen Großstädte richten und nicht, wie zu solch einer Absicht notwendig, gegen Verkehrsmittel, Flugplätze und Verteidigungsanlagen des für einen Angriff in Frage kommenden Raumes.«
Zum »Angriff auf Europa« habe er dem japanischen Offizier erläutert, daß er in Italien im Gange sei, aber auf der Stelle trete, obwohl der Gegner mit großer Übermacht angreife. »Es war ein großer Fehler des Gegners, die Situation nach der Waffenniederlegung von Italien nicht ausgenutzt und nicht sofort den Balkan besetzt zu haben. Es ist nicht eindeutig bekannt, ob etwa ein russischer Einspruch hier auf politischem Gebiet eine Rolle ge-

spielt hat. Zur Zeit des italienischen Abfalls standen keine deutschen Truppen im westlichen Balkan. Eine Besetzung wäre für den Gegner leicht gewesen, ohne daß er einen Schuß abzugeben brauchte.« Für eine erneute Landung, mit der vom Gegner der Krieg 1944 beendet werden könnte, wie dieser annahm, wies Wagner den Japaner auf die Küsten des Kanalgebiets hin. »In gleicher Weise kommt Holland in Frage, an dritter Stelle das Gebiet Jütland-Skagerrak. Eine gleichzeitige Unternehmung im Mittelmeer wird für wenig wahrscheinlich gehalten. Eine kürzlich erfolgte Aufklärung von Port Said erbrachte eine beträchtliche Konzentration von Fracht- und Landungsraum. Möglicherweise stellt diese eine strategische Reserve dar, die der Engländer gegen die Dardanellen ansetzen wird, um dem Russen zuvorzukommen, falls der Balkan zusammenbricht. Der Engländer muß vor dem Russen an den Dardanellen stehen, da ihm sonst diese strategisch und politisch wichtige Position verlorengeht.«
Über den U-Bootkrieg sagte Wagner: »Die Bedrohung durch U-Boote hat der Gegner seit etwa April vermindern können. Trotz der geringen Erfolge der U-Boote wird Deutschland den U-Bootkrieg weiterführen, um die riesige Zahl der U-Bootsabwehrstreitkräfte weiterhin zu binden und vom Kampf gegen Europa abzuhalten. Die Probleme des U-Bootkrieges sind zur Zeit das Finden und das Herankommen an die Geleitzüge. Die stärkste Bedrohung liegt in dem Einsatz zahlreicher Feindflugzeuge und vorzüglicher Ortungsgeräte, die die U-Boote unter Wasser halten. Auf deutscher Seite wird eifrig daran gearbeitet, gegen diese Bedrohungen Gegenmittel zu finden. Das erstrebte Ziel ist zur Zeit noch nicht erreicht. Eine unentbehrliche Unterstützung bildet die Luftwaffe mit weitreichender Aufklärung. Geeignete Flugzeuge hierfür werden gebaut, sind aber noch nicht in ausreichender Zahl vorhanden.«
Daraufhin konnte Fregattenkapitän Taniguti nur antworten, die Lage in Ostasien sei schwierig geworden, da Tonnagemangel auf japanischer Seite eingetreten wäre, von dem alle anderen Engpässe abhingen. Japan hoffe, durch große Anstrengungen seiner Industrie bis zum Frühjahr die augenblickliche Schwäche aufzuholen. Der Zweite Weltkrieg hatte seinen Höhepunkt erreicht.

24. KAPITEL

Sexus und Thanatos

Der Luftkrieg hatte 1943 auch die ausländischen Arbeitskräfte in den Heimatkrieg einbezogen. »Fremdvölkisch« genannte Arbeiter, Arbeiterinnen aus dem Osten lebten in den bombengefährdeten Städten; sie starben dort wie die deutschen Einwohner. Ihr Anteil an der Totenzahl des Zweiten Weltkrieges ist nicht mehr zu ermitteln. Nicht zuletzt durch ihre Mitarbeit erhöhte sich trotz der Bombenteppiche auf Städte und Industrieanlagen die Rüstungsproduktion bis Ende 1943 erheblich.
Ausländische Arbeiter wurden zu Aufräumungsarbeiten in zerstörten Stadtteilen herangezogen. Sie gelangten hierdurch auch in engere Kontakte mit der deutschen Bevölkerung. Noch nie war Deutschland so »international«.
Soldaten, die auf Heimaturlaub kamen, sahen sich in den teilzerstörten oder noch erhaltenen großen Städten einer fremdsprachigen Masse gegenüber, die sie in ihrer Geschäftigkeit an Bilder in östlichen Städten erinnerte.
Aber dort konnten sie der Masse Befehle erteilen; hier, in dieser veränderten Heimat, blieben sie sprachlos.
Ernst Jünger notiert am 20. Dezember 1943, man habe das Gefühl, die Gesichter veränderten sich, sie würden nicht nur müder, verhärmter und dürftiger, sondern auch im moralischen Sinne häßlicher. »Das geht mir besonders in den Wartesälen auf – man hat das Gefühl, im Käfig zu sitzen und von Bestien umringt zu sein. Übrigens sind diese Wartesäle Orte, an denen die ungeheure Entfernung deutlich wird, die uns vom *Ziele* trennt.«
Zu dieser äußeren Angleichung, die sich in den Trümmern der Städte vollzog, aber auch in Erwartung der Trümmer, in die diese Städte zerfallen würden, gehörte auch die Einebnung des Abstandes, der bisher Deutsche und Fremdarbeiter voneinander getrennt

hatte. Ein SD-Bericht vom 13. Dezember 1943 kritisierte die »Auflockerung der Sitten«, durch die der sexuelle Verkehr zwischen Frauen und Männern, vor allem Kriegsgefangenen und Fremdarbeitern, der verboten war, sich im Lande breitmache. Die Rechtssprechung der Gerichte lasse eine »betrübliche innere Unsicherheit« erkennen, da die Rahmenbestimmungen der Gesetze den Richtern eine »erhebliche Freiheit in der Beurteilung und damit eine beträchtliche Verantwortung« gäben.

Der Personenkreis der Täter sei »offenbar nur durch Zufall und Gelegenheit« begrenzt. Der Sicherheitspolizei gelinge es nicht mehr, eine Übersicht zu behalten, wie es zum »Schutze des deutschen Blutes« notwendig sei.

»Die Frauen, die mit Kriegsgefangenen in Beziehung treten, kommen durch ihre Arbeit in Landwirtschaft oder Fabrik mit ihnen in dauernde enge Berührung. Es handelt sich dabei keineswegs nur um sittlich lockere Frauen. Unter den Angeklagten befinden sich unbescholtene Bauernmädchen aus guten Familien, die vordem noch nie Verkehr gehabt haben, Frauen von Soldaten, die jahrelang in glücklicher Ehe lebten, darunter Frauen mit mehreren Kindern. Sobald Franzosen in anderen gehobenen Stellungen tätig werden, treten auch Stenotypistinnen, Haushälterinnen, Gutssekretärinnen und Angehörige der Intelligenz als Angeklagte auf. Es ist bei der mangelnden Bewachung und bei den großen Freiheiten, die die französischen Kriegsgefangenen genießen, sehr wohl möglich, daß zahlreiche Fälle auch intimen Verkehrs nicht ermittelt werden. Dagegen hat es den Anschein, als würden die Kriegsgefangenen und auch die Frauen im Laufe der Verbindung immer unbekümmerter, so daß mit der Zeit, und sei es auch aufgrund gehässiger Anzeigen, eine Aufdeckung erfolgt.«

Hitler machte sich einen Monat später, vielleicht angeregt durch diesen SD-Bericht, gegenüber Bormann in der »Wolfsschanze« am 27. Januar 1944 seine Gedanken: Es müsse ein Aufklärungsfeldzug unternommen werden, durch den jede gesunde deutsche Frau, verheiratet oder nicht, aufgerufen würde, zur Sicherung der Zukunft des deutschen Volkes möglichst viele Kinder zu bekommen. Dichter und Schriftsteller müßten eingespannt werden, um im deutschen Volke den »Ruhm der Mütter ohne Hochzeitskrone«

zu verkünden. Hochzeitskronen wurden in Hitlers Heimat Linz von Bräuten getragen. Die deutsche Frau, meinte Hitler zu Bormann, müsse dazu erzogen werden, auf ihre Forderung nach ehelicher Treue zu verzichten. Frauen würden »vielfach erst von ihrer Hochzeit an zu Ehrbarkeits-Fanatikerinnen.«
Durch Mundpropaganda wurde verbreitet, dem Führer müsse von Frauen, verheiratet oder auch unverheiratet, ein Kind geschenkt werden, damit die hohen Blutopfer wieder ausgeglichen würden. Der Führer wurde durch Mundpropaganda zum »Vater« des ihm geschenkten Kindes gemacht, dessen Zeugung ein anderer besorgt hatte. Es gab fanatische Frauen, die sich dazu hergaben.
Der »Glaube an den Führer«, der hier zweifellos mitspielte, brachte uneheliche Kinder auf die Welt, deren Väter anonym bleiben sollten. Es wurde vorausgesetzt, daß deutsche Mädchen und Frauen Geschlechtsverkehr nur mit deutschen Männern haben könnten. Wegen des »bedrohlich zunehmenden Geschlechtsverkehrs fremdvölkischer Arbeiter mit deutschen Frauen und Mädchen, besonders in Orten mit stark massiertem Ausländereinsatz«, hieß es im SD-Bericht vom 29. November 1943, »habe es sich mehr als notwendig erwiesen, zum Schutze des deutschen Blutes im Reich Bordelle für Ausländer zu errichten.« Der SD-Bericht enthält auch gleich eine Erfolgsmeldung: »Es sind zur Zeit im Reich verteilt an ca. 60 Einsatzstellen Bordelle mit ca. 600 Prostituierten errichtet worden. Weitere rund 50 Bordelle sind noch im Bau und werden in Kürze ihrer Bestimmung übergeben.«
Die Errichtung von Bordellen in Baracken, die »B-Baracken« genannt wurden, ist darauf zurückzuführen, daß nach der Bombardierung Hamburgs Ende Juli auch das Ausländerbordell in der Lohestraße zerstört wurde, wie der SD-Bericht hervorhebt. Danach seien die ausländischen Arbeiter ins Dirnengebiet von St. Pauli gegangen, wo sie bisher unerwünscht waren, da es deutschen Arbeitern und Soldaten der Wehrmacht bis zum Feldwebel vorbehalten war.
»Schon an Wochentagen lassen sich von den Vormittagsstunden an in verstärktem Maße bis in die Nachtzeit hinein Ausländer in diesen Straßen feststellen. Sonntags ist ein überaus reger Straßenverkehr zu beobachten.

Neben ausländischen Angehörigen der Technischen Nothilfe, zahlreichen Holländern und Zivilfranzosen werden ehemalige französische Kriegsgefangene in Uniform und in letzter Zeit in zunehmendem Maße auch Ostarbeiter mit Abzeichen in diesen Straßen beobachtet. Es herrscht ein buntes Völkergemisch wie in Friedenszeiten in dem Hafenviertel von Marseille. Offenbar bilden diese Bordellstraßen für viele Ausländer die einzige Vergnügungs- und Unterhaltungsmöglichkeit.
Sie werden durch kein Ausländerbordell mehr abgezogen und fallen nun den deutschen Häusern zur Last.
Es ist ein unsagbar beschämendes Bild, wenn sich diese Ausländer aller Nationalitäten zusammen mit deutschen Soldaten aller Waffengattungen bis zum Range von Oberfeldwebeln in Uniform um die Fenster drängen, hinter denen sich die Prostituierten in einer selbst für diese Straßen ungewöhnlichen Dekolletierung zeigen.
Weiter kann beobachtet werden, daß einige Mädchen in der Aufnahme der Ausländer recht unbedenklich verfahren.
Es erscheint angebracht, mit Rücksicht auf die Moral vor allem deutscher Soldaten, in diesen Straßen Ausländer weitgehend fernzuhalten.«
Nach der Betrachtung dieses »Gomorrha« in der vom britischen Luftkriegs-Unternehmen »Gomorrha« zerstörten Stadt, bei dem St. Pauli noch einmal davongekommen war, zieht der SD-Bericht eine »rassenpolitische« Bilanz: »Die sich hier bietenden Bilder sprechen einer zehnjährigen Schulung des deutschen Volkes in Rassefragen absolut Hohn und geben ein bedauerliches Bild ab, wie kritiklos in dieser Beziehung deutsche Männer und Soldaten, selbst Chargierte, zu denken und zu handeln pflegen, zumal dies unter den Augen kritisch beobachtender Ausländer geschieht.«
Durch die Aufstellung der »B-Baracken«, die hohe Unkosten mache – bis zu 100 000 RM würden aufgewendet –, käme man von diesen Schreckensbildern der eigenen Rassenpolitik wieder weg.
Der SD-Bericht teilt dann mit, die Anwerbung der Prostituierten erfolge in Paris, Polen und dem Protektorat Böhmen und Mähren »auf freiwilliger Grundlage ohne besondere Bindungen«. Die Prostituierten könnten »jederzeit aus dem Bordell ausscheiden und in ihre Heimat zurückkehren. Die ausländischen Prostituierten un-

terstehen einer sehr strengen gesundheitlichen, hygienischen und polizeilichen Kontrolle. Für Verpflegung, Heizung, Licht, Wäsche usw. muß jedes Bordellmädchen einen täglichen Satz abführen.«
Um den Lesern des SD-Berichts einen Einblick in die Tätigkeit der Bordellmädchen und ihre Einnahmen zu vermitteln, führt er Einzelheiten an.
»Der Zuspruch der Ausländer ist äußerst rege. Fremdvölkische Arbeiter nützen den Schichtwechsel aus, um das Bordell zu besuchen. Die Einnahmen der Prostituierten seien im allgemeinen hoch; manche würden bis zu 50 Männer am Tage empfangen.« Die Preise für einen Besuch betrügen RM 3.- bis RM 5.- im Durchschnitt, aber es würden auch Preise von RM 50.- und sogar RM 100.-, beispielsweise in Frankfurt am Main, gezahlt.
In der Stadt am Main würden die Polinnen nicht viel verdienen, aber die Französinnen seien in der Lage, monatlich, genehmigt von der Devisenstelle, RM 1000.- nach Frankreich zu schicken. Aus Bitterfeld ließ sich der SD-Bericht melden, dort habe eine Französin erklärt, sie verdiene an manchen Tagen bis zu RM 200.-. In Paris besitze sie schon zwei Miethäuser aus diesen Einnahmen, sie hätte dort einen Freund, der zwei weitere Miethäuser kaufen werde. Sie würde nach Ablauf ihrer Vertragszeit nach Paris zurückkehren und sich dann im Besitz von vier Häusern zur Ruhe setzen.
»Eine Versteuerung der von den Dirnen eingenommenen Gelder werde nicht vorgenommen. Eine an das Finanzministerium herangetragene Eingabe wurde abschlägig entschieden.«
Im Reich und in den besetzten Gebieten gab es längst Soldatenbordelle und Offiziersbordelle, die getrennt geführt wurden. Ein Besuch in einem Pariser Soldatenbordell kostete RM 3.-; Offiziersbordelle, deren Adressen in jeder Unterkunft für durchreisende Offiziere im Reich aushingen, hatten höhere Besuchspreise.
So war für die Männer gesorgt.
Das Dritte Reich war nicht prüde. Es war auch nicht moralisch. Doch es gab verschiedene Stufen der Moral, die aus bürgerlichen Zeiten erhalten waren. Der anhaltende Krieg ebnete sie ein. Die nationalsozialistische Rassenpolitik brach im Bombenkrieg zusammen. Gleichzeitig beging sie ihre größten Exzesse im Holo-

caust, dem höchsten Staatsgeheimnis des Dritten Reiches. Wer davon erfuhr, hatte vielleicht, wie Ernst Jünger, »das Gefühl, daß diese Menschen den Erdball anbohren und daß sie die Juden dabei als kapitalstes Opfer wählen«, was er für keinen Zufall hielt. »Es gibt bei ihren höchsten Henkern eine Art von unheimlicher Hellsichtigkeit, die nicht auf Intelligenz, sondern auf dämonischen Antrieben beruht. An jedem Kreuzweg werden sie die Richtung finden, die zu größerer Zerstörung führt. Übrigens sollen diese Erschießungen nicht mehr stattfinden, da man zur Vergasung der Opfer übergegangen ist.« Im Stab des Militärbefehlshabers in Frankreich, in dem Jünger Hauptmann war, erfuhr man manches, was anderen verborgen blieb.

Jünger begegnet jetzt häufig »Menschen, auch Frauen, die sich rühmen, daß die Grausamkeiten und insbesondere die Massentötung unserer Tage sie nicht beunruhigen und daß sie etwas Verständliches, Natürliches, ja Anzustrebendes, Vertrautes in ihnen sehen. Man fühlt auch, daß dieses Geständnis ihnen Genuß bereitet, als würfen sie ein lange mit Überdruß getragenes Geheimnis von sich ab. Ähnlich mag man die Kleider herunterwerfen, um die Haut zu zeigen, die man allzulang bedeckte; man zeigt die Brust, die Schenkel und die verborgenen Einzelheiten und ermuntert auch andere, auch Fremde, sie anzusehen. Daher auch das naive, das absolut schamlose Lächeln bei solchen Geständnissen.« Diese Bemerkungen, im April 1943 notiert, halten die Schamlosigkeit des Todes fest, aber auch die des Lebens.

Nicht jede Moral verfiel. Die Durchhaltemoral festigte sich.

Tod, aber vorher die Verklärung.

Marika Rökk sang »In der Nacht ist der Mensch nicht gern alleine« und Zarah Leander »Ich weiß, es wird einmal ein Wunder geschehn«. Ein anderes populäres Lied in diesen Tagen: »Am dreißigsten Mai ist Weltuntergang, wir leben nicht mehr lang, wir leben nicht mehr lang . . .«

Vor dem Thanatos standen Eros und Sexus im Dienst.

Wer lebte, wußte nicht, ob er einst zu den Überlebenden gezählt werden würde.

Einst waren Kriege todbringende Männerwelten.

Dieser Krieg brachte auch Frauen und Kindern den Tod, der dem

Soldaten vorbehalten war – den Tod auf einem Schlachtfeld. Städte wurden zu Schlachtfeldern, als die militärischen Schlachtfelder für die Deutschen noch fremde ausländische Namen trugen. Der Verzicht auf Sicherheit wurde verlangt. Er schloß bei nicht wenigen auch den Verzicht auf moralische Schranken ein, die es für sie bisher gegeben hatte.

Das einzige, was vorausgesehen werden konnte, war ein baldiges schreckliches Ende des Schreckens ohne Ende. »Nach meinen Informationen«, schrieb Gottfried Benn am 22. Dezember 1943, »werden die Frühjahrsmonate es in sich haben; wer sie übersteht, wird sich wiedersehn.

Übrigens wird der Frühling früh beginnen.«

25. KAPITEL

Vorstellungen von der Zukunft

Zu Beginn des Jahres 1944, das von Goebbels als »Jahr der Entscheidung« proklamiert worden war, kämpften die Deutschen an vier Fronten: Im Osten, in Italien, auf See und an der Heimatfront, die von den alliierten Bomberströmen immer tiefer in den Osten und Süden des Reichsgebietes vorgeschoben wurde.
Goebbels, der für die Stimmung an der Heimatfront die Verantwortung trug, ließ die Kampfpropaganda – Warnung vor der bolschewistischen Gefahr auch gegenüber den Westmächten, nicht nur der eigenen Bevölkerung und ihrer Soldaten – verstärken, obwohl ihm und Teilen der Bevölkerung die bolschewistische Gefahr zur Zeit nicht mehr so groß erschien. Die Ostfront, noch weit entfernt, hielt, während die Invasion in Frankreich drohte und die Luftangriffe nicht nachließen.
Unter der Überschrift »Gedanken und Wünsche der Bevölkerung zum Jahreswechsel – Aufnahme der militärischen Ereignisse« erschien der SD-Bericht des Chefs der Sicherheitspolizei und des SD, Amt III, am 6. Januar 1944 noch einmal mit einer Darstellung der Lage aus der Sicht der SS und ihrer vielen geheimen Mitarbeiter überall im Reich. Es war das letzte Mal, daß diese »Meinungsforscher« zu Beginn eines Jahres der deutschen Wahrheit auf den Grund gekommen sein sollten, soweit sich diese Wahrheit erspitzeln, erforschen und erraten, durch Berichte aus allen Teilen des Reiches widersprüchlich, aber auch übereinstimmend belegen ließ. Daß dabei die Befürchtungen der Meldenden und Verfasser mitspielten, ist möglich. Der Glaube an den Endsieg war bei ihnen geschwunden; die Angst vor der Aufdeckung der Verbrechen wuchs.
Dabei mußten die Verfasser der SD-Berichte weiter davon ausgehen, daß eine Kritik an Hitler sie weggefegt hätte. »Die vorliegen-

den Meldungen bringen übereinstimmend den *großen Ernst* zum Ausdruck, der aus allen Meinungsäußerungen der Bevölkerung zur Gesamtlage zum Jahresbeginn spreche. Eine erhebliche Bedrücktheit zeige sich vor allem im Hinblick auf den fortgesetzten Luftterror, die schweren Kämpfe an der Ostfront und die im Westen drohende Invasion. Die trotzdem vielfach vorhandene Zuversicht stütze sich auf die Erkenntnis der Notwendigkeit unseres Sieges und auf das starke Vertrauen zur Wehrmacht und zum Führer.«
Dieser Satz wird vom nächsten relativiert: »Wenn auch von einer unbedingten Siegesgewißheit *im allgemeinen* nicht gesprochen werden könne, so herrsche doch der Gedanke vor, daß wir ›die Zähne zusammenbeißen‹ und die Nerven behalten müßten. Daneben seien allerdings auch verschiedentlich Befürchtungen über unser weiteres Durchhaltevermögen laut geworden.
Trotzdem zeige die Bevölkerung in haltungsmäßiger Hinsicht allgemein einen *unbedingten Durchhaltewillen*, der nach wie vor unerschüttert sei.«
Aus dem *Siegeswillen* wurde der *Durchhaltewille*.
Aber weshalb sollte durchgehalten werden?
»Die meisten Erwartungen gingen dahin, daß das Jahr 1944 eine kriegsentscheidende Wendung zu unseren Gunsten bringen müsse und daß es das Jahr der Vergeltung und der Beendigung des Luftterrors werde.
Stark ausgeprägt sei die *Friedenssehnsucht*, die im Wesentlichen in dem Verlangen nach Beendigung des Blutvergießens und der Rückkehr der Soldaten zum Ausdruck komme, sonst aber keine Tendenzen für einen Kompromißfrieden oder einen Frieden um jeden Preis aufweise.«
Richtig erkannt war die Friedenssehnsucht. Aber weder Tendenzen für Kompromißfrieden noch Frieden um jeden Preis? An welchen Frieden wurde dann gedacht? Der SD-Bericht verschweigt es nicht.
»Was soll uns passieren, wenn die Russen kommen? Nichts. Wir haben ihnen ja nichts getan. Wir haben bisher gearbeitet und werden auch weiter arbeiten (Landarbeiterfrau).«
»Mit den Russen ist das doch gar nicht so schlimm, wie das immer

gesagt wird. Die sind auch nur Menschen. Hier arbeiten doch so viele Russen, die einen ordentlichen Eindruck machen (Arbeiterfrau).«

»Die Engländer und Amerikaner werden dafür sorgen, daß der Bolschewismus in Europa nicht überhand nimmt (Bauer).«

»Wenn Amerika den Frieden diktiert, wird es nicht so schlimm werden, die wollen nur ihre Geschäfte dabei machen und brauchen den Deutschen für ihre Kapitalisten (Industriearbeiter).«

»Es wird dann eine ganze Reihe von Bevormundungen aufhören, die die deutsche Wirtschaft jetzt durchzumachen hat. Unter Umständen wird es dann für uns wieder freier und leichter (Betriebsführer).«

»Es ist ja ganz egal, dann werden wir eben englisch. So wie ich denken hier viele Bauern (Großbauer aus der Gegend von Hamburg).«

»Im Falle eines Zusammenbruches werden wahrscheinlich Teile von Sachsen zur Tschechei kommen. So schlimm wird aber auch das nicht sein (Äußerung aus dem Erzgebirge).«

»In konfessionell stark gebundenen Kreisen Süddeutschlands und der Alpen- und Donaugaue wird vielfach darauf hingewiesen, das ehemalige Österreich werde mit Bayern zu einer Monarchie unter Otto von Habsburg vereinigt. Im Westen des Reichsgebietes wird die Vermutung ausgesprochen, daß weite Teile an Frankreich, Belgien und Holland fallen würden, weshalb keine Befürchtungen vor dem Bolschewismus bestehen.«

Die Meinung, die Bevölkerung habe von der *Vergeltung* für die Luftangriffe eine Schicksalswende erwartet, wird nicht mehr geteilt. »Viele Volksgenossen neigen zu der Ansicht, die Vergeltung sei doch nur ein ›großartiger Propagandabluff‹, während andere wiederum an eine Vergeltung erst im Zusammenhang mit der erwarteten Invasion im Westen glauben würden und ein weiterer beträchtlicher Teil der Bevölkerung in der Furcht lebe, die Vergeltung könnte zu spät einsetzen oder durch die feindliche Invasion zunichte gemacht werden.«

Anfang Januar befahl Hitler, die Herstellung der Düsentriebwerke für die neuen Düsenjäger und Düsenbomber, die im Frühjahr eingesetzt werden sollten, in das unterirdische »Mittelwerk« bei

Nordhausen zu verlegen. Dort erfolgte schon die Endmontage der A-4-Rakete von Peenemünde (V2).
Diese unterirdische Fabrik war vor Luftangriffen sicher, doch noch nicht ganz fertiggestellt.
»Von stark niederdrückender Wirkung sind nach wie vor die militärischen Ereignisse. Vor allem der feindliche Luftterror trage zu einer sich ständig steigernden Beunruhigung bei und verstärke das Gefühl der Ohnmacht gegenüber der anglo-amerikanischen Luftwaffe.«
In den ersten Januartagen, in denen der SD-Bericht verfaßt wurde, gab es heftige nächtliche Bombardements der Reichshauptstadt durch das britische Bomber-Kommando.
»Ebenso wirke die Lage an der Ostfront besorgniserregend. Allerdings sei diesmal die sonst vielfach beobachtete Bestürzung über die Preisgabe von Gebieten (z. B. Shitomir und der Raum südlich davon) nicht eingetreten. Die Bevölkerung habe sich teilweise mit einer gewissen Abgestumpftheit an das Hin und Her der Kämpfe gewöhnt und vertraue trotz ernster Sorge um eine weitere Zurücknahme der Fronten auf die Wehrmacht, die bisher noch jede schwierige Lage gemeistert habe.«
Die Absetzbewegungen und Frontverkürzungen, die der Wehrmachtbericht mitteilte, wurden der Heimat gleichgültig.
»Über die Front in Italien würden keine Besorgnisse geäußert. Meist werde es mit Freude und Stolz zur Kenntnis genommen, daß unsere Truppen dem weit stärkeren Feind so erfolgreichen und hartnäckigen Widerstand leisten würden. Nur vereinzelt sei bisher die Meinung zu hören, die Anglo-Amerikaner könnten – wenn auch langsam, doch sicher – bis Ostern Rom erreicht haben.«
Die für schwach gehaltenen militärischen Leistungen der Alliierten in Italien führten dazu, Hoffnungen in eine Abwehr der Invasion in Frankreich zu setzen.
»Lebhafter als bisher werde die Frage der Invasion besprochen. Die Ansicht, daß eine Invasion im kommenden Frühjahr einsetzen werde, sei weit verbreitet. Über die Erfolgsaussichten der Anglo-Amerikaner wären die Meinungen nicht einheitlich. Während nach den meisten Meldungen den feindlichen Invasionsversuchen eine blutige Schlappe vorausgesagt werde, betagen vereinzelte andere

Meldungen, daß der Abwehrkraft des Atlantikwalls nicht unbedingt getraut werde.«

Der Presse entnimmt der SD-Bericht, Präsident Roosevelt habe in seiner Weihnachtsansprache »zynisch von Stalins Humor« gesprochen und behauptet: »Die Lehre, daß die Starken die Schwachen beherrschen sollen, ist eine Lehre unserer Feinde, und wir verwerfen sie.«

Außerdem habe die »Deutsche Allgemeine Zeitung« am 1. Januar gemeldet, die USA hätten bisher 3,8 Millionen Soldaten nach Europa und Afrika geschickt.

Der südafrikanische Präsident Marschall Smuts sei der Meinung, 1944 werde ein neuer dreißigjähriger Krieg enden, der 1914 begonnen habe.

Presse und Rundfunk verloren ihren Einfluß auf die Stimmung. »In der Reichshauptstadt war die Anteilnahme an Presse und Rundfunk durch die weiteren Terrorangriffe beeinträchtigt. In stark bombengeschädigten Städten würden kaum noch Aufrufe des Führers und die Rede von Goebbels zum Jahreswechsel beachtet, da man sie nicht mehr zu hören bekäme.«

Rundfunkgeräte fielen aus, Zeitungen erschienen unregelmäßig. Die Propagandawaffe wurde stumpf.

Eine Auswertung von Gestapo-Berichten ergab: »In zahlreichen Berichten aus allen Teilen des Reiches wird übereinstimmend mitgeteilt, daß die Ostarbeiter sich mit Vorliebe über die Form der an den Deutschen zu nehmenden Rache nach einem sowjetischen Siege unterhalten würden. Diese Themen würden schon nicht mehr intern, sondern sogar offen, in Gegenwart deutscher Volksgenossen, Lagerführer und Meister erörtert.«

Dabei ist von der Absicht, die Deutschen zu foltern, die Rede, aber auch von Sabotage in Rüstungsfabriken, wobei Rädelsführer sich bewußt wären, daß sie »hierbei ihr Leben opfern« und für die »Zukunft der Sowjetunion sterben« würden.

Es wurde auch aufgefordert, »langsamer und schlechter zu arbeiten, damit die Sowjetunion siege«.

Sabotage und Hitlerhaß: »Kürzlich wurde an die Ostarbeiter in Stettin eine Propagandabroschüre mit dem Bild des Führers verteilt. Sie brachten ihren Haß zum Ausdruck. Jeder im Zimmer

anwesende Ostarbeiter stach mit Nadeln dem Führer die Augen aus.«
Von Terror gegen Ostarbeiter, »die auch heute noch Sympathien für das Deutsche Reich und seine Einrichtungen aufbrächten«, ist die Rede, der von fanatischen, deutschfeindlichen Elementen ausginge: »Ein Ostarbeiter in Frankfurt am Main teilte einem Deutschen vertraulich mit, daß er selbst für Deutschland Sympathie hege, die er aber unter keinen Umständen seinen Arbeitskameraden zeigen könne, da diese ihm schon einmal gedroht hätten, er würde umgebracht werden, wenn er weiter für Deutschland Stellung nehme und so gut arbeite wie bisher.«
Auch unter den Ostarbeiterinnen nahm die deutschfeindliche Einstellung zu.
»Eine deutsche Angestellte wies Ostarbeiterinnen darauf hin, wie sauber und nett sie jetzt angezogen seien im Vergleich zu ihrer Ankunft in Deutschland. Die Ostarbeiterinnen erklärten ihr – es geschah in Groß-Gerau –, daß sie mit dem Zuge nach Deutschland gebracht worden seien. Nach dem Kriege müßten die deutschen Frauen aber zu Fuß nach Sibirien laufen, um dort zu arbeiten.«
Die Briefüberwachung zeige, daß »in der überwiegenden Mehrheit eine negative Tendenz« bei den Ostarbeiterbriefen zu verzeichnen sei. »Die Ostarbeiterkorrespondenz beschäftigt sich mehr als früher mit den politischen und militärischen Ereignissen und dient somit der Verbreitung von Greuelnachrichten. Ein beliebtes Thema sind die Terrorangriffe.«
Die Sorge vor einem Aufruhr oder Aufstand der Millionen Fremdarbeiter sollte der Plan eines Eingreifens des Ersatzheeres nach dem Stichwort »Walküre« nehmen, der 1943 aufgestellt worden war.
Anfang 1944 hatte das Ersatzheer eine Stärke von 1 Million Mann. »Walküre« sah die Alarmierung des Ersatzheeres durch seinen Befehlshaber, Generaloberst Fromm, im Berliner Bendlerblock vor, um einen Fremdarbeiteraufstand niederzuwerfen.
War jetzt, zu Beginn des Jahres 1944, den Deutschen noch zu helfen?
Sie konnten nur sich selbst helfen, was einige dann mit »Walküre« versuchen wollten.

26. KAPITEL

Abwehr einer Luftarmada

Als kriegsentscheidende Maßnahme für 1944 hatten Roosevelt und Churchill am 30. November 1943 auf ihrer Konferenz mit Stalin in Teheran die Operation »Overlord« während des Monats Mai mit einer unterstützenden Landungsoperation in Südfrankreich beschlossen. Stalin wurde darüber sofort informiert.
Hitler erfuhr über den Spion »Cicero« in Ankara von »Overlord«, aber die Zeit- und Ortsangaben blieben ein Geheimnis. Er konnte aber den »Cicero«-Papieren entnehmen, daß der Balkan den Russen überlassen bliebe.
In seiner Weisung 51 vom 3. November 1943 hatte er der zukünftigen Westfront die Reserven versprochen, die sie haben müsse. Der Osten habe sich dagegen selbst zu helfen. Am 1. Januar 1944 übernahm Feldmarschall Rommel mit dem Stab der Heeresgruppe B den Befehl über die in Frankreich stehende 7. und 15. Armee unter dem Oberbefehlshaber West, Feldmarschall von Rundstedt. Die Weisung 51 hatte einleitend festgestellt, daß im Gegensatz zum Osten die Folgen eines Einbruches im Westen in Kürze unabsehbar würden und daß spätestens ab Frühjahr, wenn nicht früher, mit dem Angriff gerechnet werden müsse. Deshalb solle der Westen fortan nicht mehr geschwächt, sondern gestärkt werden.
Generaloberst Jodl, Chef des Wehrmachtführungsstabes, reiste vom 6. bis 15. Januar nach Paris und in die Bereiche der beiden Armeen, die nun Rommel zu befehligen hatte. Am 15. Januar berichtete er Hitler über seine Eindrücke. Sie wurden von ihm durch »Bemerkungen« am 24. Januar ergänzt, die in einer Abschrift im Kriegstagebuch der Seekriegsleitung erhalten sind.
Jodls »Bemerkungen«, für deren Richtigkeit Kapitän zur See Assmann zeichnet, vermitteln ein lebendiges Bild von Eindrücken

eines Besuchers aus der »Wolfsschanze«, die er im Westen gewann und unverblümt aussprach.

»1) Der Oberbefehlshaber West tut gut daran, das Hotel ›George V.‹ gegen einen Gefechtsstand zu vertauschen, wo man den Himmel sieht, wo die Sonne scheint und wo es frischer riecht.

2) Armeebefehlshaber, besonders aber Kommandierende Generale und Divisions-Kommandeure, gehören jetzt möglichst an die Front, weg vom Schreibtisch und Papier.

3) Ihre Hauptquartiere und Stabsquartiere sind eine Gefahr nicht nur für ihre Sicherheit, sondern auch für die ganze innere Haltung und Einstellung. Der kriegerische Hauch geht völlig verloren. Klubsessel und Teppiche verleiten zu Hofhaltungen. Ab 1. 3. gehören die Stäbe in die Gefechtsstände. Leider liegen sie zum Teil neben den Schlössern.

4) Die Herren machen sehr viel in Taktik oder Operationen, sind aber vielfach viel zu wenig interessiert an den Waffen, an kriegsmäßiger Unterbringung und am Einbau der Waffen. Ein Generalstabsoffizier einer Division muß auswendig wissen, wieviel Pak 40, wieviel Pferde und wieviel Kraftfahrzeuge er in der Division hat. Es gibt aber Kommandeure, die wissen gar nicht, was eine Pak 40 ist.

5) Der gute Wille zur Zusammenarbeit aller ist vorne da. Vom Korps an beginnt das gegenseitige Gestänkere und Geschimpfe.

6) Die nicht an der Front eingesetzten Divisionen und Kampftruppen müssen jetzt häufig überraschend alarmiert werden und kurze kriegsmäßige Bewegungen bei Tag und Nacht antreten. Sie zählen viel zu viel nach, was ihnen noch alles fehlt, betonen, daß sie noch keine Divisions-Übungen gemacht haben und infolgedessen nicht einsatzfähig sind.

7) Sie *werden* aber eingesetzt, und zwar so wie sie sind; also müssen sie es üben, sonst versagen sie schon beim Antreten.

Wer keine Kraftfahrzeuge hat für die Infanterie, muß Fahrräder bekommen, auch wenn man sich dafür zu fein dünkt.

8) Die Ausbildung muß viel energischer und wendiger betrieben werden, nicht nach einem Ausbildungsplan, der bis zum 1. 7. reicht; bis dahin ist die Entscheidung schon gefallen. Jeder Chef und jeder Kommandeur muß wissen, daß er im Frühjahr einge-

setzt wird. Wir haben keine Zeit, 3 Monate Einzelausbildung zu treiben.

9) Auch an der Front habe ich keine Ausbildung an der Waffe angetroffen. Es genügt nicht, wenn eine Kompanie gerade die Bedienung hat, die sie für ihre Waffen braucht. Sie muß bestrebt sein, jeden Mann am Maschinengewehr auszubilden und am Pak-Geschütz des Stützpunktes.

Dafür habe ich Bunkerwettbewerbe gesehen, wo Unteroffiziere Bilder an die Wand malen, anstatt sich mit ihren Waffen zu beschäftigen. Schon deshalb gehört in alle wichtigen Stützpunkte in Zugstärke und darüber ein *Offizier*.

Die Gefahr, daß sich im Westen ein Spießbürgerdasein herausbildet, ist groß.

10) Die feldmäßige Stellung und der feldmäßige Unterstand sind in überraschend geringem Umfang vorhanden. Man kennt nur die verfluchte Baracke oder die festungsmäßigen OT-Bauten. Die Vorgesetzten haben sich daran gewöhnt und tun nichts dagegen. Am 1. 3. darf es am Strand keine Baracke mehr geben.

11) Die Naivität der Truppe an der Front gegenüber der feindlichen Spionage ist grenzenlos. Sonst könnte man nicht strahlenden Gesichtes erzählen, was für einen deutschfreundlichen Franzosen (Schlafwagenschaffner) man als Verwalter des Offiziers-Übernachtungsheimes habe, der schon nach 5 Minuten das *Fremdenbuch* bringt, in das sich jeder Besucher eintragen soll.

Ich hoffe, daß das mit der geschaffenen Operationszone anders wird. Der unkontrollierbare Postverkehr in und aus der vorderen Linie durch die Bevölkerung muß aufhören.

12) Die Ost-Bataillone müssen allmählich organische Bestandteile der einzelnen Divisionen werden. Ich kann *nicht* genug davor warnen, sie als eine Art Heerestruppe zu belassen, so daß keine Division an ihnen interessiert ist. In kurzer Zeit werden diese Bataillone dann verkommen sein.

13) Was mir alle Leute in Frankreich bestritten haben, hat mir der Großadmiral zugegeben, daß er nämlich auf die hochwertigen Spezialisten der Funkmeß-Schule nicht verzichten kann (Le Touquet), d. h. also, wenn sie nicht durch feindliche Überraschungen in den Kampf verwickelt werden, dann werden sie zurückgezogen.

14) Die Waffen-SS erwirbt sich mit Recht zusätzliche Ernährung (Vollmilch) für ihre jüngeren Leute. Bei den Heeresdivisionen habe ich nichts davon gehört.
15) Es muß beim OB West doch eine Stelle geben, die über die Neuaufstellung und Auffrischung von Divisionen genau Bescheid weiß und auf Anfrage den tatsächlichen Stand an Personal und Material melden kann. Ich bekomme aber vielfach falsche oder längst überholte Angaben (z. B. wenn die 2. Panzerdivision 10 000 Mann hat, werden mir 6000 gemeldet, weil die Beurlaubten nicht mitgezählt werden).
16) Über die Pläne der Alliierten habe ich keine Zweifel mehr. Durch eine Reihe von politisch-militärischen Aktionen an der Peripherie sollen die Reserven, die jetzt hinter 15. und 7. Armee stehen, abgezogen werden. Dann, aber auch nur dann, wird man über den Kanal zum Angriff schreiten.
17) Der Westen kämpft nicht, das ist *nicht* seine Schuld; er *schreibt,* das ist *unsere* Schuld. Er hat an Offizieren alles bekommen, was lieber im 18. Jahrhundert leben würde als im nationalsozialistischen Deutschland. Was ich tun konnte, um das zu ändern, habe ich getan.
Darüber hinaus muß aber auch der OB West nicht nur die ›Scheiße‹ feststellen, sondern sie beseitigen.
Auch einem Herkules blieb diese Arbeit nicht erspart, bevor er in den Olymp einging.«
In der angloamerikanischen Landungstaktik irrte sich Jodl, in der Beurteilung der Kampfkraft im Westen nicht.
»Die großen Kämpfe unserer Zeit werden unter der Oberfläche geliefert«, notierte Ernst Jünger zwei Tage vor Jodls Besuch ins Tagebuch, »so das Treffen, das zwischen dem Techniker und dem musischen Menschen stattfindet.«
Am 29. Januar schreibt er: »Das Studium der Attentate ist lohnend, weil sie eine der Unbekannten in der historischen Gleichung sind. Das gilt indessen nur für die unteren Ränge der Betrachtung, denn bei näherer Einsicht treten manche Bestimmungen hinzu. So wird man im Attentäter, selbst im Fall des Wahnsinns, meist nur das Individuum entdecken, das vor dem Hintergrunde von Volksstimmungen, Oppositionen oder bedeutenden Minderheiten sichtbar

bar wird. Ferner muß das Gelingen des Attentates hinzutreten. Der historische Mensch hat seine Aura, seine überlegene Notwendigkeit, eine die unheilvollen Geschosse abweisende Kraft. Hier gilt der Ausspruch Napoleons: daß, solange er im Banne seiner Aufgabe stehe, ihn keine Macht der Erde fällen könne, wozu nach abgelaufenem Amte ein Sonnenstäubchen genügend sei. Wie bringt man aber Caesar und Heinrich IV. in das System?«

Fern solcher Überlegungen, die Generaloberst Jodl und Hauptmann Ernst Jünger in diesen Tagen anstellen, erreicht die LS-Abteilung (mot) 48, in ihrer Unterkunft in Dessau-Kochstedt alarmiert, am Abend des 30. Januar die Lotsenstelle 10 an der Autobahn bei Rangsdorf, Ausfahrt Reichsstraße 96.
Bei der Einfahrt in den Berliner Stadtteil Kreuzberg muß sich die Abteilung einen Weg durch das Flammenmeer der brennenden Straßenzüge und durch den starken Funkenregen bahnen. Der Stadtteil ist taghell erleuchtet durch das grellweiße Brandfeuer einer Magnesiumfabrik. Eine Woche vorher, am 22. Januar, erhielt die Abteilung nachts 2.20 Uhr Befehl, Magdeburg zu erreichen, was 3.00 Uhr geschah.
Kurz hinter Zerbst leuchtete der Himmel in Richtung Magdeburg rötlich auf. Im Wald zwischen Gommern und Wahlitz bildeten umgestürzte Bäume und ein großer Bombentrichter Hindernisse. Schnell wurden sie beseitigt. Am Waldrand angekommen, leuchteten ihr überall Brände entgegen. Bauernhäuser, Wohnhäuser, einige Industrieanlagen standen in Flammen. Vom Bahnhof Königsborn drangen starke Detonationen herüber. Ein Munitionszug brannte aus. An zahlreichen Brandstellen außerhalb des Stadtgebietes von Magdeburg war zu erkennen, daß die feindlichen Flieger durch die eigenen Jäger abgedrängt wurden.
Die Abteilung wurde in Magdeburg in der Maschinenfabrik R. Wolf eingesetzt.
Nach Rückkehr von ihren ersten Einsätzen hatte der Kommandeur die Abteilung zur Parade an sich vorbeifahren lassen; das hörte jetzt auf. Im Kriegstagebuch werden Erfolge und Mißerfolge bei Rettungsarbeiten nur noch lakonisch festgehalten.
Ohne Erfolg erbettelte ein 62jähriger Mann aus Nürnberg von

Angehörigen Gefallener, deren Adressen er Todesanzeigen in Tageszeitungen entnahm, Kleidungsstücke und Schuhe. In Briefen, die im Abzugsverfahren zweihundertmal vervielfältigt worden waren, gab er sich als kriegsfreiwilliger Frontkämpfer aus, der entlassen sei. Das Sondergericht sah von der Todesstrafe ab, weil der Mann nichts erhalten hatte, verurteilte ihn aber zu vier Jahren Zuchthaus, da er in leichenfledderischer Weise den Heldentod deutscher Soldaten und den Schmerz der Hinterbliebenen zu üblen egoistischen Zwecken mißbraucht habe.

Zur öffentlichen Erörterung des Aufenthaltes im Luftschutzkeller während eines Fliegeralarms trug der Physiker Manfred Baron von Ardenne bei, der vor der Berliner Presse physikalische Beobachtungen und Anregungen gab, die helfen sollten, während der Bombenabwürfe kaltblütig zu bleiben.

Der Physiker erklärte, die örtliche Intensität der Druckwellen eingefallener Sprengbomben könne durch Beobachtung eines einfachen Barometers abgeschätzt werden. Die Stärke der Luftdruckwellen und die Zahl der gefallenen Bomben zeigten die Weite und Zahl der Zeigerausschläge an. Nach einiger Erfahrung lerne man die Weite der Zeigerausschläge kennen, von der ab bei den gegebenen Verhältnissen mit Schäden an Fenstern und Türen oder mit Großschäden zu rechnen sei.

Bei einem handelsüblichen Barometer habe er in einem unter der Erde befindlichen Bunker die Quecksilbersäule 5 mm ausschlagen gesehen, als in 1000 m Entfernung eine 250 kg-Sprengbombe fiel. Glasschäden seien entstanden, als der Zeigerausschlag 80 mm betrug.

Wichtiger als die rohe Abschätzung der örtlichen Intensität der Druckwellen erschien Baron von Ardenne die Anwendung der in den meisten Haushaltungen vorhandenen Barometer, um das Fallen von Bomben mit Zeitzünder oder von Blindgängern zu erkennen. Der Physiker meinte, mit diesen sei stets dann zu rechnen, wenn im Anschluß an das charakteristische Rauschen oder Pfeifen von dem Barometer keinerlei Luftdruckschwankungen angezeigt würden.

Wer den Augenblick des Explosions-Feuerscheins beobachte, könne durch die Bestimmung der Zeitdifferenz bis zum Eintreffen der durch das Barometer angezeigten Luftdruckwelle den Abstand des Auftreffortes der Sprengbombe sogar genau messen. Die Laufzeit des Schalles in der Sekunde betrage bekanntlich etwa ¹/₃ Kilometer.

Der Luftschutzkeller als physikalisches Labor, das Barometer als Bombenmelder: Fiel ein Bombenteppich, wie das Flächenbombardement von den Deutschen genannt wurde, so half dieser Hinweis wenig, wenn er überhaupt beachtet wurde. Die neue Bomberoffensive, die nach einer Direktive der Vereinigten Alliierten Stabschefs vom 13. Februar 1944 als »Big Week« (Große Woche) mit einem Nachtangriff des britischen Bomber-Kommandos auf Leipzig begann, sollte Ziele treffen, die im Zusammenhang mit »Overlord«, der Invasion Frankreichs, gesehen wurden. Die Direktive sprach von »fortschreitender Zerstörung und Zersprengung des deutschen militärischen, industriellen und ökonomischen Systems, der Zerschlagung von Lebensadern der Kommunikation und des materiellen Nachschubs für die deutsche Luftwaffe durch erfolgreiche Fortsetzung der gemeinsamen Bomberoffensive von allen passenden Stützpunkten«. Diese Direktive enthielt nicht mehr den Passus, die »Moral des deutschen Volkes zu unterminieren«, den Luftmarschall Harris statuiert hatte.

Als Ziele wurden angegeben: die deutsche Luftwaffe, die Abschußrampen für Flugkörper an der Kanalküste, Berlin und andere industrielle Gebiete sowie Orte, die in Südosteuropa in die Reichweite der alliierten Luftstreitkräfte im Mittelmeer, vor allem der neu eingesetzten amerikanischen 15. Luftflotte kämen. Nach der Direktive wurde der Plan »Argument« entwickelt. Das britische Bomber-Kommando hatte mit den amerikanischen Strategischen Luftflotten (8. in England, 15. in Italien) unter General Spaatz zusammenzuarbeiten.

Die Kugellager-Produktion von Schweinfurt, die nach dem Angriff im Oktober 1943 weitgehend verlagert worden war, wurde im Plan »Argument« als wichtiges Ziel bezeichnet. Dagegen wandte sich Luftmarschall Harris, der entfernte, gut verteidigte und »unprofitable« Ziele nicht anfliegen lassen wollte. Für ihn war dies keine vernünftige Operation. Aber er mußte sich der amerikanischen Strategie von nun an unterordnen.

Wenn auch die »Unterminierung der Moral der deutschen Bevölkerung« nicht mehr in der Direktive stand: Die Tausend-Bomber-Angriffe konnten wieder beginnen. Sie allein hätten durchschlagende Wirkung, wie Harris glaubte.
Anfang Februar 1944 schrieb die schwedische Zeitung »Svenska Dagbladet«: »Die englischen Bombenangriffe haben erreicht, was Hitlers Proklamationen nicht vermocht haben: daß die Mehrheit der Bewohner Deutschlands voller Wut über England seien.«
Im britischen Oberhaus hielt Bischof George Bell die Angriffe »für keine vertretbare Form der Kriegsführung mehr«, obwohl Hitler ein Barbar sei.
Nach einem Besuch Berlins notiert Ernst Jünger am 29. Februar: »Die Niederlegung so großer Städte wird in ihren Folgen noch nicht überschaut. Merkwürdig scheint auf den ersten Blick, daß der Verkehr sich in den Trümmern steigert; doch ist es logisch, da seine ruhende Entsprechung, die Wohnung, vermindert wird. Die Straßen und alle Bahnen waren überfüllt. Das Wiedersehen mit der Kapitale und ihrem neuen Stande war weniger befremdend, als ich dachte. Gleich nach dem Ersten Weltkrieg und während der Inflation schien sie doch schon recht anbrüchig; dann, nach der sogenannten Machtübernahme, regierte die Spitzhacke in ihr. Ganze Straßenzüge sanken schon in Schutt. Endlich wurden Geschäfte geplündert, Synagogen in Brand gesteckt, ohne daß solche Untat ihren Richter fand. Auch Blut blieb auf dem Land. Die Lust an allen roten und explosiven Dingen nahm reißend zu.«
Die Reichshauptstadt wird zum politischen Gefangenen der Macht, die in ihr herrscht.
Das Nachdenken über Städte, deren Zerstörung erst zur Hälfte oder einem Drittel feststand, breitete sich aus. Die romantische Ruine, künstlich einst aufgebaut, gehörte ins deutsche 19. Jahrhundert. Den Ruinenwert der Parteibauten in Nürnberg hatte der Architekt Albert Speer vor dem Kriege seinem Bauherrn demonstriert.
Die ruinierten Städte brachten Ruinen hervor, die nicht häßlicher aussahen als die noch unverletzten Bauten.
Vergangenheit lag, wie ein Skelett, offen da.
Deshalb blieb in der Erinnerung derer, die mit den Ruinen leben

mußten, die Vorstellung, es sei ein sie verfolgender Traum gewesen.
Ohne größere Verluste, meinten die Alliierten, könnten sie die deutsche Luftwaffe bis zum Landungsunternehmen »Overlord« niederringen.
Sie unterschätzten jedoch die Produktion von Jagdflugzeugen. Im zweiten Halbjahr 1943, während der Bombenangriffe, betrug die monatliche Stückzahl im Durchschnitt 850 einsatzreife Flugzeuge; die Alliierten nahmen an, es seien 640. Im ersten Halbjahr 1944 produzierten die deutschen Flugzeugwerke im Monatsdurchschnitt 1581 Jagdflugzeuge. Die Alliierten hielten nur 655 für möglich.
Ein dafür geschaffener »Jägerstab« organisierte diese Produktionsausweitung.
Die »Big Week« (20.–26. Februar 1944) kostete die beiden amerikanischen Luftflotten 226 Bomber und 28 Jäger bei Angriffen, die hauptsächlich gegen die Flugzeugindustrie gerichtet waren. Die deutsche Produktion stieg jedoch trotz allem weiter an, statt abzufallen, wie es die Alliierten erhofft hatten.
Mit einem Nachtangriff auf Leipzig am 19./20. Februar 1944 durch das britische Bomber-Kommando, an dem mehr als 800 Kampfflugzeuge und Jäger beteiligt waren, begann diese Woche. Die Briten verloren 78 Flugzeuge.
Am 20. Februar starteten mehr als tausend schwere amerikanische Bomber mit Jägerbegleitung von den Flugplätzen in England, um Braunschweig, Leipzig, Oschersleben, Bernburg und ein Ziel bei Posen anzugreifen. Diese riesige Armada, die erstmals in die Luft entsandt wurde – sie umfaßte zusammen mit britischen Jägern fast 2000 Flugzeuge – hatte Räume zu vernichten, in denen die Flugzeugproduktion lag. Dabei wurden in Leipzig über vierhundert Arbeiter eines Flugzeugwerkes in ihren Luftschutzräumen getötet.
600 britische Bomber griffen Stuttgart am 21. Februar an, der folgende Tagesangriff der Amerikaner auf Braunschweig mußte wegen schlechter Wetterlage ausfallen. Am nächsten Tage versprach das Wetter besser zu werden.
Die amerikanische 15. Luftflotte bombardierte Fabriken bei Regensburg, während die amerikanische 8. Luftflotte Ziele in Gotha,

Oschersleben, Bernburg, Schweinfurt und Aschersleben anflog. Schlechtes Wetter führte zu Kollisionen in den Bomberströmen, die schweren Flugzeuge waren nicht fähig, sich in Kampfformation zu ordnen. Die Mehrzahl der in England gestarteten Flugzeuge wurde zurückbeordert. So konnten von der 8. Luftflotte nur 255 Kampfflugzeuge ihre Bomben abwerfen, wovon 99 die befohlenen Ziele trafen. Die 15. Luftflotte verlor bei ihrem Angriff auf die Messerschmitt-Werke bei Regensburg von 118 eingesetzten Bombern 14.
Die 8. Luftflotte büßte von 466 Kampfflugzeugen 41 durch die deutschen Jagdgeschwader 1 und 11 ein, die schon vor Erreichen der Ziele sich dem Bomberstrom entgegenwarfen.
Die Luftwaffe hatte ihre Taktik geändert. Sie wartete nicht ab, bis sie Kenntnis oder wenigstens eine Vermutung von den anzugreifenden Objekten hatte.
Die amerikanischen Jäger, die den Bomberstrom über den Zielräumen erwarteten, konnten dadurch nur bedingt eingreifen.
Nach drei Tagen zwang schlechtes Wetter die 8. Luftflotte am Boden zu bleiben. So attackierte am 23. Februar die 15. Luftflotte mit 102 Bombern Anlagen in Steyr, die Kugellager herstellten. Sie wiederholte den Angriff am 24. Februar mit 87 Bombern, von denen sie 17 verlor.
Gleichzeitig griff die 8. Luftflotte Schweinfurt, Gotha und Ziele im nordöstlichen Deutschland bei Posen an mit nur geringen Verlusten. Nachts war Schweinfurt das Ziel von 734 britischen Bombern; die Stadt brannte noch vom Tagesangriff. 33 Flugzeuge gingen verloren. Die meisten Bomben fielen in die Umgebung des Kugellager-Werkes.
Industrielle Ziele bei Regensburg, Augsburg, Stuttgart und Fürth wurden bei klarem Himmel am 25. Februar angeflogen.
Dabei verlor die 15. Luftflotte, bei der noch nicht die Mustang-Jäger mitflogen, von 176 eingesetzten Bombern 33.
In der Nacht zum 26. Februar flog das britische Bomber-Kommando nach Augsburg, womit die »Big Week« ihren Abschluß fand.
Die Zerstörungen und Verluste unter der Bevölkerung waren beträchtlich.

Auf Stuttgart fielen 1990 Tonnen; auch Augsburg wurde schwer getroffen. Während der »Big Week« griff nachts die deutsche Luftwaffe mit ungefähr 200 Kampfflugzeugen vorwiegend London an, die in jenen Tagen zum letzten Mal in dieser Stärke über der britischen Metropole waren. Die Engländer nannten diese Revanche den »Baby Blitz«. Die Briten hatten sich in der Nacht zum 2. März mit 503 Kampfflugzeugen Stuttgart zum Ziel genommen. Wieder litt die Bevölkerung unter schweren Verlusten.

Auf den Flugplätzen rings um Berlin erwarteten jetzt die deutschen Jäger den ersten Tagesangriff der Amerikaner mit Jagdschutz auf die Reichshauptstadt.

Der erste amerikanische Anflug auf Berlin, das »Big B« der Bomber und Jäger, schlug am 3. März fehl. Eine dichte Wolkendecke hing über Deutschland. Die meisten Fliegenden Festungen kehrten vor ihrem »Big B« um, warfen Bomben auf Gelegenheitsziele und flogen zu ihren Basen zurück. Nur die 95. und 100. Bombergruppe, vor ihnen als Speerspitze die Mustangs der 4. Jägergruppe (8. Luftflotte) sowie die der 354. und 363. Jägergruppe (9. Luftflotte), setzten ihren Flug fort.

Über den Wolken, die Berlin bedeckten, trafen 29 B-17 und etwa 20 Mustangs ein. Gegen sie traten 30 bis 35 deutsche Jäger Me-109 und FW-190 an.

Colonel Donald Blakeslee, der Kommandeur der 4. Jägergruppe, meldete sich als erster über Berlin. Er stürzte sich auf eine Me-109; als er, sich hinter sie setzend, schießen wollte, hatte seine Maschinenkanone Ladehemmung. Blakeslee überholte den deutschen Jäger und winkte dem Piloten zu. Dieser bedankte sich für diese erstaunliche Ritterlichkeit, indem er mit den Flügeln seiner Me-109 wackelte.

Dann stieg Blakeslee höher und dirigierte den Rückzug seiner Jäger. Die Amerikaner verloren 5 Fliegende Festungen; ihre Bomben, die sie durch die Wolkendecke warfen, richteten kaum Schaden an.

Dieser erste Luftangriff auf Berlin am Tage wurde von der deutschen Propaganda heruntergespielt. Sie verbreitete über den Rundfunk die Nachricht, die Amerikaner hätten abgedreht, ehe sie

Berlin erreichten. Übertrieben wurde er im International News Service aus London dargestellt.

Dort sprach man von einer großen Operation, dem ersten Bombardement amerikanischer Luftstreitkräfte auf die Berliner Innenstadt. Göring erzählte nach seiner Gefangennahme im Mai 1945 den Amerikanern, als er die ersten Jagdflugzeuge der USA über Berlin gesehen habe, sei für ihn der »Tanz zu Ende« gewesen. Er mag mehr damit gemeint haben.

Das Ziel dieses Angriffs auf Berlin sollten die Boschwerke in einer Vorstadt gewesen sein.

Damit hatte eine neue »Schlacht um Berlin« begonnen, die Ende April 1945 in eine andere, die letzte »Schlacht um Berlin« überging. Die »Schlacht um Berlin« der amerikanischen Luftflotten dauerte länger als ein Jahr, die der sowjetischen Armeen eine Woche.

Aber das britische Bomber-Kommando war hier viel länger, schon seit Jahren am Werke, wenn auch nur nachts.

Als kriegswichtige Ziele für den zweiten Tagesangriff der Amerikaner auf Berlin, der am Montag, dem 6. März, bei guter Sicht – nur wenige Wolken standen am Himmel über Deutschland – geflogen wurde, waren wieder die Bosch-Werke, dazu die Kugellagerfabrik in Erkner und die Werke von Daimler-Benz ausgewählt worden. Man verband damit auch die Hoffnung, daß sich die Luftwaffe zum Kampf stellen würde, um die sancta civitas of Germany zu verteidigen, wie es den Piloten vor ihrem Einsatz gesagt worden war.

Von den 627 Bombern, die in England starteten, wurden 68 abgeschossen. Zu einer Luftschlacht kam es schon beim Anflug, als Berlin noch eine halbe Flugstunde entfernt war. Etwa 200 Me-109 und FW-190 trafen auf die Fliegenden Festungen und Liberators der Amerikaner, die von Ligthnings, Thunderbolts und Mustangs begleitet wurden.

Jeder zweite deutsche Jäger griff die amerikanischen Jäger an, jeder dritte die Bomber.

Die Luftschlacht dauerte von 11.59 Uhr bis 12.45 Uhr. Dann trafen die Bomberströme, die sich trotz Verlusten nicht von ihrem Ziel abbringen ließen, auf die Flakabwehr über Berlin.

Dennoch gelang es ihnen, 1600 Tonnen der zerstörenden Fracht abzuwerfen.
Auf dem Rückflug erwarteten sie hinter der Zone der Flakabwehr wieder die deutschen Jäger.
Die Amerikaner verloren 11 Jäger, die Deutschen 80. Das war fast die Hälfte ihrer eingesetzten Maschinen.
Die Tagesangriffe wurden am 8. und 9. März fortgesetzt. Hauptziel am 8. März war Erkner, aber die meisten Bomben fielen in den märkischen Sand. Der Ort wurde schwer zerstört, über 600 Einwohner starben. Die Fabriken blieben jedoch weitgehend erhalten.
37 Bomber und 16 Begleitjäger wurden zumeist von der Flak abgeschossen; deutsche Jäger konnten nur in geringer Zahl eingreifen.
Der Berliner Rundfunk gab bekannt, Berlin sei Frontlinie im Luftkrieg geworden.
Am 9. März verloren die Amerikaner nur noch 6 Flugzeuge durch die Flak. Kein deutscher Jäger zeigte sich am Himmel.
Big B hatte während der drei Tage für die Amerikaner seinen »Glamour« verloren; es hatte sich gezeigt, daß die deutsche Luftwaffe noch nicht untergegangen war.
Bitter klang das Lied, das jetzt von den Bomberbesatzungen gesungen wurde, wenn sie nach Big B flogen:
»Don't take my boy to Berlin,
The dying mother said;
Don't take my boy to Berlin,
I'd rather see him dead.«
(Nehmt meinen Jungen nicht mit nach Berlin,
sagte die Mutter, als sie starb.
Nehmt ihn nicht mit nach Berlin,
er wäre tot wie ich.)
»Die Sirene heult in langgezogenem Auf und Ab. Das ist Vollalarm«, notiert in diesen Tagen in Berlin Ruth Andreas-Friedrich. »Draußen rennen die Leute. Mit Koffern und Kinderwagen. Rennen dem nächsten Bunker zu. Quietschend bremsen die Straßenbahnen. Die Autos stocken. In weniger als drei Minuten steht jedes Fahrzeug verlassen. Ich lege die Fußmatte zwischen die Tür, damit sie nicht zuschlägt, wenn ... Wir sind schon auf dem Weg

nach unten. Von fern dumpfgrollendes Brummen. Beängstigend fremd, unheilverkündend und geheimnisvoll. Wir werfen Taschen und Koffer in einen Kellerwinkel. Gasmasken, Stahlhelme, nasse Tücher. Es ist keine Zeit zu verlieren. Da, jetzt kommt's. Sie sind über uns. Wir sagen nichts. Wir schreien nicht. Krampfhaft pressen wir die nassen Tücher gegen die Lippen. Während draußen die Bomben pfeifen, ist es drinnen still wie in der Kirche.
Es kollert und kracht, es wankt, birst und zittert.
Meterhoch, für unser Gefühl, bäumt sich der Fußboden.
Jetzt hat es eingeschlagen. Am liebsten würden wir in die Erde hineinkriechen. Beißender Rauch frißt sich in unsere Augen.
Traf es die Nachbarn, traf es uns selbst, wir ahnen es nicht. Wir wissen nur, daß wir arm sind, nackt und entsetzlich hilfsbedürftig.
›Feuer im dritten Stock!‹ brüllt der Luftschutzwart. ›Alle antreten zum Löschen.‹ Benommen springen wir auf. Draußen krachen Bomben, fahren mit heulendem Getöse durch die rauchgeschwängerte Luft. Keiner spricht. Mechanisch greifen wir zu Sandeimer und Spitzhacke. Hinauf in den dritten Stock. Wie schwarze Vögel flattern die Verdunkelungspapiere im Feuersturm.
Aber das Wasser! Sie haben das Wasser abgestellt. Immer versagt die Wasserzufuhr, wenn ein Großangriff kommt.
Ein Segen, daß wenigstens unsere Badewannen gefüllt sind.
Während draußen die Flak bellt und ein Bombengeschwader nach dem anderen seine tödlichen Lasten abwirft, löscht unser Löschtrupp, was sich löschen läßt.
Eimerkette von Hand zu Hand. Aus Spülbecken, Krügen und Badewannen. Die Behälter sind leergeschöpft. Jetzt müssen die Sandtüten herhalten.
Das Wohnzimmer brennt. Grünlich fließt der Phosphor unter Schränken und Polsterstühlen. Sand darüber! Bomben pfeifen. Noch fern, dann näher, ganz nahe.
›Aufpassen!‹ schreit der Luftschutzwart. Wieder stürzen wir in den Keller. Doch der Brand ist gelöscht. Und über uns fliegt das letzte Geschwader stadteinwärts.
Wir hocken nebeneinander und pressen die nassen Tücher gegen die Lippen. Wenn wir sie nicht hätten, würde der Rauch uns ersticken.

Von weitem gellt eine Sirene. Vorentwarnung. Noch summt es über uns. Noch knattert, in kurzen Abständen, der Trommelton der leichten Flak. Lärmt, schweigt, lärmt von neuem und verstummt dann endlich.
Vollentwarnung!
Wo das Nachbarhaus stand – ein Trümmerhaufen. Schreiend läuft eine Frau an uns vorüber. Sie ist in eine Pferdedecke gewickelt. Entsetzen hat ihr Gesicht verzerrt. Drei leere Kleiderbügel preßt sie gegen die Brust.
Allmählich wird es auf der Straße lebendig. Immer neue Gestalten tauchen auf. Aus dem Qualm, aus den Trümmern, der fürchterlichen Zerstörung. Achtundvierzig Bomben, sagt man, trafen unser Häuserviertel.
Noch lassen sich die Toten nicht zählen. Sie liegen unter Schutt und Steinen, zerquetscht, vernichtet, unerreichbar für unsere Hilfe.
Nach zwei Stunden erscheint ein Räumtrupp, der graben helfen soll, Fenster vernageln, Trümmer wegschaffen.«
Hier gab es keine Panzer, die in die brennende Stadt fuhren, um Hilfe zu bringen.
Die Panzer waren an der Front; *hier* war die Heimatfront.
Das Wort ist französisch und bedeutet »Stirn(seite)«, es erschien zuerst in einem Buch von Wallhausen 1616 »Kriegskunst zu Pferdt« und hieß dort »fronte dieser Companie«, »fronte deiner Batailien«.
Fronte hieß es noch in Schillers »Räubern«.
Die Stirn dem Gegner zeigen.
Das wurde verlangt, wenn der Luftschutzwart zum Brandlöschen rief.
Der Gegner, dessen Landung im Westen erwartet wurde, war schon da.
Er brachte nicht Befreiung, sondern vorläufig den Tod.

27. KAPITEL

Antworten auf Fragen

Als es zu Beginn des Jahres 1944 festzustehen schien, daß nach einem letzten Winter der Verdammnis und der Feuernächte der Krieg im Frühjahr, im Sommer, vielleicht erst im Herbst zu Ende gehen könnte – mit Invasion und Vergeltung –, um endlich mit einem Sieg der Freiheit über die Dämonen den Überlebenden die Waffen aus den Händen zu nehmen, die sie so lange und furchtbar gegeneinander gerichtet hatten, begann eine kurze Zeit des Nachdenkens bei den Deutschen. Sie suchten eine Antwort auf die Frage, weshalb alles so gekommen sei.
Propaganda, bis zum Überdruß genährt von Ereignissen, die von ihr nicht mehr im Verborgenen gehalten werden konnten, verlor sich wie von selbst auf den Schlachtfeldern draußen und hier in der Heimat.
Sie war noch fähig, wilde Gerüchte auszustreuen, aber die Wahrheit, die Erkenntnis über die Lage, in der sich jeder befand, verhinderte sie nicht mehr.
Um diesen Zustand auszuhalten, bis eine grundlegende Änderung eintreten würde, mußte nach den Ursachen gefragt werden, warum dies alles so gekommen war, den Wurzeln nachgegangen werden, die unsichtbar alles zuammenhielten.
Wofür kämpfte und litt man eigentlich?
War es der Staat, der Führer, das Reich, das Volk, die Heimat, jene Weltanschauung, die Nationalsozialismus genannt wurde, die keiner so richtig zu erklären wußte, oder das Abendland, dessen Kulturerbe durch Kriegszerstörungen eingeebnet wurde, versank?
Kämpfte man im Osten für Europa, für welches Europa, für die neue Ordnung, die aus Unordnung zu bestehen schien, aber doch etwas Größeres meinte als den Nationalstaat?
Geschah es der Heldengestalten aus der germanischen Sagenwelt,

der nordischen Rassenlehre wegen, oder verteidigte man das Heilige Reich der Deutschen, dessen Unheiligkeit vielen aufgegangen sein mußte?
Das Vaterland nahm jeden Schmerz hin; es nahm ihn aber auch millionenfach an.
Veränderte sich dabei das Vaterland, schrumpfte es, erhielt es Größe, und was hieß jetzt Größe, welchen Rang hatte sie, wohin brachte sie alle, die an das Vaterland dachten?
Den eigenen Weg konnte ein Granatsplitter, die Kugel, eine Fliegerbombe, ein Phosphorkanister, eine denunzierte Meinung, das Abhören feindlicher Sender, ein vergangenes Leben in »falschen« Parteien und Gesinnungen beenden. Mußte dann nicht gefragt werden, von woher man kam, um sich der Kräfte der *Vergangenheit* zu versichern, die weiter zurücklagen als zehn Jahre?
Befehl und Auftrag für die Uniformierten konnten allein nicht mehr aushalten, was von ihnen verlangt wurde.
Der einzelne trat wieder hervor, er fragte und dachte nach, er wurde politisch, der politische Soldat entstand, aber es war nicht derjenige, den sich die Inhaber der Macht über die Menschen gewünscht hatten.
Um ihn für ihre Zwecke zurückzugewinnen, handelten sie rasch in diesem Winter, sie erfanden Neues, das es bisher in der Wehrmacht noch nicht gegeben hatte, um der Partei endlich Brückenköpfe zu schaffen, von denen sie, während der Krieg seinem Ende entgegenraste, ein letztes Mal Hand auf die Wehrmacht legen konnte, da sie fürchten mußte, von ihr weggefegt zu werden.
Der politische Soldat: Zuerst machte er sich im Osten bemerkbar, als das »Nationalkomitee Freies Deutschland«, das aus dem Massengrab Stalingrad entstanden zu sein schien, über sowjetische Rundfunksender, auf Flugblättern und durch Megaphone den Soldaten der Ostfront sagte, daß es ein anderes Deutschland gäbe, für das sie kämpfen sollten – ein gegen die Hitlerdiktatur gerichtetes Land der Väter.
Am 15. September 1943 hatte der »Bund Deutscher Offiziere in der Sowjetunion« einen »Aufruf an die deutschen Generale und Offiziere, an Volk und Wehrmacht«, unterschrieben von 95 kriegsgefangenen Offizieren mit Dienstgrad und Truppenteil, ver-

öffentlicht. An erster Stelle stand der Name des Generals von Seydlitz. Nach kurzer und zutreffender Darstellung der Kriegslage hieß es: »Wir sprechen vor allem zu den Heerführern, den Generalen, den Offizieren der Wehrmacht. In Eurer Hand liegt eine große Entscheidung ... Tut das Notwendige, damit es nicht ohne Euch oder gar gegen Euch geschehe!
Das nationalsozialistische System wird niemals bereit sein, den Weg, der allein zum Frieden führen kann, freizugeben ... Fordert den sofortigen Rücktritt Hitlers und seiner Regierung ...«
Ehe Seydlitz mit den Generalen Dr. Korfes und Lattmann dem Offiziersbund beitrat und ihm damit eine Bedeutung gab, hatten sie im Eisenbahner-Erholungsheim Lunjowo an der Kljasma, zu dem sie aus dem Generals-Lager Woikowo gebracht worden waren, von dem NKWD-General Melnikow in einer Nachtsitzung hinter verschlossenen Türen (21. 8./22. 8. 43) im Auftrag der Sowjetregierung folgende mündliche Zusicherungen erhalten:
Gelänge es dem Offiziersbund, die Wehrmachtführung zu einer Aktion gegen Hitler zu bewegen, die den Krieg beendigte, bevor er auf deutschem Boden ausgefochten würde, so wolle sich Moskau für ein Reich in den Grenzen von 1937 (d. h. ohne Österreich) einsetzen. Selbstverständlich werde Moskau unter diesen Umständen auch dafür eintreten, daß die deutsche Wehrmacht bestehen bliebe. Bedingung sei lediglich eine demokratische Regierung, die durch Freundschaftsverträge mit dem Osten verbunden sein sollte.
Seydlitz, der glaubte, wie Yorck an der Mühle von Tauroggen zu stehen, aber ohne einen Clausewitz als Unterhändler in russischen Diensten, erklärte hierzu bei einer gerichtlichen Vernehmung 1969 in der Bundesrepublik Deutschland: »Zu verstehen ist unser damaliges Handeln nur aus der absoluten Ausnahmelage heraus, in die Hitler Deutschland und die Armee geführt hatte. Die Erfahrungen von Stalingrad hatten uns Offiziere – wir waren nur Stalingrader – zu der eindeutigen Überzeugung gebracht, daß Hitler die deutsche Armee und das deutsche Volk rücksichtslos weiter in den Abgrund führen würde. Das mußte unserer Auffassung nach mit allen nur denkbaren, auch völlig ungewöhnlichen Mitteln, der absoluten Ausnahmelage entsprechend, auch mit sonst verbrecherisch erscheinenden, verhindert werden.

Wenn auch nur ein Funken der Möglichkeit bestand, die von den Russen zugesagten Grenzen von 1937 zu erhalten, falls die deutschen Truppen bis zur Grenze zurückgingen, so glaubten wir uns einer Mitwirkung nicht entziehen zu dürfen.
Ob die Russen es damals ehrlich meinten? Wir hofften und glaubten es.
Durch die Tatsachen – unsere Propaganda hatte keinen Erfolg – ist es weder bewiesen noch widerlegt worden. Auch heute kann ich nicht sagen, ob sie es damals ehrlich meinten. Auch die Russen konnten damals die Entwicklung nicht voraussagen – die westliche Invasion erfolgte erst im Juni 1944!
Für uns war das Wagnis damals viel größer, als viele heute denken. Falls Hitler siegte, konnten wir niemals nach Deutschland zurückkehren. Was geschah dann mit unseren Familien?«
1943/44 war nicht 1812/13. Geschichte wiederholt sich nicht; sie zeigt hin und wieder ähnliche Muster vor.
Die Zusicherung Melnikows »erfüllte« sich aber auf andere Weise für die aus der sowjetischen Besatzungszone hervorgegangene Deutsche Demokratische Republik. Sie wurde durch Verträge an die Sowjetunion gebunden, wozu auch ein Freundschaftsvertrag gehört; sie erhielt eine Nationale Volksarmee, die wie die Wehrmacht uniformiert wurde. Nicht Seydlitz, aber Dr. Korfes und Lattmann sowie andere Offiziere, die damals bei Moskau im Offiziersbund waren, bauten sie auf.
Die östliche Reichsgrenze von 1937 erreichten die Sowjetarmeen im Sommer 1944 während der Invasionsschlacht in der Normandie, ein Jahr nach der Veröffentlichung dieses Aufrufes.
Da Stalin sich am 1. November 1943 der Forderung der Alliierten auf bedingungslose Kapitulation Deutschlands anschloß, waren Melnikows geheime Vorschläge an die drei Generale gegenstandslos geworden. Es konnte ihnen nur noch darum gehen, weitere Blutopfer im Osten zu verhindern.
Bis zum 1. November 1943 hatte der Feldzug gegen die Sowjetunion 3 Millionen Mann Verluste auf deutscher Seite gefordert (Gefallene, Vermißte, Verwundete).
Allein in den zehn Tagen vom 11. bis zum 20. Oktober 1943 fielen 9279 Soldaten; 39540 wurden verwundet, 5225 vermißt.

Der Aufruf des »Bundes Deutscher Offiziere« traf die Soldaten an der Ostfront wie eine Botschaft von einem anderen Stern, dem Roten Stern, gegen den sie kämpften und von dem sie seit 1941 Flugblattpropaganda gewöhnt waren.
Dazu nun die Rundfunksendungen des »Nationalkomitees Freies Deutschland«, die schwarzweißrot umränderten Flugblätter mit deutschen Namen, die von ihnen den Sturz Hitlers erwarteten. Das Nachdenken über diese Botschaft vom anderen Stern mußte politisch werden.
Diese Generale und Offiziere hatten denselben Eid abgelegt wie die in schweren Abwehrkämpfen stehenden Angehörigen der deutschen Wehrmacht.
Am 8. November 1943 hatte Goebbels in München eine längere Unterredung mit Himmler, in der er erfuhr, daß eine Gruppe von Staatsfeinden im Reich existiere. Unter anderen sollten ihr der frühere Chef des Generalstabes des Heeres, Generaloberst Franz Halder und der preußische Finanzminister Popitz angehören. Von diesem Zirkel würden Kontakte nach England gesucht, sowie zu dem früheren Reichskanzler Dr. Wirth in der Schweiz. Himmler versicherte Goebbels, er werde zusehen, daß »diese Herren mit ihrem verräterischen Defätismus keinen größeren Schaden« anrichten. Aus der englischen Presse entnahm Goebbels, das Heer, aber nicht Luftwaffe und Kriegsmarine, bereite einen Putsch vor.
Am 18. November 1943 notierte Goebbels ins Tagebuch: »Von vielen Teilen der Ostfront erhalte ich Briefe von nationalsozialistischen Soldaten, die über einen sehr starken Mangel an politischer Ausrichtung klagen. Dem wird immer die politische Erziehung der Roten Armee entgegengehalten, die sehr auf der Höhe ist. Sehr oft hört man in diesen Briefen den verzweifelten Schrei: ›Wo sind unsere politischen Kommissare?‹ Ich schicke eine Anzahl dieser Briefe dem Führer, um ihn zu informieren. Ich nehme an, daß der Führer geeignete Maßnahmen treffen wird, um die jetzige Situation zu korrigieren.«
Es ging jetzt nicht mehr um Eid und Eidbruch im Einzelfalle, sondern um den Versuch, den politisch nachdenklich gewordenen Soldaten davon abzuhalten, den Eid zu vergessen, Eidbruch zu begehen, abzufallen von »Führer und Reich«.

Wenn der Soldat politisch zu denken begann, dann sollte er politisch im nationalsozialistischen Sinne denken, auch kämpfen. Der Soldateneid verlangte, für Hitler das Leben einzusetzen. Er war dem Staatsoberhaupt und Obersten Befehlshaber der Wehrmacht »bei Gott« als ein »heiliger Eid« geschworen worden. Aber wer sein Leben für Hitler einsetzte, mußte nicht unbedingt politisch wie der Nationalsozialismus denken. Er konnte im »Führer und Reichskanzler« auch den Staat, das Reich, das Vaterland sehen, die durch diesen »Führer« an der Spitze nach innen und außen repräsentiert wurden. Eidbruch gegenüber dem Staatsoberhaupt, früher dem König und Landesfürsten, konnte zu einer Zerreißprobe führen, die zur Belastung für jeden einzelnen wurde, weil an die Grundlagen gerührt werden mußte, die der einzelne in diesen Krieg mitgenommen oder mitbekommen hatte.
Diese Grundlagen hatten ihre Wurzeln nicht allein in dem Bekenntnis zu einer Partei – Parteien kommen und gehen –, sondern reichten tiefer, zu den unsichtbaren Wurzeln des Lebens eines Volkes, nach denen nun gefragt wurde.
Die Frage des Eides blieb bis Kriegsende und noch Jahrzehnte danach ein persönliches moralisches Problem, das die Ethik dem Soldaten stellte und das jeder für sich beantworten mußte. Der letzte Wehrmachtbericht vom 9. Mai 1945 verzichtete nicht darauf, an den Eid zu erinnern: »...Der deutsche Soldat hat, *getreu seinem Eid*, in höchstem Einsatz für sein Volk, für immer Unvergeßliches geleistet.«
Die Angst vor einem neuen 1918 bestimmte in den letzten Kriegsjahren viele Aktionen und Reaktionen Hitlers und der Wehrmachtführung.
Wenn der Krieg nicht mehr zu gewinnen war, so sollte er doch bis zum bitteren Ende dauern, ohne daß die Soldaten eidbrüchig wurden und den Kampf befehlswidrig einstellten. Ende 1943 sah man sich in der Lage des Jahres 1917. Würde 1944 ein neues 1918 werden?
Der nachdenklich (und damit politisch bedenklich) gewordene Soldat sollte für die letzte Phase ein politisch motiviertes Konzept erhalten, in dem er den Sinn für seine Leiden finden könnte, und dieses Konzept sollte nicht allein das Kämpfen und Sterben für das

Vaterland sein, sonden für ein nationalsozialistisches Vaterland, das es im Sinne des Wortes nie gegeben hatte.
Das Vaterland mußte mit dem Nationalsozialismus gleichgesetzt werden, wie es im kommunistischen Rußland geschah, das seinen »Großen Vaterländischen Krieg« im Wortsinne nach zaristischer Tradition führte.
Eine ideologische Schulung hatte es bisher in der Wehrmacht nicht gegeben.
Vor 1914 war die Ehre die Grundlage einer soldatischen Ethik im Heer. Hinzu kam im Ersten Weltkrieg der unbedingte Gehorsam als dominierender Faktor, der weder ideologisch noch weltanschaulich bestimmend war.
Zum Gehorsam fügte Generaloberst von Seeckt in der Reichswehr die politische Abstinenz, den unpolitischen Soldaten hinzu. Als Hitler 1934 nach dem Tode Hindenburgs das Reichsheer auf seine Person vereidigen ließ, profitierte er vom unbedingten Gehorsam, gebunden an die Offizierehre durch den heiligen Eid.
Bis zur Februarkrise 1938, der Ablösung Blombergs, des Freiherrn von Fritsch und anderer Generale durch Hitler, unterschätzten die Generale ihren Obersten Befehlshaber. Sie glaubten, die Armee könnte neben der Partei und ihrer Weltanschauung ungeschoren bleiben.
Dann errangen sie die vielen Siege der ersten Kriegsjahre. Hitler hatte keinen lange dauernden Krieg erwartet.
Nach dem Waffenstillstand 1940 im Westen sprach der Chef des Oberkommandos der Wehrmacht, Feldmarschall Keitel, zum ersten Male von einer »ideologischen Führung«, die es neben der militärischen Führung geben sollte. Dagegen vertrat Reichsleiter Rosenberg, der Verantwortliche für die »gesamte weltanschauliche Schulung der NSDAP« die »ideologische Trennung« der Partei von der Wehrmacht.
Erst 1941 kam das Oberkommando des Heeres auf den Gedanken, eine »Betreuung« der Soldaten durch dafür bestimmte Offiziere einzuführen. Im Winter 1941/42 begann der Kampf um die militärische Vormacht im Dritten Reich, als die Waffen-SS für ihre Verbände Freiwillige aus der Jugend erhielt, während gleichzeitig das Heer mit den Verbrechen der Einsatzkommandos des Reichs-

sicherheitshauptamtes der SS hinter der Ostfront impliziert wurde. Als im Frühjahr 1942, nach der Winterschlacht im Osten, beim Stabe der Heeresgruppe Mitte in Smolensk sich Major der Reserve Freiherr von Lerner Gedanken über eine »wehrgeistige Führung« in der Truppe machte, wollte er versuchen, dem Soldaten den Sinn seines Opfers zu erklären. Er besprach sich mit dem Chef des Stabes der 3. Panzerarmee, General Otto Wöhler. Am 11. Juni 1942 erhielt die der Heeresgruppe Mitte unterstellte 3. Panzerarmee »Offiziere für wehrgeistige Führung«, die zur Abteilung Ic in den Stäben traten. Ihr Auftrag hieß zu betreuen, zu schulen und wehrgeistig zu führen.

Von einer Ideologie wie dem Nationalsozialismus war nicht die Rede.

Auf ähnliche Gedanken kam in den langen Winternächten in Finnland General Schörner, der am 1. Februar 1943 seine Betreuungsoffiziere mit größeren Vollmachten ausstattete. Dem Ersatzheer befahl sein Befehlshaber Generaloberst Fromm am 14. Mai 1943, ihm bis zum 1. Juli 1943 die Namen von Wehrgeistigen Betreuungsoffizieren in den Einheiten zu melden.

Auf diesem Gebiet wurde ebenfalls am 14. Mai 1943 Reichsleiter Martin Bormann, der Leiter der Parteikanzlei, tätig, der eine weltanschauliche Schulung in der Wehrmacht, die jetzt vorgesehen war, nicht vom »Amt Rosenberg« mitgetragen sehen wollte. Rosenberg war inzwischen Reichsminister für die besetzten Ostgebiete mit Sitz in Berlin geworden. Für die Schriften, die das »Amt Rosenberg« herausgab, war Rosenbergs Vertreter Ruder verantwortlich: »Reichsschulungsbrief«, »Politische Auslese«, »Idee und Tat«, »Mensch und Gemeinschaft«, »Unser Reich«, »Rednerdienst«, »Reichslehrgemeinschaft«. Außerdem war das »Amt Rosenberg« für die Parteischulen verantwortlich.

Diese Publikationen waren für die Partei und ihre Gliederungen bestimmt. Für die Wehrmacht wurden vom OKW herausgegeben: »Richthefte für die Wehrmacht«, »Soldatenblätter für Feier und Freizeit«, »Mitteilungen für das Offizierskorps«, »Mitteilungen für die Truppe«.

Für Offiziere war bestimmt: »Was uns bewegt – Fragen der Weltanschauung, Politik, Geschichte und Kultur«.

Das OKW gab auch Literatur als »Tornisterschriften« heraus. Aufgabe dieser Publikationen, die vom OKW, Abteilung Inland, verantwortet wurden, war es, die Moral zu heben, Ritterlichkeit, Gerechtigkeit, vorbildliche Lebensführung von Offizier und Mann zu fordern und zu stützen.
Für Propaganda war die Abteilung Wehrmachtpropaganda des OKW zuständig, die mit dem Reichsministerium für Volksaufklärung und Propaganda zusammenzuarbeiten hatte, das die politische Auswertung der von den Propagandatruppen der Wehrmacht (PK) gelieferten Filmberichte, Rundfunkreportagen und Presseartikel durchführte. Goebbels war der oberste Zensor aller PK-Berichte, während die militärische Zensur beim OKW, Abteilung Inland, blieb, die General Hasso von Wedel leitete.
Truppenbetreuung durch Betreuungsoffiziere, die es seit Herbst 1940 beim Ic in den Stäben gab, hatte mit Propaganda nichts zu tun. Sie war beschränkt auf die Versorgung der Truppe mit Büchern, mit Theater- und Musikaufführungen und Liebesgaben.
Aus den Betreuungsoffizieren wurden nun im Laufe des Jahres 1943 Offiziere für Wehrgeistige Betreuung, die keinen politischen Auftrag hatten.
Dies sollte sich bald ändern, denn im Mai 1943 legte Oberst der Reserve Dr. Hübner, von Beruf Zahnarzt, damals Kommandeur des Grenadierregiments 529 an der Ostfront, dem Wehrmachtsadjutanten Hitlers, General Schmundt, den Entwurf für ein Schulungsprogramm seiner Soldaten vor.
Hübners persönlicher und politischer Ehrgeiz ließ ihn als Generalleutnant kurz vor Kriegsende zum Vollstrecker der Befehle Hitlers als Leiter eines »Fliegenden Standgerichts« werden, das nach dem Fall der Brücke von Remagen und dem Putschversuch in München durch das »Bayerische Befreiungskomitee« am 28. April 1945 blutig tätig wurde.
Schmundt forderte den Oberst auf, eine Denkschrift über die Erziehung des deutschen Offizierskorps zu verfassen, derer sich dieser Mann mit messianischem Eifer annahm, gestützt auf Schriften der Allgemeinen SS, der er nahestand.
Unter dem Titel »Wofür kämpfen wir?« lieferte er die Denkschrift am 11. September 1943 bei Schmundt ab.

Dem Oberst schwebte nicht das Beispiel des politischen Kommissars (Politruk) vor, der die Kommunistische Partei der Sowjetunion in den Stäben vertrat. Er wollte den »politischen Soldaten«, den der nationalsozialistisch geschulte Offizier zu führen habe.
Hübners Denkschrift wurde vom OKW in 300 000 Kopien an das Offizierskorps verteilt.
Sie fand als Unterlage für wehrgeistigen Unterricht in der Truppe Verwendung.
Das »Politische Soldatentum«, das hier gefordert wurde, hatte mit »Politikmachen im alten und manchmal üblen Sinne« nichts gemeinsam.
Nationalsozialistisches Denken wurde als »deutsch denken« verstanden. Aus diesem Denken »entspringt die wahrhaft soldatische Haltung«.
Der »politische Soldat« habe den Auftrag, den »Lebensraum zu sichern und zu erweitern«.
In einem Schulungsheft des Gauschulungsamtes München-Oberbayern, das von der Luftwaffe damals verwendet wurde, hieß es: »Eine rassenpolitische Aufgabe ist die Sicherung und Erweiterung unseres Lebensraumes. Deutschland erstrebt dieses Ziel auf friedlichem Wege. Die von unserem Volke in dem uns aufgezwungenen Kriege gebrachten Blutopfer geben uns das Recht, den Raum zu beanspruchen, den wir zur Erhaltung unseres Volkes brauchen.«
Damit wurde die NS-Rassenpolitik, die bei der Judenvernichtung gerade ihre größten Exzesse beging, mit der Lebensraum-Theorie vermischt.
Diese politisch-theoretische Erziehung in der Wehrmacht war etwas Neues. Für sie sollte es in der Truppe und in den Stäben »Sachbearbeiter« geben, die fähig wären, über eine Wehrgeistige Führung hinaus nationalsozialistische Lehren mit soldatischer Haltung zu verbinden.
Es war Hitler, der im November 1943 aus dem Offizier für Wehrgeistige Führung den Nationalsozialistischen Führungs-Offizier machte, den NSFO, der hauptamtlich bis zu den Divisionen, nebenamtlich bei Regimentern tätig werden sollte. Als Oberbefehlshaber des Heeres befahl er am 8. Dezember 1943 einen NS-Führungsstab des Heeres. Am 12. Dezember 1943 wurde durch

Befehl dieses NS-Führungsstabes aus dem Offizier für Wehrgeistige Führung der NS-Führungsoffizier.
Vorangegangen war eine Vereinbarung, die am 17. November 1943 zwischen Keitel (OKW) und Rosenberg (Parteischulung) getroffen wurde, in der sich beide Seiten auf die Betreuung, Schulung und geistige Führung innerhalb der Wehrmacht verständigt hatten. Bormann (Parteikanzlei) intervenierte sofort, da er sich von Rosenberg überspielt sah. Er richtete einen Arbeitsstab der Parteikanzlei ein, der mit den NS-Führungsstäben Verbindung halten sollte.
Mit der Führung eines im Oberkommando der Wehrmacht zu errichtenden NS-Führungsstabes wollte Hitler den österreichischen Gauleiter Frauenfeld beauftragen.
Hierzu hatten Bormann und Himmler durch abfällige Kritik an der mangelhaften politisch-weltanschaulichen Schulung der Wehrmachtangehörigen Hitler ermuntert.
Keitel, der der Meinung war, diese Aufgabe könne nur ein an der Front erfolgreicher General übernehmen, konnte, zusammen mit Großadmiral Dönitz, diesen Plan Hitlers vereiteln. Die Wehrmachtführung wollte keinen Gauleiter als Politruk. Er schlug General Schörner vor. Hitler war einverstanden. Aber erst am 14. März 1944 wurde General Schörner zum Chef des NS-Führungsstabes des Heeres im OKH (Feldheer und Ersatzheer) ernannt – nicht der Wehrmacht (OKW).
Schörner war bis dahin von der Ostfront unabkömmlich, was er auch nachher bleiben sollte.
Chef des NS-Führungsstabes der Wehrmacht wurde General Reinecke, der Chef des Allgemeinen Wehrmachtamtes (AWA), der sein Personal in diese neue Dienststelle einbrachte.
In den Ausführungsbestimmungen des OKW, die im März 1944 erlassen wurden, hieß es über die Stellung des NSFO eindeutig, er sei dem Truppenführer unmittelbar unterstellt und habe als Sachbearbeiter tätig zu werden. Die Betreuungsoffiziere, die es außerdem noch gab, hatten mit dem NSFO »eng zusammenzuarbeiten«.
Die verschlungenen Wege zum NSFO, an dessen Hervorbringung mehrere Stellen in der Wehrmacht und der Partei beteiligt waren, hatten nicht zum politischen Kommissar geführt, sondern zu ei-

nem Sachbearbeiter in den Stäben, der hauptamtlich tätig war, und einem nebenamtlichen Sachbearbeiter in den Regimentern und Bataillonen.

Der Chef des Luftwaffen-Personalamtes, dem im Oberkommando der Luftwaffe der NS-Führungsstab unterstellt wurde, nannte am 20. März 1944 als Voraussetzungen für die Benennung eines NSFO: Bedingungsloser Nationalsozialist, besonderer Persönlichkeitswert, hervorragende Frontbewährung, Erfahrungen und praktische Fähigkeiten in der NS-Führung und Erziehung. Im Ersatzheer sollten die NS-Führungsoffiziere Parteimitglieder sein.

Hitler hatte am 27. Januar 1944 vor Generalen, die zu einem Lehrgang nach Ostpreußen zusammengerufen worden waren, in einer Ansprache gesagt: »Politische Kommissare wie in Rußland lehne ich ab, aber Sie und alle Offiziere müssen meine Kommissare sein. In der letzten Konsequenz müßte ich, wenn ich als oberster Führer jemals verlassen sein würde, als Letztes um mich das gesamte Offizierskorps haben. Das müßte dann mit gezogenem Degen um mich geschart stehen, genau wie jeder Feldmarschall, jeder Generaloberst, jeder Kommandierende General, jeder Divisionär und jeder Regimentskommandeur erwarten muß, daß die ihm Untergebenen in der kritischen Stunde bei ihm stehen.«

An dieser Stelle wurde er von Feldmarschall von Manstein mit den Worten unterbrochen: »So wird es auch sein, mein Führer.« Noch nie hatte jemand gewagt, Hitler bei einer Ansprache zu unterbrechen.

Der Doppelsinn von Mansteins Zwischenruf ging Hitler erst später auf, nachdem ihm Bormann und seine Adjutanten gesagt hatten, daß die Generale ihn anders verstanden hätten, als er es gemeint hätte. Jene waren der Auffassung, es könnte bald dahin kommen.

Diese Ansprache beweist zusätzlich, daß Hitler nicht daran dachte, sich von Politischen Kommissaren vertreten oder verteidigen zu lassen.

Noch immer glaubte er, die Generale würden ihm bedingungslos folgen.

NS-Führungsoffiziere hat er nie empfangen; er sprach nicht zu ihnen, sie konnten weder den Krieg gewinnen helfen noch den

Soldaten die Erfüllung ihrer Pflicht erleichtern, für ihn zu kämpfen und zu sterben.

Vielleicht dachte er, wenn er von ihnen hörte, an jenen Adolf Hitler, der als Gefreiter 1919 in München »Bildungsoffizier« gewesen war, Vorträge über die Lage des Vaterlandes vor Soldaten hielt, die aus dem Ersten Weltkrieg heimgekehrt waren.

28. KAPITEL

Vorbereitungen auf den Gaskrieg

Anfang Januar 1944 fuhr Oberleutnant Koch noch einmal nach Osten, zur Weichsel, die er im September 1939 auf der Kriegsbrücke der Pioniere überquert hatte, um auf die Rote Armee zu treffen. Jetzt streckten ganze Kontinente ihre Arme nach dem Dritten Reich aus; ausweglos erschien alles. Er befand sich in einem Labyrinth, in dem er sich noch bewegen konnte oder bewegt wurde an Fäden, die er nicht bis zu ihren Anfängen zu ergründen vermochte.

Der Himmel war an diesem 6. Januar dem Personenzug gnädig, der kaum noch nach einem Fahrplan sich von Berlin über Küstrin, Landsberg an der Warthe und Schneidemühl vorschob, auf Abstellgleise verbannt, wenn ein Truppentransportzug vorübergelassen werden mußte oder der Kurierzug zum Führerhauptquartier in Ostpreußen. Koch hielt diesen Kurierzug mit acht Schlafwagen, vier Wagen 1. und 2. Klasse und dem Wagen mit der Flak, dessen Bestimmung er nicht kannte, für einen Fliegenden Holländer, der im grauen Dämmerlicht des Morgens vorüberirrte.

Aber da er nach Osten fuhr, überraschte ihn nichts mehr; er war auf vieles gefaßt.

Im Abteil saßen Offiziere, die sich über die Vergeltungswaffen unterhielten. Koch hörte zu, ohne mitreden zu können; er kam von der Universität, der sich der Aufenthalt in dem sächsischen Landstädtchen Leisnig anschloß, unterbrochen von dem Einsatz nach dem Luftangriff auf Leipzig.

Im Abteil ging das Gespräch von einem Artikel in der Wochenzeitung »Das Reich« vom 5. 12. 43 aus, den Schwarz van Berk geschrieben hatte und der »Die ungeahnten Folgen« hieß. Darunter wurde im Abteil vermutet, es handele sich um die kaum verhüllte Ankündigung einer Vergeltung, die den Krieg entscheiden würde, ohne noch größere Opfer der Soldaten zu erfordern. Trotzdem sei es notwendig, für alle Fälle Verstärkungen aus dem Osten nach dem Westen zu bringen, falls die Vergeltung nicht schnell durchschlagen würde, wie es ihr doch zugedacht sei. Deshalb die Frontbegradigungen, die eigentlich Rückzüge wären, im Osten, und deshalb auch die starken Reserven in den Heimatgarnisonen beim Ersatzheer, die für die Abwehr des Angriffes auf Europa bereitgestellt wurden.

Die Vergeltung aber, das in dem Wochenzeitungsartikel angedeutete letzte große Unternehmen des Führers in diesem Kriege, stellte man sich so vor: Eine Verbindung zwischen dem Einsatz der Vergeltungswaffen mit einer anschließenden Landung in England, für die an der Kanalküste wieder Fahrzeuge bereitgestellt würden wie im Spätsommer des Jahres 1940.

Koch erfuhr auch, an welche Vergeltungswaffen die Herren dachten, die mit ihm im Abteil saßen.

Längs der Kanalküste gebe es Abschußrampen, die seit einiger Zeit vom Feind aus der Luft angegriffen würden. Von diesen Rampen aus sollten Raketen schwersten Kalibers, wenn es so etwas gäbe, die in Südengland stehenden Invasionsstreitkräfte der Alliierten zerschmettern. Dazu ferngelenkte, unbemannte Flugzeuge sowie schwere Bomber.

Unsicherheit gab es nur in der Beurteilung der Zeit, die den Deutschen noch zur Verfügung stünde, um Südengland zum Fegefeuer für die Alliierten zu machen. Es könnte ja sein, meinte ein Major, daß die Anglo-Amerikaner uns zuvor kämen, mit ihrer gewaltigen Flotte in die Deutsche Bucht eindrängen und an der Küste landeten. Dort würde kaum etwas stehen, sie hätten leichtes Spiel. Auch Jütland in Dänemark käme für eine Landung in Frage, dort sei Feldmarschall Rommel kürzlich auf Erkundungsfahrt gewesen, und das bedeute immer etwas Brisantes.

Schneidemühl. Koch öffnete das Abteilfenster, um den Zigarrenrauch abziehen zu lassen. Auf dem Bahnsteig hatten im Oktober 1939 die Mädel vom BDM gestanden, als sein Transportzug aus Polen nach dem Westen fuhr. Oder war es Landsberg an der Warthe gewesen? Die Erinnerung daran schon verblaßt, zu viele

Ortsnamen hatten sich dazwischen geschoben, aber dann fielen ihm die Zeitungen ein, die ihnen zugereicht wurden, der Tee, die Kekse, Küsse und Händedrücke. Schneidemühl war es, aber jetzt nichts mehr davon, beim Schneeschippen auf dem Bahnsteig Ostarbeiterinnen, die niemandem zuwinkten, verschlossene Gesichter. Für Koch war Schneidemühl 1939 der Westen, jetzt sah er den Osten.
Als der Personenzug den Bahnhof verließ, fuhr langsam ein Lazarettzug ein.
Das kannte der Oberleutnant; er schloß das Fenster. Sie fuhren jetzt durch den Gau Wartheland, das frühere Westpreußen.
Der Major fragte Koch: »Sie kennen sich hier aus?«
Der Oberleutnant erwiderte: »Nur 1939, von Polen her.«
»Na, inzwischen ist viel los gewesen«, meinte der Major.
»Seit damals war ich nicht wieder hier«, sagte Koch.
»Es gibt immer noch einige Polen im Wartheland«, sagte nachdenklich der Major. »Aber gegenüber 1939 sind es höchstens noch 20 bis 30 Prozent. Wohin reisen Sie?«
»Nach Bromberg.«
»Dort lebt noch eine Menge Polen. Wissen Sie, daß seit September 41 für die Polen im Wartheland das Heiratsalter festgesetzt ist?«
»Heiratsalter?« fragte Koch.
»Für Polen das 28. Lebensjahr, Polinnen dürfen schon im 25. Lebensjahr heiraten. Aber das, was man erreichen wollte, ist nicht eingetreten. Die Geburtenziffer ist nur unerheblich gesunken, weil die unehelichen Geburten zugenommen haben. Man lebt in wilder Ehe. So umgeht man die Verordnung.«
»Aber es sind doch die Volksdeutschen aus Wolhynien angesiedelt worden?« fragte Koch.
»Ja, aber die Männer sind eingezogen. In der Landwirtschaft müssen wieder einmal hier im Osten die Polen aushelfen.«
»Ohne Polen hätte es diesen Krieg nicht gegeben«, rief ein Leutnant aus der Ecke, in der er bisher geschlafen hatte. »An allem sind die Polen schuld, was wir jetzt auszubaden haben.«
»Ich dachte, die Juden?« fragte der Major mit leiser Stimme.
»Die Juden«, sagte Koch, »sind doch alle hier im Osten?«

Der Major sah ihm in die Augen, als er erwiderte: »Sie können hier noch so sehr suchen. Sie werden keinen Juden finden.«
»Aber im Generalgouvernement?« fragte Koch.
Der Major stand auf, verließ das Abteil.
»Weiß es der Herr Major nicht?« fragte der Leutnant.
Er weiß es, dachte Koch, aber er will es nicht sagen.
Vieles darf nicht gesagt werden.
Der Osten steckt voller Geheimnisse.
Im Abteil schwiegen sie bis Bromberg.
Die Heeresgasschutzschule II, an der Oberleutnant Koch in einem zweiwöchigen Lehrgang zum Gasschutzoffizier ausgebildet werden sollte, war in einer Kaserne am Stadtrand untergebracht, die noch aus preußischer Zeit stammte. 1919 war sie polnisch, 1939 wieder deutsch geworden, im Januar 1945 würde sie russisch, dann wieder polnisch werden. Eine Kaserne für Soldaten.
Bromberg blieb Koch fremd. Wenn er abends durch leere Straßen ging, wurde ihm die Stadt unheimlich, in der Deutsche und Polen beisammen wohnten. Ihr Name ließ ihn an den »Blutsonntag« denken, den 3. September 1933, an dem viele Deutsche ermordet wurden.
Er hatte davon gehört, als er nach den ersten Gefechten in Polen Rundfunknachrichten zu lesen bekam, die sein Zugführer beim Befehlsempfang auf den Meldeblock notiert hatte.
Unheimlich war ihm damals der Osten geworden, in dem es Blutsonntage gab.
Bromberg mit Maschinenindustrie und Schnapsbrennereien gehörte seit 1772 zu Preußen.
Koch meinte, Deutschland verliere sich hier in die östlichen Ebenen.
Bald erfuhr er, weshalb Gasschutzlehrgänge jetzt plötzlich wichtig geworden waren. Schon lange waren sie bedeutungslos geworden. Die Gasmaskenbüchse trug der Soldat an der Front oft nur noch als Behälter für andere, wichtigere Dinge als eine Gasmaske, die doch nie benutzt wurde. Die Gasplane, die zur Ausrüstung gehörte, diente als Schutz gegen Regen.
»Wenn die Vergeltungswaffen eingesetzt werden«, belehrte im Unterricht ein älterer Hauptmann von der Infanterie, »dann be-

steht begründete Aussicht, daß der Feind sich mit Gasangriffen rächen wird. Die Vergeltungswaffen sind so furchtbar, daß der Feind in seiner Verzweiflung die ungeheuren Vorräte, die er angesammelt hat, verwenden könnte.
Deshalb müssen Sie, meine Herren, hier die Ohren spitzen, um Ihre Truppenteile auf den Gaskrieg vorzubereiten.« Der Hauptmann sprach dann über die Gaskriegsvorbereitungen »im Ausland«, wie er sagte.
In Frankreich seien 1940 200 000 Bomben Phosgen erbeutet worden, die uns jetzt zur Verfügung ständen. Dazu 50 000 Eierhandgranaten mit dem Kampfstoff Lost, die von Tiefffliegern abzuwerfen seien, dann 9800 Phosgen-Flaschen und 11 000 Adamsit-Schwelkerzen, die den deutschen Soldaten bis zu 50 Kilometern Entfernung unter die Gasmaske gezwungen hätten, wenn sie eingesetzt worden wären.
Die Franzosen erwarteten dagegen einen deutschen Arsen-Wasserstoffgroßangriff am Oberrhein.
Rußland sei an einem Gaskrieg »sobald wie möglich interessiert«, dies sei ein Grundsatz der russischen Führung. Dafür habe man »ungeheure Vorbereitungen« getroffen, viele Waffenträger für den Gaskrieg seien jetzt schon im Einsatz, beispielsweise die Stalinorgel, die jeder hier kenne, der an der Ostfront war. Bei der gewaltigen russischen Panzerproduktion habe man auch mit Gaspanzern in großem Umfange zu rechnen.
Die USA nannte der Hauptmann als »treibendes Element« für einen Gaskrieg. Sie hätten eine hochentwickelte Rüstungsindustrie. Nach Afrika seien Massen von Kampfstoffen – monatlich für eine Milliarde Dollar Gas – verschifft worden. 80 Prozent davon seien Lost und Leinsit. Auf der Insel Man, die zu England gehört, befände sich ein amerikanisches Gasregiment.
England wolle keinen chemischen Krieg aus taktischen Gründen. Es brauche seine Chemie für die Brandbombenherstellung. Bei einer englischen Division sei der 3. Generalstabsoffizier für die Gasabwehr zuständig. Sollten die Engländer Gaskrieg führen, so würden sie Sprühangriffe mit Flugzeugen unternehmen. Die chemischen Kompanien besäßen Gaswerfer, deren Gasgeschosse 180 Meter weit reichten.

Die englischen 12-Tonnen-Phosgenbomben würden in 10 Sekunden zum Erstickungstode führen.
Der Schrecken war groß, und Oberleutnant Koch notierte ihn, um ihn niedergeschrieben vor sich zu sehen, ihn mitnehmen zu können, ihn aufzubewahren als etwas, das er schon vorher gewußt hätte, wenn es wirklich kam. Er lernte aber auch, wie man ihm begegnen konnte.
Er übte das Verhalten der Truppe im Gaskampf, die Entgiftung von Gelände, von Wasser und Kleidung.
Von Gastoten im Ersten Weltkrieg erfuhr er, 38 599 Russen, 14 000 Amerikaner, 8000 Franzosen, 6109 Briten seien gezählt worden, und er tupfte einen Tropfen Lost auf den Arm, um diese Stelle dann schnell zu entgiften, die eine Blase hervorbrachte. Eine Narbe behielt er.
Nach Unterricht und Übungen im Gelände erfuhr Koch von Gasschutzoffizieren, die von allen Fronten nach Bromberg gekommen waren, einiges über den Nihilismus, der Glaube, Liebe, Hoffnung, diese drei, euphemistisch ersetzte. Der Krieg glich dem Nihilismus, aber beide erforderten eine Tapferkeit, die sich nicht fälschen ließ, sich der Heuchelei entzog.
Neuigkeiten vom Labyrinth, dem Sinnbild ihres Lebens, vom Lauf der Welt und den Irrungen des Menschen wurden erzählt, als seien sie selbstverständlich, nicht mehr wegzudenken.
Einen Übergang aus dem Labyrinth in eine Freiheit sah keiner. So sinnentleert hatte sich auch der Dreißigjährige Krieg in seine letzten Jahre geschleppt.
Aber könnte nicht der chemische Krieg, den sie hier übten, die Endzeit ihres Krieges bestimmen?
Der Oberleutnant, der im Dezember in Leipzig die Heimatfront entdeckt hatte, versuchte den Offizieren von der Front zu erklären, was in den bombardierten Städten vorginge und welche Mittel dort zur Verfügung standen, um sich gegen einen Feind zu behaupten, der die Vernichtung brachte.
Aber die Leute von draußen wollten nicht wissen, wie es an der Heimatfront zuging; sie hatten ihre eigenen Nachtmare und Alpträume.
Sie fragten nur, wie lange das die Menschen noch aushalten wür-

den, oder sie meinten, jetzt könnten auch die anderen durchstehen, was sie durchgestanden haben.

Sie trugen alle das Verwundetenabzeichen, einige in Silber für mehrmalige Verletzungen im Kampf.

Arme und Beine hatten einige verloren; beim Waschen entblößten sie Narben.

Ein geschundenes Kriegsvolk, versammelt, um ausgebildet zu werden für neue Möglichkeiten, zu vernichten und selbst vernichtet zu werden.

Monate später hinterließ eine Gaskampfvorführung, die am 16. Juni 1944 in »Raubkammer« auf dem Truppenübungsplatz Munsterlager in der Lüneburger Heide stattfand, einen Aktenvermerk im Kriegstagebuch der Seekriegsleitung.

Marineoffizieren wurde gezeigt, wie Gaskampfmittel von Heer und Luftwaffe eingesetzt werden könnten.

Was in Bromberg geübt worden war, erhielt hier eine Zusammenfassung, die vom Verfasser des Aktenvermerks in dürren Worten eine Bereitschaft auch für diese Art der Kriegführung festhielt.

»Nach einem Vortrag über Grundsätzliches der Gaskampf- und Abwehrmittel begannen die Vorführungen mit Anlegen von Geländevergiftungen mit Vergiftungsfahrzeugen, Sprühbüchsen und Bodenkugeln.

Von einem Flugzeug wurden verschiedene Bomben ins Gelände geworfen, Kampfstoffbomben, Nebelbomben und Schwelnebelbomben. Letztere geben einen längerdauernden Nebel gegenüber den Nebelbomben, die sofort zergehen. Gleichzeitig wurden Fahrzeuge vorgeführt, auf denen ein Kessel stand, auf den Druck gegeben wird, die als behelfsmäßige Vergiftungsfahrzeuge vorgestellt wurden. Versuchswagen mit Zäh-Lost, der nicht leicht zu versprühen ist, aber eine intensivere Wirkung hat.

Dann wurden verschiedene Arten von Lost sowie Lostfelder mit Hilfe des Gasanzeigers vorgeführt. Geruchsproben. Gleichzeitig wurden Bodenkugeln, welche aus dünnem, mit Lost gefülltem Glas bestehen, die auf die Erde gelegt werden, sowie Sprühbomben gezeigt. Das sind mit Lost gefüllte zylindrische Blechkörper. Es gibt hier zwei Arten, eine kürzere und eine längere. Der längere Körper hat den Nachteil, daß man das Abschußrohr im Gelände

sieht, während der kurze nicht sichtbar ist, dafür fliegt er aber nicht so weit. Die Körper werden entweder elektrisch oder durch Pionierzünder gezündet. Gute Wirkung.
Ferner wurden Einsatzgeräte der Luftwaffe gezeigt. Absprühen von Geländekampfstoff auf eine marschierende Kolonne. Tiefflieger streuten parfümierte Kalkmilch. Man sah ganz deutlich, wie stark die Truppe damit belegt worden war und wie wenig die Gasplanen schützen, wenn sie nicht von vornherein klar sind. Tiefflieger 20 m hoch.
Dann wurde eine Fliegerbombe mit schwerem Zäh-Lost gesprengt und unmittelbar danach mit einem Entgiftungspflug eine Gasse gegraben. Ursprünglich als Grabenpflug gebaut. Erleichtert das Grabenziehen sehr.
Lost riecht einwandfrei nach Meerrettich. Einatmen bei kühlem Wetter nicht unmittelbar schädlich. Bei Sonnenschein ist das natürlich anders.
Unangenehm ist der Stickstoff-Lost, da er nicht riechbar.
Dann wurde eine Behelfsentgiftung auf einer Betonstraße durchgeführt. Die Vorführung beruht auf Versuchen, die die Luftwaffe gemacht hat. Die dickschleimige Lost-Masse wurde mit Sand verrieben, der Rest dann mit Wasser abgewaschen.
Dann wurden Vorführungen mit Blausäure auf eine *Tierstellung (Katzen)* gemacht. Tiefflieger sprühten Blausäure aus 10 m Höhe auf die Stellung. Wirkung sehr gut. Blausäure hat den Vorteil, daß es aus heimischen Rohstoffen herzustellen ist und den Nachteil, daß es nur aus geringer Höhe abgeworfen werden kann, da es sehr stark flüchtig ist. Erfordert außerdem tiefe Temperaturen. Nicht vergessen, daß es sehr leicht brennt. Bei entsprechendem Filter in der Gasmaske wirkungslos.
Weitere Vorführungen wurden mit Nahkampfmitteln, d. h. mit Blendkörpern, die zur Panzerblendung verwendet werden, mit Handwurfkörper grün (Blausäure), Gewehrblendgranate, Gewehrnebelgranate und Gashandgranate gemacht.
Alle Granaten wendet man gegen Panzer an. Durch Unterdruckbelüftung ist Wirkung hundertprozentig. *Versuch wurde mit Katzen gemacht.* Abwehr dagegen: auf Überdruckbelüftung umstellen.

Es folgten Vorführungen mit Nebel- und Schwelgeräten. Sie bestehen aus Blaukreuzmischung; die Schwelmasse gibt eine riesige Kampfstoffwolke. Fachleute meinen, Gasmaske hält in diesem Falle nicht dicht.

Zumal noch schärfere Stoffe kommen werden.

Dann Artillerie- und Werferschießen. Verschiedene Geschosse im Schnitt gezeigt. Unterschied zwischen Gas- und reinen Brisanzgeschossen. Dann Kampfstoffschießen mit Werfern. Werfer 15 cm bis 30 cm.

Feuerüberfall mit 15-cm-Geschützen auf eine *Tierstellung* mit neuer Füllung (Tabun). 3 Geschütze ca. 60 Schuß. Eindrucksvoller Erfolg.

Der Nachmittag brachte nur Entgiftungsübungen. Vorführung der Sonderfahrzeuge und Geräte. Dann wurde im Rahmen einer kleinen Truppenübung Lage- und Einsatzbefehl für eine Entgiftungsbatterie gegeben. Tätigkeit der Stoßtrupps, Einsatz der Gasspürtrupps, Legen einer Entgiftungsstraße usw. Möglichkeiten im Überwinden von Geländesperren mit Behelfsmitteln.

Wie schützt man sich gegen verlostetes Gelände? Chlorkalk, jedoch besser Entgiftungspflug, da Chlorkalk gegen Stickstoff nichts nützt. Dann Überdachen mit Matten, Steinen, Tannenzweigen usw. je nach dem, was vorhanden.

Zum Schluß wurde eine Mannschaftsentgiftung mit Behelfsmitteln gezeigt. Mit Hilfe durchlöcherter Konservenbüchsen wurden Duschen geschaffen, wo die Mannschaften entkleidet sich duschen mußten. Kleider und Waffen wurden getrennt entgiftet.

Als Sondervorführung für die Laien wurde noch ein Schießen mit Flammöl gefüllter Werfer geboten. Gas sieht man wenig, während Flammöl zeigt, wie groß die Wolke tatsächlich ist. 30-cm-Werfer, ungefähr 50 Schuß auf ein Ziel.

Wirkung unbeschreiblich.«

»Unbeschreiblich« ist unterstrichen, hinzugefügt die Frage »Wieso?«

Das Unbeschreibliche blieb unbeschreiblich. Keine Antwort auf die Frage »Wieso?« im Kriegstagebuch der Seekriegsleitung. Drei Tage vor diesen Vorführungen in »Raubkammer« hatte der Angriff mit fliegenden Bomben, der V 1, gegen London begonnen.

Für den Oberleutnant Koch, der in Bromberg im Gaskrieg geschult worden war, den in diesem Zweiten Weltkrieg niemand erleiden mußte, hinterließen die Katzen, die dort (und später in »Raubkammer«) als Versuchsobjekte verwendet worden waren, Schamgefühle.
In sein Tagebuch schrieb er sein peinliches Erlebnis mit den Katzen. Dann fing er einen Satz an, den er nicht beendete: »Was in dem wilden Feuer soll verbrennen...«
Von den Katzen träumte er. Hunderte von ihnen hatten Blausäure und Tabun niedergestreckt, aber sie standen wieder auf, wenn er ihnen den Rücken zukehrte, weglief von diesem Schlachtfeld.
Sie verfolgten ihn ins Bett, in dem er aufwachte, um sich gegen die Katzen zu wehren.
Aber sie waren tot.
Er stand auf, trat ans Fenster, ließ das schwarze Verdunklungsrollo hoch, sah in die Nacht.
Die Dächer Brombergs, leicht verschneit, ein spitzer Kirchturm ohne Glocken, die bald hätten läuten können. Unwirklicher Friede der Stunde vor Morgengrauen.

29. KAPITEL

Reifeprüfungen

Anfang 1944 kehrten die ersten Schulklassen aus den Lagern der Kinderlandverschickung (KLV) ins Reich zurück; die Ostfront rückte näher. Sie mußten ihre Lager in Bulgarien und Siebenbürgen, das damals zu Ungarn gehörte, räumen.

Die KLV, eine Dienststelle des Reiches, hatte Schulunterricht und Gemeinschaftserziehung abseits der luftkriegsgefährdeten Großstädte und Gebiete zu gewährleisten, wobei die Gesamtverantwortung bei Lehrer oder Lehrerin lag. Ihnen war ein Lagermannschaftsführer oder eine Lagermädelführerin aus der Hitlerjugend zugeordnet. Die medizinische Betreuung lag in den Händen von Lagerärzten und Lagerärztinnen des Deutschen Roten Kreuzes. Gesteuert wurde diese Organisation, die in rund 5 000 KLV-Lagern fünf Jahre lang rund 3 Millionen Kinder und Jugendliche aufnahm, von HJ-Führern und BDM-Führerinnen, deren Dienststelle im Protektorat Böhmen und Mähren lag. Das Protektorat nahm die Masse der KLV-Lager auf. Es eignete sich dafür, weil es keine Kriegsgefangenenlager hatte. Die Lager waren meistens Pensionen, Hotels und Jugendheime. Bis 1941 hatten Bayern und Österreich die KLV-Lager aufgenommen. 1942/43 genügte das nicht mehr. So verlegte man KLV-Lager ins Protektorat, nach Polen, Ungarn und Bulgarien.

In den ersten Kriegsjahren war es noch möglich, daß Eltern ihre Kinder besuchten, da die Entfernungen nicht allzu groß waren. Später wäre es nur noch wohlhabenden Eltern möglich gewesen, die lange Anreise zu bezahlen, deshalb riet die Leitung der KLV-Lager von Besuchen ab. Die Gemeinschaftserziehung wäre wahrscheinlich gefährdet gewesen, angesichts des großen Heimwehs bei den Kindern.

Die Teilnahme an der KLV blieb freiwillig. Ganze Schulklassen

wurden verschickt. Für die Kinder blieb es lange Zeit ein Abenteuer, das sie gern auf sich nahmen.
Im Jahre 1944 betrug die Belegungsstärke der Lager rund eine Million Kinder. Als 1945 die Länder, in denen KLV-Lager waren, zu Kriegsschauplätzen wurden, setzte die Evakuierung ins Altreich ein, die nach der Kapitulation zusammenbrach. Hunderttausende von Kindern versuchten sich mit ihren Lehrern und HJ-Führern in die Heimat durchzuschlagen. Der Krieg, vor dem sie bewahrt bleiben sollten, hatte sie eingeholt. Die Kinder in der KLV gehörten zum großen Teil dem Jungvolk und dem Bund Deutscher Mädel an, der für die Zehn- bis Vierzehnjährigen die Untergliederung der Jungmädelschaften hatte.
Für die Jungen, die 15 bis 18 Jahre alt waren, hatte die Hitlerjugend seit 1942 Wehrertüchtigungslager (WEL) eingerichtet, in denen dreiwöchige Lehrgänge stattfanden.
In das Wehrertüchtigungslager wurden die Jungen einberufen, sie kamen nicht freiwillig. Gegen diese Wehrertüchtigung der HJ gab es Bedenken bei den Eltern. Sie meinten, die militärische Ausbildung werde noch früh genug in der Wehrmacht stattfinden. In den Lagern war der Dienst hart, Nietzsches »Gelobt sei, was hart macht« wurde in die Realität umgesetzt. Die Eltern fürchteten, daß die Jungen gesundheitliche Schäden erlitten. Das Einberufungsalter lag vielen Eltern zu niedrig, die meinten, erst ab 17 Jahren sei ihr Kind für die Wehrertüchtigung reif.
Im SD-Bericht vom 12. November 1943: »Man klagt darüber, daß Jungen nach Absolvierung der Lager nicht mehr zu bewegen seien, die Schule weiter zu besuchen oder im Betrieb zu arbeiten, da sie überzeugt seien, auch ohne Schlußzeugnis und abgeschlossene Ausbildung als Soldaten zu einem beruflichen Ausbildungsziel zu gelangen.«
Der Bericht zitiert Stimmen: »Die Jungen müssen den Kopf noch früh genug hinhalten. Sie sollten lieber ihre Jugend anständig zu Hause verbringen. (Kiel, Frankfurt am Main, München).«
»Man hat heute von seinen Kindern fast nichts mehr, wenn sie erst von der HJ erfaßt sind (Königsberg).«
Der SD-Bericht meldet weiter: »Je mehr praktische Erfahrungen mit den Lagern gemacht werden, desto mehr wächst die positive

Einstellung der Eltern, die von der Ausbildung eine Hilfe bei der Erziehung erhoffen. In vielen Fällen, in denen die Väter an der Front stehen, sind die Mütter dankbar, daß es die WEL gibt. In den Grenzgebieten waren die Eltern grundsätzlich mit der Einberufung ihrer Jungen einverstanden, da ihnen im Lager die Gelegenheit geboten wurde, die deutsche Sprache zu erlernen.«
Sehr positiv verhielten sich die Eltern von jenen Jungen zur Einberufung in die Wehrertüchtigungslager, die Offizier werden wollten oder sich als länger dienende Freiwillige zur Wehrmacht gemeldet hatten.
Die Anwerbung von Freiwilligen durch die Waffen-SS in den WEL war üblich. Dagegen wendeten sich viele Eltern, die gegen jeden Druck auf ihre Kinder waren, sich für eine Waffengattung und Formation auszusprechen.
Im Verlauf des Krieges wurden die Wehrertüchtigungslager mehr und mehr zum Einsatz in bombardierten Städten herangezogen.
Er erfolgte in Einsatzgruppen, die zeitlich begrenzt verwendet wurden. Nur in Ausnahmefällen, wie nach dem schweren Luftangriff auf Kassel, waren diese Einsatzgruppen eine ganze Woche bei Aufräumungs- und Bergungsarbeiten beschäftigt.
Diese Jungen der WEL mit den Jahrgängen 1927 bis 1929 der Hitlerjugend und des Bundes Deutscher Mädel trugen einen Teil der Last des Krieges, der über die Städte kam. Die Jungen wurden in Lösch-, Berge- und Meldetrupps eingeteilt. Sie kamen in Schnellkommandos vom Land in die Städte nach der Entwarnung bei Fliegerangriffen.
Die Mädel arbeiteten im Gesundheitsdienst, bei der Familienbetreuung und bei der Evakuierung der Ausgebombten in den Sammelstellen und Stützpunkten der NSV (NS-Volksfürsorge). Auch im Bahnhofsdienst waren sie eingesetzt.
In einem SD-Bericht vom 20. Dezember 1943 heißt es: »Während vielfach in der Bevölkerung die Ansicht vertreten wurde, die Jugend sei verwahrlost, hat sich bei den Terrorangriffen gezeigt, daß der größte Teil doch einen gesunden Kern hatte und in der Lage ist, sich im Katastrophenfall kämpferisch einzusetzen. Es liegen erfreulicherweise aus den Terrorgebieten keine auffallenden Meldungen über Verwahrlosungserscheinungen vor.«

Es ist möglich, daß sich die hohe Zahl der Freiwilligenmeldungen 1943 und 1944 auch aus der Absicht der 17- und 18jährigen erklären läßt, zu einer richtigen Truppe zu kommen, statt in Einheiten zusammengefaßt lebensgefährlichen Dienst in den brennenden Großstädten zu leisten.
Als 1943 in der Umgebung von Prag die 12. SS-Panzerdivision »Hitlerjugend« aufgestellt wurde, die 1944 in der Invasionsschlacht in der Normandie bis auf die Stärke eines Bataillons ausblutete, erreichte die Kampf-und Todesbereitschaft dieser Jugend in der Heimat ihre symbolische Tragik.
Die Freiwilligen, die aus der HJ in diese Division kamen, waren 17 und 18 Jahre alt.
Ehe sie fielen, sangen sie in den Panzerdeckungslöchern der Normandie die Lieder, die sie in Jungvolk und HJ gelernt hatten.
Viele dieser Lieder sprachen vom Tod, in den sie nun freiwillig gezogen waren.
»Ja, die Fahne ist mehr als der Tod«, war der Refrain des Liedes der Hitlerjugend.
Von Langemarck 1914 zur Normandie 1944 zog sich eine Blutspur opferbereiter Jugend, sie zeigte sich in den bombardierten Städten und endete mit den HJ-Regimentern des 3. Volkssturmaufgebotes 1945 in der Asche des Dritten Reiches.
Die Heimatfront ist ohne diese Jungen und Mädel nicht zu denken; sie wurde ihr Golgatha.
Als im Februar 1944 in vielen Zeitungen ein Artikel »Plato im kriegerischen Alltag« erschien, den der an der Ostfront stehende PK-Kriegsberichter Dr. Friedrich Wagner geschrieben hatte, fand ihn der Inspekteur des Bildungswesens der Marine, Admiral Rogge, so bemerkenswert, daß er ihn an Admirale der Seekriegsleitung schickte. In dem Artikel wurde vom Reifezeugnis der Front gesprochen, das die Soldaten erhielten: »Warum haben sie jahrelang Wissen in sich gesammelt und aufgespeichert, von dem sie nach kurzer Soldatenzeit schon wieder so viel vergessen mußten, einfach wegen der erdrückenden Fülle neuer Eindrücke in einer Zeit weltgeschichtlicher Auseinandersetzung, von denen sie bisher nur aus Büchern hörten? Was nutzte ihnen die Bescheinigung der Reife, wenn sie erst im Bunker, im Gefecht, in endloser

Weite oder auf öden Schneefeldern wirklich erweisen mußten, ob sie reif sind, im Leben des Kriegs zu bestehen?« Der Verfasser ging dann auf die Auseinandersetzung mit der »sowjetischen Welt« ein, die der Soldat im Osten vorfand. »Der deutsche Soldat im Osten sah sich als Vertreter der europäischen Kultur und besann sich auf seine besten Kräfte der Herkunft, um bestehen zu können. So kam er dazu, neu zu entdecken, was ihm als Auftrag schon von seiner Schulzeit her übergeben worden war, und die frühere, zu jeder Zeit vorhandene Revolution der Jugend gegen den Zwang des Unterrichts hat sich durch die Bekanntschaft mit wirklicher geistiger Zwangsherrschaft zu Dankbarkeit gewandelt. Damit ist die Besinnung darauf entstanden, daß man einstmals die Schulbank gedrückt hat und dort mit mehr oder weniger bildkräftiger Erinnerung in die europäischen Kulturkreise der Vergangenheit und Gegenwart eindrang.«
Admiral Rogge hatte dazu geschrieben: »Probleme werden hier berührt, die wir am 9. und 10. 2. besprochen haben und ungefähr ausdrücken, was auch ich immer betone, daß, wenn wir unseren Führungsanspruch als Offiziere aufrecht erhalten und unseren Leuten wirkliche Menschenführer sein wollen, es ohne gewisse theoretische Grundlagen und Bildungsgrundlagen eben einfach nicht geht.«
Der Chef des Stabes der Seekriegsleitung, Admiral Wagner, fügte handschriftlich hinzu, nachdem er den Artikel aus den Kieler Nachrichten vom 12./13. Februar 1944 gelesen hatte, daß niemand in der Seekriegsleitung je bezweifelt habe, daß dies wichtig sei. Aber jetzt sei keine Zeit mehr dazu, der Krieg sei zu weit fortgeschritten.
Die Seekriegsleitung war gerade dabei, mit den Japanern ein Abkommen zu treffen, um junge Marineoffiziere auf japanischen Großkampfschiffen ausbilden zu lassen, da diese Ausbildung bei der deutschen Kriegsmarine nicht mehr möglich sei. Es wurde daran gedacht, die Offiziere auf U-Booten nach Fernost zu schikken. Die Seekriegsleitung ging dabei davon aus, daß auch nach einem Ende des Krieges, den sie im Spätsommer erwartete, die Ausbildung deutscher Marineoffiziere auf Großkampfschiffen gewährleistet sein müsse.

Es wurde viel nachgedacht in den ersten Monaten des Jahres 1944 in Deutschland, auch in der Wehrmacht.

Besonders aber im Heer und in ihm dort, wo dazu viel Zeit zur Verfügung stand, im heimatlichen Ersatzheer.

Aus ihm sollten bald Oberst Graf Stauffenberg und General Olbricht hervortreten, die damals nur wenige kannten.

»In diesem Krieg sind auch alle Kräfte des Geistes aufgerufen zum Entscheid über die europäische Zukunft«, hieß es in dem Artikel des Kriegsberichters Wagner.

Aber nicht Plato wurde benötigt, sondern ein Caesarenmörder, ein Brutus für Hitler.

30. Kapitel

Auf der Spitze des Schwertes

Als es 1944 in Europa Frühling wurde, brach Ende März Luftmarschall Harris die »Schlacht um Berlin« ab, die er am 18. November 1943 begonnen und seit Anfang März durch amerikanische Tagesangriffe auf die Reichshauptstadt ausgeweitet hatte.
Die Heimatfront hatte gehalten, die Moral der Bewohner der Städte wurde nicht gebrochen, Deutschland zeigte keine »Friedensbereitschaft«, wie der Luftmarschall vorausgesagt hatte, worunter vieles verstanden werden konnte; nur nicht die bedingungslose Kapitulation.
Die 20 224 Einsätze, die gegen Deutschlands Städte geflogen worden waren, machten nicht die Landung in der Normandie überflüssig, wie Harris gehofft hatte. Der britischen Royal Air Force brachten sie 10 000 Mann Verluste; sie verlor mit den Amerikanern 1047 Kampfflugzeuge, die abgeschossen, 1686 Bomber, die schwer beschädigt in England gerade noch landen konnten.
Zur »Schlacht um Berlin« zählten alle Luftangriffe, die über dem Reich seit dem 18. November 1943 geflogen wurden, die Luftschlacht schloß Leipzig, Frankfurt am Main, Nürnberg und andere Städteziele ein.
Berlin sollte von 9111 Bombern, die etwa 16 000 Tonnen Brand- und Sprengbomben abwarfen, demoralisiert werden, aber es war nur zu fast 10 Prozent seines Stadtgebietes zerstört, nachdem der letzte Nachtangriff am 23. März von 726 Bombern geflogen worden war, bei dem 72, davon 50 von der gewaltigen Flaksperre rings um die Stadt, abgeschossen wurden.
Sieht man einmal davon ab, daß es der damaligen Führung des Reiches gleichgültig blieb, wie sehr die Bevölkerung litt, und daß sie nicht daran dachte, vor einem Feind zu kapitulieren, der noch weit außerhalb der Grenzen des Reiches blieb, obwohl er das

Innere des Reiches verheerte, so mußte sie sich doch noch einmal bestätigt fühlen, dieses Volk zu führen, mit ihrem Sicherheitsapparat zu beherrschen und das Vaterland mit sich selbst zu identifizieren. Die Heimatfront stand. Frauen und Kinder, alte Männer, Kranke, Verwundete, für den Krieg untauglich geschriebene, nur noch in der Heimat zu verwendende Krüppel und Greise hielten unter schwierigsten Bedingungen durch. Sie empörten sich nicht, standen nicht auf, keine Rebellion.
Wäre sie gekommen, so hätte man sie grausam niedergeschlagen. Es wurde verfolgt, verhaftet, hingerichtet, während die Bomberströme einflogen. Die Hinrichtung eines »Staatsfeindes« im Zuchthaus Brandenburg bei Berlin wurde den Angehörigen mit RM 158,18 berechnet, während sie dabei waren, Brandbomben aus dem Dachgeschoß eines Berliner Hauses zu werfen.
Der Schrecken, den der Staat verbreitete, traf sich mit der Angst, die vom Feind ausging, der über der Stadt, in der man lebte, erschien.
Und beides galt es auszuhalten, Mut zu zeigen, Ruhe zu bewahren, die Nachbarn aus den eingestürzten Kellern zu bergen, die Verwandten und Bekannten zu begraben.
Die hohen Verluste der Bomberflotten und die Vorbereitung auf die Landung in der Normandie verhinderten die Angriffe auf weitere sechs deutsche Großstädte, die für den April geplant waren. Nur die 8. amerikanische Luftflotte setzte ihre Tagesangriffe fort, die Royal Air Force kam nicht mehr nachts über die Städte. Ehe es April wurde, vor der Atempause, die nun eintrat, während der sich die Bewohner der Städte fragten, ob der Himmel ein Einsehen hätte, sie endlich ganz entließ aus diesem ungeheuerlichen Alptraum, reiste Ende März der Verbindungsoffizier des Oberkommandos der Wehrmacht bei Goebbels, Oberst Martin, nach Berchtesgaden. Sein Auftrag von Goebbels war, dort Generaloberst Jodl zu fragen, ob das Führerhauptquartier wisse, wo die Landung der Alliierten stattfinden werde.
Hitler hatte mit dem Wehrmachtführungsstab am 23. Februar die »Wolfsschanze« in Ostpreußen verlassen. Die Betonbunker stammten noch aus der Zeit vor dem Feldzug gegen die Sowjetunion. Sie erschienen ihm nicht mehr sicher genug, er rechnete

damit, daß sein Hauptquartier aus der Luft angegriffen werden könnte. Er wollte erst dann zurückkehren, wenn die Arbeiter der Organisation Todt die Bunker um ein Vielfaches verstärkt hätten. Auf dem Obersalzberg mit den unterirdischen Bunkersystemen, die seit August 1943 von Mineuren in den Felsen gesprengt und, wie von ihm befohlen, zu Weihnachten fertig geworden waren, schlug Hitler nun sein Hauptquartier auf. Der Berghof und andere Häuser wurden jetzt von riesigen Tarnnetzen überspannt, die tagsüber nur Dämmerlicht in den Zimmern zuließen.

Vom Obersalzberg war der Hitler, den die Deutschen zu kennen glaubten, einst ausgegangen. Nun kehrte er dorthin zurück, um von diesem Stück Land, das er selbst besaß, aus Stuben und Bunkerzellen sein Reich in die letzte Schlacht zu führen, die mit der Landung der Alliierten im Westen entbrennen mußte. Im März verlor er hier die fruchtbare Ukraine, als ihm Feldmarschall von Manstein die Genehmigung abrang, die eingeschlossene 1. Panzerarmee nach Westen, nicht nach Süden, ausbrechen zu lassen. Sie erreichte Anfang April Galizien, damit das Generalgouvernement, das zum Reich gezählt wurde.

Es wurde erwartet, daß Hitler die Armeen in Frankreich besuchte, um die Kommandeure und Soldaten vor der letzten Schlacht zu sehen und zu sprechen. Die Witterung des Führers vor der Gefahr, die ihm aus den eigenen Reihen drohte, hielt ihn jedoch davon ab, diese Reise zu wagen. Generale und Offiziere im Westen, die entschlossen waren, Hitler zu verhaften, wenn er zu ihnen käme, hofften vergebens auf seinen Besuch.

Im März ließ er ein letztes Mal seine Truppen einmarschieren, wie er es seit der Rheinlandbesetzung 1936 so oft unternommen hatte. Es galt Ungarn, das unter Admiral Horthy das Bündnis mit Hitler verlassen wollte. Der Einmarsch wurde erfolgreich zu Ende gebracht. Hitlers engster militärischer Mitarbeiter, Generaloberst Jodl, bewohnte in Berchtesgaden ein einfaches Hotelzimmer, in dem er den Oberst Martin aus dem bomdardierten Berlin empfing, um ihm an den Landkarten zu erklären, wo und wie er die Landung der Alliierten erwartete.

»Natürlich kommt an irgendeiner Stelle zunächst eine Scheinlandung«, sagte Jodl. »Dann erst, wenn wir uns nach Ansicht des

Feindes mit unseren Gegenmaßnahmen festgelegt haben, wird die eigentliche große Invasion an anderer Stelle beginnen.«

Als sich Hans-Leo Martin nach dem Kriege daran erinnerte, fand er es bemerkenswert, daß Jodl sich damals so festgelegt hatte, denn die deutsche Führung hatte bei Beginn der Invasion noch tagelang auf die eigentliche ›große Invasion‹ gewartet und entscheidende Zeit verstreichen lassen, bevor deutsche Gegenmaßnahmen in Gang kamen. Damals wurde versäumt, Reserven rechtzeitig in den Kampf zu werfen, eben in Erwartung des großen Schlages, der noch kommen sollte.

Aber das blieb der Nachwelt; jetzt fragte Oberst Martin: »Was wird nun, wenn die Invasion tatsächlich an dieser oder einer anderen Stelle glücken sollte?«

Darauf Jodl: »Dann haben wir den Krieg verloren.«

Martin erwiderte: »Aber Herr Generaloberst, schließlich ist da noch nicht das letzte Wort gesprochen. Ganz Frankreich steht uns als Operationsgebiet zur Verfügung bis zum Rhein. Von einem verlorenen Krieg kann man doch dann, wenn da irgendwo an der Küste ein paar feindliche Truppen gelandet sind, noch nicht sprechen.«

Darauf Jodl, etwas spöttisch, herablassend gegenüber dem Oberst, der aus der Umgebung von Goebbels angereist war: »Mein lieber Martin, lassen Sie es sich gesagt sein, wenn eine Landung an einer entscheidenden Stelle in Frankreich glückt, ist der Krieg verloren. Es ist doch so, daß die große Mehrzahl unserer Truppen an den Küsten in fester Verteidigungsstellung liegt und diese Divisionen fast unbeweglich sind. Eine Operation läßt sich mit diesem Heer einfach nicht durchführen. Unser Verlust an Waffen und Gerät wäre einfach nicht wieder einzuholen. Ganz abgesehen davon, daß unser Kriegspotential durch den späteren Verlust von ganz Frankreich so entscheidend geschwächt würde, daß es ein Wahnsinn wäre, den Krieg fortzusetzen.«

Hans-Leo Martin schrieb 1973: »Ich habe Goebbels meine Unterhaltung wörtlich wiederholt. Mir ist es später immer unklar gewesen, warum denn nach der geglückten Invasion nicht irgendeine Anstrengung gemacht wurde, den Krieg sofort zu beenden. Warum mußte man noch fast ein Jahr den deutschen Soldaten

kämpfen und bluten lassen? Warum mußte man der Zivilbevölkerung die ungeheuren Opfer des Bombenkrieges aufbürden? Denn erst in diesen Monaten wuchs er sich zu einer Riesen-Katastrophe aus.
Die Durchhalteparolen der Führung erscheinen damit doch wohl in einem noch fataleren Licht, als es bisher schon gewesen ist.«
Zum Führervortrag kam am 27. März der Generalinspekteur der Panzertruppen, Generaloberst Guderian, auf den Obersalzberg, nachdem er eine Besichtigungsreise durch Frankreich bei den ihm zur Ausbildung unterstellten Panzertruppen unternommen hatte. Was er Hitler vortrug, blieb in den Akten des Generalinspekteurs erhalten. Der Text seines Vortrages wurde am 23. März, einem Donnerstag, auf der Schreibmaschine des Hauptquartiers mit den großen »Führer-Lettern« niedergeschrieben, damit Hitler beim Vortrag am folgenden Montag schon wußte, was da auf ihn zukam.
Es ging um operative Reserven, die für die Entscheidungen des Frühjahrs und Sommers geschaffen werden sollten.
»Mein Führer«, begann Guderian, »der heutige Vortrag hat – wie der vorige – hauptsächlich zum Ziel, darzulegen, wie die Angriffsfähigkeit des deutschen Heeres wiederherzustellen ist und die gegebenen Möglichkeiten hierfür aufzuzeigen.
Mit der Verteidigung allein kann dieser Krieg niemals zu unseren Gunsten entschieden werden.
Wir müßten wieder angreifen wollen.
Ein Angriff bietet aber nur Aussicht auf Erfolg, wenn voll kampfkräftige Panzer-Verbände in genügender Zahl geschaffen werden und wenn darüber hinaus dafür gesorgt wird, daß sie auf der Höhe ihrer Leistungsfähigkeit gehalten, das heißt von Zeit zu Zeit abgelöst und durch ausgeruhte und aufgefrischte Divisionen ersetzt werden können, die dann zum geschlossenen Einsatz geführt werden.
Zur Zeit sind die Panzerdivisionen fast alle in der entarteten Verteidigung versunken und zugrunde gegangen.«
Guderians eigenwillige Sprache, die bis zum Grund bohrte, war Hitler vertraut. Von Guderian ließ er sich auch etwas sagen, das sich bei anderen Generalen von selbst verbot.

»Wir befinden uns in der Lage des Jahres 1918«, fuhr Guderian fort, »als die damalige Oberste Heeresleitung die Kavallerie absitzen ließ, sie in die Schützengräben schickte und sich dadurch der großen Siegesaussicht beraubte, den vor Augen stehenden Durchbruch der großen Frühjahrsoffensive 1918 durch eine schnelle Truppe auszunutzen.«
Das war ein kühner Vergleich.
»Sie selbst, mein Führer, haben vor dem Kriege die Aufstellung von großen Panzer-Verbänden befohlen, um mit diesen kommende Kriege so zu führen, wie Sie, mein Führer, diese geführt wissen wollten: angriffsweise, blitzartig, überraschend und blutsparend. Wir dürfen in unserer gespannten Lage nicht von diesen, von Ihnen als richtig erkannten Grundsätzen in der Kriegsführung abweichen. Keine noch so große vermeintliche Not des Augenblicks darf uns dazu zwingen.
Die letzte Zeit hat gelehrt: Wo wir uns von diesen als richtig erkannten Grundsätzen abwandten, wurden die Panzer-Verbände hierbei zermahlen.
Zur Rückkehr zu der uns arteigenen Kampfführung bedarf es operativer Reserven.
Bisher ist es zu der von mir wiederholt und nachdrücklichst vorgeschlagenen Schaffung von operativen Reserven noch nicht gekommen.
Sie ist heute unerläßlicher denn je und voraussichtlich die Frage der Kriegsentscheidung schlechthin. Trotz voller Erkenntnis der derzeitigen Personal- und Materiallage bin ich der Überzeugung, daß die Schaffung operativer Reserven zur Zeit noch möglich ist. Ob die Möglichkeit in einem halben Jahr noch gegeben sein wird, ist fraglich.
Voraussetzung für die Schaffung operativer Reserven ist jedoch, daß die *gesamte Führung* die feste Überzeugung hat, daß nur auf diesem Wege – nämlich dem Wege des Wiedererkämpfens der operativen Handlungsfreiheit – die Kriegsentscheidung zu unseren Gunsten erkämpft werden kann.
Wird diese Überzeugung nicht geteilt, dann wird es fraglich bleiben, ob die deutsche Wehrmacht in entscheidender Stunde das Kriegsgeschick endgültig zu unseren Gunsten wenden kann.«

Das Wörtchen »endgültig« wurde von Guderian eingefügt, da niemand vor Hitler am Endsieg zweifeln durfte.
Guderian nennt dann die Zahl der Einheiten, die er für diese operative Reserve benötigt:
»8 Panzer- und Panzergrenadierdivisionen, 6 Infanteriedivisionen, Heerestruppen, dabei 3 schwere Panzer (Tiger)-Abteilungen, 3 schwere Panzerjäger-Abteilungen, 2 Sturmpanzerabteilungen, ferner 1 Fallschirmjäger-Korps, 1 Kavallerieverband.
Bereitstellung bis 1. 6.
Diese Reserven lassen sich bereitstellen, wenn ihr Aufbau nicht durch augenblicksbedingte Maßnahmen verzögert oder verhindert wird, – sie lassen sich erhalten, wenn die Oberste Führung sie in ihrer Hand behält und *ausschließlich* zu entscheidenden Operationen einsetzt.
Nach meiner Kenntnis der Lage kommen nachstehende Verbände für die Bereitstellung operativer Reserven in Frage:
1) Aus dem Bereich O.B.West:
2. Panzerdivision, ersetzt durch 9. Panzerdivision (neu).
12. SS-Panzerdivision ›Hitlerjugend‹, ersetzt durch 10. Panzerdivision (neu).
2) aus Bereich O.B.Südwest:
26. Panzerdivision, ersetzt durch eine Infanteriedivision.
29. Panzergrenadierdivision, ersetzt durch eine Infanteriedivision.
3) aus dem Ostheer:
a) Heeresgruppe Süd
3 Panzerdivisionen (1., 6., 16.)
ersetzt durch 16. SS-Panzergrenadierdivision, 4. SS(Polizei)-Panzergrenadierdivision, Infanteriedivisionen oder rumänische Verbände.
b) Heeresgruppe Nord
Panzergrenadierdivision Feldherrnhalle, ersetzt durch estnische oder lettische Verbände.
Ob und in welchem Umfange hier zurückgegriffen werden kann auf Verbände der Krim-Armee, ungarische Verbände, Material der ungarischen Wehrmacht, vermag ich nicht zu beurteilen.
Für die im Westen neu aufzustellenden Panzerdivisionen 9., 10. und 116. ist unverzüglich Ersatz durch Herausziehen dreier weite-

rer Stämme abgekämpfter Panzerdivisionen des Ostheeres vorzubereiten.«
Dieser Vorschlag Guderians brachte nicht die große operative Reserve, an die der Generaloberst in seiner Verzweiflung noch glaubte.
Am gleichen Montag, dem 27. März, erhielt abends Hauptmann Ernst Jünger in Paris den Besuch des Oberstleutnants von Hofakker, mit dem er, um nicht in seinem Zimmer abgehört zu werden, einen Spaziergang auf der Avenue Kléber zwischen dem Trocadéro und dem Étoile machte. Darüber notierte Jünger in sein Tagebuch: »Das Vaterland sei jetzt in äußerster Gefahr. Die Katastrophe sei nicht mehr abzuwenden, wohl aber zu mildern und zu modifizieren, da der Zusammenbruch im Osten fürchterlicher als der im Westen und sicher mit Ausmordungen größten Stiles verbunden sei. Infolgedessen müßte im Westen verhandelt werden, und zwar *vor* einer Landung; man stehe bereits in Fühlung in Lissabon. Voraussetzung sei das Verschwinden Kniébolos (Hitlers), der in die Luft zu sprengen sei. Dazu sei während der Lagebesprechung im Hauptquartier die beste Gelegenheit. Er nannte dabei Namen aus seinem engsten Kreis.
Wie schon in anderen, ähnlichen Zusammenhängen äußerte ich auch hier die Skepsis, das Mißtrauen und auch den Widerwillen, mit dem die Aussicht auf Attentate mich erfüllt . . .
Nichts spricht mehr für die ungemeine Bedeutung, die Kniébolo (Hitler) sich zu geben wußte, als das Maß, in dem auch seine stärksten Gegner von ihm abhängen. Die große Partie spielt zwischen dem plebiszitären Demos und den Resten der Aristokratie. Wenn Kniébolo (Hitler) fällt, so wird die Hydra einen neuen Kopf bilden.«
Hofacker, ein Vetter des Grafen Stauffenberg, hatte von Lissabon gesprochen, wo man Fühlung aufgenommen habe. Dr. Gotthard von Falkenhausen, der Freund und Vertraute Hofackers, schrieb, wie Wilhelm Ritter von Schramm in »Aufstand der Generale« zitiert, nach dem Kriege: »Mir ist kein Fall bekannt, in dem von der anderen Seite den Vertretern des neuen Deutschland eine Chance gegeben worden wäre. Das sterile Schlagwort des ›unconditional surrender‹ beherrschte die alliierte Politik. Ich selbst weiß

aus zahllosen, mehr oder minder vorsichtig geführten Unterhaltungen mit gutwilligen und verständnisvollen Männern, daß sie vor der Beteiligung an einer Aktion zurückschreckten, deren Konsequenz die Auslieferung eines macht- und wehrlosen Deutschland an die Feinde sein mußte, die durch keine Zusagen gebunden waren.«

Die Entscheidung blieb auf der Spitze des Schwertes, das Generaloberst Guderian noch einmal zur Verfügung stellen wollte, als er den Vorschlag der Operativen Reserven aus starken Panzerverbänden machte.

Erst nachdem die Entscheidung auf der Spitze des Schwertes gefallen war, die Invasion geglückt, im Osten die Heeresgruppe Mitte von den sowjetischen Armeen durchbrochen und zerschlagen war, explodierte Stauffenbergs Bombe in der »Wolfsschanze«.

Aber das Schwert sah nicht aus, wie Guderian es sich gedacht hatte.

31. Kapitel

Die Not wenden

Ende März 1944 geriet Oberleutnant Koch bei einem Treffen der Werbeoffiziere für Panzertruppen in der jütlandischen Stadt Viborg, im Norden Dänemarks, dort, wo eine Landung der Alliierten ebenso erwartet wurde wie an der Kanalküste, in etwas Doppelbödiges, das nicht nur mit ihm, mit dem Inspekteur der Panzertruppen im Reich, mit dessen Amtsgruppe »Vorschriften und Propaganda« zu tun hatte.
Doppelbödig war jetzt vieles, vielleicht alles, aber es erklärte sich selten, es fielen die Visiere, die sie vor ihren Gesichtern maskenhaft trugen, nur für Augenblicke, um sofort wieder vorgeschoben zu werden.
Das Referat »Geschichte und Propaganda« dieser Amtsgruppe hatte seinen Sitz am Fehrbelliner Platz in Berlin, im Dienstgebäude des Inspekteurs der Panzertruppen. Zum Referat gehörte ein Leutnant, der mit Oberleutnanten und Hauptleuten bei den Kommandeuren der Panzertruppen in den Wehrkreisen für die Nachwuchswerbung der Panzertruppen zuständig war.
Bei dieser Werbung ging es um Freiwillige, um Bewerber für die Unteroffiziers- und Offizierslaufbahn; es war erklärte Absicht Guderians, der Waffen-SS nicht mehr allein die Werbung für den besten Nachwuchs zu überlassen, seitdem er vor einem Jahr Generalinspekteur der Panzertruppen geworden war.
Gegen die Amtsgruppe B des SS-Hauptamtes, die für das Ersatzwesen zuständig war, konnte sich die winzige Werbe-Organisation der Panzertruppe nicht behaupten, aber es gelang doch, von März 1943 bis März 1944 – abseits der Wehrmachtpropaganda – in der Heimat das Bild einer Panzertruppe zu vermitteln, die das Rückgrat des Heeres bei Siegen, auf Rückzügen und auch in der Niederlage war.

Das, was der Korpsgeist eines Standes, einer Truppe genannt wurde, erhielt im Rahmen des Möglichen innerhalb des Ersatzheeres eine Bedeutung für die gesamte Panzertruppe. Was an den Fronten geschah, bekam ein rückwärts in die Heimat vermitteltes Ansehen, das anziehend auf diejenigen wurde, die es vorzogen, sich freiwillig zu melden, statt einberufen zu werden. So konnten sie sich die Waffengattung aussuchen.
Nötig hatte es die Panzertruppe, daß für sie geworben wurde. Es schadete ihr, wenn sie ihren Ersatz, vor allem für die Panzerregimenter, nicht mehr freiwillig bekam, sondern von Wehrdienstpflichtigen. Für die Panzergrenadiere konnte das schon lange nicht mehr gelten, aber für sie kam es darauf an, sich den Unteroffiziers- und Offiziersnachwuchs so gut wie möglich zu erhalten. Der Hauptgrund hieß jedoch, sich von der Waffen-SS nicht die Freiwilligen wegnehmen zu lassen, die es in den letzten beiden Kriegsjahren immer noch gab.
Im Reich arbeitete die Amtsgruppe B (Ersatzwesen) des SS-Hauptamtes unter Obergruppenführer Berger vor allem mit dem Ergänzungsamt B I, das in die Abteilungen »Werbung« und »Nachwuchs« gegliedert war. »Werbung« hatte die Unterabteilungen »Wortwerbung« und »Bildwerbung«; »Nachwuchs« verfügte über einen »HJ-Verbindungsdienst«, über den »Verbindungsdienst HJ-SS«, über den »Streifendienst der HJ«, den »Landdienst« und die »Landvolkjugend«.
Für die Freiwilligenwerbung im Ausland war die Amtsgruppe D zuständig: mit der Hauptannahmestelle Nord für Freiwillige aus Norwegen, Schweden, Dänemark, Finnland und Estland, der HA West für Holland, Flandern, Wallonien, Frankreich und die Schweiz. Dann gab es noch die »Freiwilligenleitstelle Ost«, die Freiwilligenwerbung in Rußland, in der Ukraine, in Weißruthenien, Polen, den Kaukasusländern, in Lettland, Litauen, der Slowakei, der Türkei und in den arabischen Ländern zu betreiben hatte, wenn dies im Verlauf der Kriegsereignisse noch möglich war.
Zur Freiwilligenleitstelle Ost gehörte außerdem die Hauptabteilung für den Südosten und die Balkanländer.
Aus diesen Ländern und Völkern rekrutierten sich die meisten

Verbände der Waffen-SS bis Kriegsende. So hatte das Regiment »Der Führer« in der 2. SS-Panzerdivision »Das Reich« bei den Endkämpfen im April 1945 in Wien zum großen Teil Mannschaften, die nicht die deutsche Sprache beherrschten.

Das Reich hatte seine Grenzen verloren, es war nicht mehr das Deutsche Reich, sondern das Dritte Reich, das ganz Europa einbezog, weshalb die Waffen-SS darauf bestand, die erste europäische Armee zu sein.

Die Panzertruppe blieb auf Deutschland beschränkt; ihr Nachwuchs sollte nicht nur gut, sondern zahlenmäßig auch groß sein, denn die Verluste der Panzerdivisionen und Panzergrenadierdivisionen waren hoch. Die blutigen Verluste einer deutschen Panzerdivision im Zweiten Weltkrieg betrugen im Durchschnitt das Dreifache ihrer Soll-Stärke: etwa 35 000 Mann.

Das Eigengewicht, das die Panzertruppe während der Kriegsjahre erhalten hatte, wurde durch die Berufung Guderians als ihr Generalinspekteur, der Hitler direkt unterstellt war, verstärkt. Es lag an den Offizieren der Panzertruppe im Feldheer und im Ersatzheer, diesen Zuwachs an Selbständigkeit im Rahmen des Möglichen deutlich zu machen.

Die militärischen Vorfahren der Panzertruppen waren Kavalleristen, Reiter, Ritter, das heißt, sie waren ritterlich, die dem weniger Leistungsfähigen die menschliche Hilfe nicht versagten, von denen aber mehr verlangt wurde als von anderen.

Dieser elitären Tradition neigte auch die Luftwaffe zu; auch sie hatte ihren Ursprung in der Kavallerie, wie es sich im Ersten Weltkrieg zeigte.

Für die Panzertruppe blieb das Zurückgreifen auf Traditionen in den immer unübersichtlicher werdenden Kriegsverhältnissen von 1943 und 1944 eine innere Notwendigkeit, zu der auch die Abgrenzung von der Waffen-SS gehörte, mit deren Divisionen die Panzerdivisionen des Heeres im Einsatz zusammenarbeiteten. Dort trennte sie wenig; aber im Aufbau, in der Ausbildung und im Ersatzwesen waren sie grundverschieden.

Hatte sich aber nicht längst Elite an Elite angeglichen, war Garde nicht mehr Garde? Die Panzerregimenter der Waffen-SS hatten den Tiger-Panzer, die der Panzertruppe den Panther-Panzer,

313

wenn sie nicht den Panzer IV fuhren. Die Versorgung, Bekleidung, Verpflegung der Waffen-SS war besser als in der Panzertruppe. Die höhere Tabakzuteilung für die Waffen-SS erregte bei der Panzertruppe Ärger.
Es ging auch um Prinzipien.
Im Offizierskorps der Panzertruppe wurde nichts von nationalsozialistischer Penetranz gehalten, die man dort für selbstverständlich bei der Waffen-SS hielt, auch wenn das nicht zutraf. In den Panzerdivisionen der Waffen-SS sah die Panzertruppe eine Konkurrenz, die Revolutionsarmee, während sie sich als Traditionsarmee fühlte. Für die Waffen-SS, so meinte man in der Panzertruppe, stehe der Führer über dem Vaterland. Beim Einsatz auf den Schlachtfeldern war dies wieder vergessen. Dennoch hatte sich bei einigen Generalen der Panzertruppe die Meinung herausgebildet, die Waffen-SS kämpfe verlustreicher, weil ihr Führerkorps nicht über die Ausbildung verfüge, die sie für selbstverständlich hielten.
Statt der zahlreichen Neuaufstellungen, vor allem innerhalb der Waffen-SS, wäre es besser, die vorhandenen bewährten Divisionen aufzufüllen.
Nach Friedrich Hegel war es die Ehre der Revolutionäre, schuldig zu sein. Die Panzertruppe bestand nicht aus Revolutionären, die im Gefolge Hitlers an die Macht gekommen waren. Eine Revolution mußte, wie Hegel meinte, von Anfang an Verbrechen begehen, wenn sie nicht an der Klugheit scheitern wollte.
Das traf auf Hitler zu, der dennoch scheiterte.
In der Panzertruppe wurden Befürchtungen geäußert, am Ende werde die Waffen-SS das Heer schlucken.
Die ärmsten Teufel waren am Ende die Soldaten der Waffen-SS.
»Wenn die Front bisher gehalten hat, so ist das ausschließlich Verdienst der Panzerdivisionen«, hatte Guderian am 5. September vorigen Jahres Hitler entgegnet, als er erfuhr, daß die zerschlagene 18. Panzerdivision nicht aufgefrischt, sondern aufgelöst und mit ihrer Artillerie und dem Divisionsstab zu einer Artilleriedivision umgegliedert würde. »Es bedeutet jede Auflösung einer Panzerdivision die *Selbstentwaffnung!* Die Maßnahme ist bestimmungswidrig, da sie vor dem Generalinspekteur der Panzertruppen geheimgehalten wurde.«

Dafür hatte es neun Panzerdivisionen der Waffen-SS gegeben, und die Panzertruppe hatte eine Niederlage einstecken müssen, die ihre Generale nicht verhindern konnten.
Als Oberleutnant Koch vom Ende der 18. Panzerdivision erfahren hatte, wurde er zornig, obwohl sie ihm weit entrückt war, an eine Zeit gebunden, in der noch angegriffen und gesiegt wurde, in der Koch mit ihrem Kommandeur General Nehring und dem Oberbefehlshaber der 2. Panzerarmee, Generaloberst Guderian, geglaubt hatte, sie könnten bis Moskau durchfahren, weiter bis zur Wolga, zum Endziel Gorki. Das war 1941 gewesen, eine andere Zeit, vergeblich alles, aber unvergeßlich.
Der Zorn Kochs galt einer verlorenen Heimat, denn woran konnten sich Soldaten in einem Krieg erkennen als an ihren Regimentern und Divisionen, die für sie der Halt in dem mörderischen Geschehen blieben. In ihnen wurde ersetzt, was sie hinter sich gelassen hatten – die dem Frieden gehörende andere Heimat.
Aber jetzt hier in Viborg, im dänischen Jütland, das gerade ein Code-Wort im Heimatkriegsgebiet erhalten hatte, falls eine feindliche Landung dort stattfände, »Leuthen«, um unter diesem Stichwort Verbände aus Norddeutschland zu versammeln und den gelandeten Feind wieder in die Nordsee zu werfen –, an diesem 29. März 1944 ging es für den Oberleutnant um anderes als Erinnerungen an eine verlorene soldatische Heimat.
Die Diskussion über die Einrichtung von Annahmestellen für die Panzertruppe, zu der sie sich in Viborg getroffen hatten, sollte ein vordergründiger Anlaß für Dienstreisen sein, die sie aus allen Wehrkreisen des Reiches zusammenführten.
Die Diskussion erledigte sich von selbst, da es für diesen Krieg zu spät war, etwas zu organisieren, das half, die Hand auf die Jugend zu legen.
Auf die Jugend hatten andere schon die Hand gelegt; mit denen konnten sie nicht konkurrieren.
Auch das Essen und Trinken, das hier in Dänemark noch möglich war, ließen sie bald hinter sich, eine Völlerei, wie der Hauptmann aus Schlesien sagte, die Übelkeit hinterlassen würde, hätten wir sie noch täglich. Zum Abendessen Butterbrote mit Aal, Lachs, die Eiersuppe mit Gemüse, Fisch, Käse, Eis, Sahnebaiser und dazu

315

Aquavit, um das alles ertragen zu können, Kopenhagener Bier. Dann der Aufbruch zum Besuch eines Varietés, das Betrachten der tanzenden Paare, Frauen in langen Abendkleidern, kostümierte Kinder, die ins Varieté kamen; es war Faschingszeit und das Leben wie auf einer Insel fern und schön.

Der Major von der Panzerausbildungsabteilung, die in Viborg stationiert war, sagte zu Koch, als dieser ihn fragte, ob das hier immer so sei: »Ich weiß nicht, ich kam erst kürzlich vom Dnjepr bei Orscha hierher, es ist die Welt, die uns verlorengegangen ist.«

»Ist das noch unsere Welt?« fragte Koch.

»Ach, hören Sie, nehmen Sie noch mit, was es an Gutem gibt, es ist so kostbar.«

»Das hier?« fragte Koch.

»Es gibt auch anderes in Dänemark; was Sie hier sehen, das ist vordergründig. Trinken und essen Sie es auf, wie wir es tun, vor der Götterdämmerung das große Fressen und etwas bürgerliches Leben zum Anschauen.«

Später, in einem Hotelzimmer, ohne den Major, der sie begleitet hatte, unterhielten sie sich über den Krieg, der gerade verloren wurde.

Auch das Stichwort »Leuthen« würde daran nichts ändern, käme es. Der Leutnant, der sie aus Berlin hier zusammengerufen hatte, vertraute ihnen, wie sie ihm vertrauten. Zugleich waren sie leichtsinnig, wie es damals vorkam, wenn sich Offiziere im nächtlichen Gespräch die Mühe machten, über den Augenblick hinauszudenken.

Das Stichwort, das der Leutnant gab, hieß: »Die Not wenden.« Er fragte: »Wie können *wir* die Not wenden, die unser Land heimsucht?«

Der Hauptmann aus Schlesien erwiderte: »Wir haben alle Nöte auf uns zu nehmen, wie das ganze Land es macht.«

Der Leutnant fragte: »Auf sich nehmen, das hat seine Zeit. Einmal ist diese Zeit um. Dann muß die Not, die wir auf uns genommen haben, gewendet werden.«

»Woher wissen wir, daß eine Zeit um ist?« fragte Koch. Er dachte an das Essen, das Varieté, die Frauen in langen Abendkleidern.

»Hoch zu Roß ist niemals sicher«, erwiderte der Leutnant. Der

schlesische Hauptmann warf ein: »Im Kriege ist nichts sicher, nicht einmal der Heldentod.«
»Ist das noch Krieg?« fragte der Leutnant.
»Erst haben wir vernichtet, jetzt werden wir vernichtet. Das ist Krieg«, meinte der Hauptmann.
»Ich denke an etwas anderes«, entgegnete der Leutnant. »In Leo Tolstois Roman ›Krieg und Frieden‹ fand ich den Satz, ›daß die Menschen, die damals diese Handlungen begingen, nichts Verbrecherisches in ihnen erblickten‹. Tolstoi meint damit, Krieg und Frieden seien wie Nacht und Tag, grundverschieden, aber unauflöslich in dasselbe Menschenleben hineinverwoben. Er entschuldigt die Verbrechen, die in einem Krieg begangen werden. Ich frage mich aber, ob *wir* uns einmal damit entschuldigen können.«
»Für was entschuldigen?« fragte der Hauptmann.
»Nicht dafür, daß wir Soldaten sind«, sagte der Leutnant. »Wir können uns selbst nicht entschuldigen«, rief Koch. Darauf der Leutnant: »Aber die Not können wir wenden, abwenden von unserem Land, in die es geraten ist.«
»Wer sind wir denn?« fragte der Hauptmann. »Abiturienten, Studenten, und das endlos lange.«
»Das Ende kommt«, sagte der Leutnant. »Was sind wir dann?« Der Hauptmann entgegnete: »Wir werden wieder fressen und saufen, lieben und hassen, wie diese Leute heute abend hier in Viborg.«
»In einem Land, das untergegangen ist?« fragte Koch. »Halten Sie das überhaupt für möglich?«
»Muß es denn untergehen, das Land?« fragte der Leutnant.
»Die Reiter hoch zu Roß sollen also aus dem Sattel gerissen werden?« fragte der Hauptmann.
»Ich glaube«, erwiderte der Leutnant, »man wird es versuchen.«
»Dann müßte es schon die SS sein«, meinte der Hauptmann. »Wir können es nicht, niemals.«
Sie lachten.
Koch erinnerte sich später, daß in diesem Augenblick, da sie lachten, der Spiegel, in den zu blicken sie der Leutnant genötigt hatte, »einen Sprung« bekam. Er gab nicht mehr ihre erstaunten und vom Ernst der Gespräche ergriffenen Gesichter wider. Der

Alkohol hatte sie erhitzt, leichtsinnig gemacht, ihre Gedanken schneller gelöst als sie es im Dienst gewöhnt waren. Doch der Dienst hielt sie auch hier in Schranken.
Der Leutnant stellte sich auf diese Veränderung ein. Er sagte: »Wenn das vorüber ist, braucht man uns. Warum sollten wir nicht darüber nachdenken, was wir dann machen wollen?«
»Da wird nicht viel für uns übrigbleiben«, sagte der Hauptmann.
»Dafür gibt es andere, die darauf warten. Glauben Sie, man läßt uns erst die Welt einreißen und dann wieder aufbauen?«
»Es ist vorauszusehen, daß die Sieger uns dazu zwingen werden«, erwiderte der Leutnant. »Zuerst Rußland wieder aufbauen, dann Frankreich, zuletzt das, was von Deutschland übrigbleiben wird.«
»Wenn dies so ist, dann muß keine Not vorher gewendet werden«, sagte der Hauptmann. »Dann ist alles egal.«
»Auf welcher Seite werden wir uns dann wiedersehen?« fragte der Leutnant.
»Wir haben nichts mehr, das wir uns aussuchen können«, erwiderte der Hauptmann. »Alles ist vorbestimmt. Es gibt nichts mehr, das uns die Wahl ließe. Zwischen welchen Mühlsteinen, die uns schon um den Hals gehängt wurden? Zu spät, zu spät. Wir sind uralt geworden in diesen Jahren. Woher kämen für uns noch neue Gedanken?«
»Wenn wir siegten, waren wir die Verlierer«, sagte der Leutnant, »und wenn wir verlieren, dann siegen wir.«
»Das ist mir zu umständlich gedacht«, meinte der Hauptmann. »Ich halte es lieber mit denen, die im Glück und Unglück sich gleich bleiben.«
»Was wir hinter uns haben – und noch vor uns –, das reicht weit über Glück und Unglück hinaus«, entgegnete der Leutnant. »In dieser Lage gibt es noch ein letztes Spiel. Ginge das verloren, hilft uns nichts mehr.«
»Wer spielt es?« fragte Oberleutnant Koch.
Der Leutnant sah ihn mitleidig an.
»Ich denke, wir gehen schlafen«, sagte er noch, »müde sind wir alle.«
Als sie auf ihre Zimmer gingen, wandte sich der Hauptmann mit den Worten Koch zu, in Berlin wüßte man wohl mehr als in

seinem schlesischen Breslau und bei Koch im sächsischen Leisnig, aber das sei immer so gewesen.
Anders wurde am nächsten Morgen gesprochen, als der Leutnant vortrug, wie in den Ausbildungs- und Ersatzeinheiten der Panzertruppe zu arbeiten sei, um durch Werbung die Tüchtigen anzuziehen, die von der Truppe gebraucht würden. Damit kämen Aufgaben auf sie zu, die gelöst werden könnten.
Schüler und Lehrer seien einzuladen, an öffentlichen Vorführungen auf den Übungsplätzen teilzunehmen; auch die örtliche Presse sei zu interessieren. Nur zu leicht glaube man in der Öffentlichkeit, daß man aus Gründen der Landesverteidigung überhaupt nichts bringen dürfe. Genesene Offiziere und Unteroffiziere sollten Vorträge über ihre Erlebnisse und Fachgebiete in Schulen, vor allem Berufsschulen, halten. Daß die Waffentaten der Ritterkreuzträger herausgestellt würden, sei nationale Ehrenpflicht, aber es müsse auch nicht vergessen werden, daß Eiserne Kreuze II. und I. Klasse, die Verleihung des Deutschen Kreuzes auf Waffentaten zurückzuführen seien, die sich nicht zu verstecken brauchten. Zur Schilderung der Taten komme die Darstellung der Persönlichkeiten, hier brauche man einen ausführlichen Lebenslauf. Leere Schaufenster dürfte es in den Städten nicht mehr geben, in denen nur der Zettel zu lesen wäre: »Wegen Einberufung zur Wehrmacht geschlossen.« Diese Zeilen würden wenig werbend wirken. Ins leere Schaufenster bringe man Modelle der Waffen, Beute-Waffen, Karten, Fotos, Zeichnungen des Waffeneinsatzes und des Erfolges gerade der Waffen der Panzertruppe.
Die besten Ausbilder müsse man bei der vormilitärischen Ausbildung in HJ, SA und NSKK einsetzen.
Sie schrieben es auf, um es mitzunehmen. Die Unwiderstehlichkeit der dienstlichen Sprache hatte immer noch etwas Optimistisches. In Siegen und Niederlagen war sie sich gleich geblieben. Zuletzt notierten sie Ausdrücke, die Generaloberst Guderian in Vorschriften nicht angewendet wissen wollte, wie er soeben verfügt hatte: »In der Regel, bildet die Ausnahme, ausnahmsweise, möglichst, nach Möglichkeit, versuchen, zunächst.«
Dann fuhren sie in Panzern auf dem Übungsgelände. Die Frühlingssonne strahlte über Viborg, Jutland, über Dänen und Deut-

schen, der Krieg, das Stichwort »Leuthen« für den Ernstfall auch hier, war für diesen Tag vergessen.

Auch wenn es ihn noch gab – lange würde er nicht mehr dauern können.

Verschlang er sich nicht selbst?

Ging nicht der Krieg am Krieg zugrunde?

War das nicht der schnellste Weg, die Not zu wenden?

»Die Sonn' erregt das All, / macht alle Sterne tanzen – wirst du nicht auch bewegt, / gehörst du nicht zum Ganzen.«

Den Angelus Silesius hatte Oberleutnant Koch bei sich, als er abends wieder mit dem Schnellzug ins Reich fuhr.

»Blüh' auf gefrorner Christ, / der Mai ist für der Thür; du bleibest ewig todt, / blühst du nicht jetzt und hier!«

32. Kapitel

Gottes und des Führers Wille

Vor dem großen Sturm, in dem alles enden würde, den Gottfried Benn aus dem »Kleinod, in die Silbersee gefaßt«, Shakespeares England, erwartete, wie er in der Woche vor Ostern in einem Brief schrieb, blieb bis Pfingsten eine sonderbare Stille. Sie war kaum unterbrochen von Meldungen über den Verlust Sewastopols und der Krim oder schweren Tagesangriffen auf die deutschen Hydrierwerke und einige Städte.
Die Partei erinnerte die Soldaten an ihre Ideologie, für die sie kämpfen und fallen sollten; in der Ordensburg Crössinsee wurden Frontoffiziere und Generalstäbler von Gauschulungsleitern und Parteirednern in der zweifelhaften Kunst der politischen Aktivierung und Fanatisierung einer Menschenmenge unterrichtet, wie sie in der Kampfzeit der Partei stattgefunden hatte. In vierzehntägigen Lehrgängen sollten die Teilnehmer das erlernen, um es auf die Truppe übertragen zu können. Hitler hatte am 13. März 1944 befohlen, daß der Truppenführer für die nationalsozialistische Haltung seiner Truppe ihm gegenüber voll verantwortlich sei. In diesen Lehrgängen wurden künftige NS-Führungsoffiziere ausgesucht, die als Gehilfe und Berater bei der »Durchführung der dem Truppenführer gestellten politischen Führungsaufgaben mitverantwortlich« seien, wie es im Führerbefehl hieß, der auch eine Drohung mit der Todesstrafe enthielt.
Sie sollte den NS-Führungsoffizier treffen. Denn: »Als Mitträger an den Folgen ist jeder Soldat verpflichtet, besondere Vorfälle und Mißstände, die sich als Schädigung für die Kriegführung allgemein auswirken, zu melden. Erkennt er, daß auf dem normalen Dienstwege seiner Meldung nicht die gebührende Achtung zuteil wird, so hat er sich der Hilfe des NS-Führungsoffiziers seines Verbandes zu bedienen. Diese Ziffer ist monatlich allen Wehrmachtsangehöri-

gen bekanntzugeben.« Aber: »Grundsätzlich meldet der NS-Führungsoffizier die Ergebnisse seiner Arbeit und die im Zuge seines Auftrages gemachten Feststellungen seinem Truppenführer.«
Martialische Worte gehörten zum Stil. Als Ende April Oberst Radke vom OKH, Abteilung Heerwesen, eine Liste mit Namen von abgelehnten NSFO-Kandidaten vom OKW erhielt, das zusammen mit der Parteikanzlei die Lehrgänge auf der Ordensburg in Hinterpommern durchführte, hielt der Oberst diese Liste zurück. Er legte sie in seinen Panzerschrank in der Bendlerstraße, wo sie nach dem 20. Juli gefunden und ausgewertet wurde.
Radke war der Meinung, diese Zurückweisung könnte nicht anerkannt werden, da das OKW keine Gründe dafür angegeben hätte. Der Nazismus kämpfte eine verlorene Schlacht gegen den militärischen Traditionalismus.
Der Kommandeur, der, wie es Hitler befohlen hatte, allein verantwortlich war, benutzte den NS-Führungsoffizier als seinen politischen Berater und als Propagandist. Widerstand, Verwirrung und Sabotage markierten dieses politische Programm bis Kriegsende. Die Soldaten hatten wenig Interesse am NS-System, sie verhielten sich gleichgültig gegenüber dem NS-Führungsoffizier.
Für die Jungen war Hitler die Vaterfigur. Das NS-System spielte nur noch eine untergeordnete Rolle, obwohl von ihm in der Wehrmacht mehr geredet wurde als in den Jahren davor.
Die Bestimmung des Wehrpflichtgesetzes, nach der dem Soldaten eine politische Betätigung während seines Wehrdienstes verboten war, wurde erst im Herbst 1944 aufgehoben.
Wehrmacht und Partei hatten, nach einem Wort Scharnhorsts, getrennt zu marschieren, um vereint zu schlagen, aber jetzt wurden beide geschlagen, auch wenn sie nicht mehr getrennt marschieren sollten.
Als die Luftwaffe für ihre NS-Führung vom Gauschulungsamt München-Oberbayern Texte übernahm, durch die den Fliegern und Flaksoldaten erklärt werden sollte, was ihre Aufgabe im Jahre 1944 sei, lasen sie, daß die Sicherung und Erweiterung ihres Lebensraumes eine rassenpolitische Aufgabe sei. Deutschland habe dieses Ziel auf friedlichem Wege angestrebt, aber dann habe der »unserem Volke aufgezwungene Krieg« so viele Blutopfer hervor-

gebracht, daß »wir ein Recht haben, den Raum zu beanspruchen, den wir zur Erhaltung unseres Volkes brauchen.«
Mit solchen Sprüchen, die inhaltlich nicht mit dem übereinstimmten, was Flieger und Flaksoldaten selbst erlebt hatten, konnte die Partei der Luftwaffe nicht näherkommen. Im Gegenteil machte die Verachtung gegenüber einer Propaganda, die jetzt noch am Werk war, diese NS-Vorstöße lächerlich.
Aber es gab etwas anderes, das in dieser Zeit, zwischen Karfreitag und Himmelfahrt, Ostern und Pfingsten 1944, sich zeigte und an das die Partei nicht mehr geglaubt hatte. Der SD-Bericht, der sich damit befaßte – er war einer der letzten, der sich mit Inlandsfragen beschäftigte –, hält das Erstaunen fest, das im Amt III (Reichsverteidigung) des Sicherheitsdienstes herrschte:
»Die aus allen Teilen des Reiches vorliegenden Berichte lassen erkennen, daß die Kirchen laufend bemüht sind, ihre Aktivität auf dem Gebiet der Feiergestaltung unter Ausnutzung der Kriegslage zu steigern. Die ihr in fast vollem Ausmaß zur Verfügung stehende große Zahl auf diesem Gebiet erfahrener Geistlicher und das Bedürfnis der Bevölkerung nach seelischer Betreuung sichern ihr einen gewissen Erfolg. Aus den vorliegenden Meldungen geht übereinstimmend hervor, daß der Besuch der kirchlichen Feiern stetig zunimmt und meist auch bedeutend größer ist als der Besuch entsprechender nicht-kirchlicher Feiern, besonders, wenn diese zur gleichen Zeit angesetzt werden.«
Es wird davon gesprochen, daß die katholische und die protestantische Kirche den Pfarrern freie Hand geben, sie aber auch mit Richtlinien versehen würden, damit für eine »einheitliche Note« gesorgt werde.
Auffallend sei, daß sich die kirchliche Aktivität nicht auf christliche Feiertage beschränke, sondern auch die weltlichen Gedenktage sowie den 1. Mai in den kirchlichen Rahmen mit einbezöge und »bewußt umforme«.
Dies gelte vor allem für die kirchliche Heldenehrung. »In manchen Pfarrgemeinden, vor allem in Hessen und Nordbayern, hält der Dorfgeistliche sofort nach Bekanntwerden einer Todesnachricht, die vom Ortsgruppenleiter der Partei den Angehörigen mitgeteilt wird, für den Gefallenen eine besondere Abendgebetsstunde ab, an

die sich nach einigen Tagen die Totenfeier mit den üblichen Zeremonien in der geschmückten Kirche anschließt. Am Abend des gleichen Tages findet eine Rosenkranzandacht und am nächsten Vormittag erst der Seelengottesdienst statt, so daß die Angehörigen mit ihren Bekannten tagelang vollkommen im Bann der Kirche stehen.«

Die »Menschenführung durch die Kirche«, die hier zum Ausdruck käme, sei »wirkungsvoll«, da sie sich auf die »Ehrfurcht vor den Toten« beschränke und nicht konfessionell die Trauernden anspräche.

»Andere von weltlicher Seite eingeführte Feiern wie Muttertag, Schuleinweisung, Erntedankfest, ja sogar, wie eine Meldung aus Karlsbad zeigt, der Führergeburtstag, der in verschiedenen Orten Gegenstand einer Gedenkmesse war, werden in den kirchlichen Feierbereich eingebaut.«

Diese Hinwendung zur Kirche in der seelischen Bedrängnis der Kriegszeit bewirkte, wie der SD-Bericht meint, eine Abkehr von der staatstreuen Haltung.

»Daß die durch derartige Feiern hervorgerufene starke Gemütsbewegung der Volksgenossen, vor allem der Angehörigen der Gefallenen, nicht zu einer Stärkung der Haltung der Bevölkerung gegenüber dem Krieg und seinen Begleiterscheinungen beiträgt, liegt auf der Hand. Auch ohne daß die Kirchen ausgesprochen defätistische Tendenzen in ihren Ansprachen und Predigten zum Ausdruck bringen, ist die ganze Feier doch stark auf ›das weiche Herz‹ der ›braven Deutschen‹ abgestellt, daß es immer wieder zu lauten und schweren Schmerzensausbrüchen kommt, die naturgemäß die Stimmung nicht nur der Betroffenen, sondern aller Anwesenden negativ beeinflussen.«

Der SD-Bericht gibt an, daß es in Wien, Münster, Frankfurt am Main, Graz, Innsbruck, Karlsbad, Saarbrücken und Salzburg zu »Schmerzensausbrüchen der Angehörigen« gekommen sei, »die vor hemmungslosen Angriffen gegen Partei und Staat nicht halt machen. Da die Ausbrüche im Schutze des Heldentodes eines Angehörigen erfolgen, sind Gegenmaßnahmen schwierig. Das weiß die Kirche und versteht, auf dieser Möglichkeit zu spielen.«

Als Gegenmittel schlägt der SD-Bericht vor, die Partei solle sich

stärker als bisher um das Gefallenengedenken kümmern. In ihm »werde das Bekenntnis zur Ordnung des Lebens und seinen tragischen Notwendigkeiten und damit das religiöse Brauchtum seinen Mittelpunkt finden können. Ihm schließe sich leicht die Ahnenverehrung organisch an, und beide ermöglichen den notwendigen Inhalt auch für einen repräsentativen Staatskult wie am 9. November, dem Marsch zur Feldherrnhalle.« »Wie sehr sich die Kirche bemüht, die Gefallenenmessen auszugestalten, geht daraus hervor, daß in einem Klerusblatt mangels ›eindrucksvoller Trauerchöre für den gefallenen Krieger‹ ein Wettbewerb für ›das beste von vaterländischer und religiöser Stimmung getragene Gedicht‹ ausgeschrieben wurde. Den ersten Preis bekam der ›bekannte Salzburger Mundartdichter‹, der Geistliche Kanonikus Anton Pichler:
Fern der Heimat, fern den Lieben
Dich die schwerste Stunde traf.
Sterne hüten Deinen Hügel,
Wo Du schläfst den letzten Schlaf.
Held in Wunden, Held in Schmerzen,
Bis zum Tode treu der Pflicht,
Möchten Dir zum Kranze winden
Rosen und Vergißmeinnicht.
Viel ging uns mit Dir verloren,
Die wir ernst und schweigend stehen.
Doch wir falten still die Hände,
Gottes Wille soll geschehen.
Will Dir meine Krone reichen,
Spricht der Herr und hebt die Hand.
Eine Krone sollst Du tragen,
Denn Du starbst fürs Vaterland.«
Von Gott war *auch* die Rede in Gerhard Schumanns »Opfer« aus dem Gedichtband »Gesetz wird zu Gesang«, der 1943 erschien:
»Nun gehn tausend ins bittre einsame Sterben.
Wenn sie todwund in die fremde Erde sich krallen,
Gilt ihr letzter Gebetshauch dem heiligen Reich noch.
Gott muß es hören.
Und ich schaue die Erde: die dunkle Schale,
Draus der Himmel lodert, ungeheuerstes

Blutendes Opferfeuer dem heiligen Reiche.
Gott muß es segnen.«
Es wurde nach einem anderen Gott gefragt als dem, dessen Wille geschehen sollte.

In Schumanns »Vision des kommenden Reichs« im gleichen Gedichtband hieß es:
»Einst werden wir das Schwert zur Ruhe legen.
Wir schlugen hart wie Gott in heiligem Haß.
Doch Liebe war des Richters letztes Maß.
Dem Leben kämpften still wir uns entgegen.«
Ein Gott, der hart in heiligem Haß schlägt, war der Gott der Christenheit nicht.

Die Hinwendung zu *diesem* Gott verzeichnet der SD-Bericht auch an den deutschen Universitäten.

»Nach übereinstimmenden Berichten besonders von süddeutschen Universitäten ist seit einiger Zeit eine ständige Aktivität in der studentischen Seelsorge durch die katholische Kirche zu verzeichnen. Dies gilt vor allem für die Universitäten Freiburg, Würzburg, Frankfurt am Main und Tübingen. Aber auch an der früher ausgesprochen protestantischen Universität Erlangen, selbst an der als völkisch ausgerichtet geltenden Universität Heidelberg, wird beobachtet, daß der Einfluß der katholischen Seelsorge wächst. Auf dem Wege über Studentengottesdienste, Abend- und Morgenfeiern, durch Bildung von Arbeitsgemeinschaften, Singkreisen, Vortragsreihen, durch persönliche Aussprachen, kameradschaftliche Zusammenkünfte wird eine immer größer werdende Zahl von Studierenden erfaßt. Das gilt vor allem für Studentinnen, aber auch kriegsbeschädigte Studenten, Mitglieder von Militärakademien, Angehörige der Studentenkompanien. Selbst ausgezeichnete Frontoffiziere nehmen an den Veranstaltungen mit sichtlichem Interesse teil.

Für Freiburg wird geschätzt, daß mindestens 50 Prozent der Studentenschaft mehr oder weniger stark unter dem Einfluß der aktiven katholischen Kräfte stehen, darunter Studierende, die in Friedenszeiten mittlere und untere Dienstgrade in der HJ bekleidet haben. Nicht selten geht die Einwirkung so weit, daß Angehörige von Studentenkompanien bei Fronleichnamsprozessionen, sei es

in Zivil, sei es in Uniform, teilnehmen. Auffallend sei, daß oft gerade rassisch besonders wertvolle und menschlich wie wissenschaftlich ausgezeichnet bewährte junge Menschen von den katholischen Studentenseelsorgern für ihre Ziele gewonnen werden. Zur Erklärung wird darauf hingewiesen, daß dem durch die Kriegsereignisse für alles Seelische und Geistige besonders aufgeschlossenen Studenten, insbesondere auch dem Frontstudenten, eine klare religiös-weltanschauliche Führung ein Herzensbedürfnis ist. Da die Betreuung von amtlichen Stellen und von den zuständigen Parteigliederungen (zum Beispiel NSD-Studentenbund) nicht ausreichend in dieser Richtung ist, wird sich jeder denkende Student, der nicht selbst in der Lage ist, einen Weg zu suchen, dem zuwenden, der ihm in solchem Maße Antwort erteilt, nicht nur auf Fragen nach den letzten Dingen, sondern auch in allen Fragen der persönlichen Lebensführung.«
Der SD-Bericht spricht dann davon, daß nach »übereinstimmenden Feststellungen aller zuständigen Stellen (Studentenführung, SD, Geheime Staatspolizei) schätzungsweise bis zu 80 Prozent der konfessionell gebundenen Studenten weltanschaulich und politisch gegnerisch oder zumindestens indifferent« seien.
Das sei auch auf »überragende Geistliche in der Studentenseelsorge« zurückzuführen.
Über die Seelsorge für die kranken und verwundeten Soldaten in den Lazaretten des Ostens gibt ein Bericht aus dem Stab der Heeresgruppe Mitte Auskunft, der aus dem Frühjahr 1944 erhalten blieb:
»Sie hat Rücksicht auf die innere Verfassung des nun schon seit 3 Jahren im Einsatz stehenden Ostkämpfers zu nehmen. Sehr bedauerlich ist, daß unseren Kriegspfarrern keinerlei religiöses Schrifttum zur Verfügung steht, das an die lesehungrigen Soldaten in den Lazaretten verteilt werden könnte.
Ein besonderes Problem für die Standortpfarrer im Heeresgruppenbereich ist die Beschaffung von Räumen für die Abhaltung von Gottesdiensten. Der Erlaß des Oberkommandos der Wehrmacht vom 12. September 1941 verbietet die Abhaltung von Wehrmachtgottesdiensten in russischen Kirchen. Man sah sich deshalb gezwungen, mit Hilfe von Baueinheiten Gottesdiensträume zu er-

richten. So entstanden an den größeren Orten des russischen Raumes Kirchen und Kapellen, und besonders der inzwischen nach dem Westen versetzte Kriegspfarrer Kurek von einer Kriegslazarettabteilung wird allgemein als der große Kirchenbauer des Ostens rühmend erwähnt.
Die Feldseelsorge wird in ihrer Bedeutung und Wichtigkeit im Bereich der Feldwehrmacht anerkannt. In den Äußerungen der Herren Oberbefehlshaber kommt dies eindeutig zum Ausdruck. Zur Gefahr wird die Aufgabe des Kriegspfarrers, sich als Gräberoffizier zu betätigen, wenn der Kriegspfarrer sich derartig intensiv mit dieser Sache beschäftigt, daß seine eigentliche Aufgabe darunter leidet. Es soll Fälle geben, in denen sich Kriegspfarrer in diese Tätigkeit hineinflüchten, um ihrer seelsorgerischen Aufgabe zu entgehen.«
Geistliche wurden 1940 bis 1942 zu Kriegspfarrern ernannt, nachdem sie Lehrgänge besucht hatten. Seit dem 7. Dezember 1942 erlaubte die Kriegslage nicht mehr, neue Kriegspfarrer zu ernennen, wie es im OKW-Befehl hieß. Am 30. April 1943 erinnerte das OKW nochmals daran: »In der Lage, wo jeder wehrfähige Mann aus der Heimat als Soldat eingezogen werden muß, wird es auch nicht möglich sein, Pfarrer aus dem zivilen Sektor für den Dienst als Wehrmachtpfarrer freizumachen. Deshalb ist von Ernennungen abzusehen.«
So gab es 1943 im Generalgouvernement, das einen Wehrkreis des Reiches bildete, nur 10 Kriegspfarrer für 200 000 Soldaten, 80 000 Verwundete und Kranke.
Religiöse Schriften wurden nicht mehr gedruckt und verteilt, nachdem der evangelische und der katholische Feldbischof der Wehrmacht am 27. April 1942 eine Mitteilung aus der »Wolfsschanze« erhalten hatten: »Chef OKW hat mitgeteilt: Der Führer hat auf meinen Vortrag, ob Neudruck und weitere Verteilung der von der Wehrmachtseelsorge (Heer) verfaßten Schriften innerhalb des Heeres folgen soll, in seiner Eigenschaft als Oberbefehlshaber des Heeres entschieden, daß er die Verbreitung im Heer nicht wünscht. Bei dieser Gelegenheit hat der Führer zum Ausdruck gebracht, daß auch bei den übrigen Wehrmachtteilen eine Verteilung derartiger Schriften nicht erfolgen soll. Es wird ersucht, diese

Mitteilung den Kriegspfarrern durch die Verordnungsblätter bekanntzugeben.«
Im Ersatzheer blieb jedoch religiöses Schrifttum weiterhin erlaubt, wie aus einem Zusatz des Stellvertretenden Kommandierenden Generals im Wehrkreis Hannover hervorgeht. 95 Titel, für das Feldheer nun verboten, für das Ersatzheer noch erlaubt, werden aufgeführt. Darunter die evangelischen Schriftentitel »Zum Streite zur Seite«, »Von der Bereitung zum Sterben«, »Briefe an einen verwundeten Freund«, »Losungen der Brüdergemeine«, »Über uns hinaus – Briefe an die Front«, und die katholischen Titel »Von der Heimkehr zu Gott«, »Glaubensworte für kämpfende Deutsche«, »Der Kreuzweg unseres Herrn und Heilands«, »Eheepistel – ein friedliches Wort an die Männer an der Front«.
Die Feldbischöfe des Heeres hatten während des Polenfeldzuges am 21. September 1939 noch vom Oberkommando des Heeres erfahren, daß das OKH beabsichtige, jeden im Felde stehenden Soldaten, der ein Feldgesangbuch wünscht, damit auszustatten. Und am 13. November 1934 hatte im Auftrage des Reichswehrministers von Blomberg General von Reichenau an die Chefs der Heeresleitung und der Marineleitung geschrieben: »Da der nationalsozialistische Staat sich nach den Worten des Führers eindeutig zum positiven Christentum bekennt, ist christliches Bekenntnis Voraussetzung für die Einstellung in die Wehrmacht. Ich bitte bei künftigen Einstellungen nach diesem Grundsatz zu verfahren.«
Im Reichskonkordat vom 30. Juli 1933 lautete der Artikel 27: »Der Deutschen Reichswehr wird für die zu ihr gehörenden katholischen Offiziere, Beamten und Mannschaften sowie deren Familien eine exemte Seelsorge zugestanden. Die Leitung der Militärseelsorge obliegt dem Armeebischof. Seine kirchliche Ernennung erfolgt durch den Heiligen Stuhl, nachdem letzterer sich mit der Reichsregierung in Verbindung gesetzt hat, um im Einvernehmen mit ihr eine geeignete Persönlichkeit zu bestimmen. Die kirchliche Ernennung der Militärpfarrer und sonstigen Militärgeistlichen erfolgt nach vorgängigem Benehmen mit der zuständigen Reichsbehörde durch den Armeebischof. Der Erlaß des Apostolischen Breve erfolgt im Benehmen mit der Reichsregierung.«

Als fünf Jahre später katholische Wehrmachtgeistliche in größerer Zahl wegen »Ausbaus der Deutschen Wehrmacht« benötigt wurden, verfügte der Reichsminister für kirchliche Angelegenheiten am 8. Dezember 1938, daß »bestimmte Bewerber, z. B. solche, die sich vor 1933 aktiv in parlamentarischen Parteien betätigt haben, im allgemeinen nicht in Frage« kämen. »Eine positive Einstellung zum heutigen Staat ist selbstverständliche Voraussetzung für die Übernahme in die Wehrmachtseelsorge.«
Während des Kirchenkampfes im Jahre 1935 meinte auf einer Konferenz evangelischer Standortpfarrer des Wehrkreises V in Stuttgart (16. Mai 1935) der Befehlshaber im Wehrkreis, Generalleutnant Geyer: »Nach wem haben unsere Soldaten gerufen, wenn sie verwundet und sterbend am Boden lagen? Nach ihrem Heiland! Sagen Sie mir eine Religion, die den Menschen befähigt, mutig und gefaßt in Kampf und Tod zu gehen, außer der Religion der Ewigkeit, zu der Jesus den Zugang erkämpft hat.« General Geyer, der ein Wort des Generals Höring aufgegriffen hatte, das dieser kurz nach dem Ersten Weltkrieg sprach, fuhr dann fort: »Wir stellen uns auch jetzt zu diesem Wort und geben dem Soldatenpfarrer die Gelegenheit, den christlichen Glauben im Heer zu verkündigen. Doch muß das, was verkündigt werden soll, durch seine eigene Kraft wirken und zum Ziel führen, nicht durch die Mittel der Polemik. Im Heere wird Polemik nicht geduldet, wie überhaupt das Heer aus dem Kampf der Religionen und Weltanschauungen sich herauszuhalten verpflichtet ist.«
Die Reichswehr erhielt 1920 ihren ersten Feldpropst, 1938 wurden Wehrmachtpfarrer eingeführt. Für katholische Wehrmachtpfarrer gab es Anfang 1939 132 Planstellen. Die Ernennung von Kriegspfarrern, die 1940 vor dem Feldzug gegen Frankreich begann, endete 1943 nach Stalingrad.
Standortpfarrer und Lazarettpfarrer standen im Reich zur Verfügung der kranken oder verwundeten Soldaten sowie der jungen Rekruten, die auf die Front vorbereitet wurden.
Die Standortpfarrer konnten zuerst noch in »Kasernenstunden« wirken, die bald verboten wurden. 1942 waren sie besorgt um die Eidesbelehrung der Rekruten, die sie vornehmen durften, wenn sie es verlangten. In einer Standortpfarrerbesprechung in Stuttgart

1942 ging es um die Eidesbelehrung: »Sie erscheint heute um so wichtiger und notwendiger, da die religiöse Bedeutung des Eides nicht mehr als das Gedankengut christlichen Glaubens bei allen vorausgesetzt werden kann. Bei einem Fortfall der Eidesbelehrung steht zu befürchten, daß ein nicht unwesentlicher Teil der Rekruten den Fahneneid schwört, ohne sich über die Bedeutung des Eides im klaren zu sein. Eine Belehrung durch einen militärischen Vorgesetzten, die zuweilen stattfindet, wird nicht immer auf die religiöse Bedeutung des Eides eingehen und darum ihren Zweck nur halb erfüllen. Die außerordentliche Härte der Kämpfe im Osten und die sich steigernden Anforderungen an die seelische und charakterliche Haltung der Truppe dürfte manchem Truppenführer, und gerade dem im Kampf erprobten, den Blick dafür öffnen, daß jede Schwächung der religiösen Grundhaltung unseres Volkes Vorarbeit für den Bolschewismus bedeutet, daß aber jede Förderung des christlichen Glaubens unter den Soldaten wesentlich dazu beiträgt, die Widerstandskraft des Deutschen Heeres und darüber hinaus des deutschen Volkes zu stärken.«
In einem Bericht über die Versammlung evangelischer Lazarettpfarrer des Wehrkreises XII in Mannheim vom 23. Februar 1943 ist zu lesen: »In der Lazarettseelsorge tritt uns eine Fülle von Fragen entgegen: Verstandeszweifel an der Botschaft des Christentums, Fragen nach dem Sinn des Krieges und nach der Bewältigung des eigenen Schicksals, Bitten um Hilfen. Sehr verschieden ist die Haltung, die der einzelne Soldat seinem oft überaus schweren und langwierigen Leiden gegenüber einnimmt. Getroste Bejahung aus einem lebendigen Glauben wechselt mit leichtem Optimismus, ein fatalistisches Sichfügen in das Unabänderliche mit einer Sturheit, in der man es ablehnt, über das Nächstliegende nachzudenken. Das Fronterlebnis bietet den Ausgangspunkt zur Bezeugung des heiligen Gottes, der in den Stürmen der Geschichte durch sein Wort zu uns spricht und zur Besinnung aufruft. Die Erfahrungen eines langen Krankenlagers wecken oft die Stimme des Gewissens...«
Die Stimme des Gewissens: Wer hörte sie jetzt, zwischen Ostern und Pfingsten 1944?
Das Gewissen hatte viele Stimmen...

33. KAPITEL

Städte brennen Tage

In den Städten standen Bunkertürme, in denen Frauen, die als besonders ruhig und besonnen galten, für Ordnung sorgten. Im April 1944 waren 308 solcher Frauen, denen man den Namen »Bunkermütter« gegeben hatte, in Berlin tätig.

Ernst Jünger beschreibt in seinem Tagebuch, wie er bei einem Besuch in Wilhelmshaven in der Woche nach Ostern in einen Luftalarm geriet und auf der immer leerer werdenden Straße einen Bunkerturm fand: »Hier hat man das Gefühl, in eine besondere Abteilung des Infernos zu geraten, die Dante bei seinem Rundgang übersah. Das Innere eines solchen Turmes gleicht der Höhlung eines Schneckenhauses; um eine innere Spindel windet sich spiralenförmig ein sanft ansteigender Gang empor, auf dem zahllose Bänke stehen.

Hier sahen wir große Teile der Bevölkerung der Dinge, die da kommen sollten, harren, auf das engste zusammengedrängt. Das Schneckengehäuse war mit menschlichem Plasma, das dumpfe Furcht ausschwitzte, angefüllt.

Indem ich die Windungen beschritt, betrachtete ich die Gesichter, die dort übermüdet dämmerten. Die Bewohner von solchen Städten bringen in diesen freudlosen Türmen hockend einen bedeutenden Teil ihrer Tage und auch ihrer Nächte zu.

Wie in allen derartigen Einrichtungen findet man hier das traumhaft Vegetierende mit einem maschinellen Akt des Wachseins eng verquickt.

Nachdem wir diese Spirale betrachtet hatten, deren Anblick größeres Unbehagen einflößte als der Gedanke an einen Abwurf, gingen wir hinaus und setzten uns in einen verwilderten Garten, der inmitten der Trümmer lag. Es wurde ein wenig geschossen, und dann verkündeten Sirenen das Ende des Alarms.«

Dem norwegischen Journalisten Theo Findahl kommt der bombensichere Bunker unter dem Wilhelmplatz im Berliner Regierungsviertel mit seinen engen Fluren und kleinen Kajüten wie ein Passagierdampfer vor, zumal er bei Bombenabwürfen leise zu schaukeln beginnt, als wiege sich ein Schiff auf See. »Einige der Kajüten, von denen wir einen Schimmer wahrnehmen, sind recht elegant, ausgesprochene ›Reederkojen‹ mit seidenen Kissen auf den niedrigen Betten. Am Ende des Ganges liegt eine kleine Kombüse, wo eine weißgekleidete ›Stewardeß‹ mit Kaffee und Tee beschäftigt ist. Ein Dampfer, der beilegt in Erwartung eines Sturmes, der im Funk angekündigt wurde – ›Taifun zu erwarten‹ – das ist die Stimmung.
Wir mehr zufälligen Fahrgäste, wie der junge Däne und ich, die wir nicht in der Liste der Fahrgäste in den Kajüten 1. Klasse aufgeführ sind, sitzen auf kleinen Hockern im Flur dicht zusammengedrängt.
Einige sind eingenickt, andere lesen Zeitungen, fragen nach Kaffee, ein Mann gibt nicht Ruhe, bis ihm jemand sagen kann, wo man hier rauchen darf.«
Am 23. März 1944 notiert Findahl: »Die Fabriken von Siemens, zu dreiviertel zerstört, aber nach vierzehn Tagen war die Arbeit wieder im Gange. Es hat nicht viel zu sagen, ob die Hallen in Schutt fallen, die Außenwände bersten. Die Maschine arbeitet weiter. Wie unverwundbar sind die Eisenbahnen gegen Luftangriffe! Wie schnell werden Schienen repariert, wie wenig hat es zu sagen, ob die Bahnhofsgebäude zusammenstürzen. Fabrikschornsteine werden fast nie getroffen. Die Leute fühlen sich geborgen, wenn sie in einer Ruine hausen. Dann kann nichts mehr kaputtgehen.«
Etwas später schreibt er in sein Tagebuch: »Im Presseclub ist es öde und still. Im Büro trinkt eine der Sekretärinnen Tee, streicht sich eine dicke Lage Butter auf eine Scheibe geröstetes Brot. ›Man kann Fett für seine Nerven gebrauchen‹, sagt sie. ›Ich glaube, ich gehe hier in den Keller, vielleicht ist es sicherer auf dem U-Bahnhof unter dem Potsdamer Platz. Aber ich habe mehr Angst vor der Masse als vor den Bomben. Wenn es da unten eine Panik gäbe und man würde kaputtgetrampelt, dann lieber mit seinen Bekannten im Keller sterben. Da unten kann man *sitzen*. Unter dem Potsdamer

Platz muß man *stehen*. Möchte wissen, was die Nachwelt über uns sagt. Ich glaube, alle, die in diesen Jahren, wo ganz Europa ein Tollhaus ist, nicht gelebt haben, können sich glücklich preisen. Aber nicht alle denken so. Eine Dame unserer Bekanntschaft liebt die Luftangriffe, sie leidet unter Bombenhysterie, redet nur von Bomben, erregt sich, wenn neue Angriffe zu erwarten sind, gerät außer sich, wenn die Flak schießt. Wenn der Krieg vorüber sein wird, bricht sie zusammen.‹
Es ist gegen neun Uhr abends. Auf dem Potsdamer Platz bilden sich vor den Eingängen zur U-Bahn Schlangen; vor Hitlers Reichskanzlei stehen Hunderte, die darauf warten, eingelassen zu werden.«
Der Rundfunk verbreitet Luftlagemeldungen statt Sondermeldungen über militärische Siege. Der örtliche Drahtfunk gibt Positionen anfliegender Kampfverbände durch, die den Luftraum erreichen könnten. Als Pausenzeichen ein Wecker. Das Ticken des Drahtfunk-Weckers soll die Leute in den Bunkern und Luftschutzkellern beruhigen. Eine Uhr tickt blechern, ein Wecker, der einst neben dem Bett auf dem Nachttisch stand, ist die Verbindung zur Außenwelt geworden.
Keine geschulte Rundfunkstimme, sondern Männerstimmen, auch Frauenstimmen, die der Nachbarschaft angehören könnten. Für viele ist es die letzte menschliche Stimme, die sie vor ihrem Tode hören.
Nackte Stimmen.
Am 16. April sieht Theo Findahl lange Streifen von Stanniol, die wie Christbaumschmuck an den Ästen der Bäume des Grunewalds hängen. Sie wurden von englischen Fliegern abgeworfen, um die Würzburggeräte zu stören. »Bomben und Luftminen sind niedergegangen und haben Bäume geknickt und gespalten. Die wenigen Menschen, die heute in dem hellen Sonnenschein im Grunewald spazierengehen, finden anderes als Veilchen im Gras; rostige Überreste von Bomben und Granaten, Frühjahrsmodell 1944, seit der vorigen Saison erheblich verbessert.«
Helene Rahms schreibt in der Wochenzeitung »Das Reich« von Blechfetzen und rotem Gummi, die am seichten Rand eines märkischen Sees liegen. »Da erinnerten wir uns: Eins der Flugzeuge, die

zu einem feindlichen Angriffsschwarm gehörten, war in einer der dröhnenden Nächte beim Anflug auf die nahe Stadt abgeschossen worden und, vom mehrfachen Anprall gegen die Kiefernstämme zersplittert, in den See gestürzt.«
In der Nähe Potsdam. Dort schreibt Hermann Kasack an seinem Roman »Die Stadt hinter dem Strom«.
Städte versinken in Bomberströmen, tauchen wieder auf, ihre Ruinen breiten sich aus, werden zu Feuilletons, zu Legenden, zum Stoff für Träume.
Alpträume.
Die Zerstörungen, die im Buchdruckerzentrum Leipzig angerichtet wurden, bringen Verleger auf den Gedanken, Bücher im Rotationsdruck herzustellen, um die Bevölkerung mit hohen Auflagen schöngeistiger und unterhaltender Bücher zu versorgen. Außerdem bewegt sie das Verbot des Mehrfarbendrucks. Sie fürchten, daß durch die Kriegsereignisse die Druckereien in den besetzten Gebieten, die noch arbeiten, ausfallen könnten. Die Feldpostausgaben schöngeistiger Werke werden an die Truppe verteilt, aber auch in die Luftschutzkeller und Bunker. Schmale Bände in Feldgrau, die Botschaften bringen.
Es erscheinen »Deutsche Landschaften« von Hölderlin (»Aber schön ist der Ort, wenn in Feiertagen des Frühlings / aufgegangen das Tal, wenn mit dem Neckar herab / Weiden grünend und Wald und die schwanken Bäume des Ufers / zahllos blühend weiß wallen in wiegender Luft...«), Theodor Fontanes »Mathilde Möhring« (»Zu Thildens besonderen Eigenschaften gehörte von Jugend auf die Gabe des Sichanpassens, Sichhineinlebens in die jedesmalige Situation«), Gedichte vom Krieg »Keiner durchschreite die Glut ohne Verwandlung« (»Ein Kind ist mir geboren. / Wir lagen in der Schlacht. / Da hat mich solches Wissen / beglückt und stark gemacht.« Kurt Kuberzig), »Der Schlampani Sepp« von Andreas Weinberger (»Sie kommen von der Loire. Jetzt geht's dem französischen Jura zu. Vielleicht, daß man die alten Meineidgenossen ein bißchen katholisch macht? So auf dem Heimmarsch halt. Oder Besatzung in Frankreich? Das mögen die alten Männer machen.«), »Männer aus eigener Kraft« von Bruno Paul Schaumburg (»Nach 25 Jahren unausgesetzter Versuche hatte Dreyse

endlich jenen Hinterlader erfunden, der ihm schon 1806 vorschwebte«), »Erfüllung und Grenze – Worte der Weisung«, gesammelt von Fritz Usinger (»Alles, was um uns vorgeht, ist, wenn man will, eine beständige Alchemie«, Schelling), »Die Richterin« von Conrad Ferdinand Meyer (»Ich werde euch schützen, daß euch nichts Feindliches widerfahre«), 222 Anekdoten »Von Feldherrn und Soldaten« (»Im Gegensatz zur früheren Gewohnheit verteilte Prinz Karl die Berliner Rekruten auf sämtliche Regimenter seines Armeekorps; er bezeichnete diese prickelnden Elemente als den ›Sekt in der Bowle‹«), »Die Opferflamme« von Gertrud von le Fort (»In dieser Stunde nun, mein teurer Freund, in dieser fürchterlichen Stunde der letzten Verzweiflung . . .«), »Söhne der Heimat« von Clemens Graf Podewils (»Euch nicht, Musen und Götter, ruf' ich zu Hilfe, ich ruf' euch, Geister der Heimat!«), »Der Kondor« von Adalbert Stifter (»Der erste Blick Cornelias war wieder auf die Erde – diese aber war nicht mehr das wohlbekannte Vaterhaus; in einem fremden goldenen Rauche lodernd, taumelte sie gleichsam zurück. Erschrocken wandte die Jungfrau ihr Auge zurück, als hätte sie ein Ungeheuer erblickt . . .«), »Abschied von einem Soldaten«, Sonette von Ursula Lange (»Gewiß, auch dieses wird vorübergehn, / die leeren Tage und die lange Nacht. / Einst werde ich die Sonne wieder sehn, / der Sterne wandellos gestillte Pracht«), »Krieg und Dichtung«, eine Rede von Wilhelm von Scholz (»Es gibt nichts Höheres auf der Welt, als daß der Mensch sein Leben einsetzt für eine Sache; und es kann nur eine heilige Sache sein, die dies von ihm verlangt«), »Literatur im Banne der Verstädterung« von Peter von Werder (»Die Zivilisation ist unser kulturgeschichtliches Schicksal«), »In der Stille« von Karl Korn (»Nach Stille verlangt das unruhvolle Herz«).
Dagegen waren die Überschriften von Leitartikeln in der großdeutschen Presse zu setzen, die Mitte April erschienen: »Sperriegel des Kontinents« (NSZ Westmark), »Planmäßigkeit im deutschen Rückzug« (Saarbrücker Zeitung), »Die Zähne zusammenbeißen« (Salzburger Zeitung), »Neue Front im Osten« (Deutsche Allgemeine Zeitung), »Tarnopol: jeder Mann eine Festung« (Grazer Tagespost), »Die Kunst zu warten« (Völkischer Beobachter).
Während dieses Angebot für Leser erscheint, geht Oberleutnant

Schmidt aus dem Heereswaffenamt einer Arbeit nach, die lebensgefährlich ist. Er beseitigt Blindgänger in Berlin. Vom 11. Januar bis zum 23. Juli 1944 entschärft er 118 Fliegerbomben, zuletzt in Neukölln auf dem Jerusalemer Friedhof. Die Bombe liegt zwischen zwei Gräbern. Er legt sie in fünf Meter Tiefe frei, dann schraubt er aus der Deckung mit Hilfe eines Bindfadens den Zünder heraus, wobei er zufrieden darüber ist, daß die Ausbausperre in der Bombe nicht anspringt.
Er hat in diesen Monaten viel von Berlin kennengelernt, nun auch noch Friedhöfe.
Seit Kriegsbeginn, so funkt der japanische Militärattaché in Berlin am 7. April 1944 nach Tokio, hätten die Deutschen 31,8 Millionen Bruttoregistertonnen versenkt, aber es seien von den Gegnern 25,8 Millionen neu gebaut worden. 8 deutsche Seeoffiziere und 2 Ingenieuroffiziere würden nach Japan entsandt. »Da der Seekrieg von Deutschland nur mit U-Booten oder den Kampfmitteln des Küstenvorfeldes geführt werden kann, ist die deutsche Kriegsmarine auf die Hilfe Japans angewiesen.«
Das Ersatzheer, so läßt sich Hitler auf dem Berghof melden, hat jetzt eine Stärke von 2 Millionen Mann. Ausgebildet würden die Jahrgänge 1925 und 1926, die für die Fronten im Sommer bereitstünden. Die ersten von vier Divisionen der neuen italienischen Wehrmacht, die auf vier Truppenübungsplätzen des Heimatkriegsgebietes im Aufbau wären, könnten im Hochsommer fertig werden.
Vorsorglich war noch die Aufstellung von vier neuen »Schattendivisionen« Ende März befohlen worden, die keine Versorgungstruppen erhielten. Genannt wurden sie nach den Truppenübungsplätzen Mielau, Neuhammer, Wildflecken und Milowitz bei Prag. Im Bereich des Heimatkriegsgebietes wurde nur die Deutsche Bucht als durch eine Landung bedroht angesehen.
Während im Mai die Invasion der Alliierten von den Deutschen erwartet wurde, flog die amerikanische 8. Luftflotte ihre Luftoffensive gegen Treibstoffwerke, die synthetische Kraftstoffe herstellten. Im Gegensatz zu den sinnlosen Flächenbombardements der Briten, die nachts stattfanden, hatten diese Tagesflüge einen militärischen Zweck. Der Luftwaffe sollte die Möglichkeit genom-

men werden, überhaupt noch gegen Feindverbände zu starten. Gleichzeitig sollte die deutsche Jagdwaffe weiter dezimiert werden, um bei der Landung in der Normandie keine starken Kräfte mehr zur Verfügung zu haben.
Am 12. Mai begann diese Offensive. Die Leunawerke bei Merseburg, die Werke in Tröglitz und Böhlau, in denen aus Braunkohle Benzin hergestellt wurde, waren das Ziel wie die Hydrierwerke von Brüx im Sudetenland.
Trotz des Abschusses von 46 Bombern durch die Jagdverbände fielen die Werke für einige Zeit aus. Mannheim wurde zur Ablenkung von 400 Bombern und Jägern angegriffen.
Am 29. Mai wurde das Hydrierwerk Pölitz schwer getroffen, es blieb für zwei Monate außer Betrieb.
Unmittelbar verteidigt wurden die Hydrierwerke durch Flak und Nebeltruppen. Als sich später die Angriffe auf Pölitz häuften, die Benzinproduktion von 2200 cbm pro Tag auf 1100 cbm sank, wurde Großadmiral Dönitz von Feldmarschall Keitel um Unterstützung der Kriegsmarine zum Schutz der Hydrierwerke gebeten, da deren laufende Zerstörung »zur Zeit die größte Sorge für die Kriegführung bedeute«, wie es in einer Aktennotiz von Dönitz in dem Tagebuch der Seekriegsleitung heißt. »Die Luftwaffe sei beauftragt, den Nebelschutz der Hydrierwerke zu verdoppeln und ihren Schutz auch sonst zu verstärken. Die Mittel der Luftwaffe reichten dafür aber zunächst nicht aus. Die Kriegsmarine werde daher gebeten, vorübergehend zu helfen, indem sie die in nächster Zeit für sie anfallende 12,8-cm-Flak zur Verfügung stelle und die Nebeltruppen mit Gerät aus ihrem Bereich ausstatte. Forderungen auf befristete Rückgabe könnten berücksichtigt werden.«
Am 12. Juni griffen die Amerikaner Hydrieranlagen in Gelsenkirchen an, am 20. Juni 1500 Bomber und 1000 Begleitjäger der amerikanischen 8. Luftflotte die Hydrierwerke in Fallersleben, Hamburg, Misburg, Ostermoor, Pölitz und Magdeburg. 4225 Tonnen Bomben wurden abgeworfen, 50 Kampfflugzeuge und 5 Jäger von Flak und Jagdflugzeugen abgeschossen, mehrere hundert Bomber schwer beschädigt. Das Hydrierwerk der Braunkohle-Benzin-AG (Brabag) in Magdeburg erhielt etwa 1000 Sprengbomben, von denen etwa 600 innerhalb des Werkgeländes fielen.

Die Werkleitung hatte bei »Luftgefahr 27« das Werk räumen lassen, wie es in der Meldung des Arbeitsstabes LS (Luftschutz) an den Staatssekretär der Luftfahrt und Generalinspekteur der Luftwaffe, Feldmarschall Milch, vom 21. Juni 44 heißt.
»Schwere Beschädigungen in den Anlagen. Mehrere Tanks durch Volltreffer beschädigt. Produktionsausfall zur Zeit nicht übersehbar.«
Die Hydrierwerke Pölitz erhielten an diesem Tag rund 5000 Sprengbomben. Der Arbeitsstab LS meldete: »Verluste: 28 Gefallene, 55 Verwundete. Hydrierwerke durch zahlreiche Sprengbomben schwer getroffen, und zwar alle Betriebsteile. Sämtliche Gasbehälter zerstört. Hochdruckkammern kaum beschädigt. Die Schäden schwerer als am 29. 5. 44.«
Im Hydrierwerk Brabag Magdeburg waren 4 Deutsche gefallen und 30 verwundet, außerdem fielen, wie der Arbeitsstab LS meldete, »durch Langzeitzünder 20 ungarische KZ-Häftlinge (Juden). Etwa 50 verwundet.«
Hier war die LS-Abteilung (mot) 48 eingesetzt, die aus Dessau gekommen war und ohne besondere Hilfe durch örtliche Kräfte das Großfeuer bis 16.30 Uhr löschte.
Diese LS-Abteilung meldete über ihren Einsatz: »Am 20. 6. gegen 9.15 Uhr wurde die Brabag mit schweren Bombenteppichen belegt. Abmarsch der Abteilung noch während des Angriffs. Anfahrtstrecke zum Werk durch Bombentreffer zerstört und durch Blindgänger verseucht. Wasserversorgung im Werk ausgefallen. Wasserentnahme aus dem Elbkanal nach Zuschüttung zahlreicher Trichter. Werk selbst schwer getroffen. Brände in Großtanklagern, Treibgasbehältern, Werk- und Kesselanlagen. Großfeuer in den Tankanlagen und Treibgasanlagen nach achtstündiger angestrengtester Arbeit gelöscht.
Oberst Saal vom Luftgaukommando III (Berlin) traf mit Fieseler-Storch 12.45 Uhr ein und besichtigte den Einsatz der Abteilung. Er sprach dem Abteilungskommandeur Major Schipke seine Anerkennung aus, desgleichen der Gauleiter und die Werksleitung. 20.00 Uhr Abteilung in der Unterkunft. 21.00 Uhr wieder einsatzbereit.«
(Die Abteilung wurde am nächsten Tag erneut alarmiert, um nach

Berlin zu eilen. Dort hatten 2500 Bomber und Jäger der amerikanischen 8. Luftflotte einen der schwersten Angriffe auf die Stadt geflogen.)
Aus der Meldung des Abteilungskommandeurs über den Einsatz Brabag Magdeburg am 20. Juni geht hervor, daß die ungarischen Juden aus dem KZ-Lager Magdeburg »zum Heranbringen von Schaummitteln, die in großer Menge benötigt und zur Freimachung der Wege zur Wasserentnahmestelle herangezogen wurden«, wobei Verluste eintraten. Den 20 gefallenen Juden aus Ungarn, die der Arbeitsstab LS meldete, konnte die Sanitätsgruppe der LS-Abteilung nicht mehr helfen. Sie behandelte und transportierte ins Krankenhaus 21 deutsche und 30 jüdische Schwerverletzte, 45 deutsche und 17 jüdische Leichtverletzte. Verbrennungen und Augenschäden hatten 18 Deutsche erlitten.
In beiden Meldungen wird von »gefallenen Juden« gesprochen. Dazu kamen noch 4 gefallene Deutsche.
»Abends arbeitete das Werk schon wieder«, hält das Kriegstagebuch der LS-Abteilung lakonisch fest.
Aus der Meldung des Arbeitsstabes LS geht ebenfalls hervor, daß am 20. Juni darüber hinaus das Heerespanzerwerk Königsborn mit 200-300 Sprengbomben belegt wurde, die etwa 20 Tiger-Panzer beschädigten.
Auch am 21. Juni nahm die amerikanische 8. Luftflotte ihren üblichen Weg nach Berlin, aus dem Raum Hannover-Braunschweig kommend, die Bomberströme aufgegliedert in Schwärme von zwölf Fliegenden Festungen. 64 Kilometer vor Berlin hatte der Navigator jeder Boing am Himmel auf der Karte festzustellen, daß er sich genau zwischen dem Industrieort Coswig im Süden und dem Breitlingsee bei Brandenburg befand, um das Ziel Berlin zu treffen. Vor Berlin hatte er Potsdam zu überfliegen, das sich auf dem Radarbild als kleines weißes Ziel zeigte, gegenüber dem großen weißen Fleck Berlins, der ihm vor dem Start als 64 Kilometer breites Objekt bezeichnet wurde.
Der Breitlingsee war ein dunkler Fleck auf dem Radarbild, Coswig ein heller Schimmer. Die Amerikaner nannten Coswig auf ihren Instruktionen Kaswig. Die Fluggeschwindigkeit betrug 252 Stundenkilometer. Die Bomben mußten 3,2 Kilomteter vor dem befoh-

lenen Ziel ausgelöst werden, wobei es Abweichungen gab, je nach der nicht aufs letzte vorausbestimmbaren Windrichtung und Flughöhe.

Berlin wurde von den Besatzungen in den Flugzeugen als »psychologisch hartes Ziel« betrachtet, während sie die Städte, die sich neben den Hydrieranlagen befanden und bei den Angriffen mitgetroffen wurden, nicht aus psychologischen Gründen, sondern wegen ihrer für den weiteren Verlauf des Krieges geltenden Bedeutung als notwendige Ziele ansahen. Sie waren Objekte der militärischen Kriegsführung, während die anhaltende Zertrümmerung Berlins zur psychologischen Kriegsführung gehörte.

Von der Erde sah ein Großangriff zuerst so aus, als näherten sich vom Horizont her in aufsteigender Linie Schlangen. Die Bomber waren silberglänzende Schlangenköpfe, hinter denen sich die langen, schneeweißen Kondensstreifen im Bogen über das Blau des Himmels erstreckten. Weißgestreift sah der Himmel aus, wenn die Abwurfsignale sich von den Flugzeugen lösten, die riesenhafte schneeweiße Wolkenbänder wie seltsame Figuren an den Himmel malten. Die Abschüsse der Flak vor Berlin, die ersten detonierenden Bomben vermischen sich zu einem anrollenden Donner, der in das mächtige Getöse des Großangriffs übergeht. Das Mündungsfeuer der Flakgeschütze auf der Erde, die explodierenden Granaten und das Bellen der automatischen Waffen von den Flugzeugen am Himmel – es bilden sich über dem brennenden Berlin die ersten grauschwarzen Nebelbänke, die die Sonne verdunkeln und sie hinter einem dichten Schleier nur noch als einen blassen Mond erkennen lassen, der bald verschwindet. Jetzt liegt ein unwirkliches, gelbgraues Licht über der Erde, während nichts anderes mehr zu hören ist als das dumpfe Dröhnen des Bomberstroms, das Rauschen und Pfeifen der herabsausenden Bomben als Unterton zur eruptiven Kulisse der Detonationen.

In den Dörfern vor Berlin bleiben nur die Hühner unangefochten, sie picken im Gras, während alle anderen Lebewesen sich verkrochen haben.

Nach einer Stunde ist der Himmel, der vorher wolkenlos war, mit weißen und grauen Wolken bedeckt. Wind kommt auf, wie immer nach Riesenbränden. Asche fällt.

Oft geschah es, daß auf Großangriffe, die Berlin galten, Regen folgte; die Leute sagten, der Himmel vergieße Tränen über dieser Stadt, aber das gehörte zu der unaufhörlichen Trauer, die wie eine Erlösung auf die Angriffe folgte.
Die Splitterschutzgräben in großer Zahl erinnerten an die Schützengräben des Ersten Weltkriegs; jetzt waren es Zivilisten, die dort Schutz suchten, keine Frontsoldaten. Verdun und die Somme hatten in den angegriffenen Städten ihre Wiederkehr, die Materialschlachten wurden am Himmel ausgetragen, und das, was von dort niederging, nahm Besitz und Privilegien, Gesundheit und Leben.
Die privaten Bunker in den Gärten der Vororte boten mehr Schutz als die Keller. Ein getroffener und nicht standhaltender Bunker wurde zum Grab. Viele fanden es tröstlicher, hier von einer Bombe begraben zu werden als in den Kellern von Mietshäusern der Innenstadt unter Hunderten von Tonnen Mauerstein und zerschmetterten Leitungen für Wasser, Gas und Abwässer.
Als der Norweger Theo Findahl von einem Ingenieur gefragt wird, wie dick die Betondecke in dem Bunker sei, den er in der Innenstadt gewöhnlich aufsuche, erfährt er, daß die 1,8 Meter seines Bunkers nicht mehr ausreichen für die Bomben des neuesten Typs, die erst von 3 oder 5 Metern Beton abgehalten würden. »Die Wirkung der Bomben«, sagt der Ingenieur, »ist abhängig von ihrer kinetischen Energie plus Sprengwirkung, und die Bunker müssen danach dimensioniert werden, um eine entsprechende Widerstandskraft zu bekommen.«
Nach dem Volltreffer einer amerikanischen »6-Tonnen-Erdbebenbombe« auf einen Betonbunker in Duisburg, der zwanzigtausend Menschen Schutz gewährte, so erzählt der Ingenieur, war nichts anderes mehr übrig als Betonpulver, Stofflumpen und Fleischfetzen, von Blut durchsickert. »Wenn man sich ausrechnet«, so der Ingenieur, »daß jeder Mensch fünf bis sechs Liter Blut hat, dann haben die zwanzigtausend Menschen eine Gesamtblutmenge von über 100 000 Litern gehabt. Es ist klar, daß davon sehr viel hervorsickern mußte.« Auf der S-Bahnstation Karlshorst sagt ihm die Stationsvorsteherin, als Fliegeralarm gegeben wird, er solle lieber in den Wald gehen als in den Splitterschutzgraben vor dem Bahnhof. Dort seien kürzlich acht Kinder getötet worden. Ein Vater,

der mit seinen beiden Kindern keinen Platz gefunden habe, wäre in den Wald gelaufen und mit seinen Kindern mit dem Leben davongekommen. Dem Erdboden ist Berlin nicht gleichgemacht, es ist auch nicht niedergebrannt, nur teilweise ausgebrannt. Versengte und geschwärzte Hauswände, die Bürgersteige von grauen, braunen und schwarzen Haufen eingefaßt, in denen Hausrat alle Stadien der Auflösung durchmacht. Glas und Metall wehren sich am längsten dagegen, schimmernde Glasscherben, verrostete Badewannen, verbogene Rohre ragen aus den Schutthaufen. Kachelöfen blieben wie Broschen an einer Mumie an den rauchgeschwärzten Mauerwänden der Stockwerke hängen.
In den Kellergewölben fette Ratten.
Frischer Hausrat vom letzten Luftangriff, der noch auf die Verdauung durch die Natur wartet, aus brennenden Häusern herausgeschleppt für Leute, die längst tot in den Kellern lagen, Hitlerbilder am Straßenrand, Nippesfiguren, Gardinen, Teppiche, Plüschsofas, Radiogeräte, Telefone, Grammophone, vom Wind geleerte Schubfächer, aus Schränken und Kommoden gerissen.
Groß-Berlin zerfällt in viele Kleinstädte, es verwandelt sich zurück in die Vergangenheit, aus der größten Stadt des Kontinents wird Ninive.
(Dieses Ninive wird später noch geteilt, von einer Mauer in zwei Stücke zerrissen und gleichzeitig eingefriedet in seinem größeren Teil, für immer pazifiziert, aber das ist eine andere Geschichte.)
Zwischen zwei Einschlägen verschwinden Häuser. »Das Haus ist fort«, sagt jemand. Als die beiden Eingänge des Bahnhofsbunkers von Hannover verschüttet werden, in dem sich 26 000 Menschen befanden, fielen die Ventilatoren aus. Die eingekeilte Menschenmenge begann im ersten Stadium der Erstickung sich die Kleider vom Leibe zu reißen.
Zeitzünderbomben gingen gewöhnlich nach Stunden hoch, Langzeitzünderbomben erst nach Tagen.
Ein rollendes Brausen war zu vernehmen, wenn eine Bombe sich näherte. Vor dem Einschlag ein pfeifendes Geräusch. Städte brannten jetzt tagelang, nicht mehr nur eine halbe Nacht und die folgenden Morgenstunden nach der Bombardierung.
Als Hitler befahl, die Dienstzeit der im Reichsarbeitsdienst für die

Luftverteidigung eingesetzten Mädchen auf eineinhalb Jahre zu verlängern, fragten sich nicht wenige von ihnen, ob denn der Krieg noch so lange dauern könne.
Am 22. Juni 1944, einen Tag nach dem schweren Großangriff der amerikanischen 8. Luftflotte auf Berlin, traten im Osten die Armeen Stalins zu *ihrem* Großangriff an, der sie bis an die Weichsel und die Grenze Ostpreußens tragen sollte. »Ich sehe voraus«, schrieb Gottfried Benn zwanzig Tage später aus Landsberg an der Warthe, »daß wir alle hier das Gewehr in die Hand nehmen müssen und uns irgendwo anschließen. Nun, ich bin fertig soweit.«
Von Landsberg bis zur Weichsel war es ebenso weit wie zur holländischen Grenze. Noch dauerte die Schlacht in der Normandie an, die am 6. Juni mit der Invasion der Alliierten Expeditionsstreitkräfte begonnen hatte.

34. KAPITEL

Vergeltung

Mit der *Vergeltung,* von der soviel geredet worden war, begannen die Deutschen am 12. Juni 1944. Sie endete am 27. März 1945. Hitler befahl den Einsatz der Fliegenden Bombe, V 1 genannt, am Nachmittag des 6. Juni, nachdem die Landung an der Küste der Normandie gemeldet worden war. Es dauerte 6 Tage, bis die von der Luftwaffe in Peenemünde entwickelte V 1 zum ersten Male über den Kanal nach England flog. Sie verbreitete Schrecken, aber ihre Wirkung blieb weit hinter den Vorstellungen zurück, die sich Hitler von ihr gemacht hatte. Sie traf nicht nur ungenau, sie flog auch so langsam, daß sie von Jägern und der Flak abgeschossen werden konnte. Ihr »orgelndes Brummen«, mit dem sie über der Insel erschien, klang gefährlich. Es konnten auch Salven mit V 1 abgeschossen werden.
Die Abschußrampen erhielten jetzt Vorrang vor der Bombardierung deutscher Städte bei den Einsätzen der alliierten Luftflotten. Dadurch wurde die Heimatfront entlastet.
Eine Beschreibung der neuen Waffe lasen die Deutschen in der Wochenzeitung »Das Reich« vom 13. August 1944. Dort hieß es in einem Artikel auf der ersten Seite, den Werner Höfer, OT-Kriegsberichter bei Rüstungsminister Speer, verfaßt hatte: »Das Geheimnis der V 1 liegt in der technisch vollkommenen Verbindung zweier bekannter Prinzipien: des Raketen- und des Fernlenkprinzips. Sie wurden hier auf das glücklichste synchronisiert. Das Ergebnis ist ein militärisches Instrument, dem die anspruchsvolle Bezeichnung ›neue Waffe‹ rechtens zusteht, denn sie ist ohne Vorbild und berufen, eine neue Richtung der Kriegstechnik einzuleiten. Daß bei der Fortbewegung der V 1 Raketen im Spiel sind, dafür ist das unseren Soldaten (und dem Feind) von den Werfern her bereits bekannte Fauchen und Dröhnen und der Flammen-

rückstrahl der ›Flügelbomben‹ ein bezeichnendes Symptom. Unwiderlegbare militärische, technische und rüstungspolitische Überlegungen haben Deutschland zu dieser Waffe geführt.«
Als am 8. September 1944 der V1 die V2 im Einsatz nachfolgte, die in Peenemünde vom Heer als A-4 entwickelt worden war, begann für die Menschheit das Raumzeitalter mit Raketen, die für die friedliche Raumfahrt erdacht, aber zuerst als neue Waffen verwendet wurden.
V1 und V2 töteten in England 8939 Zivilisten und verwundeten fast 25 000.
Als erstes Raketenkorps der Militärgeschichte leitete ein Armeekorps z. b. V. (früher LXV. A. K.) den V-Waffenbeschuß. Die wichtigste Waffe dieses Armeekorps, die V2, blieb in Wirkung und Treffgenauigkeit unbefriedigend. Trotz der großen technischen Leistung wurde sie als eine unzureichende Waffe bezeichnet. Ihre Entwicklung, die während des Krieges öfter unterbrochen wurde, begann vor dem Kriege. Hitler hielt längere Zeit nichts von ihr und gab sie daher erst im Sommer 1943 zur Fertigung frei. Ein Jahr später war sie kriegsverwendungsbereit. Ähnlich ging es anderen neuen Waffen. Als im Herbst 1941 ein von Wernher von Braun in der Heeresversuchsanstalt Peenemünde entworfener Raketeninterzeptor zum Serienbau vorgeschlagen wurde, der in 60 Sekunden 10 Kilometer hoch steigen, nach senkrechtem Start in einen Bomberverband hineintreffen konnte, lehnte ihn die vorgesetzte Dienststelle mit der Bemerkung ab, die Abwehr der Bomber besorgten »unsere Jäger«. Die Raketenpanzerabwehrwaffe, die von einem Mann bedient werden konnte, wurde von der Heeresversuchsanstalt Peenemünde im Februar 1942 vorgeschlagen. Hergestellt konnte sie erst werden, nachdem an der Front in Tunesien erstmals die amerikanische »Bazooka« aufgetreten war. Die Inspektion der Infanterie im Oberkommando des Heeres hatte die deutsche Waffe 1942 abgelehnt, da es unmöglich wäre, den Infanteristen damit auszurüsten, weil er dann vom Feind sofort erkannt würde.
»Panzerschreck« und »Panzerfaust« wurden in den letzten Kriegsmonaten die wichtigsten Waffen der Panzergrenadiere und Grenadiere.

Die erste V1 wurde bei völliger Lufthoheit des Gegners im Westen über dem Schlachtfeld in der Normandie und dem Operationsgebiet der Heeresgruppe B des Feldmarschalls Rommel abgeschossen.
Die deutsche Luftwaffe konnte nur mit wenigen Flugzeugen am ersten Tag der Invasion, der D-Day (Decision-Day = Entscheidungstag) von den Alliierten genannt wurde, insgesamt dreißigmal über der Küste der Normandie eingreifen. Die Luftherrschaft über diesem Raum besaßen die Alliierten.
Die viel zu spät zum Gegenangriff angesetzten deutschen Panzertruppen, die Panzerlehrdivision, die 21. Panzerdivision und die 12. SS-Panzerdivision »Hitlerjugend« hatten bis zum 24. Juni je Division 2600 Mann Ausfälle. Sie unterlagen, tapfer kämpfend, den Luftangriffen über der Invasionsfront.
Über das, was abseits der Schlacht in der Normandie im besetzten Frankreich vorging, enthalten die Akten der Obersten Truppenbehörden der deutschen Luftwaffe die Niederschrift einer Unterredung, in der ein ehemaliger Staatssekretär der Vichy-Regierung, Verfasser des mehrbändigen Werkes »Geschichte der deutschen Armee«, Jacques Benoist-Méchin, einem höheren Stabsoffizier der Luftwaffe in Paris seine Meinung sagte. Mit den Augen eines Freundes Deutschlands wird die Lage gesehen.
Die Niederschrift trägt das Datum des 18. Juni 1944.
Der französische Historiker sei »wegen des Kriegsausgangs pessimistisch, weil Deutschland wohl eine hervorragende Armee, eine ideale Weltanschauung, aber keine Politik besitze. Die Sowjets beispielsweise seien tüchtige Politiker, denn sie hätten verstanden, sich ohne militärische Besetzung auf dem Balkan und in Afrika Einfluß und Sympathien zu schaffen, während Deutschland mangels jeder Politik sogar in den besetzten Gebieten die vorhandenen Sympathien nicht zu erhalten verstanden habe.
Eine Politik setze voraus, daß man wisse, was man will. Die deutsche Politik gegenüber Frankreich lasse jede Entschlossenheit vermissen, sie sei ein bloßes ›Weiterwurschteln‹. Deutscherseits hätte man sich längst entschließen müssen, Frankreich gegenüber eine Politik des Vertrauens oder eine Politik des Mißtrauens zu treiben.

Die innenpolitische Situation Frankreichs treibe einer Krise zu. Die zur Bekämpfung des Bandenunwesens eingesetzten französischen Kräfte schlügen sich vielfach auf die Seite der Maquisards. Mehrere Departementhauptstädte und Dutzende von Kreishauptstädten befänden sich in den Händen der Aufständischen. Auf dem Marktplatz von Tulle seien mehrere Dutzend angesehener Kollaborateure mit der traditionellen Guillotine hingerichtet worden.

In Paris gäre es. Auf der Bastille-Säule seien gestern über Nacht die Flaggen der Sowjetunion, der USA und Englands gehißt worden. Benoist-Méchin sei selbst Zeuge gewesen, wie ein Zug deutscher Soldaten von Franzosen, die vor Lebensmittelläden Schlange standen, beschimpft wurde. Nur der Kaltblütigkeit des Zugführers sei es zu verdanken gewesen, daß auf der Avenue de Clichy ein ernster Zwischenfall vermieden wurde, der leicht zu einem Straßenkampf hätte ausarten können. Die gespannte Ernährungslage raube der Masse der armen Pariser Bevölkerung jede besonnene Überlegung und treibe sie in die Reihen der Aufständischen.

Die Maquisards würden zweckmäßigerweise von kleinen auf sich selbst gestellten französischen Einheiten bekämpft, die Land und Leute kennen. Darnands Miliz, die sich dafür am besten eigne, leide jedoch unter dem Mangel großzügiger deutscher Unterstützung. Sie habe nur über 150 Maschinengewehre. Deutscherseits sehe man dieser Entwicklung mit erstaunlicher Gelassenheit zu, weil man sie, vom militärischen Standpunkt aus gesehen, noch nicht für gefährlich halte. Man habe zwar russische (R. O. A.) Abteilungen eingesetzt, die beispielsweise die erwähnte Stadt Tulle zurückerobert und gebrandschatzt hätten. Doch treffe diese Art der Kriegführung weit mehr Unschuldige als Schuldige und erschwere damit die deutsch-französische Zusammenarbeit für die Zukunft.

Die G. M. R. (Gardes Mobiles de Reserve), welche zu einer Zeit zur Bekämpfung des Maquis eingesetzt werden sollten, als dem Bandenunwesen mit geringen Mitteln ein Ende hätte bereitet werden können, seien auf ausdrücklichen Befehl Lavals mit der Bewachung des Kanals beauftragt worden. Präfekten, die von Laval Weisungen zur Bekämpfung des Maquis erbaten, erhielten zur

Antwort, solange der Maquis ihre Präfekturen noch nicht im Sturm genommen habe, sei diese Frage nicht akut. Laval treffe die Hauptschuld an den gegenwärtigen Zuständen. Benoist-Méchin sieht zwei Möglichkeiten, die innere Sicherheit Frankreichs wiederherzustellen. Entweder würde eine hundertprozentige deutsche Militärverwaltung eingerichtet, die Präfekte durch die Feldkommandanten ersetzt. So unpopulär diese Maßnahme auch zunächst wäre, würde die Mehrheit der Bevölkerung sich doch fügen, wenn sie die Ordnung und namentlich ihr tägliches Brot sichergestellt sähe.
Die zweite Möglichkeit liefe darauf hinaus, von der französischen Regierung endlich durchgreifende Maßnahmen zu fordern. Voraussetzung dafür wäre die Beseitigung des Hemmschuhs: Pierre Laval. Regierungschef müßte Marschall Pétain werden, der, wie seine Reise durch die terrorisierten Gebiete beweist, einige Autorität genieße, seine Umgebung, von der er völlig abhänge, wäre zu diesem Zwecke entsprechend umzugestalten. Bezüglich des Leibarztes Dr. Ménétrel stellte Benoist-Méchin die rhetorische Frage: ›Glauben Sie, ein deutscher Agent in der Umgebung Pétains wäre nicht schon längst einem vom Intelligence Service herbeigeführten Unfall zum Opfer gefallen?‹ Es müsse für die Deutschen ein Leichtes sein, endlich eine Einheitsfront unter den verschiedenen nationalistischen Gruppen herzustellen.
Sowohl Darnand als SS-Führer wie Doriot als Oberleutnant hätten dem Führer Treue geschworen. Es bedürfte daher nur eines Befehls, um den einen dem anderen zu unterstellen. Auch die übrigen Gruppen seien von Deutschland finanziert und müßten sich daher auf einen deutschen Wink einigen, wodurch eine schlagkräftige Bewegung von mindestens 100 000 Franzosen entstände, die einander jetzt infolge der Eifersucht ihrer Führer gegenseitig lähmen. Aber auch in diesem Punkte seien die deutschen Absichten höchst undurchsichtig.«
Benoist-Méchin hatte auf Ernst Jünger in Paris »den Eindruck einer präzisen Intelligenz« gemacht, als er Staatssekretär der Vichy-Regierung war. »Sein Fehler liegt darin«, notierte Ernst Jünger am 9. September 1942 in sein Tagebuch, »daß er am Scheidewege die falsche Wahl getroffen hat. Nun sieht man ihn auf einem

Pfade, der enger und unwegsamer wird. Hier muß er die Bewegung steigern, während das Ergebnis geringer wird. Auf diese Weise verbrauchen sich die Energien; sie führen zu Verzweiflungsschritten und endlich dem Sturze zu.« Der Verzweiflung nahe mußte Benoist-Méchin sein, als er am 16. Juni 1944 mit dem Offizier der Kriegsmarine sprach. Später wurde er in Paris zu einer schweren Strafe verurteilt. Nach mehreren Jahren im Gefängnis begnadigte ihn die Republik.

Den ersten großen Sieg an der Invasionsfront errangen die Alliierten mit der Einnahme der Hafenstadt Cherbourg am 25. Juni, die vorher von einer anglo-amerikanischen Schlachtflotte beschossen worden war.

Am 22. Juni, drei Tage vorher, hatte die Großoffensive der Roten Armee im Mittelabschnitt der Ostfront begonnen. »Man wird einsilbig; mit Lebenden zu sprechen, ist Ungewinn, was die Umgebung angeht«, schrieb Gottfried Benn am 17. Juli in Landsberg an der Warthe. »Ich esse in meinem Zimmer, spreche kaum noch. Der Sommer ist nicht schön, viel Regen. Trotzdem meine ich, soll man nicht für immer verzagen. Sie auch nicht, es wird dazugehören, es ist unser Teil, und immer behauptet sich etwas dagegen, etwas ganz Gewisses, eine Art Unsterblichkeit.«

Kein Zynismus mehr, der gegen nichts mehr half.

Das Kriegsreich der Deutschen sank. Es wurde Zeit, an die Verteidigung des Deutschen Reiches zu denken, dem sich so viele feindliche Heere näherten, während es aus der Luft schon seit Jahren angegriffen wurde.

An die Rettung des *Reiches*.

35. KAPITEL
Der 20. Juli 1944 wird besichtigt

Das »Labyrinth«, in dem sich Oberleutnant Koch am Donnerstag, dem 20. Juli, aufhielt, würde später zum Museum werden. Dort konnte eine Zeit besichtigt werden, in der die Opfer des Minotaurus noch lebten.
Wer es dann aufsuchte, dem drohte keine Gefahr mehr, er blickte in die Historie, ließ sie als Film ablaufen, sah den Ereignissen zu, beteiligt oder sonderbar entrückt, ausgeschieden von jener Zeit durch die folgenden Jahrzehnte.
Ein heißer deutscher Sommertag, dem eine mondlose Nacht folgte und ein blutroter Morgen, von Männern zum geschichtlichen Datum erhoben, die aus Berlin nach Ostpreußen flogen, um den Minotaurus im innersten Sperrkreis auch *ihres* Labyrinthes zu erlegen, wie es Theseus am Faden der Ariadne gelungen war.
Aber der Ariadne-Faden riß; die Bombe, die Generalmajor Stieff besorgt hatte und der Oberst im Generalstab Claus Graf Schenk von Stauffenberg legte, verletzte den Minotaurus nur, sprengte ihn nicht in die Luft.
Das Labyrinth blieb erhalten.
Auch der Versuch, von Berlin aus die Not zu wenden, mißlang. Gescheitert Theseus, in den labyrinthischen Korridoren des Bendlerblocks am Landwehrkanal angeschossen und gefangen, mit seinen Kameraden, die jene unerhörte Tat wagten, vor Mitternacht von Kameraden standrechtlich erschossen, dann flüchtig mit Orden und Ehrenzeichen neben der St.-Matthäi-Kirche begraben. Später wieder ausgegraben, irgendwo verbrannt, die Asche verscharrt wie bei Tausenden nach ihrer Hinrichtung, die Graf Stauffenberg nachfolgten.
»Es lebe das heilige Deutschland«, hatte Graf Stauffenberg vor seiner Exekution gerufen.

Das heilige Deutschland.
Wo ist es im Museum zu finden?
»Heilig' Vaterland, in Gefahren, deine Söhne sich um dich scharen«, Rudolf Alexander Schröders Lied von 1914 wurde dreißig Jahre später nicht mehr gesungen. Aber Graf Stauffenbergs Ausruf holte das heilige Deutschland, das Vaterland in Gefahren, um das sich die Söhne scharen, aus der Nacht des 20. Juli.
Nicht das unheilige Deutschland meinte er, gegen das er mit seinen Freunden angetreten war, um es zu beseitigen. Er dachte an das Deutschland, das ihm heilig war.
Das Museum der Geschichte nahm das unheilige und das heilige Deutschland auf.
Wer ins Museum sieht, erkennt die alarmierten »Walküre«-Einheiten, die ihre Kasernen im Süden und Westen der Reichshauptstadt verlassen. Es sind motorisierte Truppen, die dem Inspekteur der Panzertruppe im Dienstgebäude am Fehrbelliner Platz unterstehen, aber zuerst trifft die Alarmeinheit des Wachbataillons Berlin ein, die zu den Ersatztruppen des Panzerkorps »Großdeutschland« gehört.
Der NS-Führungsoffizier beim Wachbataillon, Oberleutnant Dr. Hagen, der vor seiner Einberufung dem Propagandaministerium angehörte, führt den Kommandeur des Wachbataillons, Major Remer, zu Goebbels, der ihn mit der »Wolfsschanze« verbindet. Der Major erkennt die Stimme seines Führers, der ihm alle Vollmachten gibt, den Putsch niederzuschlagen.
Die Spitze der »Walküre«-Einheiten der Panzertruppe ist inzwischen im Tiergarten eingetroffen; es sind Kradschützen aus Krampnitz, die an der Siegessäule angehalten werden. Von dort könnten sie rasch die Ministerien, den Bendlerblock mit den Dienststellen von OKW und OKH erreichen.
Aber in seinem Dienstzimmer am Fehrbelliner Platz hat Oberst im Generalstab Bolbrinker, Chef des Stabes beim Inspekteur der Panzertruppe, telefonisch aus der »Wolfsschanze« erfahren, daß Hitler lebt. Der Inspekteur der Panzertruppe, General Eberbach, befindet sich im Einsatz an der Normandiefront. Sein Vorgesetzter, der Generalinspekteur der Panzertruppe, Generaloberst Guderian, hält sich auf seinem westpreußischen Gut auf.

Oberst i. G. Bolbrinker bricht den »Walküre«-Alarm ab und befiehlt seine motorisierten Verbände wieder in die Kasernen. Der Chef des Stabes beim Befehlshaber des Ersatzheeres, Oberst i. G. Graf Stauffenberg, hatte den Chef des Stabes beim Inspekteur der Panzertruppe, Oberst i. G. Bolbrinker, nicht eingeweiht.
Dem Ersatzheer unterstand die Panzertruppe im Heimatkriegsgebiet nur indirekt; sie hatte ihren eigenen Dienstweg ins Führerhauptquartier.
Die einzige verfügbare SS-Truppe lag unter Otto Skorzeny in Fürstenberg; sie traf im Berliner Tiergarten erst ein, als im Bendlerblock alles vorbei war. Himmler, den Hitler zum Befehlshaber des Ersatzheeres ernannt hatte, erschien mit Skorzenys SS-Männern auf dem Schauplatz der Ereignisse in Berlin. So hatte er es nicht nötig, selbst einzugreifen. Vielleicht wagte er es auch nicht, ohne SS-Truppe in der Reichshauptstadt anzukommen.
Wer ins Museum blickt, sieht Nachrichtenverbindungen, die Unerhörtes und zu lange Selbstverständliches verbreiten, Klappenschränke, Fernsprecher, Fernschreibgeräte, miteinander so verbunden, daß sie nicht voneinander loskommen. In Ostpreußen wird alles vom Fernschreiber aufgenommen und mitgeschrieben, was vom Bendlerblock ausgesandt wird; das Nachrichtennetz ist so dicht, daß denen, die in die Luft gesprengt werden sollten, nichts entgeht.
In Paris, etwas auch in Wien, wird verstanden; Verhaftungen finden statt, aber die Stimme des Minotaurus erreicht nach Mitternacht alle, um ihr Entsetzen noch zu steigern. Das Museum nennt Namen, läßt Schüsse hören, als sei dies alles nur ein Schauspiel gewesen, ein Drama, das Schiller geschrieben hätte, Wallensteins Tod.
Ein sehr deutsches Drama, unwiederholbar, in wenigen Stunden verfaßt, durchgespielt, mit unübersehbaren Folgen.
Neun Tage vorher, am Dienstag, dem 11. Juli, war Graf Stauffenberg auf dem »Berghof« zur Lagebesprechung mit der gelben Aktentasche erschienen, die den Sprengstoff enthielt. Aber da Himmler, den er mit Hitler beseitigen wollte, nicht erschien, ging er unverrichteterdinge wieder. Die einzige aktive Panzerdivision des Heeres, die sich damals im Bereich des Ersatzheeres befand,

dessen Stabschef Stauffenberg war, die 6. Panzerdivision, lag zur Auffrischung in der Lüneburger Heide. Sie sollte am 10. Juli abmarschbereit sein.
Stauffenberg hatte ihr von 1938 bis 1940 angehört; in der Sudetenkrise war er Ib-Generalstabsoffizier unter dem Divisionskommandeur General Hoepner, der seine Division für die Ausschaltung Hitlers – sie hieß noch 1. leichte Division – zur Verfügung gestellt hatte, falls der Befehl zur Auslösung des Krieges gegen die Tschechoslowakei gegeben würde.
Nun nochmals das gleiche Bild, aber Hoepner in Berlin, um Befehlshaber des Ersatzheeres zu werden, Stauffenberg bereit, Hitler zu töten, beide verbunden mit der Führung und den Männern der 6. Panzerdivision.
Am Abend des 9. Juli wird die 6. Panzerdivision in der Lüneburger Heide alarmiert, am 10. Juli zur Hälfte verladen. Am 11. Juli rollt ihre gepanzerte Kampfgruppe nach Ostpreußen. Sie hätte an diesem Tage auch nach Berlin rollen können, auf Transportzüge verladen, wenn Stauffenberg die Bombe gelegt hätte.
Am 20. Juli kämpfte sie an der Memel in einem Brückenkopf, während die andere Hälfte der Division noch in der Lüneburger Heide lag. Dorthin war sie aus Galizien verlegt worden, nicht, wie ursprünglich geplant, nach Dänemark.
Das Museum zeigt sie nicht; es hält nur Ohnmacht gegenüber dem Schicksal fest, das die Deutschen mit Hitler verbunden hatte.
Zwei Wochen nach diesem Donnerstag, dem 20. Juli, am Donnerstag, dem 3. August, lautet die Schlagzeile der »Deutschen Allgemeinen Zeitung«, die Oberleutnant Koch in der Leisniger Kaserne liest: »Nationalsozialistische Volksarmee des Führers und seines Reiches«.
Seines Reiches; es war jetzt wahrhaftig *sein Reich*.
»Am 20. Juli hat mich unser Führer und Oberster Kriegsherr Adolf Hitler zum Befehlshaber des Ersatzheeres und Chef der Heeresrüstung ernannt«, heißt es im Tagesbefehl Himmlers an das Ersatzheer unter der Schlagzeile. »Heute am 1. August, an dem vor dreißig Jahren der Kampf um die Erhaltung, um das Leben unseres deutschen Volkes begann, wende ich mich zum erstenmal an euch.«

Von Kaiser Wilhelm II. zu Heinrich Himmler.
Auf der 1. Seite links unten eingerückt »Fahndung nach Dr. Goerdeler« mit Bild, dann noch »Verkehrschaos in London und Südengland – Folge der Beschießung durch V 1« und »Die Gangster beschießen Florenz«. In Helsinki ersetzt Mannerheim den zurückgetretenen Staatspräsidenten Ryti, der durch Versprechungen an das Bündnis mit Deutschland gebunden ist. Max Claus berichtet aus Lissabon über »Sowjetpolen und der Westen«.
Auf der 2. Seite findet Oberleutnant Koch »Im Weichselraum«, einen Bericht von Max Bergemann, in dem steht: »Es läßt sich nur schwer beschreiben, wie grauenhaft die Aussichten, von den Bolschewisten beherrscht zu werden, auf ein Volk wirken, das ganz überwiegend katholisch ist und den Kommunismus als das schlimmste Übel ansieht.«
Unglückliches Polen, denkt Koch, ein zweites Übel nach dem ersten, das von uns kam.
»Bei Warschau hält der starke feindliche Druck an«, liest er im Wehrmachtbericht vom 1. August, neben dem Artikel »Heftige Kämpfe bei Avranches«. Weiterblätternd findet er auf der 3. Seite eine Pfitzner-Anekdote, ein Feuilleton des gefallenen DAZ-Mitarbeiters Herbert Duckstein; im Berliner Harnackhaus habe Eduard Spranger über Herder gesprochen: »So trägt folgerichtig jede Nation den Mittelpunkt der Glücksanlage in sich«, zitiert der Berichterstatter Spranger. Der Deutschlandsender übertrug Brahms »Vierte«, gespielt von den Dresdner Philharmonikern unter Carl Schuricht. »Hier konnte man auch den schönen Holzbläserklang des Orchesters deutlich wahrnehmen, das dieser feinnervigen Führung gefügig folgte«, schreibt Gertrud Runge.
»Niederländische Künstler besuchen Danzig« und »Hans Schneeberger steht an der Kamera zu dem neuen musikalischen Film-Lustspiel ›Liebe nach Noten‹, das Geza von Cziffra inszeniert.«
Auf der Wirtschaftsseite findet Koch Überschriften wie »Italienischer Reis«, »Indochinas Kautschuk« und »Die Berliner Börse hatte ein unverändertes Aussehen«. Eine Anzeige fällt ihm auf: »Denkt an die Männer und Frauen, die viele Monate an der V 1 arbeiteten und darüber schweigen mußten! Und die geschwiegen haben, obwohl man mit allen Mitteln versucht hat, sie auszuhor-

chen. Wir wollen sie uns zum Beispiel nehmen und jetzt alle so schweigen wie sie! Gerade jetzt!« Die 5. Seite meldet, daß Kränze am Grabe Hindenburgs im Tannenbergdenkmal niedergelegt wurden, »Probleme der Läuseforschung«, »Panduren-Sicherheits-Formationen in Ungarn«, »Erweiterte Kostenerstattung für Luftschutzräume«. Hier findet Koch die Sätze: »Die Verordnung bestimmt, daß mit Wirkung vom 1. Juli 1944 das Reich die Kosten für die Herrichtung von Luftschutzräumen jeder Bauart erstattet, z. B. von gas-, trümmer- und splittersicheren LS-Stollen und bombensicheren Anlagen einschließlich Verbindungsgängen zwischen den Häusern sowie Verbesserung. Voraussetzung ist lediglich, daß diese Luftschutzräume nach dem 1. Juli 1944 entstanden sind. Für Betriebe und öffentliche Dienststellen gilt nach wie vor, daß sie die Kosten ihrer Luftschutzräume selbst tragen müssen.« Während die private Verbunkerung gefördert wird, finden bei Blau-Weiß am Roseneck in Berlin-Grunewald die Deutschen Tennismeisterschaften statt, bei denen der vorjährige Deutsche Meister, der junge Leutnant Gies, fehlt, da er im Osten fiel; dafür ist der Wiener Redl zur Stelle, der mitspielen wird, obwohl er kriegsversehrt ist. Auf der Nürnberger Radrennbahn wurde ein Jubiläum gefeiert, Roderich Menzel siegte in einem Chemnitzer Tennisturnier, der Münchner Mittelstreckler Max Hoy ist »den Terrorangriffen auf seine Vaterstadt zum Opfer gefallen«, doch am 27. August findet ein Fußballspiel Potsdam gegen Berlin statt.
Das zerschlagene Berlin bietet noch immer ein »Weltstadtprogramm« im Kabarett Alt-Bayern, in der »Berolina«, im Wehrmachttheater Märchenbrunnen am Schweizergarten. Die Scala am Kurfürstendamm bereitet die Revue »Utopia« vor, in der »Volksbühne« gibt es »360 Frauen«, im Lustspielhaus der Staatstheater »Die Reise nach Paris«, im Deutschen Theater »Der Diener zweier Herren«, in den Kammerspielen »Der kleine Herr Niemand«.
Das Theater des Volkes gastiert im Schauspielhaus Potsdam mit »Wie einst im Mai«, das Schiffbauerdamm-Theater bringt »Die fremde Yacht«, das Rose-Theater »Friederike«, die Komödie in der Fasanenstraße »Die letzten Fünf«. Im Renaissance-Theater gastiert das zerbombte Schillertheater mit »Angelika«.
In der Rubrik »Geschäftliche Empfehlungen« liest Oberleutnant

Koch, daß auch Trineral-Ovaltabletten in den Luftschutzkoffer gehören, und zur Beseitigung von Brandfladen Stahl-Phosphor-Kratzer. Lieferung über den Eisenwaren- und Luftschutzhandel. Unter »Stellengesuche« werden neue Wirkungskreise vor allem in ländlicher Umgebung erfragt.
Sechs Fotos zeigen auf der letzten Seite Hitler beim Lazarettbesuch in Rastenburg. Lächelnd beugt sich der Minotaurus über seine beim Attentat verletzten Mitarbeiter. Daneben Himmler und ein Divisionskommandeur, der vor dem neuen Befehlshaber des Ersatzheeres stramm steht. Ringsum SS-Offiziere, ohne Kriegsorden, Heeresoffiziere mit Ritterkreuzen.
Die Mächtigen setzten sich nach dem Attentat wieder in Pose. Das Ersatzheer, aus dem die Attentäter kamen, in den Händen des SS-Gewaltigen, des Herrn über Polizei, Gestapo, die KZs und Vernichtungslager.
Dann noch das Bild eines Soldaten: Der Schreiberobergefreite Walter Gerhold von der Kriegsmarine nach seinem Einsatz im Ein-Mann-Torpedo, bei dem er einen 5000-Tonnen-Kreuzer versenkte. Zuletzt die Todesanzeigen.
(Am 31. August 1939 hatte die »Deutsche Allgemeine Zeitung« daran erinnert, daß es eine gute, alte Sitte sei, Familienereignisse freudiger und ernster Art anzuzeigen.)
Vierzehn der Anzeigen tragen das Eiserne Kreuz von 1939.
Die genannt werden, fielen »nach Gottes Willen«, nach seinem »unerforschlichen Ratschluß«, keiner für »Führer und Reich«. Sie folgten ihren Brüdern in den Tod, fielen im Luftkampf in der Normandie, beim Abwehrkampf im Osten, nach dreijährigem Einsatz im Osten, als Freiwillige in einem Fallschirmregiment in Italien:
Kapitänleutnant Werner Henke.
Leutnant Hildebrant Graf von Einsiedel.
Oberfähnrich Ruthard Freiherr v. Richthofen.
Leutnant Ursin von Behr.
Wachtmeister Gerd Buchholz.
Die Hinterbliebenen: »In tiefstem Herzeleid«, »In stolzer Trauer«, »In unsagbarem Schmerz«.
Auch der Tod von Helene von Nostitz Wallwitz, geb. von Hin

denburg, wird gemeldet, »es hat Gott gefallen«, sie »in Seinen Frieden zu nehmen«.
Der Oberleutnant, der das liest, denkt an die Bücher, die Helene von Nostitz schrieb, an die Zeit, die sie mit ins Grab nimmt. Verlorene Zeit, vergessene Zeit, verdorbene Zeit.
Er legt die Zeitung auf seinen Schreibtisch, schnallt das Koppel um, setzt die Feldmütze auf, verläßt die Kaserne.
Die leere Landstraße geht er entlang, begleitet von Roggenfeldern, rotem Mohn am Straßengraben, biegt in den Feldweg ein, rauft eine Handvoll Thymian, hält ihn vor das Gesicht, riecht den süßen Kräuterduft. Warum kann man nicht mehr weinen, denkt er. Der standhafte Zinnsoldat in Andersens Märchen fällt ihm ein, der aus dem Fenster in den Rinnstein geworfen wurde, auf dem Papierschiff in die Abwässer segelte, von dem Fisch, wie Jonas, verschlungen wurde, ohne Angst zeigen zu dürfen, denn er war ja Soldat. Dann die Rettung, als der Fisch, auf dem Markt gekauft, in der Küche aufgeschnitten wird, in der Wohnung, aus der er herausgeworfen wurde.
Keine Angst jetzt mehr, standhafter Zinnsoldat, alles ist noch einmal gut gegangen – und dann wird er ins Feuer geworfen, schmilzt; mit der Tänzerin, die ihm folgte, wird ein winziges Herz in der Asche übrigbleiben, das niemand haben will.
»Nun kommen alle, die du je geliebt,
und wärmen sich bei dir die toten Hände...«
Koch grübelt. Wo las er diese Zeilen? Weshalb fallen sie ihm jetzt ein?
An einem Tag im August 1944.

36. KAPITEL

Krieg im Land

»Die Wälder waren dicht gepflanzte Fichten, und die krepierenden Granaten zerstückten und zerfetzten sie, und die Splitter und Baumkrepierer waren wie Speere in der Dämmerung des Waldes, und es war zu dicht für die Panzer, so daß sie draußen blieben und in den Wald hineinschossen.
Plötzlich sahen wir einen Bunker rechts von uns. Dieser Bunker war mit Fichten und Gras überwachsen und daher völlig verborgen.« Mitte September hatten die Amerikaner den Westwall in der Schnee-Eifel erreicht; in der amerikanischen 4. Infanteriedivision nimmt der Kriegsberichter Ernest Hemingway an den Kämpfen teil, die er hier beschreibt: »SS-Männer hielten den Bunker besetzt, die die Angreifer vorbeilassen, dann herauskommen und auf sie schießen sollten. Auf unserer Seite war eine Schießscharte, die wir aber nicht sehen konnten, da alles überwachsen war. Alles sah aus wie ein kleiner bewaldeter Hügel, und die Kerle wollten nicht aus dem Bunker herauskommen, als wir sie anriefen, und Smith ging fort, fand einen Panzerjäger (TD) und brachte ihn heran. Die ›Krauts‹ wollten immer noch nicht heraus, als wir sie aufforderten, und so brachten wir den Panzerjäger genau im Rücken der Stahltür, die wir inzwischen entdeckt hatten, in Stellung, und die gute alte ›Wump gun‹ feuerte etwa sechsmal und erledigte die Tür, und dann hättest du mal hören sollen, wie sie schrien und stöhnten und schrill und gellend ›Kamerad‹ riefen. Und nach und nach kamen sie heraus, und du hast niemals ein solches Schlamassel gesehen. Jeder von ihnen war an fünf oder sechs Stellen verwundet durch Beton- und Stahlstücke. Ungefähr 18 kamen heraus, und während der ganzen Zeit war drinnen ein mitleiderregendes Stöhnen und Schreien, und da war einer, dem die Stahltür beide Beine weggerissen hatte...«

Nur wenige Wochen waren jetzt, Mitte September, vergangen, in denen von einem »Volksaufgebot« unter Leitung der NSDAP-Gauleiter des Westens, militärisch beraten vom Ersatzheer, begonnen wurde, den Westwall zu reaktivieren. Mit dem Ausbau einer deutschen Weststellung hoffte man, die Alliierten an den Grenzen des Reiches aufhalten zu können. Hierzu gab Hitler den Befehl am 20. August, dem Tag, an dem die deutschen Truppen aus dem Kessel von Falaise in der Normandie ausbrachen. Eine Woche später befahl er, die Nordseeküste mit den Inseln von der dänischen bis zur holländischen Grenze zu befestigen – mit einer zweiten Stellung 10 Kilometer hinter dem Strand, dazu eine Riegelstellung an der deutsch-dänischen Grenze. Die Leitung hatten die drei Gauleiter der Küstengaue zu übernehmen, unterstützt vom Marine-Oberkommando Nordsee.

Am 31. August ließ General Eisenhower wissen, daß die Feldzugspläne der Alliierten Expeditionsstreitkräfte in Europa bereits um 5 Tage überschritten seien und die Truppen in den 85 Tagen nach der Landung mehr Gelände als erwartet gewonnen hätten. Wenn die Deutschen sich schnell zurückzögen, werde möglicherweise eine Schlacht an der »Siegfried-Linie« stattfinden. Keine Stellung sei jedoch besser als die Truppen, die sie hielten. Der Alliierte Oberbefehlshaber hoffte, daß die Moral der Deutschen dann bereits so schwer erschüttert und die Mehrzahl ihrer besten Truppen so angeschlagen oder zerschlagen sein werde, daß die »Siegfried-Linie« kein allzu ernstes Hindernis mehr wäre.

Am 1. September wurde dem Befehlshaber des Ersatzheeres, Heinrich Himmler, von Hitler die sofortige Sicherung und Verteidigung der Weststellung sowie des Westwalles übertragen, der diese Aufgabe durch einen besonderen Führungsstab unter dem General der Pioniere Kitzinger (Kommandant des Festungsbereichs West) übernahm. Für alle Grenzen wurde der Einsatz der dort vorhandenen Reichsarbeitsdienstabteilungen (im Westen 137) zum Stellungsbau befohlen.

Durch das »Volksaufgebot«, das Ende August am Westwall eintraf, wurden vor allem die Höckerhindernisse und die Gräben verstärkt. Am 10. September waren 167 000 Arbeitskräfte (ohne RAD und HJ) eingesetzt, die noch verstärkt werden sollten. Der

Ruhrbergbau hatte 500 Bergleute abgeben müssen, die Stollen bauten. Zum »Volksaufgebot« gehörten hauptsächlich Hitlerjungen und Männer im Alter von 50 bis 60 Jahren. Die ausländischen Arbeitskräfte setzten sich aus Holländern, Italienern, Polen, Russen und Ukrainern zusammen.
Die Verpflegung bestand aus Wassersuppen, Brot und Beilagen. Aufsicht führten Amtswalter der NSDAP und SA-Führer. Mit Kundgebungen der Partei war dieses »Volksaufgebot« begonnen worden. Am 16. August hatte die Kreisleitung Moers der NSDAP auf einer Großkundgebung die neue Parole ausgegeben: »Front und Heimat werden zu einem Begriff.«
Bei den Schanzarbeiten wurde dieses »Volksaufgebot« mit den ausländischen Arbeitern zu Zeugen der Ankunft der aus Frankreich und Belgien heimkehrenden Soldaten. Wie Strandgut wurden sie vor den Augen der Schanzenden heim ins Reich gespült.
Um diese Soldaten aufzufangen, waren 200 NS-Führungsoffiziere Anfang September aus dem Reich an die Reichsgrenze und den Rhein geschickt worden.
Sie sollten die Heimkehrer, die noch intakten Truppenverbänden zugeführt wurden, moralisch aufrüsten.
An Generaloberst Jodl schrieb General der Panzertruppe Balck am 10. Oktober einen privaten Brief, in dem es hieß: »Ich habe noch nie so zusammengewürfelte und schlecht ausgerüstete Truppen geführt. Aber die 19. Armee schlägt sich, einschließlich der zusammengewürfelten Horden, unerhört. Was hier von General und Mann, die beide vielfach nebeneinander in vorderster Linie gegen stärkste personelle und materielle Übermacht kämpfen, geleistet wird, ist unglaublich.« Über diese 19. Armee, die im Elsaß stand, berichtete am 1. Dezember ein NS-Führungsoffizier dem OB West, Feldmarschall von Rundstedt: »Aus einem zusammengewürfelten Haufen ist eine Gemeinschaft geworden. Allerdings ist sie heute eine nahezu erschöpfte Gemeinschaft. Der beste Wille wird durch die ununterbrochene Kampftätigkeit erschöpft. Viele der Männer sind am Ende ihrer Kräfte. Könnte man ihnen zwei Tage Schlaf geben, so würden sie ganz anders stehen. Grundstimmung vieler Offiziere ist, daß sie mit dem Leben abgeschlossen haben und es teuer verkaufen wollen.«

Die Weststellung sollte vom Schelde-Albert-Kanal bis westlich Aachen und weiter südlich von Trier entlang der Mosel über Diedenhofen und Metz bis Saaralben, von hier in den Vogesen bis Belfort verlaufen.

Am Westwall fehlten die Drahtsperren, die im Laufe der letzten Jahre überall abgebaut worden waren. Sie mußten erst wieder neu aufgezogen werden, wobei sich Mangel an Draht bemerkbar machte. Es fehlte an Minen und panzerbrechenden Waffen. Die Bunker waren veraltet, sie besaßen nur Decken von 1,5 bis 2 Meter, die Höckerhindernisse mußten modernisiert oder durch Panzergräben verstärkt werden. Es war nicht möglich, moderne Pakgeschütze des Kalibers 7,5 cm in die Bunker einzubauen, da die Schießscharten nur für Geschütze des Kalibers 3,7 cm eingerichtet waren. Die Befestigungsanlagen waren zum Kampf wenig geeignet, aber sie boten der Truppe Schutz vor der Witterung und dem Artilleriefeuer, meist auch vor Luftangriffen.

Einen Zeitraum von 5–6 Wochen hielt man für die Wiederaufrüstung des Westwalles für notwendig; aber die Amerikaner gelangten schon nach 3 Wochen vor ihm an.

Die Grenzkreise im Westen des Reiches hatten schon lange im Luftkrieg zur Heimatfront gehört; sie wurden Tag und Nacht überflogen; sie waren auch das Ziel von Tagesangriffen der Amerikaner im Jahre 1943 geworden. Gleichzeitig lebten in den ländlichen Gebieten viele Evakuierte aus den großen Städten. Im Kreis Bitburg-Prüm bestand in der Gemeinde Auw bei Prüm schon 1943 eine »Landwehr«, die vor allem desertierte Kriegsgefangene wieder dingfest machte. In den Dörfern und Städten waren Feuerlöschteiche angelegt worden, um wie in alten Zeiten das Wasser bei Bränden sicherzustellen. Helle Hausflächen waren in Bitburg durch grau-grünen Tarnanstrich bemalt, Splitterschutzgräben ausgehoben worden. Freiliegende Holzteile in den Bauten wurden gegen Feuer imprägniert, um die Wirkung von Brandbomben zu beeinträchtigen.

Nun sollte die Heimatfront mit der Erdfront zusammenfallen. Um das »Volksaufgebot« im Kreis Bitburg-Prüm zu erfüllen, erhielten die männlichen Einwohner zwischen 15 und 60 Jahren den Befehl zum Schanzen.

Als »Notdienstverpflichtete« hatten sie sich am 28. August auf den Sammelbahnhöfen zu melden, um von dort an den Einsatzort – die Obermosel – gebracht zu werden. Ihre Ausrüstung stellten sie selbst: vollständige Toilettenausstattung, wetterfeste Kleidung, Schlafdecke, Verpflegung für zwei Tage, Schanzzeug, Eßgeschirr, Eßbesteck.
Zwischen zwei Fliegeralarmen wurden an diesem Montag die Schüler der Bitburger Oberschule auf dem Schulhof mit diesen Worten ihres kommissarischen Direktors zum Schanzen entlassen: »Der Aufruf zum Schanzen soll keineswegs ein Zeichen unserer Schwäche sein, sondern er soll nur unsere Vorsicht betonen. Denn wenn es soweit kommen sollte, daß der Feind unsere Grenzen erreicht, wollen wir uns keine Vorwürfe machen, daß wir es unterlassen hatten, ihn aufzuhalten und abzuwehren.
Der engere Rahmen unserer Schule ist nun gesprengt, und wir gehen auf in der großen Gemeinschaft unseres schaffenden und kämpfenden Volkes, das zu allem bereit ist. Wir wollen stolz sein, mitarbeiten zu dürfen.«
Wenige Tage später sind die Bitburger in einem Weinberg an der Obermosel dabei, Gräben zu ziehen. Sie stellen fest, daß sie hier gegen Fliegersicht geschützt sind. Im Tal der Mosel, auf dem jenseitigen Ufer, »entwickelt sich ein lebhafter Verkehr im Luxemburger Land«, berichtet Toni Redagne aus Bitburg. »Omnibusse, Fahrzeuge, Kolonnen – kleine und größere – bevölkern die Straße, aber alle in Richtung Heimat. Der große Rückzug zum Westwall setzt ein. Unsere Lage wird brenzlig, wir denken mit Sorge an unsere Angehörigen in der Westeifel, vielleicht sind sie schon amerikanisch, und wir können ihnen nicht beistehen.«
Für Redagne ist alles ein Chaos, zu dem auch die Fehlplanung der Schanzarbeiten an der Obermosel durch die Amtswalter der Partei gehört. Am 10. September verlassen die Bitburger die halbfertigen Panzergräben, um in einem Transportzug zu anderer Verwendung verladen zu werden.
Redagne berichtet: »Kurz vor Trier hält der Zug, weil die Luft von Viermotorigen dröhnt. Es ist die Nacht vom 11. auf den 12. September, in der Darmstadt schwer verwüstet wird. Wer seinen Heimatort zu Fuß erreichen kann, stiehlt sich heimlich aus dem

Zug davon und sucht, Decke und Tasche an der Seite und die Schippe auf der Schulter tragend, das Weite. Die Leute aus dem Kreise Prüm müssen im Zug bleiben. Im Abteil herrscht dumpfes Schweigen. Wie ein Alptraum lastet die Zukunft auf uns. Selbst die Unverwüstlichsten unter uns sind still geworden. Einzelne schlafen, seitlich gegen den Nachbarn gelehnt. Da ein Zischen und Fauchen über uns, und Sekunden später der Einschlag. Granaten auf Trier! Ist der Feind schon so nahe? Es kommt Leben in die dösende Masse. Man wartet auf das nächste Orgeln. Durch die Finsternis suchen wir die Einschlagstellen. Steht Gevatter Tod für uns bereit? Sollen wir aus dem Zug springen und eine schützende Deckung suchen? Ein Pfiff der Lokomotive wirkt wie eine Erlösung. Wir fahren weiter.
Der Morgen bricht grau und nebelverhangen an. Das Moseltal liegt in einer Milchsuppe. Gott sei Dank! In höchster Spannung verfolgen wir die Fahrtrichtung des Zuges. Allerlei Möglichkeiten gibt es von Trier aus. Und wir wollen doch heim zu unseren Leuten.«
Am 11. September erfolgte die Befehlsübernahme durch den Oberbefehlshaber West, Feldmarschall von Rundstedt, der dem OKW am gleichen Tage den Zustand des Westwalls meldete. Vom Westheer, das seit Invasionsbeginn am 6. Juni 600 000 Mann verloren hatte – davon die Hälfte als vermißt gemeldet –, waren am 6. September noch 13 Infanteriedivisionen, 3 Panzerdivisionen und 2 Panzerbrigaden als »voll kampfkräftig« bezeichnet worden. 12 Infanteriedivisionen, 2 Panzerdivisionen und 2 Panzerbrigaden waren »angeschlagen«, 14 Infanteriedivisionen und 7 Panzerdivisionen »abgekämpft«, 9 Infanteriedivisionen und 2 Panzerdivisionen wurden »aufgefrischt«.
Die Heeresgruppe B des Feldmarschalls Model besaß am 7. September noch 100 einsatzbereite Panzer.
General Eisenhower verfügte über etwa 54 Divisionen mit starken Heerestruppen.
Dem OB West waren bis Ende September als Ersatz vom OKW zugesagt 4 Infanteriedivisionen, 2 Panzerbrigaden, 3 Panzerjägerabteilungen, 1 Werfer- und 1 Artilleriebrigade.
Sofort erhielt er für die Besetzung des Westwalles 20 Luftwaffen-

feldbataillone, 9 Festungsinfanteriebataillone und 9 Maschinengewehrbataillone.
In der zweiten Monatshälfte sollte er noch mit 14 Festungsartillerieabteilungen, 6 Festungsbataillonen, 25 »Rahmen«-Batterien, 7 Beobachtungsabteilungen und 7 Festungs-Pak-Kompanien rechnen dürfen.
Diese Festungs-Einheiten, die es bisher noch nicht gegeben hatte, bestanden aus Wehrpflichtigen, die nicht mehr voll feldverwendungsfähig waren. Ihre Gebrechen, Krankheiten und Kriegsbeschädigungen ließen sie nur zu einem stationären Dienst in ständigen Befestigungen tauglich erscheinen, obwohl auch hier Schwierigkeiten erwartet wurden. Generaloberst Guderian, der diese Einheiten im August in Ostdeutschland aufstellen ließ, schwebten dabei die Invalidenkompanien in den alten preußischen Festungen vor, die es in dem Krieg von 1806, aber auch schon während des Siebenjährigen Krieges gegeben hatte. Die Invaliden von 1944 sollten medizinisch in ihren Festungen behandelt werden, Diät erhalten, wenn es notwendig war.
»Aber noch bevor die ersten dieser Einheiten dienstfähig waren, wurden 80% von ihnen an die Westfront geschickt«, schreibt Guderian. »Meine heftigen Proteste blieben unberücksichtigt; ich erfuhr erst nachträglich, was sich abgespielt hatte und vermochte es nicht mehr zu ändern. Im Westen wurden die unfertigen Einheiten in den Strudel des Zusammenbruchs verwickelt und gingen ohne nennenswerten Nutzen zu Grunde. Im Osten blieben die Stellungen und Festungen leer und konnten den zurückgehenden Fronttruppen später nicht den erwarteten Rückhalt geben.«
Guderian, der seit 21. Juli die Geschäfte des Chefs des Generalstabes des Heeres übernommen hatte, verlor für den Osten, *seinen* Kriegsschauplatz (der Westen war OKW-Kriegsschauplatz), auch alle Beutegeschütze von mehr als 5 cm Kaliber und mehr als 50 Schuß je Rohr an den Westen, die er aus den Zeugämtern hatte holen lassen. Tausende dieser Beutegeschütze und andere schwere Waffen lagerten dort. Sie wurden regelmäßig gepflegt, aber nicht genutzt.
Da die Festungsabteilung im Generalstab des Heeres von Guderians Vorgänger General Zeitzler aufgelöst worden war, mußte

Guderian diese Dienststelle erst wieder errichten. Er fertigte mit dem General der Pioniere beim OKH, Jakob, einen Ausbauplan an, den er auf eigene Verantwortung als Befehl herausgab und erst nachträglich von Hitler billigen ließ.

Die deutschen Ostgebiete, die bisher der »Luftschutzkeller« des Reiches gewesen waren, da sie kaum von den Bombenangriffen betroffen wurden, bezogen die Gauleiter der Grenzgaue, die zu Kommissaren für die Reichsverteidigung ernannt wurden, nun in die Heimatfront ein. Ihr Vorgesetzter war Goebbels, der am 25. Juli von Hitler zum Reichsbevollmächtigten für den totalen Kriegseinsatz ernannt worden war. Diese Stellung hatte er sich schon nach der Katastrophe von Stalingrad gewünscht; nun bekam er sie.

Mit den Schanzarbeiten im Osten wurde einen Monat eher als im Westen begonnen. Gottfried Benn schrieb am 14. August: »Es wird 12 km östlich von Landsberg an der Warthe geschanzt, von jung und alt.«

»Die Erdarbeiten«, schreibt Guderian, »wurden zum großen Teil durch Freiwillige – Frauen, Kinder und Greise – geleistet, soweit die Heimat eben noch Arbeitskräfte hergeben konnte. Die Hitlerjugend hat sich ein großes Verdienst hierbei erworben. Alle diese wackeren Menschen arbeiteten trotz der bald schlecht werdenden Witterung mit großem Eifer und Verständnis und in der Hoffnung, ihrer Heimat, an der sie mit großer Liebe hingen, einigen Schutz zu verschaffen, ihren Soldaten einen Rückhalt in ihrem schweren Abwehrkampf zu gewähren. Daß ihre Arbeit später nicht alle an sie gesetzten Hoffnungen erfüllen konnte, die sie und ich gehegt hatten, lag nicht an ihnen, auch nicht an einem fehlerhaften Prinzip, sondern an der Unmöglichkeit, die Besatzungen und die Bewaffnung für die Werke zu schaffen, weil der Westen in seiner etwas früher einsetzenden Not alles beanspruchte und erhielt, was für den Osten vorgesehen war. Dem Osten blieb nur die schale Neige dessen, was der Westen nicht gebrauchen konnte. Dennoch haben eine ganze Reihe der damals aufgeführten Werke ihren Zweck lange Zeit hindurch erfüllt. Die Verteidigung von Königsberg, von Danzig, Glogau und Breslau wird in späterer Zeit hoffentlich gerecht betrachtet werden, und niemand kann sagen, wie schnell der russische Vormarsch sich vollzogen hätte und wie weite Landstriche Deutschlands seine sengende Hand zu spüren bekommen hätten, wären die deutschen Ostbefestigungen damals nicht gebaut worden.«

Jetzt, im heißen August, zogen Frauen und Mädchen Gräben, legten Geländehindernisse an, errichteten Straßensperren. Fotos, die davon erhalten blieben, zeigen Tausende von Frauen, die von wenigen älteren Männern angeleitet werden, beim Bau von Panzergräben und Schützengräben auf abgeernteten Feldern. Nicht alle sind mit Spaten oder Schaufel ausgerüstet, manche knien am Boden und graben mit den Händen in die Erde. Andere Fotos lassen die Schützengräben sehen, in denen Männer Holzpfähle einrammen, um die Seitenwände zu befestigen.

Dieser »Ostwall« an der Reichsgrenze wurde auch von den Evakuierten aus den luftkriegsgefährdeten Städten errichtet. So kam es im Herbst dazu, daß Angehörige einer Familie aus einer westdeutschen Stadt am Westwall und am Ostwall arbeiteten.

Auch Norddeutschland erhielt jetzt Befestigungen. Der Wehrkreis X (Hamburg) bekam am 1. September ein Fernschreiben Hitlers, in dem der beschleunigte Ausbau der Deutschen Bucht befohlen wurde. Als Schwerpunkte bezeichnete Hitler: die Halbinsel Eiderstedt, das Gebiet beiderseits der Elbmündung mit Brunsbüttel und Cuxhaven, das Gebiet beiderseits der Wesermündung, die Küstenzone im Raum Wilhelmshaven und Schillig und das Gebiet beiderseits der Emsmündung mit Emden und Delfzyl.

Unter Führung durch die O. T. (Organisation Todt) sollte ein Volksaufgebot, das die Gauleiter von Hamburg, Schleswig-Holstein, Ost-Hannover und Weser-Ems aufzubringen hätten, diese Befestigungen anlegen. Später ging jedoch diese Führung weitgehend in die Hände der Pionierstäbe über.

Der Hamburger Gauleiter Kaufmann wurde als »federführender« Reichsverteidigungskommissar eingesetzt, dem ein »Inspekteur Deutsche Bucht« (Oberbereichsleiter Wurster) von der Parteikanzlei Martin Bormanns als Berater zugeteilt wurde. Dieser »Inspekteur Deutsche Bucht« hatte Vollmachten erhalten, um Personal und Material für einen beschleunigten Ausbau dienstbar zu machen. Er ließ sich in Oldenburg i. O. nieder.

Da auch das Marineoberkommando Nordsee die notwendigen taktischen Weisungen für den Kampf an der Küste zu erteilen hatte, ergaben sich Schwierigkeiten bei der Zusammenfassung der beim Ausbau beteiligten Dienststellen. Das Hamburger Wehrkreiskommando mußte viele Besprechungen ansetzen. Da nur eine sehr beschränkte Menge von Zement für das Beton-Bauprogramm zur Verfügung stand, konnten nur Schwerpunkte beliefert werden. Die Befehlsverhältnisse in der Deutschen Bucht wurden im Laufe des Monats September so schwierig, daß das Wehrkreiskommando den Wehrmachtführungsstab bat, einen Oberbefehlshaber zu ernennen, der alle beteiligten Kommandobehörden und Dienststellen zusammenfassen sollte.
In der »Geschichte des Wehrkreises X« heißt es hierzu: »Statt dessen wird am 1. Oktober die Bildung des Führungsstabs Nordküste befohlen. Dieser Stab, dessen Befehlsbefugnisse bis zur Bildung des Führungsstabs Ostküste im November 1944 auch über den Wehrkreis II (Stettin) reichen, setzt sich wehrmachtsmäßig zusammen, d. h. alle Generalstabsstellen werden dreifach besetzt. An der Spitze steht der Reichsführer SS, Himmler, sein ständiger Vertreter als Chef des Generalstabes ist der Generalleutnant Rasp, der im Dezember durch den Generalmajor v. Stolzmann abgelöst wird. Himmler bleibt bis zum 14. März 1945 Oberbefehlshaber; nach ihm übernimmt Generalfeldmarschall Busch den Oberbefehl. Hauptquartier des Führungsstabes Nordküste ist zunächst die Douaumont-Kaserne in Hamburg, später Reinbek bei Hamburg. Außer den militärischen Kommandobehörden, Wehrkreiskommando, Luftgaukommando I, MOK Nordsee und Ostsee, werden dem Führungsstab auch die Reichsverteidigungskommissare, der Höhere SS- und Polizeiführer mit seinen ihm unterstellten Truppen und die OT unterstellt, soweit es sich um Vorbereitung und Durchführung aller Verteidigungsmaßnahmen handelt. Nicht von ihm erfaßt werden die schwimmenden Einheiten der Kriegsmarine sowie die fliegenden Verbände der Luftwaffe.«
Himmler, der zugleich Reichsinnenminister, Reichsführer SS, Chef der deutschen Polizei, Befehlshaber des Ersatzheeres war, gab den Führungsstab Nordküste auch nicht ab, als er im Februar 1945 Oberbefehlshaber der Heeresgruppe Weichsel wurde.

Als Frist für die Fertigstellung der Befestigungen wurde zuerst der 31. Dezember genannt, dann der 31. März 1945. Das »Volksaufgebot« litt in Norddeutschland unter den schlechten Witterungsbedingungen, Schleswig-Holstein mußte nicht nur Menschen für die eigenen Riegelstellungen aufbringen, sondern auch Schanzarbeit an den Bauvorhaben im südlichen Dänemark, der »Gudrun«- und »Kriemhilde«-Stellung leisten.
Der Zement geht aus, da die Zementfabriken kaum noch Kohlen erhalten. Baustoffe treffen wegen der immer schwerer werdenden Angriffe auf das Transportwesen schleppend ein.
Im Oktober kommt der Ausbau einer Stellung an der Ems hinzu. In der »Geschichte des Wehrkreises X« heißt es dann: »Trotz der aufgezeigten Schwierigkeiten ist am 31. März 1945 ein nahezu fertiges, feldmäßig ausgebautes Stellungssystem vorhanden.«
Es besteht aus Panzergräben, Kampf- und Verbindungsgräben mit Feuerstellungen für schwere Infanteriewaffen, wenigen Deckungen für Bedienungen. Vor allem an den Deichen gibt es »Tobruk-Stände«, Maschinengewehr-Ringstände oder Friesentonnen aus Stahlbeton. Knickwälle sind abgeholzt und eingeebnet, um Schußfeld zu schaffen. Es entstanden an den wichtigsten Straßenübergängen Panzerstraßensperren, an wichtigen Geländeabschnitten Batteriestellungen mit Drahthindernissen und Minenfeldern.
Zwei Wochen, nachdem der Befehl zur Befestigung in Hamburg eingetroffen war, wurden sämtliche Ersatztruppenteile im Wehrkreis X alarmiert und marschbereit gemacht. Das Stichwort »Alarm Küste« war ausgegeben worden, da an diesem 17. September im Raume westlich Arnheim die 1. britische Luftlandedivision landete. Am 18. September verließ die Masse des Ersatzheeres im Wehrkreis die Unterkünfte, um in den holländischen Raum verlegt zu werden.
An diesem Sonntag, dem 17. September, wurde im niederrheinischen Land in allen Kirchen vor dem Allerheiligsten gebetet, da der Bischof den Tag zum Gebets- und Sühnetag zum Wohle für Volk und Vaterland erklärt hatte.
Im Leitartikel des Klever »Volksfreundes« vom 16./17. September 1944 stand »Ein Wort zur Lage«, dort hieß es: »In diesen aufwühlenden Tagen beseelt unsere Männer und Jünglinge, die mit Schau

fel und Schippe antreten, die gleiche Liebe zur Heimat, die in Ostpreußen so erfolgreich Hilfsdienste der Wehrmacht leistete. Jetzt geht es um alles, was deutschen Menschen heilig ist: Heimat und Freiheit, geistigen und materiellen Besitz.«
Im Innern der Zeitung ist ein Foto zu sehen, Wasser, ein Kahn, Wiesen, Hecken, einige Bäume – verträumte niederrheinische Landschaft. Die Zeitung fragt, ob es nicht eine Flucht in die Illusion sei, jetzt, wo der Schlachtenlärm immer lauter erdröhne, von der Schönheit der Heimat zu schreiben. Und doch, heißt es dann, habe man das Bild mit Absicht gewählt. »Über den Niederrhein sind in Jahrhunderten Stürme von elementarster Gewalt hinweggebraust, und doch haben sich die Menschen unserer Heimat immer wieder behaupten können. Am Ende wird die Heimat leben...«
Diese Heimat war nicht der Osten. Sie hatten zwar vieles zu befürchten, aber nicht das, was über den Osten hereinbrechen sollte. Nicht nur über dem weiten niederrheinischen Land, sondern über ganz Deutschland lag damals eine eigenartige Ruhe, die ein resigniertes Abwarten heißen konnte. Ein schöner Spätsommertag war unheildrohend, denn es mußte erhöhter feindlicher Lufteinsatz erwartet werden wie stets bei Sonnenschein in den letzten Jahren.
Im Raum Kleve hatten die Schanzarbeiter nach der Frühmesse wieder ihre Arbeit aufgenommen. Kleve war Gefechtsstand der Gruppe Nord für den Einsatz der V 2 unter SS-Gruppenführer Kammler. Am 5. September hatte Hitler den Befehl zum Abschießen der ersten Fernraketen V 2 aus den Niederlanden nach London gegeben. Am 8. September trafen die ersten V 2 London.
Damit fiel im Hauptquartier General Montgomerys die Entscheidung, für das geplante große Luftlandeunternehmen die nördliche Route zu wählen. Montgomery hoffte, von Arnheim aus eine Zange nach Norden zur Küste ansetzen zu können, um den V-2-Beschuß auszuschalten. Diese nördliche Route bedeutete die Brücke bei Nymwegen.
Der Wehrmachtführungsstab hatte erwartet, die Armeen Eisenhowers würden bis zum Rhein vordringen, da ihnen Mitte September keine nennenswerten deutschen Truppen gegenüberstanden. Die

Luftlandung bei Arnheim war der Versuch, den Westwall zu umgehen und ins Ruhrgebiet vorzustoßen. Dabei sollten die V-2-Basen in den Niederlanden ausgeschaltet werden.

Im Raum Kleve–Emmerich–Kranenburg wurde die Luftlandung mit einem Bombardement eingeleitet; die Schanzarbeiter hatten erste Verluste. In der »Geschichte des Kreises Kleve« heißt es: »Um die Mittagszeit noch einmal stärkerer Angriff bis gegen 13 Uhr, dann trat Stille ein. Da, plötzlich, gegen 13.30 Uhr, verdunkelte sich der Himmel. Hunderte von Flugzeugen kreisten über dem Grenzgebiet; aber sie warfen keine Bomben. Ihre Luken öffneten sich für die Fallschirmspringer der 82. amerikanischen Luftlande-Division.«

Ein Augenzeuge aus Wyler schreibt: »Es war ein schaurig-schöner Anblick, als Tausende in allen Farben schillernde Fallschirme sich langsam zur Erde bewegten. Eine ganze Reihe landete in unserem Dorf. Viele waren unbemannt und mit allerhand Gegenständen sowie mit Obst und Schokolade und sonstigen Lebensmitteln beladen.« Ein deutscher Soldat erinnert sich: »Ein so buntes Bild kann man nicht malen. Lastensegler brachten Autos, kleine Panzer und Verpflegung. Mit Rauchwaren, Schokolade und Bonbons war der Boden besät.«

Die Bevölkerung sah mit Bewunderung und Schrecken dieses Schauspiel. Die Führung der Westwallarbeiter und der Hitlerjugend flüchtete »Hals über Kopf«, wie die »Geschichte des Kreises Kleve« bemerkt. »Sie ließ die Hitlerjungen und ortsfremden Arbeitskräfte zurück. Die HJ floh dann über den Querdamm nach Zyfflich, wurde in Niel aufgefangen und weitergeleitet. Die Westwallarbeiter verließen in regelloser Flucht Wyler. Auf den Straßen fluteten Schanzer, Hitlerjungen, versprengte Soldaten, Gefangene ohne Aufsicht in einem wirren Durcheinander der Rheinfähre bei Emmerich zu. Die Landstraße von Kranenburg nach Kleve wimmelte von flüchtenden, auswärtigen Männern und Frauen aus dem Industriegebiet. Viele warfen Pakete und Koffer fort, um schneller vorwärtszukommen und in Kleve noch einen Zug zu erreichen, der sie in die Heimat bringen sollte.«

In Kleve verschwanden Parteiabzeichen und Hitlerbilder. Ein Tagebuch hielt fest: »Hakenkreuzfahne im Hühnerstall vergraben.«

Der Einbruch des Krieges der Soldaten in die Schanzarbeiten am Niederrhein erfolgte nach Luftbombardements, an die sich die Heimatfront gewöhnt hatte.
Aber eine Luftlandung mußte Verwirrung auslösen. Jeder Schanzarbeiter und Hitlerjunge versuchte, auf das rechte Rheinufer zu gelangen. Im Bericht des SD-Leitabschnittes Düsseldorf an das Reichssicherheitshauptamt Amt III (Reichsverteidigung) in Berlin vom 27. September heißt es: »Von dem 2000 Mann starken Arbeitskommando waren auf dem Rückmarsch nach Kleve nur noch 120 Mann übrig, die anderen waren bereits geflüchtet. Die ersten, die in den Absprunggebieten türmten (z. B. bei Kranenburg), waren die in brauner Uniform. Die Landstraße Kleve-Kranenburg lag voller Uniformjacken und Hakenkreuzarmbinden. So zeigten hier die politischen Leiter ihren Mut, als es ernst wurde. Politische Leiter wurden dann beim Bau der Ein-Mann-Löcher kaum noch gesehen; die hatten es am eiligsten, nach Hause zu kommen. Aus dem Kreis Geldern wird berichtet, daß die dort eingesetzten SA-Führer ihre Uniform sofort auszogen und flüchteten. Einige hatten im Kloster Mönchskleidung angelegt.« Die Amerikaner nahmen in Wyler die Westwallarbeiter, die nicht mehr flüchten konnten, gefangen. Unter ihnen waren einige Hitlerjungen, die sie wieder laufen ließen. Von Nymwegen flüchteten lange Trecks mit Zivilisten, Personal der Bahn, Post und Partei, zuletzt die Gestapo aus Beek.
Nach Wyler, aus dem die Amerikaner sich wieder zurückgezogen hatten, kamen am Abend deutsche Soldaten aus dem Marinelazarett in Bedburg, die die verlassenen Flakgeschütze besetzten.
Bald wurden sie in erste Gefechte verwickelt; die ersten Verwundeten wurden auf Karren nach Wyler gebracht.
Heimatfront und Erdfront wurden hier eins.
Die Luftlandung scheiterte. Die Alliierten verloren die Hälfte ihrer Luftlandekräfte.
Dieser letzte deutsche Sieg im Westen beeindruckte die Führung der alliierten Expeditionsstreitkräfte derartig, daß sie am Westwall stehenblieben.
Die Truppen, die vom Westen zurückgekommen waren, hatten einen großen Teil ihrer Fahrzeuge und schweren Waffen verloren.

Die Kräfte, die aus der Heimat für die Besetzung des Westwalls herangeführt wurden, eigneten sich nur für die bodenständige Verwendung, da es ihnen an Kampferfahrung und Zusammenhalt fehlte. Außerdem hatten sie nicht die Fahrzeuge und rückwärtigen Dienste für eine bewegliche Kampfführung. Zum Teil handelte es sich um ältere oder doch weniger kampfkräftige und unzureichend ausgebildete Mannschaften. Die zurückkommenden Verbände oder Restverbände wurden mit diesen Sicherungskräften aufgefüllt, dazu kam alles, was durch den Rückmarsch zum Einsatz frei wurde. Junge und alte, erprobte und unerfahrene Mannschaften, Angehörige des Heeres, der Kriegsmarine und der Luftwaffe mußten durch den Kampf selbst ausgebildet und zusammengeführt werden. Es fehlte an Waffen, denn die Rüstung konnte nicht auf einmal die Verluste ersetzen, die im Westen, Osten und auch im Südosten riesig geworden waren.

Die Verkehrslage verschärfte sich im September von Woche zu Woche. Der Bahnverkehr fand nur noch nachts statt, links des Rheins kam er mehr oder weniger zum Erliegen. Die steigende Knappheit an Benzin drosselte den Verkehr auf der Erde und die Abwehr in der Luft.

Ende September hatten die Alliierten vom Ärmelkanal bis zur Burgundischen Pforte eine geschlossene Front aufgebaut, der nicht mehr ein deutsches Westheer, sondern ein Restheer gegenüberlag. Kriegsgeschichtlich ist es eine denkwürdige Tatsache, daß ein siegreiches Heer versäumte, seinem Gegner in der unerbittlichen Verfolgung den Gnadenstoß zu geben. Aber noch war das Ansehen der deutschen Soldaten hoch, die Furcht der Alliierten vor Hitlers Reich groß, daß es gelang, mit solchen Verbänden den Gegner im Westen aufzuhalten. Diese Leistung kam zustande, obwohl es an schweren Waffen fehlte.

Der OB West, Feldmarschall von Rundstedt, hatte nicht erwartet, daß die Heimatfront trotz vieler Mängel, die auftraten, so schnell der neuen Westfront die Menschen und Mittel zur Verfügung stellte, um sie gegen den übermächtigen Gegner verteidigen zu können. Er sprach den 7 Gauleitern der NSDAP im Westen seine Anerkennung aus, was nicht zuletzt dazu führte, daß der Volkssturm durch die *Partei* aufgestellt wurde.

Vor längerer Zeit hatte die Operationsabteilung des OKH unter General Heusinger vorgeschlagen, in den bedrohten Ostprovinzen einen Landsturm zu errichten, was Hitler ablehnte.
Als die im Osten aufgestellten Festungstruppen im September nach dem Westen verlegt und somit dem OKH-Kriegsschauplatz entzogen wurden, für den Generaloberst Guderian verantwortlich war, hatte dieser die Idee, in den Ostgebieten unter Führung von Offizieren Landsturmverbände aufzustellen. Sie sollten aus felddienstfähigen, aber durch kriegswichtige Berufe nicht zum Dienst mit der Waffe eingezogenen Wehrpflichtigen bestehen. Diese Alarmeinheiten sollten einberufen werden, wenn ein sowjetischer Durchbruch gelänge.
Er dachte dabei an den preußischen Landsturm, der einst ähnliche Aufgaben hatte.
Der Landsturm sollte eine militärisch einsatzfähige Territorialtruppe werden. Guderian wollte die SA mit der Aufgabe betrauen, diesen Landsturm aufzustellen, Wilhelm Schepmann, den Stabschef der SA, mit der Führung beauftragen. Guderian war der Ansicht, daß Schepmann, den er für »wehrmachtfreundlich« hielt, etwas Ordentliches zustande bringen würde. Die SA war einst vor 1933 in der Schwarzen Reichswehr zusammen mit anderen Wehrverbänden ausgebildet worden, sie gehörte bis zur Entstehung der neuen Wehrmacht in den Grenzprovinzen des Ostens zu den Verbänden, die im Ernstfalle mit der Waffe wie die Reichswehr kämpfen sollten.
Hitler, der mit Guderians Vorschlag einverstanden war, änderte jedoch über Nacht seine Meinung. Nicht die SA, sondern die Partei, statt Schepmann sollte Bormann in seinem Namen diesen Landsturm aufrufen, dem er den Namen »Volkssturm« geben wollte. Die neuen Divisionen, die seit Juli aufgestellt wurden, erhielten ebenfalls das Wort »Volk« in ihre Bezeichnungen, es waren die Volksgrenadierdivisionen, die Volksartilleriekorps, die im Namen ausdrückten, daß sie zu einer revolutionären Armee gehörten, der »Nationalsozialistischen Volksarmee des Führers und seines Reiches«, wie es im ersten Erlaß Himmlers an das Ersatzheer geheißen hatte. Der politische Offizier sollte politische Soldaten in die letzten Schlachten des untergehenden Dritten Rei-

ches führen, um fanatisch kämpfend zu siegen oder unterzugehen, zu stehen oder sich vernichten zu lassen.

Halten der Stellung oder Vernichtung: In einem Geheimbefehl vom 16. September, den Hitler erließ, erfuhren die Kommandeure im Heer: »Der Kampf im Westen hat auf weiten Abschnitten auf deutschen Heimatboden übergegriffen, deutsche Städte und Dörfer werden Kampfgebiet. Diese Tatsache muß unsere Kampfführung fanatisieren und unter Einsatz jedes wehrfähigen Mannes in der Kampfzone zu äußerster Härte steigern, jeder Bunker, jeder Häuserblock in einer deutschen Stadt, jedes deutsche Dorf muß zu einer Festung werden, an der sich der Feind entweder verblutet oder die ihre Besatzung im Kampf Mann gegen Mann unter sich begräbt. Es gibt jetzt kein großzügiges Operieren mehr, sondern nur Halten der Stellung oder Vernichtung.«

Dieser Befehl sollte mündlich an die Truppe weitergegeben werden. Zur »Nationalsozialistischen Volksarmee« gehörte die Einführung des »Deutschen Grußes« kurz nach dem 20. Juli, die Göring angeregt hatte. Die militärische Ehrenbezeigung, der Gruß mit der erhobenen Hand an der Kopfbedeckung, entfiel. Ohne Kopfbedeckung hatten die deutschen Soldaten auch vorher mit erhobener rechter Hand den »Deutschen Gruß« ausgeführt.

Der »Erlaß über die Bildung des deutschen Volkssturms« trug das Datum des 25. September 1944, aber er wurde erst am 18. Oktober veröffentlicht, an allen Litfaßsäulen angeschlagen, in der Presse publiziert.

Guderian schreibt: »Bormann tat zunächst nichts; von mir mehrfach gemahnt, beauftragte er schließlich die Gauleiter – nicht nur die der Grenzgebiete, sondern alle – mit der Durchführung der Maßnahme. Hierdurch erhielt der Volkssturm eine ungebührliche Aufblähung, für die weder die geschulten Führer noch die Waffen vorhanden waren, ganz abgesehen davon, daß es der Partei nicht auf geschulte Führer, sondern auf fanatische Parteigenossen in den maßgebenden Stellen ankam. Mein alter Kriegskamerad, General von Wietersheim, stand in Reih und Glied, während ein ungedienter Parteifunktionär seine Kompanie kommandierte. Unter solchen Umständen wurden die braven, opferbereiten Männer vielfach in sinnloser Weise mit dem Einüben des Deutschen Grußes

anstatt mit der Ausbildung an den ihnen unbekannten Waffen beschäftigt. Auch in diesen Reihen fanden großer Idealismus und große Opferbereitschaft einen schlechten Lohn und keinen Dank. Alle diese verzweifelten Maßnahmen wurden nötig, weil das letzte Aufgebot an Kampftruppen, das in der Heimat durch das Ersatzheer aufgestellt wurde, nicht der Verteidigung des Ostens, sondern einer Offensive im Westen dienen sollte.«
Der Stabschef der SA, Schepmann, wurde zum Inspekteur für die Schießausbildung ernannt. Die Partei (Bormann) stellte den Volkssturm auf, militärisch hatte ihn Himmler als Befehlshaber des Ersatzheeres unter seinem Kommando.
Die Gauleiter bekamen endlich ihre »Truppe«.
Der Erlaß begann mit den Worten: »Nach fünfjährigem schweren Kampf steht infolge des Versagens unserer europäischen Verbündeten der Feind an einigen Fronten in der Nähe oder an der deutschen Grenze. Er strengt seine Kräfte an, um unser Reich zu zerschlagen, das deutsche Volk und seine soziale Ordnung zu vernichten. Sein letztes Ziel ist die Ausrottung des deutschen Menschen.
Wie im Herbst 1939 stehen wir nun wieder ganz allein der Front unserer Feinde gegenüber. In wenigen Jahren war es uns damals gelungen, durch den ersten Großeinsatz unserer deutschen Volkskraft die wichtigsten militärischen Probleme zu lösen, den Bestand des Reiches und damit Europas für Jahre hindurch zu sichern. Während der Gegner glaubt, zum letzten Schlag ausholen zu können, sind wir entschlossen, den zweiten Großeinsatz unseres Volkes zu vollziehen. Es muß und wird uns gelingen, wie in den Jahren 1939–41 ausschließlich auf unsere eigene Kraft bauend, nicht nur den Vernichtungswillen der Feinde zu brechen, sondern sie wieder zurückzuwerfen und sie solange vom Reich abzuhalten, bis ein die Zukunft Deutschlands, seiner Verbündeten und damit Europas sichernder Friede gewährleistet ist ...«
Der Text läßt an einer Stelle erkennen, was Hitler am 16. September beschlossen und einem kleinen Kreis von Offizieren mitgeteilt hatte, denen er unter Androhung der Todesstrafe befahl, das Geheimnis für sich zu behalten und nur mit wenigen vertrauenswürdigen Stabsoffizieren zu teilen, die dafür gebraucht wurden. Ge-

meint ist mit ». . . sondern sie wieder zurückzuwerfen . . .« der Gegenangriff aus den Ardennen mit dem Ziel Antwerpen, der dann im Dezember stattfand.

Im Erlaß befahl Hitler: »Es ist in den Gauen des Großdeutschen Reiches aus allen waffenfähigen Männern von 16 bis 60 Jahren der deutsche Volkssturm zu bilden. Er wird den Heimatboden mit allen Waffen und Mitteln verteidigen, soweit sie dafür geeignet sind.«

Einsatz nur auf dem »Heimatboden«, als Kombattanten, die keine einheitliche Uniform erhielten, gekennzeichnet mit einer weißen Armbinde, auf der »Deutscher Volkssturm« stand, darunter das Hoheitszeichen des Reiches, das der Soldat auf der Feldbluse trug, dazu das Soldbuch.

In der »Geschichte des Wehrkreises X« heißt es über den Deutschen Volkssturm: »Wenn auch das Wehrkreiskommando nicht in die unmittelbare Befehlsführung eingeschaltet wird, sondern die Volkssturmeinheiten ihren Gauleitern unterstellt sind, so erweisen sich doch gewisse Vorbereitungen notwendig. Gemäß Befehl des Reichsführers SS treten die Volkssturm-Bataillone bei ihrem Kampfeinsatz taktisch und versorgungsmäßig unter den Befehl der zuständigen militärischen Kommandobehörde. Dabei hat das Wehrkreiskommando die Vorarbeiten für den Einsatz beider Aufgebote zu leisten, in der Richtung, daß für die Einheiten des I. Aufgebotes ein überörtlicher Einsatz, für die des II. Aufgebotes ein örtlicher Einsatz vorgesehen wird. Infolge der weitgehenden Abgabe von Waffen des Volkssturms an die Wehrmacht kommen die Einheiten bei den späteren Kampfhandlungen örtlich und auch dort in einer weit geringeren Zahl als vorgesehen zum Einsatz.«

Das III. Volkssturmaufgebot war 1945 das HJ-Aufgebot. Es wurden HJ-Regimenter als Volkssturmeinheiten aufgestellt, die an den Endkämpfen des Jahres 1945 unter blutigen Verlusten teilnahmen. Zum HJ-Aufgebot 1945 gehörten auch die meisten Berliner BDM-Führerinnen, die eine Schießausbildung erhielten. Sie durften sich nicht an den Kämpfen beteiligen. Sie versorgten die Verwundeten, die von der Oderfront nach Berlin gebracht wurden, da eine »ganze Sanitätsabteilung der Wehrmacht von Berlin abgezogen worden war«, wie es in »Idee und Gestalt der Hitlerjugend« heißt.

»Sie erfüllten diesen schweren Dienst auch dann noch, als der Russe Berlin beherrschte und – das sei auch hervorgehoben – unter seinem Schutz.«
Mit der Waffe kämpften BDM-Führerinnen in der Festung Breslau und im Kessel von Halbe Ende April 1945 beim Ausbruch im HJ-Regiment »Frankfurt/Oder«. Die HJ-Einheiten, die in Berlin kämpften, nahmen bei ihrem Ausbruch in der Nacht zum 2. Mai 1945 die BDM-Führerinnen mit, die sich zu ihnen durchgeschlagen hatten. Der BDM half bei der Verpflegung und Versorgung der HJ-Regimenter, auch im Nachrichtendienst während der Kämpfe.
Jetzt aber, Ende Oktober 1944, mußte der Volkssturm mit der Ausbildung beginnen. Sie wurde vom Ersatzheer gestellt. Vorübergehend nahm es Volkssturmkompanien in seinen Kasernen auf.
Panzerfaust und Panzerschreck waren die Waffen, an denen Soldaten des Heeres die Männer des Volkssturms vor allem ausbildeten.
In Tirol wurden die Standschützen zum Volkssturm einberufen.
Die Veröffentlichung des Volkssturm-Erlasses vom 25. September 1944 am 18. Oktober 1944 wurde in Presse und Rundfunk mit dem Jahrestag der Völkerschlacht bei Leipzig am 18. Oktober 1813 propagandistisch verbunden.
Wie vor 131 Jahren sollte ein fremdes Joch abgeschüttelt werden. Aber dieser historische Hintergrund blieb unvergleichbar mit dem, was sich 1944 ereignete.
Hitlers Reich war in der Lage, in der sich Napoleon in der Völkerschlacht sah. Die verbündeten Heere siegten.
Napoleon, von seinem sächsischen Verbündeten auf dem Schlachtfeld verlassen, mußte Deutschland rechts des Rheins räumen. Gegen Napoleon kämpften preußische, österreichische, russische und schwedische Regimenter.
Die falsch gewählte Analogie 1813–1944 enthält nur *eine* richtige Lagebeurteilung, die der Bittschrift der Messestadt Leipzig an das englische Volk zu entnehmen ist, in der es nach der Völkerschlacht 1813 hieß: »Was der Fleiß mehrerer Jahre erworben hatte, wurde in wenigen Stunden vernichtet. Alles um uns her ist eine große Wüste. Die zahlreichen Dörfer und Flecken liegen fast alle ganz

oder zum Theil in Asche; die noch stehenden Gebäude sind von Kugeln durchlöchert, dem Einsturz nahe.

Viele Familien betrauern den Verlust geliebter Verwandter, oder sie müssen sie krank und ohne Hilfe verschmachten sehen. Keine Zunge kann das Elend dieser Schlachtopfer der Eroberungssucht, den Jammer aussprechen, den wir täglich vor Augen haben. Der schreckliche Anblick verwundet jeden bis ins innerste Herz. Alle Gegenden des Continents haben mehr oder weniger durch den verheerenden Krieg gelitten.«

Das war, in Kürze, die Bilanz *auch des Krieges* 1939–1945.

Aber *wie* hatten sich die Dimensionen verändert.

37. Kapitel

Beschäftigung mit Unbegreiflichem

Aachen war die erste deutsche Großstadt, in der die Heimatfront des Luftkrieges zur Front der Soldaten wurde. Dorthin kehrte die 116. Panzerdivision aus der Invasionsschlacht zurück. Der Divisionskommandeur Generalleutnant Graf von Schwerin nahm zum ersten Male die Verheerungen wahr, die durch die Bombardements in der Heimat entstanden waren, als er am Abend des 12. September aus Belgien kommend in die Stadt fuhr. Noch mehr erschütterte den General die Panik, von der die Einwohner erfaßt waren. So hatte er sich die Rückkehr in die Heimat nicht vorgestellt. Auf den nach Osten aus der Stadt führenden Straßen fuhr er an fliehenden Menschen vorüber, zumeist waren es Frauen mit kleinen Kindern, die auf Handkarren und Kinderwagen Habseligkeiten mitgenommen hatten. Er ließ anhalten, fragte, wohin die Frauen und Kinder gingen, aber sie konnten es ihm nicht sagen; sie wußten es selbst nicht. Die Totalevakuierung Aachens sei angeordnet worden, jeder habe so schnell wie möglich die Stadt zu verlassen, erfuhr der General, der zum Kampfkommandanten ernannt worden war. Der General hatte viele dunkle Nächte in diesem Krieg erlebt, aber ihm war es, als sei diese regnerische Nacht die dunkelste. Nachdem er seinen Gefechtsstand im Schloß Rahe in Laurensberg erreicht hatte, ließ er Offiziere seines Stabes in die Stadt fahren, um von der Polizei die sofortige Einstellung der Evakuierung zu fordern. Die Panik sei sofort zu beenden, um den Soldaten seiner Panzerdivision, die nach ihm Aachen erreichen würde, den die Moral und Disziplin schädigenden Anblick einer in sinnloser Angst kopflos gewordenen Heimat zu ersparen.

Als die Offiziere zurückkamen, mußten sie dem General melden, daß die Regierungs-, Partei- und Stadtbehörden aus Aachen geflohen seien. Eine Polizeidienststelle sei nicht mehr auffindbar.

Darauf schickte der General Offiziere und Soldaten seines Stabes in die Stadt, die zu der Bevölkerung sprechen und sie veranlassen sollten, nicht in die Nacht hinein zu flüchten. Man sollte zunächst in die Häuser und Bunker zurückkehren und die militärischen Anordnungen des Kampfkommandanten abwarten. Es gelang, die Einwohner zu beruhigen. Auf den Straßen und in den Luftschutzbunkern kehrte wieder Ruhe ein. »Ich befehle hierdurch in meiner Eigenschaft als Kampfkommandant der Stadt Aachen, daß ab sofort die ziel- und planlose Evakuierung eingestellt wird. Die Bevölkerung bleibt in der Stadt, und nur derjenige, dessen Unterkunft, Ernährung und Transport gesichert ist, darf die Stadt verlassen«, lautete der am 13. September vom Kommandeur der 116. Panzerdivision herausgegebene schriftliche Befehl.

Da aber der General nicht überzeugt war, daß Aachen verteidigt werden könnte, richtete er eine handschriftliche Nachricht an den ihm unbekannten amerikanischen General, der mit seiner Division im Gefechtsstreifen der 116. Panzerdivision folgte und in dem er den zukünftigen Kommandanten von Aachen sah. »I stopped the stupid evacuations of civil populations and ask you to give her relief. I am the last commanding officer here. Gerhard Count von Schwerin, Lt. General.«

Ein Fernmeldeoberamtmann der Reichspost, der als einziger noch im Amt geblieben war, nahm dieses Schreiben entgegen. Nicht durch seine Schuld gelangte es an die Gauleitung der NSDAP nach Köln.

General von Schwerin wurde sofort von Hitler abgelöst; am 16. September wurde Anklage des Reichsgerichts gegen ihn erhoben. Doch der General blieb bei der Truppe; seine Soldaten schützten ihn mit der Waffe gegen Polizei und SS.

Im Dezember erhielt der General eine andere Panzerdivision. Inzwischen war die dritte Schlacht um Aachen geschlagen worden. So kehrten die Soldaten der 116. Panzerdivision in ihre rheinisch-westfälische Heimat zurück.

Während um Aachen gekämpft wurde, brach die sowjetische 11. Garde-Armee unter Generaloberst Galitzki in Ostpreußen ein. Ihr Angriff, der am 16. Oktober begann, zielte auf Königsberg mit zwei Stoßkeilen, von denen der nördliche die Gegend westlich

Gumbinnen erreichte, der südliche die Rominptener Heide bei Goldap. Von dort waren es nur noch 80 Kilometer zur Wolfsschanze, in der Hitler sich aufhielt.

Es gelang der 4. Armee des Generalobersten Hoßbach, die 11. Garde-Armee aufzuhalten und einen Gegenangriff mit dem Panzerkorps »Hermann Göring« zu führen, durch den der eingedrungene Feind in die Flucht geschlagen wurde. Dabei wurden in und bei Nemmersdorf im Raum Gumbinnen die Leichen erschossener Frauen und Kinder entdeckt, die von den Russen zurückgelassen worden waren. Einige Kinder waren an Scheunentore genagelt. Diese Greuel von Nemmersdorf, vergewaltigte Frauen, getötete Kinder, mißhandelte und erschlagene Männer, bestimmten von nun an das Schreckensbild der Deutschen von den in ihr Land eindringenden Russen. Ostpreußen war noch einmal gerettet; Stalin, der mit der Stawka am 1. November die Winteroperationen beriet, verwarf, wie Schukow schreibt, »unseren Vorschlag, die 2. Weißrussische Front zu verstärken, damit sie die ostpreußische Gruppierung aufbrechen konnte. Ostpreußen bereitete uns ernste Schwierigkeiten, wo der Gegner noch stark und durch ausgebaute Befestigungen, ein schwer passierbares Gelände und die festen Steinbauten der Ortschaften und Städte eine gute Verteidigungsmöglichkeit besaß. Jetzt konnten die Feindkräfte in Ostpreußen unsere Truppen bei ihrem Vormarsch auf Berlin stark gefährden.«

Im Januar wurde Ostpreußen durch sowjetische Armeen vom Reich abgeschnitten; Ostpreußens Hauptstadt Königsberg fiel am 9. April 1945.

Aachen und Gumbinnen, das niederbrannte, standen am Anfang des Endkampfes, der um das Reich ausgetragen wurde.

Aber im Reich ist der Krieg überall gegenwärtig, und Krieg schlägt zu, er trifft, die Bomben fallen auf Städte, Dörfer, auf Kriegsgefangenenlager, auf Hydrierwerke, auf das Bahnnetz, auf längst schon in Trümmer geworfene menschliche Ansiedlungen.

Dort leben und sterben Menschen, die in der Goebbels-Himmler-Bormann-Epoche des Dritten Reiches angekommen sind; in dem Schreckensregiment der Fanatiker, der »Jakobiner« aus Hitlers Partei.

Die Diktatur über die Heimat hat Hitler auf diese drei Männer

verteilt, die sich gegenseitig ergänzen und gleichzeitig befehden, um noch mehr Einfluß ringen, wobei einer dem anderen Kompetenzen wegnehmen will.
Bormann muß sich die Verfügung über den Volkssturm mit Himmler teilen, Goebbels versucht der Wehrmacht die Propagandaapparate wegzunehmen, um sie selbst zu verwenden. Um die wenigen hundert nationalsozialistischen Führungsoffiziere streiten sich Himmler und Bormann, während es Hitler gleichgültig ist, welche Rolle diese Offiziere spielen sollen. Himmler widersetzt sich Bormanns Versuch, sie doch noch zu Politruks nach sowjetischem Muster zu machen, um keine Konkurrenz zur Waffen-SS aufkommen zu lassen. Dadurch bleiben die NSFOs ihren Kommandeuren untergeordnet; alles ist eine Spielerei gewesen, bald weggeworfen das Spielzeug NSFO.
Der Aufruf des Volkssturms machte eine Sprachregelung für die Presse notwendig: »Es ist mit sofortiger Wirkung jede Mißkreditierung von Zivilkämpfern im feindlichen Ausland verboten. Ausdrücke wie ›Heckenschützen‹, ›Partisanen‹, ›Banditen‹ und so fort haben aus den Darstellungen zu verschwinden.«
Die Zwangstrennung der Mischehen steht bevor, eine neue Sturzflut des Jammers für Tausende von Menschen, die bisher den Luftkrieg überlebt haben.
Die Privilegierten sollen abtransportiert werden. Aus dem KZ Theresienstadt geschieht es im Herbst. Körperbehinderte, Kranke, unnütze Esser werden nach Auschwitz gebracht. Aber es kommt nicht mehr zum Abtransport der Privilegierten aus dem Reich, die Mischehen werden nicht getrennt.
Da Ungarn vom Bündnis mit dem Reich abfallen will, läßt Hitler das Land besetzen. Ende Oktober trifft ein Teil der Königlich Ungarischen Armee im Hamburger Wehrkreis X ein, um reorganisiert zu werden. In der Slowakei macht ein Teil der slowakischen Armee einen Aufstand, die bisher an der deutschen Seite von Anfang an ausgehalten hatte. Der Aufstand wird niedergeschlagen.
Die zweite »Schlacht über der Ruhr« beginnt am 14. Oktober mit einem Tagesangriff von 1063 Bombern, die von 300 Jägern begleitet werden. In der folgenden Nacht werfen 1005 Kampfflugzeuge des britischen Bomber-Kommandos Duisburg erneut in Brand.

Abgeworfen werden neue, noch schwerere Bomben, »Wohnblockknacker« und »Litfaßsäulen« genannt.
Mit 1000 Kampfflugzeugen erschienen am 14. Oktober die Amerikaner über Köln. Die Briten folgten in der Nacht zum 31. Oktober und warfen 3937 Tonnen Bomben auf die Stadt am Rhein, die längst verwüstet ist. In der folgenden Nacht gehen nochmals Bomben auf Köln nieder, es sind 2383 Tonnen.
Einen ersten »Fächerangriff« flog die Royal Air Force in der Nacht zum 12. September gegen Darmstadt, das in Brand gesetzt wurde. 12 000 Einwohner starben, 70 000 wurden obdachlos.
In der gleichen Nacht wird Stuttgart bombardiert, wobei es 957 Tote, 1000 Verletzte und 50 000 Obdachlose gibt. Panik erfaßt die Menschen, wenn die Sirenen heulen. Als am 18. Oktober ein Tagesangriff auf Hannover droht, werden Menschen bei dem Gedränge vor den Bunkertüren in der Stadt erdrückt. Es wird beobachtet, daß vor Bunkern, zu denen Treppenschächte hinabführen, Menschen über das Geländer auf die unter ihnen zusammengepreßte Menge springen, um den rettenden Bunker zu erreichen, ehe er wegen Überfüllung geschlossen wird. Beim Aufprall gab es Genickwirbelbrüche. Ernst Jünger erfährt von einer Frau, die in Hannover im Bunker bei einem am 3. November erfolgten Tagesangriff saß, daß Staub und Qualm durch ein kleines Fenster eindrang, während draußen die Bomben niederheulten. »Der Raum war von Seufzen, Schreien und Stöhnen erfüllt, die Frauen wurden ohnmächtig. Den Kindern hatte man, weil sie sich aus Angst übergaben, Tücher vor die Gesichter gebunden.
Keiner der Insassen konnte mehr stehen; sie lagen zitternd, mit Schaum vor dem Munde, am Boden.«
Er meint, daß es »an diesen Orten rein infernalisch zugeht und daß die Angst keine Grenzen, keine Hemmungen mehr kennt.« Aus Polen kommt in diesen Tagen – am 15. November fiel der erste Schnee – Major Freiherr von Seebach, einst in Frankreich im Stabe Guderians, auf einer Dienstreise nach Thüringen; er sieht noch einmal Schloß Fahner bei Erfurt. Hier war er Landwirt, bis ihn der Krieg holte. Die Seebachs haben dort seit 550 Jahren gesessen. Er sprach mit seinem Bruder, der bald fallen würde, über den Wald mit seinem großen, durch sparsame Generationen geschaffenen

Holzreichtum und über das Wahrzeichen seiner Heimat, die großen Kirschplantagen, die von den Vorfahren mit einem Pfarrer im 18. Jahrhundert aus Reisern des Schwarzwaldes angelegt wurden. Sie waren zur Grundlage des Reichtums der Kirschdörfer geworden, denn Fahner hieß ursprünglich öde und leer.

»Es war Abend im Schloß. Flieger wurden hörbar, als ein Schlag das Gebäude erzittern ließ. Die Türen sprangen auf, und das Licht ging vorübergehend aus. Ein abgeschossener Bomber war in der Nähe abgestürzt, und der Luftzug, der uns noch immer erschauern ließ, hatte die Türen mit den nicht besonders schließenden Drehgriffen geöffnet. Wie ein Blitz durchfuhr es mich: Das Haus bleibt nicht stehen, du mußt es räumen, die Türen sind auf; geh, du bist der Letzte.

Am nächsten Tag der Abschied, der Gang durchs Kinderzimmer. Wie man sich in der Gewalt haben muß. Laute Schritte in hohen Stiefeln, den Kindern über den Kopf streichen, nur nicht weich werden.«

Schloß Fahner überdauert das Kriegsende, 1948 wird es abgerissen, der Besitz enteignet.

Was der Major im ersten Schnee des letzten Kriegswinters ahnt, das ahnen jetzt viele. Aber daß er es mitten in Deutschland spürt, das den Grenzen so fern liegt, über die der Gegner kommt, war selten.

Als in diesen Tagen Mädchen an Flakgeschützen eingesetzt werden, die Luftwaffe ein weibliches Flakhelfer-Korps aufbaut, darf die Presse darüber nichts veröffentlichen, um nicht den »Kräftemangel zuzugeben«. Dazu gehört auch, daß von der Sanitätsinspektion des OKH verfügt wird, daß »Tripperkranke im Ernstfall kampffähig« seien, »sie bilden dann als Ansteckungsquelle keine Gefahr mehr für die Umwelt. Vorschlag, sie nicht abzutransportieren.« Im Wehrkreis IV (Sachsen) wird bei der Suche nach kriegsverwendungsfähigen Schwerkriegsbeschädigten vom höchsten Sanitätsoffizier angeordnet, über das »arthritische Kniegelenk« zur »Tagesordnung überzugehen, mag es noch so sehr reiben und knacken oder einen positiven Röntgenbefund ergeben. Von einem ›Wackelknie‹ kann man nur sprechen, wenn in völliger Streckstellung Seitenbewegungen möglich sind«. Für die

Festnahme fahnenflüchtiger Wehrmachtangehöriger hat das OKW Belohnungen ausgesetzt. Sie sind in Höhe von 100 bis 500 Reichsmark an Zivilisten zu zahlen, in Ausnahmefällen aber auch an Wehrmacht, Waffen-SS und Polizei. Am 20. November gibt das OKW einen Befehl über »Ungehorsam und falsche Meldungen« heraus, in dem es heißt: »Zuspitzung der Kriegslage. Führer verlangt rücksichtsloseste Bestrafung der Schuldigen. Er erwartet, daß die Gerichte hart genug vorgehen, um in allen geeigneten Fällen die Todesstrafe zu verhängen.« Am 23. November befiehlt das OKW, daß »Befehle bedingungslos durchzuführen« seien. Meldungen müßten »zuverlässig« sein, sonst »rücksichtslose Bestrafung, worunter der Führer die Todesstrafe versteht«. Nach einem Großangriff auf den Fliegerhorst Straßburg-Enzheim am 18. Oktober wurden von der Kommandantur Maßnahmen angeordnet, die ergriffen werden sollten, wenn es wieder zu einem Angriff käme. »Bei Ausfall der Alarmvorrichtung stellt die Flugleitung 2 Luftspäher. Fliegeralarm wird durch Schießen von 3 Leuchtkugeln ausgelöst.« Die Kreisleitung der NSDAP Straßburg hatte 200 Mann zur Verfügung zu stellen, die acht umliegenden elsässischen Gemeinden 740 Zivilisten mit 67 Gespannen, angeführt vom Kreisleiter und den Ortsgruppenleitern dieser Ortschaften. »Verpflegung der Arbeiter: Bunkersuppe und Brot. Die Tarnung der ausgefüllten Bombentrichter erfolgt so, daß die gefüllten Trichter aus der Luft den Anschein offener Trichter geben.«

»Vielleicht geht es heute in Deutschland vielen so wie mir«, notiert Ernst Jünger am 15. November, »in dem die Kenntnis des Infamen einen Ekel gegen die Teilnahme an kollektiven Dingen überhaupt erzeugt, in der Voraussicht, daß auch die künftigen Gremien im wesentlichen aus dem gleichen Menschenschlag werden gebildet sein.« Am 24. Oktober hatte Gottfried Benn geschrieben: »Ich kann mich nicht entschließen, die Lebensabläufe von Shakespeare und Goethe für ruhiger und gesicherter zu halten wie unsere. Es gab weniger Bombenexplosionen, aber mehr Feuersbrünste, weniger Totalschäden, aber mehr Seuchen und Hungersnöte. Die Genannten mußten ihre Existenz genau so gegen äußere Gefahren wahren wie wir und nach dem ›Erkenne die Lage‹ sich ausbalancieren. Und was das Innere angeht, so liegt ja bei uns gar keine Krise

vor, im Gegenteil, nie hob sich so klar, so kristallinisch rein das moralische und geistige Fundament des menschlichen Seins ab wie heute, so zwingend, so unbestreitbar. Es ist doch geradezu leuchtend und überirdisch gesichert auf dem Hintergrund der Verbrecher und Lumpen.«
Die Luftangriffe der Alliierten trafen im November die Leunawerke, Treibstoffwerke in Hamburg, den Dortmund-Ems-Kanal und den Mittellandkanal, Karlsruhe, Ludwigshafen, Gelsenkirchen, synthetische Treibstoffwerke in Homberg-Meerbeck, Wanne-Eikkel und Hamburg, Eisenbahnanlagen bei Paderborn, Bielefeld, Hamm, Osnabrück, Hannover und Gütersloh. Während der Schlacht um Aachen wurden am 16. November 9310 Tonnen Bomben auf Düren, Jülich, Rheinsberg und Eschweiler abgeworfen; das war ein neuer Rekord, die höchste Tonnenzahl an einem Tag. Dortmund, Duisburg, Essen und Neuss waren ebenfalls Ziele. Nachdem es sich herausgestellt hatte, daß V1 und V2 keine »Wunderwaffen« waren, mit denen dem Gegner im Westen beigekommen wurde, entstanden, von einem Spezialressort im Propagandaministerium unter dem Journalisten und Kommandeur der SS-Kriegsberichterstandarte »Kurt Eggers«, Hans Schwarz van Berk, ausgestreut, die Gerüchte von den kriegsentscheidenden Waffen, an die Truppe wie Bevölkerung glauben sollten.
Rüstungsminister Speer forderte im Oktober Goebbels schriftlich auf, solche Gerüchte nicht mehr verbreiten zu lassen, da es diese Wunderwaffen nicht gäbe.
Aber die Gerüchte hielten sich bis zum letzten Tag des Krieges. Im Oktober befahl Hitler, die Produktion von Gasmasken zu verdreifachen. In einer Lagebesprechung sprach er von der Gefahr eines Giftgasangriffs auf deutsche Städte.
»Aber der mir befreundete Dr. Karl Brandt«, schreibt Speer in seinen »Erinnerungen«, »den er mit den Schutzaufnahmen beauftragt hatte, hielt es nicht für unmöglich, daß diese hektisch betriebenen Vorbereitungen einem von uns begonnenen Gaskrieg dienen sollten. Unter unseren ›Wunderwaffen‹ besaßen wir ein Giftgas, Tabun genannt; es drang durch die Filter aller bekannten Gasmasken, und selbst die Berührung mit minimalen Resten wirkte tödlich.«

Speer schrieb an Keitel, er müsse ab 1. November die Erzeugung von Tabun einstellen und die von Lostgas auf ein Viertel der Kapazität beschränken.
Keitel erwirkte einen Befehl Hitlers, auf keinen Fall die Giftgas-Produktion einzuschränken. Speer ließ sich nicht beeinflussen, er blieb bei seinen Anordnungen. Hitler hatte die Ardennenoffensive im Kopf, die im Dezember beginnen sollte, außerdem hatte er längst die Übersicht über das verloren, was er überhaupt noch anordnete und befahl.
Für den »großen Schlag« gegen die alliierten Luftwaffen während dieser Offensive wurden etwa 3000 Jagdflugzeuge gebraucht, die von der hohen Jägerproduktion des Rüstungsministers geliefert werden konnten. Aber da es an Treibstoff fehlte, konnten kaum noch junge Piloten zu Übungsflügen starten. Die Panzerdivisionen, die an der Offensive teilnehmen sollten, erhielten aus der Rüstungsproduktion neues Gerät und neue Fahrzeuge. Sie wurde weitgehend diesen Angriffsverbänden zur Verfügung gestellt.
Die Hilflosigkeit gegenüber einer Macht, die, unsichtbar hinter jedem einzelnen stehend, rücksichtslos in ihrem Sinne und für ihre Zwecke handelte, ließ nach. Zwischen den Befehlen, die von oben kamen, und der Ausführung durch Soldaten und Zivilisten entstand eine Diskrepanz, die auch die nackte Angst nicht mehr verhindern konnte, von der viele besessen waren.
Die Heimat, die in den ersten Kriegsjahren nicht mit den Schrecken des Krieges belastet werden durfte, hatte sie längst wie der Soldat kennengelernt. Zivilisten, Frauen und Kinder mußten lernen, sich inmitten des Schreckens ebenso zu behaupten, wie es der Soldat an den Fronten gelernt hatte.
Im Rundfunk war Himmlers Stimme zu hören; Hitler schwieg. Die süddeutsche Färbung der Stimme des mächtigsten Mannes im Reich erinnerte nur ganz entfernt an die Stimme des Führers, die verstummt war.
Presse und Rundfunk schienen sich auf letzte Worte vorzubereiten; jede Nacht sprach im Rundfunk der Schauspieler Heinrich George das Bekenntnis von Clausewitz: »Ich glaube und bekenne, daß ein Volk nichts höher zu achten hat als die Freiheit und Würde seines Daseins ...«

Vom Reichspressechef Dr. Dietrich erhielt die deutsche Presse am 14. November eine »Tagesparole«, die aus einer Fanfare eine Scharade machte: »In Prag findet heute die Gründungsversammlung des Komitees für die Befreiung der Völker Rußlands statt, auf der der Vorsitzende des Ausschusses, General Wlassow, ein Manifest an die Völker Rußlands verkünden wird. Auch von deutscher Seite werden dazu Erklärungen abgegeben. Über diese wichtige politische Veranstaltung ist im Rahmen der Meldung des Deutschen Nachrichtenbüros zu berichten. Das Ereignis, das nicht sensationell zu behandeln ist, kann nach den gegebenen Gesichtspunkten kurz kommentiert werden.«

Am Anfang des Krieges hatte der Pakt zwischen Deutschland und der Sowjetunion gestanden, gegen sein Ende hin sah es aus, als wollten die Deutschen nochmals mit Russen paktieren, diesmal mit den Überlebenden der Kriegsgefangenschaft. Im Drange verhängter Not irgend etwas zu tun, auf irgendeine Weise die Zeit auszufüllen, die es noch dauern würde bis zum Untergang und zur Erlösung von allem Übel, wurde zur Beschäftigung mit Unbegreiflichem, das doch einmal begriffen werden sollte.

38. KAPITEL

Die Kriegsgefangenen

Als im Oktober alle Bewachungseinheiten »aus Gründen der Reichssicherheit«, wie es in dem Befehl hieß, »unmittelbar dem Reichsführer SS als Befehlshaber des Ersatzheeres unterstellt« wurden, gehörten dazu auch die Einheiten und Bataillone, von denen die Kriegsgefangenenlager bewacht wurden.
Die Kommandeure der Kriegsgefangenen in den Wehrkreisen wurden Untergebene der Höheren SS- und Polizeiführer. Durch diese Maßnahme erhielt Himmler die Befehlsgewalt über 130 Kriegsgefangenenlager, von denen 80 als Stammlager für Unteroffiziere und Mannschaften und 38 als Offizierslager geführt wurden. 14 gehörten der Luftwaffe und Kriegsmarine.
Diese Lager waren nicht gleichmäßig über das Reichsgebiet verteilt. Im Protektorat Böhmen und Mähren gab es keine Kriegsgefangenenlager.
Der Wehrkreis VII München hatte die geringste Lagerzahl, 3 Stammlager und 2 Offizierslager, während der Wehrkreis VI Münster mit 13 Stammlagern und 4 Offizierslagern am dichtesten belegt war.
In den Stammlagern (Stalag) arbeiteten 80 Prozent der Kriegsgefangenen. Die französischen, belgischen, polnischen, serbischen und italienischen Offiziere in den Offizierslagern (Oflag) wurden von Landesschützen bewacht, die auch die Stalags beaufsichtigten. Diese Landesschützen wurden Wachmänner genannt. Am 22. März 1944 erging ein Befehl, der jeden Wachmann verpflichtete, keine Angaben über die Fabrik zu machen, in der er Kriegsgefangene beaufsichtigte, »da er damit rechnen muß, daß die Angaben an Leute geraten, die mit dem feindlichen Nachrichtendienst in Verbindung stehen«. Verstöße von Wachmännern wurden schwer bestraft, wozu auch die Todesstrafe gehörte.

Jeder Wachmann hatte sich, wie es in einem Befehl des Jahres 1942 hieß, »bewußt zu sein, daß er an wichtiger Stelle in der Heimatfront steht und dort für Deutschland kämpft«. Der Kommandeur der Kriegsgefangenen im Wehrkreis IV Dresden verfügte am 3. Mai 1942: »Wer flieht, wird durch eine neue über das ganze Reich, insbesondere alle Grenzen, verteilte Organisation wiedererfgriffen. Wer nach Fluchtversuch wiederergriffen wird, wird auf Befehl des OKW in ein besonderes Lager im Generalgouvernement verlegt. Wer Fluchtgedanken hat, möge sich die Sache noch einmal überlegen, weil er seine Lage durch eine solche Torheit verschlechtert.« Diese Warnung richtete sich an französische Kriegsgefangene, die 1942 monatlich 4 Briefe, 4 Postkarten und 3 Pakete erhalten durften.

Im Jahre 1943 war es Ende Oktober zu einem Verwundetenaustausch mit den Alliierten im Westen gekommen. Über die Häfen Göteborg, Oran und Barcelona kehrten 5500 Kranke, Verwundete und Angehörige des Sanitätspersonals heim.

In der schwedischen Hafenstadt Göteborg wurde Kriegsgefangenenpost ausgetauscht. Am 25. November 1944 traf dort die »Travancore«, ein Schiff des Genfer Internationalen Roten Kreuzes, mit 1 Million Liebesgabenpaketen für die Kriegsgefangenen in Deutschland ein.

Ab Dezember 1944 durften amerikanische Kriegsgefangene in Deutschland, die wöchentlich 1 Brief (18 Zeilen) und 1 Postkarte (7 Zeilen) schreiben durften, nur noch Liebesgaben von Verwandten 1. Grades empfangen. Diese Pakete sollten keine Lebensmittel mehr enthalten, nur Bücher, Lehrmittel und Spiele.

Die Kennzeichnung der Kriegsgefangenen auf deren Uniformen änderte sich im Herbst 1944. Aus dem roten Farbdreieck wurde ein schwarzes, auf dem drei Klassen von Kriegsgefangenen erkennbar waren: »Kgf«, »Kgf o« (Bandenkämpfer) und »SU« (Russen). Am 8. November 1944 wurde in den Akten der Sanitätsinspektion des Ersatzheeres vermerkt, daß »ein hoher Krankenbestand und zahlreiche Todesfälle bei sowjetischen Kriegsgefangenen bekanntgeworden« seien, »die im oberschlesischen Bergbau und Industriegebiet an Tuberkulose erkrankt« wären.

»Geistige Betreuer« hatten die Kriegsgefangenen aus dem Westen

und Polen im Wehrkreis X Hamburg, »Propagandisten« sorgten sich um die sowjetischen Kriegsgefangenen. Der Wehrkreis X Hamburg hatte jährlich 7–800 Reichsmark in der Wehrkreisbücherei zur Verfügung, um die Lager mit Lesestoff zu versorgen. Als im Frühjahr 1944 angenommen werden konnte, daß der Verwundetenaustausch zwischen den Westmächten und Deutschland in »regelmäßigen Abständen fortgesetzt werden könnte«, wie der Chef des Wehrmachtsanitätswesens am 2. Juni 1944 in einem Brief an den Chef des Kriegsgefangenenwesens im OKW meinte, stellte sich die Frage nach einer bevorzugten Ausstattung britischer und amerikanischer Kriegsgefangener mit Prothesen. Da die Versorgung amputierter deutscher Wehrmachtangehöriger auf »größte Schwierigkeiten« stieß, wurde vom Sanitätswesen dem Kriegsgefangenenwesen mitgeteilt: »Die Annahme, daß durch die Versorgung der britischen und amerikanischen Kriegsgefangenen die Ausstattung deutscher Heimkehrer mit künstlichen Ersatzgliedern entfallen würde, ist nicht berechtigt; vielmehr muß damit gerechnet werden, daß diese in absehbarer Zeit nach ihrem Eintreffen in die Heimat mehr oder minder berechtigt Anträge auf Ausstattung mit deutschen Prothesen stellen werden, weil eine Reparatur ausländischer Fabrikate aus Ersatzteilgründen schwierig oder unmöglich sein dürfte. Die Gegenseite dürfte gleiche Schwierigkeiten haben.« Vorgeschlagen wurde, amputierte Kriegsgefangene mit vorläufigen künstlichen Ersatzgliedern auszustatten.
»Es wird daher gebeten, durch Vermittlung der Schutzmacht eine Vereinbarung mit der Regierung der Vereinigten Staaten von Nordamerika dahingehend zu treffen, daß die Beschaffung von vorläufigen Behelfsprothesen grundsätzlich Aufgabe des Gewahrsamsstaates ist. Auf dieser Grundlage kann Gegenseitigkeit verbürgt werden.«
Eine Sonderstellung nahmen die italienischen Militärinternierten ein, die zu arbeiten hatten. 1943 sollten sie psychologisch geschickt angefaßt werden, aber am 28. Februar 1944 befahl der Chef des Kriegsgefangenenwesens im OKH aus der Seydlitzkaserne in Torgau: »Auf vielseitige Klagen über Faulheit italienischer Militärinternierter fordert Führer, daß diese im Arbeitseinsatz durch Bewachungsmannschaften zu emsigster Arbeit mit scharfen Maßregeln

angehalten und bei Nachlässigkeit mit harten Methoden angefaßt werden.
Nur voll befriedigende Leistung gibt Anrecht auf volle Verpflegungssätze. Verpflegung ist daher grundsätzlich nach Leistung abzustufen, bei unbefriedigender Leistung für gesamte Arbeitseinheit ohne Rücksicht auf einzelne Willige zu kürzen.
Entscheidung über Einstufung und Kürzung trifft Unternehmer. Er ist bei Durchführung durch Wachpersonal zu unterstützen.
Eingesparte Verpflegung steht Unternehmer als Leistungszulage für fleißige Kriegsgefangene bzw. italienische Militärinternierte anderer Arbeitseinheiten zur Verfügung. Chef OKW wird jeden Vorgesetzten zur Rechenschaft ziehen, der bei Klagen über geringe Arbeitsleistung und Zucht der italienischen Militärinternierten nicht scharf durchgreift. Wer sich nicht durchsetzt, treibt Sabotage an der deutschen Kriegsführung. Chef OKW deckt jeden, der seiner Autorität Geltung verschafft.«
Der »Ruhrstab Speer« gab diesen Befehl am 7. Mai 1944 ohne Kommentar zur Kenntnis seiner Organisationen, die im Ruhrgebiet tätig waren.
Zwei Jahre früher, am 18. März 1942, meldete der Kommandeur der Kriegsgefangenen im Wehrkreis IV, Generalleutnant Freiherr von Botzheim, aus Dresden an das Oberkommando des Heeres über den Arbeitseinsatz sowjetischer Kriegsgefangener. Die Verpflegung sei »trotz geringfügiger Aufbesserung (befohlen laut Fernschreiben OKH 26. 2. 42) nicht ausreichend für volle Arbeitslast«. Beim Arbeitgeber läge »nach wie vor die private Initiative: Zugabe freier Lebensmittel, durch die den Sowjetrussen Kalorien zugeführt« würden. »Dafür Arbeitsleistung von durchweg arbeitswilligen sowjetischen Kriegsgefangenen.« »Ein Ersatz für erschöpfte Sowjetrussen ist zur Zeit und wahrscheinlich auch zumindestens in naher Zukunft ausgeschlossen.« Deshalb müsse die Arbeitszeit dieser Gefangenen ärztlich überwacht werden; bis zu 6 Stunden täglich seien möglich.
Im September 1944, nach den Rückzügen im Osten und Westen, wurden die Unterkünfte für Kriegsgefangene knapp. Die ins Innere des Reichs gebrachten Kriegsgefangenen kamen in die dort schon stark belegten Lager.

Die Kriegsgefangenen teilten im letzten Kriegswinter das Los der deutschen Zivilbevölkerung, wenn sie in Lagern nahe der bombardierten Städte untergebracht waren. Sie wurden zu Aufräumungsarbeiten herangezogen, bargen Leichen aus Kellern und Bunkern, verbrachten bei Fliegeralarm Tage und Nächte in den Splitterschutzgräben. Auch für sie fand der Krieg noch statt. Sie konnten fallen oder verwundet werden.
Und ihre Lager unterstanden von jetzt an dem Reichsführer SS, dessen Höhere SS- und Polizeiführer in den Wehrkreisen im Januar 1945 auch den Wehrmachtstreifendienst in die Hand bekamen. Die Kommandeure des Streifendienstes wurden aus der Unterstellung unter das Wehrkreiskommando herausgelöst und dem Höheren SS- und Polizeiführer direkt unterstellt. In der »Geschichte des Wehrkreises X« heißt es: »Von diesem Zeitpunkt ab liegt auch das Schwergewicht des gesamten Wehrmachtstreifendienstes in der Auffangorganisation für die von den Fronten in das Heimatgebiet sickernden Soldaten. In den letzten Kriegsmonaten steigt die Anzahl der schuldig oder unschuldig von der Truppe abgekommenen Wehrmachtangehörigen so stark an, daß besondere Auffangstellen in Flensburg, Lübeck und Bremen errichtet werden müssen, aus denen die Soldaten in Marschkompanien zusammengefaßt wieder an die Front geführt werden. Besonderer Vorbereitungen bedarf auch die ›Habicht‹-Aktion. Dieses Stichwort soll die Rückführung der Wehrpflichtigen einleiten. Von den Vorbereitungen sind – außer den Reichsverteidigungskommissaren – die Wehrmeldeämter besonders betroffen.«
Gefangene des Krieges waren jetzt nicht nur die Kriegsgefangenen, sondern alle.

39. KAPITEL

Gräber

Wenn etwas bliebe, dann die Gräber.
Sie hatten aufzunehmen, was der Krieg zurückließ.
Die größte Anhäufung von Massengräbern aus jener Zeit befindet sich auf dem Dresdner Heidefriedhof. Ein amerikanischer Aufklärungsflieger fotografierte sie am 19. April 1945. Die Luftbild-Aufnahme läßt an die vierzig helle Flecken sehen, aufgeworfene Sandhügel von unterschiedlicher Größe. Darüber ist ein Wald gewachsen; nur eine kleine Fläche blieb baumlos. Sie ist mit Gras und Heidekraut bedeckt, kleine Pfade führen über dieses eine große Massengrab. Dort liegt auch eine Grube, die acht Meter breit und fünf Meter tief ist. Sie nahm die Asche der 6865 Männer, Frauen und Kinder auf, deren Leichen Anfang März mit Pferdefuhrwerken auf den Dresdner Altmarkt gebracht worden waren. Eine schnelle Massenbeisetzung wurde notwendig, da es zu lange dauerte, die Zehntausende von Toten der Luftangriffe auf diesen Fuhrwerken zum Heidefriedhof zu bringen.
Die Leichen wurden in langen Reihen unter dem stehengebliebenen Denkmal der Germania ausgelegt, das nach dem Krieg 1870/71 errichtet worden war, neben einem großen Luftschutzwasserbehälter, in den sich Einwohner der Stadt und Flüchtlinge in der Nacht vom 13. zum 14. Februar 1945 gestürzt hatten, um in ihm wie Krebse gesotten zu werden. Um sie zu identifizieren, suchte die Kriminalpolizei bei ihnen nach Papieren und Wertsachen.
Dann wurden sie von Hilfsmannschaften, zumeist Ausländern, unter ihnen Ukrainer, auf Roste aus Eisenbahnschienen und aus den Trümmern gezogenen Stahlschienen geschichtet. Diese Leichenberge übergoß man mit Benzin und äscherte sie ein. Von diesen Totenfeuern, die tagelang brannten, machte ein Fotograf

Aufnahmen, wobei er verhaftet wurde, da Unbefugte nicht anwesend sein sollten.

Es herrschte Standrecht. Aber die Polizei ließ ihn frei, damit seine Fotos der Nachwelt erhalten blieben.

Über eine andere Sammelstelle nach den Luftangriffen auf Dresden schrieb später der damalige Oberschüler Götz Bergander in seinem Buch »Der Luftkrieg über Dresden«: »In der Bismarckstraße, unter der Gütergleisrampe des Hauptbahnhofs, waren die Leichen aufgeschichtet. Ordentlich, Leib für Leib, lagen sie da, fertig zum Abtransport. Leichen jeden Alters und in jedem nur denkbaren Zustand. Nackt und bekleidet, verkrampft und gestreckt, blutverkrustet und fleckenlos, verstümmelt und äußerlich unverletzt. Kinder, die weniger Platz brauchten, zwischen die Erwachsenen gezwängt.

Dicke Flüchtlingsfrauen in ihren schwarzen Wolltüchern und Wollstrümpfen. Frauen, ungeschickt hingepackt, bis zur Hüfte entblößt. Männer wie schlaffe graue Säcke. Männer in langen weißen Unterhosen, verdreht, verschränkt, mit und ohne Schuhe. Gesichter mit offenen und geschlossenen Augen. Gelegentlich spießte ein Arm abgewinkelt in die Luft oder ein Körper konnte, wegen angezogener Beine, nicht so holzscheitartig hingepaßt werden. Ein wahnwitziges Monument, eine lange Barrikade. Diese Toten waren noch kenntlich. Später, auf den Pferdefuhrwerken, waren sie es nicht mehr.«

In der Schlußmeldung der Polizei über die vier Luftangriffe auf Dresden am 13., 14. und 15. Februar 1945 heißt es, daß es sich bei den Gefallenen hauptsächlich um Frauen und Kinder gehandelt habe.

Unter den Gefallenen, die auf vorläufig 35 000 geschätzt werden, seien 100 Soldaten gewesen.

Für alle genügte auf dem Heidefriedhof ein Stein, auf dem zu lesen ist:

    WIEVIELE STARBEN? WER KENNT DIE ZAHL?
    AN DEINEN WUNDEN SIEHT MAN DIE QUAL
        DER NAMENLOSEN
        DIE HIER VERBRANNT
        IM HÖLLENFEUER
        AUS MENSCHENHAND

Ehe solche Massengräber entstanden, zu denen auch der deutsche Soldatenfriedhof von Halbe im Süden Berlins gehört, der zwanzigtausend gefallene Soldaten und Zivilisten aufnahm, wurden die Toten in Gemeinschaftsgräbern oder Einzelgräbern bestattet. Ein Foto aus dem Jahre 1943 zeigt eine Messehalle unter dem Berliner Funkturm, in der Hunderte von Zivilisten in langen Reihen liegen, während Särge von Hilfsmannschaften hereingetragen werden. Tannenbäume sind aufgestellt. Fahles Licht fällt in die Halle.

In den ersten Jahren des Luftkrieges veranstalteten die örtlichen Organisationen der Partei mit den Hinterbliebenen noch Trauerfeiern, bevor die Särge auf die Friedhöfe gebracht wurden, um sie der Erde zu übergeben, wie es bei Begräbnissen mit und ohne Geistlichkeit in Deutschland üblich war.

Später gab es nichts mehr zu reden. Es wurde der Partei auch zuviel, nach jedem Luftangriff als Totengräber aufzutreten. Goebbels untersagte bald nach den ersten größeren Bombardements in Berlin größere Trauerkundgebungen für die Opfer des Luftkrieges.

Die 3,7 Millionen Zivilisten, die im Zweiten Weltkrieg fielen, auf der Flucht, bei der Vertreibung starben, wurden in der Heimat oder in der Fremde beigesetzt. In Deutschland ruhen sie auf ungezählten Friedhöfen. Dort entstanden seit 1944 auch Erinnerungssteine und Kreuze für gefallene Soldaten.

Am 21. August 1944 befaßte sich mit ihnen das Oberkommando der Wehrmacht: »Bisher wurden die Kosten für diese Erinnerungssteine nur übernommen, wenn einwandfrei feststand, daß ein Grab in Feindesland nicht vorhanden war. Ihre Zahl blieb deshalb beschränkt. Durch den Kampfverlust an der Ostfront und im Mittelmeer sind zahlreiche Grabanlagen in Feindeshand gefallen. Es mehren sich jetzt die Fälle, daß Angehörige den Wunsch haben, auf dem Friedhof ihres Heimatortes einen Erinnerungsstein zu setzen. Unter diesen Umständen erscheint es gerechtfertigt, die Errichtung der Erinnerungssteine nicht mehr einzugrenzen und die Kosten von der Wehrmacht zu übernehmen, die acht bis zehn Reichsmark betragen dürfen.«

So kehrten die Namen Gefallener aus den eroberten und wieder verlorenen Ländern heim.

Die Ehrenmale und Totenburgen, die der Generalbaurat für die Gestaltung der deutschen Kriegerfriedhöfe des Dritten Reiches, der Architekt Wilhelm Kreis, Erbauer des Dresdner Hygienemuseums, in seiner Dienststelle, einer Villa in der Lassenstraße in Berlin-Grunewald, entworfen hatte, sahen monumentale Schädelstätten vor, die das Leipziger Völkerschlachtdenkmal an Höhe und Umfang übertrafen. Diese Totenburgen des Dritten Reiches sollten die Soldatenfriedhöfe mit den vielen Grabkreuzen ersetzen, deren Anblick für die Hinterbliebenen wegen der Zahl von Tausenden von Grabkreuzen kaum erträglich gewesen wäre.

Als nach dem Kriege der Volksbund Deutsche Kriegsgräberfürsorge mehrere hundert Soldatenfriedhöfe und Ehrenteile auf Gemeindefriedhöfen, gemäß dem Anspruch der Kriegstoten auf fortdauerndes Ruherecht, im Gebiet der Bundesrepublik Deutschland und im Ausland zu würdigen Stätten der Mahnung und Besinnung gestaltete, erhielten diese letzten Ruhestätten zwischen Narvik und El Alamein wenige, symbolisch gedachte Grabkreuze aus Stein.

Während des Krieges, am 7. Januar 1943, erließ die Heerwesenabteilung im Oberkommando des Heeres, eine Verfügung: »Die Armeeoberkommandos haben, soweit Planungen von Ehrenfriedhöfen im Osten auf Grund abgeschlossener Kampfhandlungen bereits möglich sind, bis zum 15. Februar 1943 Vorschläge einzureichen. Die bereits in Frage kommenden Vorschläge werden sich vorwiegend auf Planungen innerhalb der Gebiete des Reichskommissariats Ostland und Ukraine erstrecken.

Bei den Vorschlägen ist ferner zu berücksichtigen, daß die Ehrenfriedhöfe im Osten nicht wie im Westen mit 2000–3000 Gräbern, sondern mit dem Mehrfachen dieser Zahl belegt werden sollen.«

Darauf meldete die 16. Armee: »Am ganzen in deutscher Hand befindlichen Ufer des Ilmensees dürfte es kaum einen ruhigeren und von Natur aus schöneren Platz für einen würdigen Kriegerfriedhof geben als in Korosstinj.

Am Fußende des zum Steilufer abfallenden Geländes leuchtet die gewaltige Naturkulisse des Ilmensees. Zum Kopfende wird der Blick begrenzt durch eine hohe Baumgruppe rings um die kleine Dorfkirche von Korosstinj.

Der Plan für diese zunächst als Sammelanlage gedachte Stätte, die im Laufe des Jahres 1943 vorwiegend durch Umbettungen voll belegt werden dürfte, wurde bereits durch OKW der Dienststelle des Generalbaurates für die Gestaltung der deutschen Kriegerfriedhöfe vorgelegt. Wenn die Anlage von Korosstinj durch eine mögliche Erweiterung auch nur eine größte Belegungszahl von 2500 Gefallenen zuläßt, so ist sie doch wegen ihrer besonderen Lage am Ilmensee und damit am Brennpunkt der Kämpfe der 16. Armee dazu prädestiniert.«

Ein beigegebenes Foto zeigt einen Wald von Grabkreuzen, der sich gegen den Ilmensee in der Ferne verliert.

Aus dem Kampfraum der Eismeer- und Murmanskfront schickte die 20. (Gebirgs)Armee die Stammrolle für den Kriegerfriedhof Parkkina, der eine Größe von 4500 Quadratmetern und eine »Belegungsfähigkeit« von 7000 Gräbern haben sollte. Die Truppenteile, deren Gefallene hier bestattet wurden, waren die 2., 3. und 6. Gebirgsdivision, Korps- und Heerestruppen.

Die Anlage befand sich auf der in den Petsamofluß reichenden Landenge.

Die Verkehrslage sei günstig. »In Nähe des Eismeerhafens Liinahamar gelegen und von dort in halbstündiger Autofahrt zu erreichen.« Damals wurde damit gerechnet, daß nach dem Kriege die Hinterbliebenen zu Besuch kämen. Sie seien im Tourist-Hotel in Liinahamar, später sicher auch in Parkkina, unterzubringen. »Da angenommen wird, daß das Deutsche Reich für Angehörige der Gefallenen in der Nachkriegszeit Gemeinschaftsfahrten mit Kraft-durch-Freude-Schiffen durchführt, ist die Unterbringung der Fahrtteilnehmer im übrigen auf den Schiffen gesichert.«

Andere Armeeoberkommandos meldeten Ortschaften in der Sowjetunion, die sich einst für die Unterkunft der Besucher aus dem Reich eignen würden.

Als nach der Schlacht um Stalingrad die deutschen Absetzbewegungen und Rückzüge begannen, wurde versucht, Gefallene, die schon bestattet waren, mitzunehmen. Umbettungskommandos wurden tätig. Aber sie blieben Einzelerscheinungen. So meldete der Sonderstab des Generals von Lüttwitz am 24. August 1943, der im Osten das rückwärtige Heeresgebiet nach Soldaten absuchte,

401

die der Truppe zur Verfügung gestellt werden könnten: »Die SS-Standarte ›Wiking‹ in Stalino gräbt zur Zeit ihre 60 Gefallenen aus und bringt diese 120 km zurück auf einen neuen Friedhof.« Über den Gräberoffizier der Heeresgruppe Süd meldete der Sonderstab an den Chef des Generalstabes des Heeres, er wolle »mit Hilfe der Zivilbevölkerung 2500 deutsche Soldaten lediglich aus dem Grunde umbetten, weil die Kreuze in der falschen Himmelsrichtung stehen. Die Inschrift ist beim Betreten des Friedhofes nicht zu lesen, weil die Kreuze quer zum Eingang errichtet sind. Es scheint sich hier um Aufgaben zu handeln, deren Lösung einer späteren Zeit vorbehalten werden kann.« Zumeist wurden bei der Aufgabe von Soldatenfriedhöfen im Osten die Grabkreuze entfernt, um dem nachrückenden Gegner die Möglichkeit zu nehmen, die Truppenteile gegenüber und deren Verluste festzustellen.

Umbettungen hinter der Front wurden seit Herbst 1941 von Gräberoffizieren mit Unteroffizieren und Mannschaften vorgenommen. Aus den Kriegsakten des Gräberoffiziers Ost II der Waffen-SS, der in Riga seine Dienststelle hatte, geht hervor, daß 1942 das Anlegen von »symbolischen Gräbern« und »Scheingräbern« untersagt wurde, außerdem die Umbettung von Soldatengräbern in den Partisanengebieten.

In Riga ließ der Gräberoffizier Tausende von Grabkreuzen zum Preis von je 5 Reichsmark herstellen. Die Kriegsakten halten auch fest, daß einige seiner Soldaten nicht mehr fähig waren, Umbettungen zu ertragen. Sie meldeten sich an die Front. Bis Sommer 1941 war es möglich, gefallene und verstorbene Wehrmachtangehörige in die Heimat zu überführen. Am 15. September 1941 erging hierfür ein »Führerverbot«.

Es enthielt auch eine Verfügung über »Russengräber«, die »in allereinfachster Weise herzurichten« seien. Nummernschilder sollten sie kenntlich machen.

Als sich Feldmarschall von Reichenau nach dem Frankreichfeldzug dafür einsetzte, das Soldatengrab eines im Westen gefallenen Verwandten besonders zu pflegen, schrieb ihm am 24. September 1940 der Generalquartiermeister im Generalstab des Heeres: »Mit dem 7. 9. hat meine Dienststelle die Bearbeitung der Kriegsgräberfürsorge an die Heerwesenabteilung – Oberstleutnant Radke –

abgegeben. Nach Rücksprache mit der Abteilung darf ich über die Lage wie folgt unterrichten: Der Führer hat entschieden, daß alle Gefallenen des Feldzuges im Westen auf Ehrenfriedhöfen bestattet werden sollen. Gleichzeitig werden an diesen Ehrenfriedhöfen Ehrenmale errichtet werden. Es ist beabsichtigt, daß alle Ehrenfriedhöfe (ebenso wie die Weltkriegsfriedhöfe) deutscher Grund und Boden werden. Durch die Zusammenlegung aller Einzelgräber auf Ehrenfriedhöfen (von 1000 Gräbern aufwärts) soll vor allem eine dauernde Pflege sichergestellt werden. Ob dieser Plan auch für Gebiete zutrifft, die möglicherweise zum Deutschen Reich gehören werden, ist noch nicht endgültig entschieden. Bis zur Anlage der Ehrenfriedhöfe (den Zeitpunkt hat sich der Führer vorbehalten) ist es Aufgabe der Wehrmacht-Gräberoffiziere, die nötigen Maßnahmen für die Sicherung der Einzelgräber und zu ihrer vorläufigen Betreuung zu ergreifen und die spätere Zusammenlegung technisch vorzubereiten. Es werden jetzt nur solche Gräber umgebettet, die durch ihre Lage gefährdet sind (auf Ackerfluren, an Wasserläufen, im Dünensand).«
An eine große Umbettungsaktion dachte der Gebietsführer der Hitlerjugend im Gau Wartheland, als er am 28. August 1940 in einem Brief dem Kommandierenden General des 21. Armeekorps in Posen mitteilte, er werde am 1. September einen »Freiheitsmarsch nach Kutno« durchführen, um »das gewaltige Geschehen des Jahres 1939 in der Jugend als heiliges Erlebnis zu erhalten«. Kutno sei »der Inbegriff des deutschen Sieges im Osten geworden«. Dort, in der armseligen, zerschossenen Stadt, »sollte das Ehrenmal für die Toten des Polenfeldzuges errichtet werden. Zwischen dem Tannenbergdenkmal, das dem großen Kriege geweiht ist, und dem Annaberg in Oberschlesien, wo derer gedacht wird, die im freiwilligen Einsatz ihr Opfer für ihre Heimat und Deutschland brachten, muß das Ehrenmal in Kutno dem ganzen deutschen Volke Symbol für Opfer, Einsatz und Sieg im Osten sein. Das Ehrenmal kann nur gedacht sein als gemeinsame Ruhestätte der im polnischen Feldzug gefallenen deutschen Soldaten. Sie dürfen nicht in der polnischen Erde des Generalgouvernements ruhen ...
Und wie einmal bei den Olympischen Spielen die Jugend Grie-

chenlands vor ihre Götter trat, so soll hier die Jugend des deutschen Ostens vor ihre Toten treten.«
Diese großzügige Umbettungsaktion verhinderten die Wehrmacht und der Kriegsverlauf.
Erlaubt war bei Kriegsbeginn die Überführung Gefallener in die Heimat. Doch »dem vom Weltkrieg her bekannten Bestreben des Bestattungswesens, aus der Überführung Gefallener ein einträgliches Geschäft zu machen, hat das Oberkommando der Wehrmacht schon zu Kriegsbeginn durch bindende Abmachungen mit den Fachgruppen für das Bestattungswesen vorgebeugt«, heißt es in den Kriegsakten des OKW. Als aber die ahnungslosen Angehörigen eines in Polen gefallenen Majors in den ersten Kriegstagen durch die Güterabfertigung ihres Heimatbahnhofes nachts telefonisch erfuhren, daß für sie ein Sarg eingegangen sei, verbot das OKW die Überführung, nahm aber das Heimatkriegsgebiet von diesem Verbot aus.
Am 1. September 1939 hatte das Oberkommando der Wehrmacht befohlen, kein Grab dürfe verlorengehen.

40. Kapitel

Das Labyrinth

Wenn es das Geheimnis der Geschichte ist, daß nicht jedes Zeitalter *zu allem* fähig sei, wie Leopold von Ranke in seiner »Weltgeschichte« schreibt, dann konnte sich der Oberleutnant Koch nicht beklagen, daß er im Dezember 1944 wieder im Lazarett lag. Dorthin hatte ihn seine Kriegsverletzung, die er vor Moskau erhalten hatte, wieder entfernt, aus Dienst und Pflicht und der Beobachtung des Ganzen, aufgetragen von seinem Kommandeur, genommen, um ihn zu zwingen, sich mit *seinen* Schmerzen und Leiden zu beschäftigen.

Der Krieg, der das ganze Land verheerte, wurde an diesem abgelegenen Ort in einem vogtländischen Tal an der Grenze zu Böhmen für Koch auf den Wehrmachtbericht beschränkt und die Gespräche mit Offizieren, die von draußen in Bad Elster eingeliefert wurden.

Bad Elster, eine nicht erklärte Lazarettstadt, von einer Ruhe ausströmenden Gebirgslandschaft umschlossen, nahm schweigend die vom Kriege Zerstörten auf, verteilte die Menschenfracht der Lazarettzüge auf Kurhäuser, Hotels und Privathäuser, deren Schieferdächer sich vom ernsten Fichtenwald, von behäbigen Buchen und entlaubten Birken abhoben. Hier war Sicherheit inmitten des Großdeutschen Reiches, das seinem Ende entgegenging.

In diesem Versteck vor der Geschichte, in die er verstrickt war, wurde es dem Oberleutnant schwer, sich vorzustellen, daß er nur vorübergehend hierher geraten war.

Er glaubte, bis ans Ende in Bad Elster bleiben zu können, festgehalten von seinem Bein, mit dem er nicht mehr gehen sollte.

Sein Kommandeur, der Oberst von der Decken, hatte zu ihm gesagt, als er sich ins Lazarett abmeldete, dort werde er auch das Ende überstehen, das bald kommen würde. Es sei eine Beruhigung für einen Kommandeur, daß jemand, dem er viel vertraue, bewahrt würde. Er selbst werde sicher nicht das Ende überleben, da er die letzten Panzertruppen Sachsens ins Gefecht zu führen habe, wenn es an der Zeit sei.

Vor was bewahrt, hatte Koch den Oberst gefragt, doch dieser zuckte mit den Schultern, als wisse er es nicht, obwohl er doch alles vorhersah.

»Sie werden darüber schreiben«, sagte der Oberst, was er ihm seit einem Jahr schon öfter gesagt hatte. Für Koch war dies nichts Neues.

Schreiben. Weshalb? Daß einer sich für viele erinnerte? Aber sollte man an diese Zeit, die jetzt enden würde, erinnern?

An die Menschen, ihre Teilnahme an diesem und jenem, zuletzt doch *an allem* im guten und bösen Sinne, an ihr Hiergebliebensein, das sie mit niemandem tauschen konnten, wenn sie es auch gewollt hätten.

Als er sich beim Kommandeur abmeldete, wurde noch nicht damit gerechnet, daß die Elbe einmal die für längere Zeit unaufhebbare Grenze zwischen West und Ost sein werde. Der größere Teil Sachsens mit Leisnig an der Mulde, wo der Oberst Kommandeur und Koch über ein Jahr lang sein Gehilfe war, würde dem überseeischen Gegner zufallen oder dem, der von dem »Kleinod« kam, »in die Silbersee gefaßt«.

Aber noch sicherer schien dem Oberst Bad Elster zu sein, von dem es einmal eine Stunde zu Fuß bis nach Bayern sein würde, wenn die aus Übersee oder die von dem Kleinod dort stehenblieben.

Da aber der Oberleutnant nicht mehr gut zu Fuß war, sollte er sich in Bad Elster so kurieren lassen, daß er es in diesem Ernstfall wieder wäre.

»Außerdem«, hatte der Oberst hinzugefügt, »muß ich mich wegen der Lage von Ihnen trennen. Sie taugen nicht für die letzte Mobilmachung, denn Sie können nicht laufen. Ihren Hieb haben Sie abbekommen, tragen Sie es mit Fassung.«

In Schopenhauers »Parerga und Paralipomena« hatte Oberleutnant Koch gelesen, daß im Menschenleben alles, was uns irgend zustoßen kann, vom Augenblick der Geburt an bis zum Augenblick des Todes, im voraus festgesetzt sei; alles Versehen beruhe auf einer vorhergehenden Überlegung, jede zufällige Begegnung sei eine Verabredung, jede Demütigung eine Buße, jeder Fehlschlag ein geheimnisvoller Sieg, aber auch jeder Tod ein Selbstmord. Dieser theologische und philosophische Trost ließ zu, daß aus Mißgeschick Schicksal wurde, aus Verstrickung in einen winzigen historischen Augenblick mit ungeheuren Folgen eine persönliche Befreiung, aus Untergang Auferstehung.

Der Oberst ließ ihn im Kommandeur-»Wanderer« von seinem Fahrer aus Leisnig nach Bad Elster bringen. Unterwegs fragte Koch den Unteroffizier, was er vorhabe, wenn das alles vorüber sei. »Viel musizieren«, erwiderte der Unteroffizier, »ich mußte die Musik vernachlässigen.«

»Und wo werden Sie musizieren?« fragte der Oberleutnant.

»Unter freiem Himmel«, sagte der Unteroffizier. »Die Kirche, in der ich die Orgel trat, ist durch Bomben weit geöffnet worden, der Himmel sieht auf den Altar, nicht mehr durch buntes Glas mit der aufgemalten Heilsgeschichte. Statt der Orgel wird uns zuerst nur der Gesang bleiben, aber später wird alles wiederkommen, was wir verließen, auch die Orgel. Das Dach wird wieder gedeckt werden, in zwanzig oder dreißig Jahren wird nichts mehr zu sehen sein, was an die zerstörte Kirche erinnert. Wissen Sie, Herr Oberleutnant, es ist doch gut, daß wir noch so jung sind. Wir haben noch ein langes Leben vor uns, wenn wir über die Schwelle gegangen sein werden.«

»Was verstehen Sie unter Schwelle?« fragte Koch.

Der Unteroffizier lächelte: »Ach, das ist nur so ein Ausdruck, den meine Frau immer gebrauchte. Auch sie ist über eine Schwelle gegangen, als sie in der Kantorei von der Fliegerbombe erschlagen wurde. Aber vorher, als sie noch lebte, sagte sie immer zu mir, wenn ich wieder fortfuhr, komm zurück, geh wieder über die Schwelle. Sie meinte die Schwelle in der Tür des Hauses.«

»Ihre Kantorei ist Ruine. Dort gibt es für Sie keine Schwelle mehr«, sagte Koch.

»Eine Schwelle wird es für jeden von uns geben, Herr Oberleutnant.«

Von ihrem Land sprachen sie nicht, als sie weiterfuhren. Sie waren in diesem Krieg soviel unterwegs, daß sie ihr Land und viele andere Länder gut kannten, aber immer aus der Perspektive des Fahrers oder des Mitfahrers in ungepanzerten und gepanzerten Fahrzeugen.

Sie blieben in unaufhörlicher Bewegung, auch wenn sie zu rasten schienen oder die Fahrzeuge verließen, um sich in einem Acker einzugraben. Die Wehrmacht, der sie angehörten, war ruhelos, sie zog aus, kehrte zurück, immer rührte sie sich, sie konnte erst zum Stillstand kommen, wenn der letzte Treibstoff verteilt, die letzte Niederlage und der letzte Sieg ausgekostet wurde, der letzte Befehl ausgegeben und befolgt war.

Als der Unteroffizier sich vor der Tür des Lazarettes in Bad Elster von dem Oberleutnant abmeldete, sagte Koch: »Passen Sie auf Herrn Oberst auf, wenn es nochmals losgeht.«

»Jawoll, Herr Oberleutnant«, rief der Unteroffizier, riß die Hakken zusammen, lächelte. Der Oberleutnant dankte, hob den rechten Arm zum Deutschen Gruß, wie es seit Ende Juli befohlen war, und ließ ihn rasch wieder sinken.

Student und Kantor sahen sich in die Augen, der Unteroffizier machte eine Kehrtwendung und stieg in den Wagen. In dem Lazarett, das der Oberleutnant nun betrat, sollte er für einige Zeit verbleiben.

Hier erfuhr er von der Ausbildung des Volkssturms, die sonntags stattfand, während Führer und Unterführer zu mehrtägigen Lehrgängen abgezogen wurden. Ihm wurde von neu eintreffenden Offizieren erzählt, daß man auf zweitausend Volkssturm-Bataillone komme, wenn in jedem Kreis zwei dieser Einheiten aufgestellt würden.

Koch rechnete aus, wieviele Divisionen, Korps, Armeen das sein könnten, die in den Kampf gehen würden, aber er konnte sich nicht vorstellen, wie sie bewaffnet werden sollten. Er hörte, daß im Ernstfall genügend Soldaten da wären, die Waffen brauchten, deshalb müßte der Volkssturm seine Waffen an die Wehrmacht abgeben. Auch hätten sich viele Leute freiwillig für den Volkssturm gemeldet, die jünger als 16 und älter als 60 Jahre seien. Diese Freiwilligen hätten dieselben Rechte und Pflichten wie die aufgerufenen Jahrgänge.

Als Mitte Dezember anhaltender Nebel aufkam, begann am 16. Dezember die Ardennen-Offensive im Westen, die unter dem Tarnnamen »Die Wacht am Rhein« vorbereitet worden war. Dabei verloren die beiden Panzerarmeen, von denen die Amerikaner überrascht wurden, 600 Panzer und 120 000 Soldaten, auch die Alliierten, deren Flugzeuge anfangs wegen des schlechten Wetters nicht starten konnten, hatten hohe Verluste.
Als der Himmel am 2. Weihnachtsfeiertag wieder klar war, zerschlugen die alliierten Flugzeuge die Nachschubwege, zerstörten die Panzer.
Am 1. Januar 1945 flog die Luftwaffe den letzten »Großen Schlag« dieses Krieges unter dem Stichwort »Bodenplatte«. 120 britische und 36 amerikanische Flugzeuge wurden am Boden zerstört, aber über 200 eigene Jagdflugzeuge, die im Tiefflug eingesetzt worden waren, gingen verloren. Nur 60 deutsche Piloten gerieten in Gefangenschaft, die anderen starben in ihren abgeschossenen und zerschellten Flugzeugen den Soldatentod. Davon erfuhr Koch im Lazarett kaum etwas. Der Nebel, der über dem Tal der Elster lag, hüllte auch ihn ein. Warum sollte er neugierig sein, mehr wissen wollen von der Schlacht jenseits des Rheines, an die hier keiner mehr geglaubt hatte?
Der Wehrmachtbericht nannte die im Dezember von den alliierten Luftflotten angegriffenen und zerstörten Städte und Ziele: Hagen und Oberhausen, Heilbronn und Soest, Osnabrück und die Leunawerke, Frankfurt am Main und Essen, Hannover und Ludwigshafen, Ulm und München, Duisburg und Gotenhafen bei Danzig, Koblenz und Trier, wieder die Treibstoffwerke in Pölitz und in Scholven-Buer.
Viele Städte blieben nun nicht mehr unversehrt; am Ende des Krieges sind es 320 gewesen, die der Mondlandschaft in Deutschland die Grundrisse lieferten, auf denen nicht einmal die Friedhöfe ausgespart blieben, um die Toten beisetzen zu können.
Im Osten war die Front sonderbar ruhig, von einzelnen Brennpunkten abgesehen wie Kurland oder Ungarn.
Den Heiligen Abend 1944, an dem das deutsche Gemüt traditionell und auch gläubig hing, nutzten die alliierten Luftflotten, um 6000 Einsätze im Bereich der Frontlinie im Westen zu fliegen. Sie

sparten an diesem Tag wegen des schlechten Wetters über dem Reich allerdings die Städte aus. So konnten die Deutschen noch einmal Kriegsweihnachten begehen, mit Sonderzuteilungen und Kirchgang, Liedern und Ansprachen.
An diesem 24. Dezember traf Oberleutnant Koch wieder in Dresden ein. Er war wiederhergestellt, vom Oberstabsarzt in Bad Elster bedingt kriegsverwendungsfähig geschrieben. Er konnte am Stock gehen. Von jetzt an war er dem Stellvertretenden Generalkommando in der Stadt an der Elbe zugeteilt, zur Führerreserve versetzt.
Der Krieg hatte doch länger gedauert, als der Oberst in Leisnig meinte, und so traf Koch rechtzeitig für das Schlußkapitel dort ein, von wo er im August 1939 in den Krieg gefahren war.
Er kam in eine heile Stadt.
Alliierte Aufklärungsflugzeuge hatten sie noch vor Weihnachten für einen Vernichtungsangriff fotografiert, der sie später treffen sollte. Die letzten Batterien der Heimatflak waren nach Westdeutschland abgezogen worden. Anfang Januar 1945 verließ auch die schwere 8,8 Flak das nun schutzlos gewordene Dresden, um an der Ostfront im Erdkampf eingesetzt zu werden.
Dresden hatte schon einen mittleren amerikanischen Luftangriff hinter sich, der am 7. Oktober 1944 Fabriken, Bahnanlagen und Wohnhäuser traf. Da er von verhältnismäßig wenigen Bombenflugzeugen durchgeführt wurde, fielen nur 435 Einwohner; darunter waren auch einige französische und belgische Kriegsgefangene.
Grau hing Nebel über den Dächern, der Nachmittag war dämmerig, als Oberleutnant Koch vom Hauptbahnhof mit der Straßenbahn zum Zwinger fuhr. Er hatte immer diesen Weg gewählt, wenn er im Krieg nach Hause kam.
Der Zwinger war noch unberührt in seiner träumenden barocken Schönheit. Hinter der Gemäldegalerie auf dem Theaterplatz arbeiteten Häftlinge an Splitterschutzgräben.
Von hier war es nicht weit zur Frauenkirche am Neumarkt. Zur Christmette dieses Heiligen Abends kam Koch dort noch zurecht. Der Kreuzchor, der eigentlich in die Kreuzkirche am Altmarkt gehörte, sang, als er eintrat. Die Kreuzkirche war wegen des Kohlenmangels nicht geheizt.

Über dem Gestühl wölbte sich die mächtige Kuppel; Altar und Kanzel konnte Koch in der Dämmerung, die diesen gewaltigen Raum ausfüllte, kaum erkennen. Die Emporen waren wie das Gestühl mit Menschen dicht gefüllt.
Dem Oberleutnant am Stock schob der Kirchendiener einen Stuhl zu.
Koch wunderte sich, daß die Frauenkirche gut geheizt war. Er wußte nicht, daß in den Katakomben das Luftbildarchiv des Reichsministeriums für die Luftfahrt ausgelagert war. Um die Aufnahmen und Negative von den vielen Kriegsschauplätzen, auf denen die Luftwaffe gekämpft hatte, zu erhalten, mußte geheizt werden.
Als am 13. Februar 1945 Bomben die Frauenkirche trafen, brannte sie drei Tage lang aus. Das Luftbildarchiv in ihren Katakomben heizte den Brand zusätzlich an, bis die Mauern zusammenfielen.
Die Wärme im Innenraum der Frauenkirche war an diesem Heiligen Abend im kaltgewordenen Land ein Geschenk.
Am Ende der Christmette sang die Gemeinde mit dem Kreuzchor »O du fröhliche, o du selige, gnadenbringende Weihnachtszeit«, und Oberleutnant Koch nahm sich vor, nach dem Ende des Krieges alle Christmetten, die es für ihn dann noch geben würde, in der Frauenkirche zu feiern.
Und er wollte sich mit Freunden und Kameraden, die dann noch übriggeblieben waren, hier versammeln, um zu danken, daß sie noch lebten, und für die Toten zu beten, die sie verlassen mußten.
So dachte er sich seinen Ausweg aus dem Labyrinth, in dem er jetzt auf einem so stillen und abgelegenen Platz angekommen war.

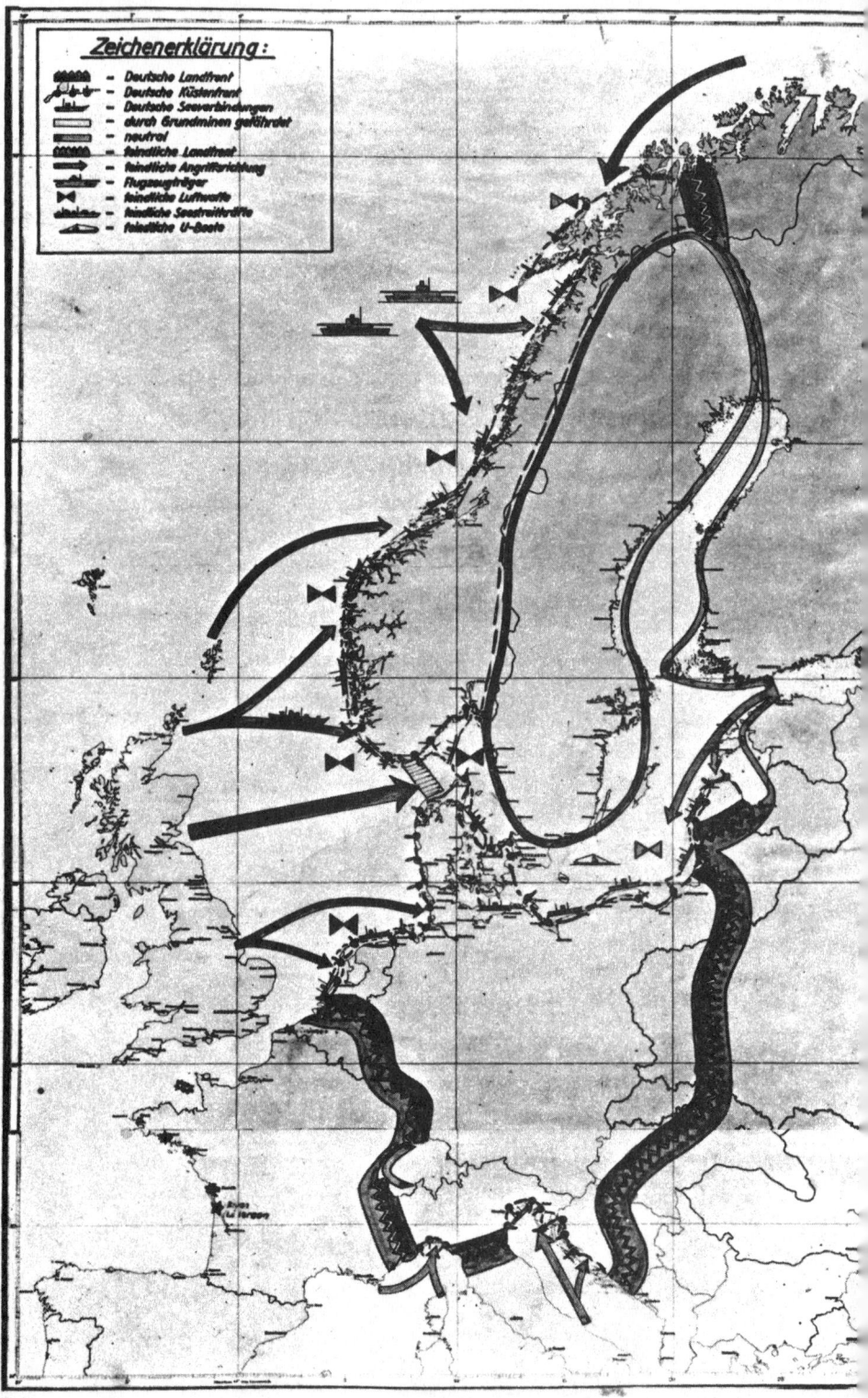

41. Kapitel

Letzte Leiden

Wenn es richtig ist, daß der Mensch mit der Gestalt seines Schicksals verschmilzt, dann gilt dies auch für die Gemeinschaften, in denen er lebt, in die er eingebunden ist.
Die »Volksgemeinschaft«, in der die Deutschen damals zu leben hatten, teilte jedem zu, was er hinzunehmen oder willig zu ertragen hatte. Sie war nicht durch den Luftkrieg demoralisiert worden, wie es den Gegnern vorschwebte, als sie mit den Flächenbombardements im Jahre 1942 begannen. Von den 40 000 Tonnen Bomben, die sie 1942 warfen, steigerten sie die Vernichtungsgewalt auf 120 000 im Jahre 1943, auf 650 000 im Jahre 1944, um allein von Januar bis Mai 1945 auf 500 000 zu kommen.
Die Atombombe, die im August auf Japan abgeworfen wurde, hätte auch den Krieg in Deutschland beendet, wäre er über den 8. Mai 1945 hinaus geführt worden.
Das sind Zahlen, die jede Fähigkeit übersteigen, sie nachzuvollziehen, wenn man nicht dabei gewesen ist.
Auf England warf die deutsche Luftwaffe von 1940 bis 1945 74 172 Tonnen Bomben ab, wozu auch die V-1- und V-2-Geschosse und Raketen gerechnet werden. Auf Deutschland fielen von 1940 bis 1945 1 350 000 Tonnen Bomben.
Die Zahl der Tonnen setzt sich aus vielen kleinen Zahlen zusammen, die sie ergeben.
Der feindlichen Bevölkerung dürfe nichts übrigbleiben als die Augen zum Weinen, erklärte der amerikanische General Sheridan anläßlich eines Besuches bei Bismarck auf den französischen Schlachtfeldern des Krieges 1870/71.
Sheridan war im amerikanischen Bürgerkrieg neben General Sherman der entschiedenste Verfechter *totaler Kriegführung*. In seinen Memoiren, die 1875 in New York erschienen, schreibt William T.

Sherman: »I attach more importance to these deep incisions into the enemy's country, because this war differs from European wars in this particular: we are not only fighting hostile armies but a hostile people, and must make old and young, rich and poor, feel the hard hand of war as well as their organised armies.«
In dem de-facto-totalen-Krieg zwischen den amerikanischen Nord- und Südstaaten von 1861 bis 1865 erzwang der Nordstaaten-General Grant im Februar 1862 die bedingungslose Übergabe des Forts Donelson mit den Worten: »No terms except an unconditional and immediate surrender can be accepted...«
Im amerikanischen Bürgerkrieg wurde die wehrlose Zivilbevölkerung planmäßig von den Nordstaaten in das Kampfgeschehen einbezogen. Der totale Krieg der Nordstaaten gegen die Südstaaten, von der obersten nordstaatlichen Führung mit dem System der verbrannten Erde amtlich angeordnet, endete mit der bedingungslosen Kapitulation des Südstaaten-Generals Lee vor dem Nordstaaten-General Grant.
Diese Formel hatte Präsident Roosevelt auf der Konferenz von Casablanca 1943 aufgegriffen und als Kriegsziel für die Niederringung Deutschlands und Italiens mit Zustimmung Winston Churchills bezeichnet; Stalin hatte sich in Teheran im November 1943 dieser Formel für die Sowjetunion gegenüber Deutschland angeschlossen.
Nach Casablanca und Stalingrad forderte Goebbels den totalen Krieg, aber erst nach dem 20. Juli 1944 wurde er Reichsbevollmächtigter für den totalen Kriegseinsatz, und erst in seinem letzten Leitartikel in der Wochenzeitung »Das Reich« vom 22. April 1945 forderte er – Berlin war schon von sowjetischen Armeen eingeschlossen – den »Volkskrieg«, der »schwere Opfer kostet«. Er schrieb: »Die Verteidigung der Freiheit unseres Volkes ist nicht mehr allein Sache der an der Front kämpfenden Wehrmacht, sie muß auch in der Zivilbevölkerung von Mann und Frau und Knabe und Mädchen mit einem Fanatismus ohnegleichen aufgenommen werden.«
Dabei konnte er nur noch an die »Organisation Werwolf« denken, über die es in einem geheimen Fernschreiben des Oberkommandos der Luftwaffe vom 6. April 1945 hieß: »Wesentlichste Aufga-

be, im Hinterland stärkere Feindtruppenkontingente zu binden und Nachschub zu schwächen. Werwolf-Sender Welle 1339 m zwischen 19 und 20 Uhr. Werwolf-Führer tragen Tarnnamen. Deutsche Propaganda dient Aufgabe, Widerstand zu stärken. Ton abgestimmt auf Werwolf-Aufruf und Bormann-Anordnung. Ansprechen nur der Aktivsten, denn ›Beispiel der Tapferen befiehlt auch dem Feigen‹.«

In diese »Richtung« entließ am 9. April 1945 der Chef des NS-Führungsstabes im OKW, General Reinecke, die NS-Führungsoffiziere: »Die Schicksalsstunde ist gekommen. Sie können nun die Instruktionen von hohen Kommandobehörden und den Papierkrieg vergessen. Nur Taten sind nun wichtig. Und jeder, der laufen und schießen kann, hat zu kämpfen.« Gleichzeitig, ebenfalls im April 1945, entwarf der Chef des Luftwaffenpersonalamtes in Kochstedt bei Dessau ein Formblatt für die Verabschiedung von Luftwaffen-Generalen, das er verteilen ließ und in dem es hieß: »Infolge der Verkleinerung der Luftwaffe und um dem Gedanken einer Verjüngung des Offizierskorps Rechnung zu tragen, ist es erforderlich, auch im jetzigen Zeitabschnitt des Krieges Offiziere zu verabschieden. Der Herr Reichsmarschall hat sich daher entschlossen, Ihr Ausscheiden aus dem aktiven Wehrdienst herbeizuführen. Nach der Entlassung am 31. Juli 1945 erhalten Sie in jedem Falle das Ihrem Dienstgrad entsprechende Ruhegehalt.«

Während die Luftwaffe Generale verabschiedete, wurde noch versucht, die Dienstpflicht für Frauen und Mädchen, die am 19. Februar 1945 eingeführt worden war, zu verwirklichen, was nicht gelang. Und am 29./30. Januar 1945 hatte der Wehrkreis IV Sachsen, wie die anderen Wehrkreise, angeordnet, daß der Geburtsjahrgang 1928 am 13./14. Februar 1945, soweit er im Reichsarbeitsdienst sei, in die Wehrmacht einzurücken habe. Im Wehrkreis IV handelte es sich um 5073 Sechzehn- und Siebzehnjährige, von denen die Luftwaffe nur ihre Freiwilligen erhalten sollte, das Heer alle Wehrdienstpflichtigen.

Von den 91 Hydrierwerken, die für die Treibstoffversorgung wichtig waren, arbeiteten zu dieser Zeit nur noch 3 voll und 29 zum Teil.

Dies war der Grund für das Erlöschen der Operationen von deut-

schen Aufklärungsflugzeugen und den wenigen verbliebenen Kampfflugzeugen in den Monaten März und April. Die Ju 287, der erste Strahlbomber der Welt, kam nicht mehr zum Fronteinsatz, die Messerschmitt-Düsenjäger Me 262, von denen 1944/45 fast zweitausend hergestellt wurden, mußten wegen Treibstoffmangels ihre Einsätze einstellen oder wurden nie dafür herangezogen. Der Strahlbomber Arado AR 234 X »Blitz« führte noch einige Aufklärungsflüge über England gegen Ende des Krieges durch.
Nachdem am 20. Januar 1945 sowjetische Armeen nach Ostpreußen vorgestoßen waren, erhielt die Parole »Feind im Land« im Osten des Reiches ihren Sinn.
Der Endkampf um Deutschland begann.
Am 19. März 1945 erließ Hitler seinen Befehl »Verbrannte Erde«, in dem es hieß: »Alle militärischen, Verkehrs-, Nachrichten-, Industrie und Versorgungsanlagen sowie Sachwerte innerhalb des Reichsgebietes« seien zu zerstören. Rüstungsminister Albert Speer nannte diesen Befehl das »Todesurteil für das deutsche Volk«.
In seinen »Erinnerungen« schreibt Speer: »Die Folgen wären unvorstellbar gewesen; auf unabsehbare Zeit kein Strom, kein Gas, kein sauberes Wasser; keine Kohle, kein Verkehr. Alle Bahnanlagen, Kanäle, Schleusen, Docks, Schiffe, Lokomotiven zerstört. Selbst wo die Industrie nicht zerstört worden wäre, hätte sie aus Mangel an Strom, Gas und Wasser nicht produzieren können; keine Vorratshäuser, kein Telefonverkehr – kurz: ein ins Mittelalter zurückversetztes Land.«
Für die Zerstörungen sollten die Gauleiter der NSDAP sorgen. Daß es dazu nicht in dem Umfang kam, wie es Hitler wollte, ist mit dem Widerstand des Rüstungsministers Speer, einiger Gauleiter, vieler unbekannter Männer und Frauen, aber auch mit der Kürze der Zeit zu erklären, die dem Dritten Reich noch blieb.
Bevor Hitler diesen Befehl am 19. März 1945 unterschrieb, hatte er zu Speer, der von diesem Befehl noch nichts wußte, gesagt: »Wenn der Krieg verlorengeht, wird auch das Volk verloren sein. Es ist nicht notwendig, auf die Grundlagen, die das deutsche Volk zu einem primitivsten Weiterleben braucht, Rücksicht zu nehmen. Im Gegenteil, es ist besser, selbst diese Dinge zu zerstören. Denn das

Volk hat sich als das schwächere erwiesen, und dem stärkeren Ostvolk gehört die Zukunft. Was nach diesem Kampf übrigbleibt, sind ohnehin nur die Minderwertigen, denn die Guten sind gefallen.«

Am 22. März 1945 wurde der Befehl Hitlers durch eine Anordnung ergänzt, die Frontgaue total zu räumen.

Auch das war nicht mehr durchzusetzen.

Aber es zeigt, was Hitler diesem Volk auferlegen wollte, das jahrelang an der Heimatfront Blutopfer gebracht hatte.

Die letzten Leiden sollten denjenigen, die noch am Leben waren, nicht erspart werden.

Die Menschen sollten ihre Heimat aufgeben, in der sie der Demoralisierung durch den Luftkrieg widerstanden hatten. Es wird berichtet, daß im Westen, im Süden, in der Mitte und im Norden des Reiches das Erscheinen der Sieger in einer unheimlich erscheinenden Ruhe und Gefaßtheit erwartet wurde. Anders im Osten.

Solange die Deutschen nicht weiße Fahnen der Übergabe zeigten oder bedingungslos kapitulierten, blieb es beim Krieg in der Heimat.

Nachwort

»Das Dritte Reich ist vorbei«, schrieb Erich Kästner 1961, »und man wird daraus Bücher machen. Miserable, sensationelle und verlogene, hoffentlich auch ein paar aufrichtige und nützliche Bücher. Wer kein Zyniker oder Pharisäer und wer erst recht kein blinder Richter sein möchte, der muß nicht nur wissen, was geschehen ist. Er wird studieren müssen, wie es geschehen konnte. Er wird umlernen müssen. Andernfalls gliche er einem Ignoranten, der über die Eigenschaften des Wassers spräche, ohne zu wissen, wie Wasser sich unterm Null- und überm Siedepunkt zu verhalten pflegt.«

Jahrzehnte sind seit dieser Aufforderung Kästners vergangen. Die Ereignisse des Zweiten Weltkrieges, soweit sie zur Militärgeschichte gehören, sind seitdem vielseitig untersucht und beschrieben worden.

Zu gedenken ist aber auch der Opfer des Heimatkriegs, der Kinder, Frauen und Männer, die in Deutschland Opfer des Luftkrieges wurden. Ihrer kann man nur gedenken, indem man sie in die innere Geschichte des Dritten Reiches einbezieht, die von 1939 bis 1945 eine tödliche Geschichte gewesen ist. Das Deutsche Reich von 1940 hatte 74,86 Millionen Einwohner. Durch Kriegshandlungen, Flucht und Vertreibung fanden 3,6 Millionen Zivilisten den Tod. 3,25 Millionen Soldaten fielen oder starben in der Kriegsgefangenschaft, davon in sowjetischen Lagern 1,1 bis 1,85 Millionen. 6,85 Millionen tote Deutsche von 1939 bis 1945 und danach sind das deutsche Blutopfer des Zweiten Weltkrieges, das jeder 11. Deutsche auf sich zu nehmen hatte.

Es fielen mehr deutsche Zivilisten als deutsche Soldaten. »Nun war die Tiefe des Verderbens in hohen Flammen offenbar geworden«, schrieb Ernst Jünger 1939 in seinem Buch »Auf den Marmorklippen«, »und weithin leuchten die alten und schönen Städte im Untergange auf. Es brannten auch die Dörfer und Weiler im weiten Lande, und aus den stolzen Schlössern und den Klöstern im Tale schlug hoch die Feuersbrunst empor.«

Zehn Jahre vorher, am 14. Juni 1929, empfing Reichskanzler Hermann Müller in Berlin die deutschen Sachverständigen für Reparationsfragen Dr. Schacht, Dr. Melchior und Kastl, die aus Paris mit dem Young-Plan zurückgekehrt waren. Im Protokoll der Reichsregierung heißt es hierüber: »Reichskanzler Müller meinte, Politik sei keine exakte Wissesnschaft. Niemand könne vorhersagen, wie die Verhältnisse nach zehn oder fünfzehn Jahren aussehen würden. Deutschland müsse hoffen, daß sich in der Zukunft die weltwirtschaftliche Vernunft zu seinen Gunsten durchsetze. Einstweilen hieße es, wie bisher, das Äußerste zu tun, um den neuen Plan loyal zu erfüllen. Dr. Hjalmar Schacht meinte, Deutschland könne zum ersten Male wieder eine von ausländischen Verhältnissen freie deutsche Politik betreiben. Die Schuldsumme betrage beim Young-Plan 600 Millionen Reichsmark jährlich.«

Vierzehn Jahre danach hieß es in der Geheimen Reichssache »Adolf-Hitler-Panzerprogramm« vom 22. Januar 1943: »Das Bauprogramm für die Panzerfabriken wird mit einem Bauvolumen von 32 Millionen Reichsmark und einem Maschinenbeschaffungsvolumen von 102 Millionen Reichsmark veranschlagt. Zu diesen 134,948 Millionen sind zusätzlich geplant Ausgaben von 159,2 Millionen. Das sind insgesamt 294,148 Millionen Reichsmark.«

Es war die Hälfte der Summe, die 1929 für die Erfüllung des Young-Planes aufgewendet werden sollte.

Aber Zahlen sind es nicht, die das ganze Ausmaß des Geschehens erkennbar machen können.

Es ist immer nur der Mensch, an dem sich das Ereignis messen läßt. Die Menschen von damals mußten in diesem Buch einer nachgeborenen Generation erfahrbar gemacht werden. Dazu gehörte auch, daß der Verfasser sich selbst in der Person des Oberleutnants der Reserve Koch, des Abiturienten und Frontstudenten, wiedererkannte, der er einmal gewesen war. Der Leser sollte wissen, daß der Verfasser nicht über die Rückseite des Mondes schrieb, als er Dokumente, Bücher, Schriften, persönliche Berichte, Hinweise von Lesern las, um diese Zeit in Deutschland in die Erinnerung zurückzurufen.

Er dankt dem Bundesarchiv/Militärarchiv in Freiburg im Breisgau für die Erlaubnis, in die Papiere der inneren Kriegsführung aller drei Wehrmachtteile und der Waffen-SS Einsicht nehmen zu dürfen. Archivamtsrat Brün Meyer war dort, wie auch bei den früheren Büchern »Das Feldlager«, »Erfrorener Sieg« und »Der Endkampf um Deutschland 1945«, ein sachkundiger Berater. Bibliotheken ist zu danken, die seltene Titel zur Verfügung stellen konnten.

Zu danken ist den Verlagen, aus deren Büchern zitiert wurde. Von den Büchern, die über den Luftkrieg Mitteilungen machen, seien besonders genannt: Edward Jablonski: »Air War«, Garden City New York 1979, Franz Kurowski: »Der Luftkrieg über Deutschland«, Econ-Verlag Düsseldorf 1977, und Götz Bergander: »Dresden im Luftkrieg«, Heyne-Taschenbuch 1280. Außerdem sind zu nennen Ernst Jüngers »Strahlungen«, deren Ausgabe in 2 Bänden 1980 im Klett-Verlag Stuttgart neu erschienen ist, sowie Gottfried Benns »Briefe an F. W. Oelze 1932–1945« im Limes Verlag Wiesbaden und München 1977.

Obwohl Jahrzehnte uns von den Ereignissen trennen, die hier erzählt wurden, binden sie uns dennoch an die Maßlosigkeit eines Geschehens, das den Überlebenden unvergeßlich geblieben ist und den Nachgeborenen durch dieses Buch verständlicher geworden sein möge.

Wolfgang Paul

Literatur- und Quellenverzeichnis

Andreas-Friedrich, Ruth: Der Schattenmann. Tagebuchaufzeichnungen 1939–1945. Berlin 1947
Benn, Gottfried: Gesammelte Werke, Band 5, Prosa. Wiesbaden 1968
Benn, Gottfried: Gesammelte Werke, Band 8, Autobiographische Schriften. Wiesbaden 1968
Benn, Gottfried: Briefe an F. W. Oelze 1932–1945. 2. Auflage Wiesbaden und München 1977
Bergander, Götz: Dresden im Luftkrieg. Vorgeschichte – Zerstörung – Folgen. Köln 1977. Tb. 1280 Heyne München 1979
Bis zum bitteren Ende. Der 2. Weltkrieg im Kreis Bitburg-Prüm. Bearbeitet von Johannes Nosbüsch. Bitburg 1978
Boelcke, Willi A.: »Wollt Ihr den totalen Krieg?« Die geheimen Goebbels-Konferenzen 1939–1943. Stuttgart 1967
Carossa, Hans: Gesammelte Gedichte. Leipzig 1938
Deist, A.: Das Reich im europäischen Raum. Frankfurt/Main 1942
Der Zweite Weltkrieg im Bild. Band II. Von Stalingrad bis Nürnberg. Herausgegeben von Dr. Franz Burda. Offenburg 1953
Deschner, Günther: Reinhard Heydrich. Statthalter der totalen Macht. Esslingen am Neckar 1977
Dornberger, Walter: V 2 – Der Schuß ins Weltall. Geschichte einer großen Erfindung. Esslingen am Neckar 1952
Erfüllung und Grenze. Worte der Weisung. Gesammelt von Fritz Usinger. Dessau 1943
Findahl, Theo: Letzter Akt – Berlin. 1939–1945. Hamburg 1946
Fontane, Theodor: Mathilde Möhring. Feldpostausgabe. Potsdam 1942
le Fort, Gertrud von: Die Opferflamme. Leipzig 1943
Franz-Willing, Georg: Der weltgeschichtliche Aufstieg der Vereinigten Staaten von Amerika durch die Entscheidung des Bürgerkrieges von 1861–1865. Osnabrück 1979
Geiß, Josef: Obersalzberg. Die Geschichte eines Berges von Judith Platter bis heute. 15. Auflage Berchtesgaden 1978
Goebbels, Joseph: Tagebücher 1945. Die letzten Aufzeichnungen. Hamburg 1977

The Goebbels Diaries. Edited and Translated by Louis P. Lochner. New York N. Y. Third Printing 1974
Gosztony, Peter: Hitlers Fremde Heere. Düsseldorf 1976
Griesmayr, G. / Würschinger O.: Idee und Gestalt der Hitlerjugend. 2. Auflage Leoni am Starnberger See 1979
Guderian, Heinz: Erinnerungen eines Soldaten. Heidelberg 1951
Hartleben, Otto Erich: Angelus Silesius. Dresden 1896
Hölderlin, Friedrich: Deutsche Landschaften. Das Gedicht. Hamburg 1943
Irving, David: Hitler und seine Feldherren. Frankfurt/Main 1975
Jablonski, Edward: Air War. Garden City New York 1979
Jünger, Ernst: Auf den Marmorklippen. Hamburg 1939/41
Jünger, Ernst: Strahlungen. 1. Auflage Tübingen 1949. Ausgabe in 2 Bänden. Stuttgart 1980
Kästner, Erich: Notabene 1945. Zürich 1961
Keiner durchschreite die Glut ohne Verwandlung. Gedichte. Hamburg 1942
Korn, Karl: In der Stille. Gedanken und Betrachtungen. Berlin 1944
Kriegswirtschaft und Rüstung 1939–1945. Für das Militärgeschichtliche Forschungsamt herausgegeben von Friedrich Forstmeier/Hans-Erich Volkmann. Düsseldorf 1977
Kurowski, Franz: Der Luftkrieg über Deutschland. Düsseldorf 1977
Kriegstagebuch des Oberkommandos der Wehrmacht Band IV 1. Januar 1944–22. Mai 1945. Erster und Zweiter Halbband. Eingeleitet und erläutert von Percy Ernst Schramm. Frankfurt/Main 1961
Lange, Horst: Tagebücher aus dem Zweiten Weltkrieg. Mainz 1979
Lange, Ursula: Abschied von einem Soldaten. Berlin 1942
Lee, Asher: The German Air Force. London 1946
Ludendorff, General: Der totale Krieg. München 1935
Martens, Hans: General von Seydlitz 1942–1945. Analyse eines Konflikts. Berlin 1971
Martin, Hans-Leo: Unser Mann bei Goebbels. Neckargemünd 1973
Meyer, Conrad Ferdinand: Die Richterin. Leipzig 1943
Michels, W./Sliepenbeek, O.: Niederrheinisches Land im Krieg. Herausgegeben vom Landkreis Kleve. Kleve 1964
Norman, Robert Lee Quinnett: Hitler's political Officers: The National Socialist Leadership Officers. The University of Oklahoma Graduate College. Oklahoma 1973
Paul, Wolfgang: Zum Beispiel Dresden. Schicksal einer Stadt. 2. Auflage Frankfurt/Main 1964

Paul, Wolfgang: Brennpunkte. Die Geschichte der 6. Panzerdivision 1937–1945. Krefeld 1977
Paul, Wolfgang: Das Feldlager. Jugend zwischen Langemarck und Stalingrad. 2. Auflage Esslingen am Neckar 1979
Paul, Wolfgang: Erfrorener Sieg. Die Schlacht um Moskau 1941/42. 3. Auflage Esslingen am Neckar 1976
Paul, Wolfgang: La Bataille de Moscou. Ins Französische übersetzt von Claude-Albert Moreau. Paris 1977
Paul, Wolfgang: Der Endkampf um Deutschland 1945. 2. Auflage Esslingen am Neckar 1978
Paul, Wolfgang: La Fin du IIIe Reich. Ins Französische übersetzt von Claude-Albert Moreau. Paris 1978
Philippi, Alfred und Heim, Ferdinand: Der Feldzug gegen Sowjetrußland 1941–1945. Stuttgart 1962
Podewils, Clemens Graf: Söhne der Heimat. Berlin 1943
Raschke, Martin: Zwiegespräche im Osten. Leipzig 1942
Rauch, Karl: Mein Leipzig lob ich mir. Frankfurt/Main 1965
Schäfer, Wilhelm: Krieg und Dichtung. Eine Rede. Weimar 1942
Schaumburg, Bruno Paul: Männer aus eigener Kraft. Leipzig 1944
Schlag nach. Wissenswerte Tatsachen aus allen Gebieten. Leipzig 1938
Schmidt-Scheeder, Georg: Reporter der Hölle. Die Propaganda-Kompanien im 2. Weltkrieg. Erlebnis und Dokumentation. Stuttgart 1977
Schramm, Wilhelm von: Clausewitz. Leben und Werk. Esslingen am Neckar 1976
Schramm, Wilhelm von: Aufstand der Generale. Der 20. Juli 1944 in Paris. Bernau/Chiemsee 1977. Tb. Heyne 780
Schumann, Gerhard: Gesetz wird zu Gesang. Berlin 1943
Seebach, Alexander Freiherr von: Mit dem Jahrhundert leben. Eine Familie im sozialen Wandel. Verlag Buchhandlung Holzberg, Oldenburg i. O. 1978
Speer, Albert: Erinnerungen. Berlin 1969
Speer, Albert: Technik und Macht. Esslingen am Neckar 1979
Stifter, Adalbert: Der Kondor. Feldpostausgabe o. D.
Stemplinger, Eduard: Von Feldherrn und Soldaten. München 1944
Streit, Christian: Keine Kameraden. Die Wehrmacht und die sowjetischen Kriegsgefangenen 1941–1945. Stuttgart 1978
Sündermann, Helmut: Tagesparolen. Leoni am Starnberger See 1973
Venohr, Wolfgang: Aufstand in der Tatra. Der Kampf um die Slowakei 1939–1944. Königstein im Taunus 1979
Wedel, Hasso von: Propagandatruppen. Neckargemünd 1962

Weinberger, Andreas: Der Schlampani Sepp. München 1943
Weller, Tüdel: Vier Landser in Feindesland. München 1943
Wendt, Kurt: Windhunde. Bildband der 116. Panzerdivision. Halstenbek 1976
Werder, Peter von: Literatur im Banne der Verstädterung. Eine kulturpolitische Untersuchung. Leipzig 1943
Wiechert, Ernst: Von den treuen Begleitern. Hamburg 1942
Zehn Jahre Wehrkreis X – Tätigkeitsbericht des Wehrkreiskommandos X von 1935 bis 1945. Nachkriegsbearbeitung des ehem. Major i. G. Bohnemeier, 1. Generalstabsoffizier WK-Kdo X. Als maschinenschriftliche Ausarbeitung im Aktenbestand Wehrkreis X Bundesarchiv/Militärarchiv (RH 53-10/37) Freiburg i. Br.

Bundesarchiv/Militärarchiv Freiburg im Breisgau:

RL 13	Verbände und Einheiten der Luftschutztruppe
RL 19	Territoriale Kommandobehörden der Luftwaffe
RL 21	Fliegerhorstkommandanturen und Flugplatzkommandos
RL 5	Chef der Personellen Rüstung und NS-Führung der Luftwaffe
RL 7	Oberste Truppenkommandobehörden der Luftwaffe
RW 6	OKW/Allgemeines Wehrmachtamt
RW 12/II	Inspektion der Infanterie
RW 19	OKW/Wehrwirtschafts- und Rüstungsamt
RH 10	Generalinspekteur der Panzertruppe
RH 12–23	Heeressanitätsinspektion
RH 15	OKH/Allgemeines Heeresamt
RH 53–13	Stellv. Generalkdo. (Wehrkreiskommando) XIII
RM 7	Seekriegsleitung
N 356	Nachlaß Hermann Reinecke

Meldungen aus dem Reich Band 13 d, 14, 15, 16, 17
SD-Berichte zu Inlandsfragen Band 18, 19, 20, 21

Abbildungsverzeichnis

Karte auf Vor- und Nachsatz:
Wehrkreiskarte 1943

1. Feindeinflüge in das Reichsgebiet Juli 1942
2. Feindeinflüge in das Reichsgebiet Juli 1943
3. Die Wochenzeitung »Das Reich« informierte ihre Leser im Herbst 1943 mit dieser Skizze über die Flugrouten der einfliegenden Bomber-Verbände
4. Feindeinflüge in das Reich Juli 1944
5. Geheimskizze der »Festung Deutschland« mit Seeverbindungen Ende 1944. Aus den Akten der Seekriegsleitung

Faszinierend berichtete Geschichte aus dem Bechtermünz Verlagsprogramm:

Janusz Piekalkiewicz:
Die Schlacht von Monte Cassino
288 Seiten, Format 18,5 x 26,5 cm,
gebunden, durchgehend s/w-Bebilderung
Best.-Nr. 347 773
ISBN 3-86047-909-1
Sonderausgabe nur DM 19,80

Janusz Piekalkiewicz:
Polenfeldzug
288 Seiten, Format 18,5 x 26,5 cm,
gebunden, durchgehend s/w-Bebilderung
Best.-Nr. 347 757
ISBN 3-86047-907-5
Sonderausgabe nur DM 19,80

Janusz Piekalkiewicz:
Die Schlacht um Moskau
288 Seiten, Format 18,5 x 26,5 cm,
gebunden, durchgehend s/w-Bebilderung
Best.-Nr. 347 781
ISBN 3-86047-908-3
Sonderausgabe nur DM 19,80

Janusz Piekalkiewicz:
Unternehmen Zitadelle
288 Seiten, Format 18,5 x 26,5 cm,
gebunden, durchgehend s/w-Bebilderung
Best.-Nr. 347 765
ISBN 3-86047-910-5
Sonderausgabe nur DM 19,80

Tony Le Tissier:

Der Kampf um Berlin 1945

304 Seiten, Format 14,5 x 21,5 cm,
gebunden, 24 Seiten Bildteil
Best.-Nr. 336 859
ISBN 3-86047-906-7
Sonderausgabe nur DM 19,80

Tony Le Tissier:

Durchbruch an der Oder

432 Seiten, Format 14,5 x 21,5 cm,
gebunden, 16 Seiten Bildteil
Best.-Nr. 336 875
ISBN 3-86047-904-0
Sonderausgabe nur DM 19,80

Theodor Plievier:

Berlin

768 Seiten, Format 12,5 x 20,5 cm,
gebunden mit Schutzumschlag
Best.-Nr. 387 241
ISBN 3-8289-0274-X
Sonderausgabe nur DM 19,80

Theodor Plievier:

Moskau

640 Seiten, Format 12,5 x 20,5 cm,
gebunden mit Schutzumschlag
Best.-Nr. 387 258
ISBN 3-8289-0276-6
Sonderausgabe nur DM 19,80

Theodor Plievier:
Stalingrad
464 Seiten, Format 12,5 x 20,5 cm,
gebunden mit Schutzumschlag
Best.-Nr. 387 233
ISBN 3-8289-0275-8
Sonderausgabe nur DM 19,80

Rupert Butler:
Illustrierte Geschichte der Gestapo
240 Seiten, Format 17,5 x 23,0 cm,
gebunden mit Schutzumschlag,
durchgehend s/w-Bebilderung
Best.-Nr. 279 406
ISBN 3-86047-163-5
Deutsche Neuerscheinung DM 19,80

Stefan Terzibaschitsch:
Seemacht U.S.A.
2 Bände, insgesamt 924 Seiten,
Format 16,4 x 23,3 cm,
gebunden, durchgehend s/w-Abbildungen
Best.-Nr. 295 535
ISBN 3-86047-576-2
Sonderausgabe nur DM 39,80

Heinz Höhne:
Der Orden unter dem Totenkopf –
Die Geschichte der SS
600 Seiten, Format 13,5 x 21,5 cm,
gebunden, s/w-Abbildungen
Best.-Nr. 201 616
ISBN 3-89350-549-0
Sonderausgabe nur DM 19,80

Theodor Plievier:
Stalingrad
464 Seiten, Format 12,5 x 20,5 cm,
gebunden mit Schutzumschlag
Best.-Nr. 387 233
ISBN 3-8289-0275-8
Sonderausgabe nur DM 19,80

Rupert Butler:
Illustrierte Geschichte der Gestapo
240 Seiten, Format 17,5 x 23,0 cm,
gebunden mit Schutzumschlag,
durchgehend s/w-Bebilderung
Best.-Nr. 279 406
ISBN 3-86047-163-5
Deutsche Neuerscheinung DM 19,80

Stefan Terzibaschitsch:
Seemacht U.S.A.
2 Bände, insgesamt 924 Seiten,
Format 16,4 x 23,3 cm,
gebunden, durchgehend s/w-Abbildungen
Best.-Nr. 295 535
ISBN 3-86047-576-2
Sonderausgabe nur DM 39,80

Heinz Höhne:
Der Orden unter dem Totenkopf –
Die Geschichte der SS
600 Seiten, Format 13,5 x 21,5 cm,
gebunden, s/w-Abbildungen
Best.-Nr. 201 616
ISBN 3-89350-549-0
Sonderausgabe nur DM 19,80

Anton Joachimsthaler:
Hitlers Ende
512 Seiten, Format 15,0 x 21,7 cm,
gebunden
Best.-Nr. 377 242
ISBN 3-8289-0285-5
Sonderausgabe nur DM 19,90

Isaac Deutscher:
Stalin –
Eine politische Biographie
864 Seiten, Format 13,0 x 20,5 cm,
gebunden mit Schutzumschlag
Best.-Nr. 323 493
ISBN 3-86047-172-4
Sonderausgabe nur DM 24,80

Terence Robertson:
Der Wolf im Atlantik
370 Seiten, Format 13,8 x 20,0 cm,
gebunden, durchgehend s/w-Bebilderung
Best.-Nr. 145 409
ISBN 3-89350-695-0
Sonderausgabe nur DM 19,80

Wolf Schneider:
Mythos Titanic
192 Seiten, Format 17,0 x 24,0 cm,
gebunden, durchgehend authentisches
s/w-Bildmaterial, Poster
Best.-Nr. 293 126
ISBN 3-86047-553-3
Sonderausgabe nur DM 16,80